Das „Neminem-laedere-Gebot“

Europäische Hochschulschriften
Publications Universitaires Européennes
European University Studies

Reihe II
Rechtswissenschaft

Série II Series II
Droit
Law

Bd./Vol. 4195

PETER LANG
Frankfurt am Main · Berlin · Bern · Bruxelles · New York · Oxford · Wien

Thomas Stemmler

Das „Neminem-laedere-Gebot"

Zur Frage des Begriffs und der Existenz schutzbereichsimmanenter Grenzen der Freiheitsgrundrechte im Unterschied zu den so genannten verfassungsimmanenten Schranken

Zugleich eine Abhandlung über die Weite des Grundrechtstatbestandes

PETER LANG
Europäischer Verlag der Wissenschaften

Bibliografische Information Der Deutschen Bibliothek
Die Deutsche Bibliothek verzeichnet diese Publikation in der Deutschen Nationalbibliografie; detaillierte bibliografische Daten sind im Internet über <http://dnb.ddb.de> abrufbar.

Zugl.: Köln, Univ., Diss., 2004

D 38
ISSN 0531-7312
ISBN 3-631-54041-8

www.peterlang.de

Meinen Eltern

Vorwort

Die vorliegende Arbeit lag der Rechtswissenschaftlichen Fakultät der Universität zu Köln im Sommersemester 2004 als Dissertation vor.

Großen Dank schulde ich meinem Doktorvater, Herrn Professor Dr. Stefan Muckel, der die Arbeit nicht nur mit Interesse und wertvollen Hinweisen betreut, sondern auch eine schnelle Durchführung des Promotionsverfahrens ermöglicht hat. Die vertrauensvolle und stets angenehme Zusammenarbeit mit ihm in seiner Funktion als Direktor des Rechtswissenschaftlichen Seminars war für mich Motivation, die Arbeit während meiner universitären Tätigkeit als wissenschaftlicher Mitarbeiter abzuschließen.

Herrn Professor Dr. Michael Sachs möchte ich für die zügige Erstellung des Zweitgutachtens und die kritische, aber wohlwollende Betrachtung meiner Arbeit herzlich danken.

Bei allen Mitarbeitern des Rechtswissenschaftlichen Seminars bedanke ich mich für ihre Unterstützung und das wohltuend „unjuristische“ Arbeitsklima, das zum Gelingen der Arbeit nicht unwesentlich beigetragen hat.

Besonders dankbar bin ich Frau Anne Hörster und Herrn Lars Kristen, die mir bei der Korrektur und Fertigstellung des Manuskriptes eine große Hilfe waren.

Vor allem danke ich meinen Eltern, Lena und Horst Stemmler, ohne die diese Untersuchung in vielerlei Hinsicht nicht möglich gewesen wäre. Ihnen widme ich meine Arbeit.

Köln, Februar 2005 *Thomas Stemmler*

INHALTSVERZEICHNIS

LITERATURVERZEICHNIS

Alberts, Hans:	Der Schutzbereich des Art. 4 I GG, dargestellt am Beispiel der Warnung vor sog. Jugendsekten, in: NVwZ 1994, S. 1150 ff.
Alexy, Robert:	Theorie der Grundrechte. Baden-Baden, 1985
ders.:	Grundrechte als subjektive Rechte und als objektive Normen, in: Der Staat 29 (1990), S. 49 ff.
Anger, Thorsten:	Islam in der Schule. Rechtliche Wirkungen der Religionsfreiheit und der Gewissensfreiheit sowie des Staatskirchenrechts im öffentlichen Schulwesen. Berlin, 2003.
Anschütz, Gerhard:	Die Verfassungsurkunde für den preußischen Staat vom 31. Januar 1850. Ein Kommentar für Wissenschaft und Praxis. Bd. 1, Berlin, 1912; Neudruck: Aalen/Berlin, 1974
ders.:	Die Verfassung des Deutschen Reiches vom 11. August 1919. 14. Aufl., Berlin 1933
Arnauld, Andreas von:	Die Freiheitsrechte und ihre Schranken. Baden-Baden, 1999
ders.:	Staatsrecht. Baden-Baden, 2001
Arnold, Rainer:	Verfassungstreue und Grundgesetz, in: BayVBl. 1978, S. 520 ff.
Bachof, Otto:	Rechtsprechungsübersicht: Die Rechtsprechung des Bundesverwaltungsgericht (BVerwGE Bd. 1 - 3), in: JZ 1957, S. 334 ff.
Bamberger, Christian:	Verfassungswerte als Schranken vorbehaltloser Freiheitsgrundrechte. Vom Verfassungs- zum Gegenseitigkeitsvorbehalt. Frankfurt a.M., 1999
ders.:	Vorbehaltlose Grundrechte unter staatlichem Vorbehalt? Zur Auflösung eines grundrechtlichen Paradoxons, in: Der Staat 39 (2000), S. 355 ff.

ders.: Untersagung eines Theaterstücks. Anmerkung zu OVG Rheinland-Pfalz, Urteil vom 02.12.1996,
in: GewArch 1997, 359 ff.

Battis, Ulrich/ Grigoleit, Klaus: Die Entwicklung des versammlungsrechtlichen Eilrechtsschutzes. Eine Analyse der neuen BVerfG-Entscheidungen,
in: NJW 2001, S. 2051 ff.

dies.: Neue Herausforderungen für das Versammlungsrecht?,
in: NVwZ 2001, S. 121 ff.

Bayer, Klaus Dieter: Das Grundrecht der Religions- und Gewissensfreiheit. Unter besonderer Berücksichtigung des Minderheitenschutzes.
Baden-Baden, 1997

Bayertz, Kurt: Drei Argumente für die Freiheit der Wissenschaft,
in: Archiv f. Rechts- und Sozialphilosophie 2000, S. 303-326

Becker, Hans-Jürgen: Das Gewaltmonopol des Staates und die Sicherheit des Bürgers. Der ewige Landfrieden – vor 500 Jahren,
in: NJW 1995, S. 2077 ff.

Beisel, Daniel: Die Kunstfreiheitsgarantie des Grundgesetzes und ihre strafrechtlichen Grenzen.
Heidelberg, 1997

Benda, Ernst: Menschenwürde und Persönlichkeitsrecht, in: Ernst Benda/Werner Maihofer/Hans Jochen Vogel (Hrsg.): Handbuch des Verfassungsrechts der Bundesrepublik Deutschland, Studienausgabe, Teil 1, § 6 (S. 161 ff.).
2. Aufl., Berlin/New York, 1995

ders.: Gegenwind und Kreuzseen,
in: NJW 1997, S. 560 ff.

ders.: Kammermusik schrill,
in: NJW 2001, S. 2947 f.

Berg, Wilfried: Konkurrenzen schrankendivergenter Freiheitsrechte im Grundrechtsabschnitt des Grundgesetzes.
Berlin/Frankfurt a.M., 1968

ders.: Berufsfreiheit und verbotene Berufe,
in: GewArchiv 1977, S. 249 ff.

Berka, Walter:	Kunst im Konflikt mit dem Recht – Mit rechtsdogmatischen Anmerkungen versehene Notizen zu einem spannungsreichen Verhältnis, in: Manfred Nowak/Dorothea Steurer/Hannes Tretter (Hrsg.), Fortschritt im Bewußtsein der Grund- und Menschenrechte. Festschrift für Felix Ermacora. Kehl/Strasbourg/Arlington, 1988, S. 361 ff.
Bertrams, Michael:	Lehrerin mit Kopftuch? Islamismus und Menschenbild des Grundgesetzes, in: DVBl. 2003, S. 1225 ff.
Bethge, Herbert:	Zur Problematik von Grundrechtskollisionen. München, 1977
ders.:	Die verfassungsrechtliche Problematik der Grundpflichten, in: JA 1985, S. 249 ff.
ders.:	Die Demonstrationsfreiheit – ein mißverstandenes Grundrecht? Zum Stellenwert des Grundrechts der Demonstrationsfreiheit in der freiheitlich parlamentarischen Demokratie, in: ZBR 1988, S. 205 ff.
ders.:	Staatszwecke im Verfassungsstaat – 40 Jahre Grundgesetz –, in: DVBl. 1989, S. 841 ff.
ders.:	Der Grundrechtseingriff, in: VVDStRL 57 (1998), S. 77 ff.
ders.:	Gewissensfreiheit, in: Handbuch des Staatsrechts der Bundesrepublik Deutschland. Herausgegeben von Josef Isensee und Paul Kirchhof. Band VI: Freiheitsrechte. 2. Aufl., Heidelberg, 2001, § 137 (S. 435 ff.)
Bettermann, Karl August:	Grenzen der Grundrechte. 2. Aufl., Berlin/New York, 1976
Bismark, Hans:	Straßenkunst in Fußgängerzonen, in: NJW 1985, S. 246 ff.
Blaesing, Heiner:	Grundrechtskollisionen. Bochum, 1974
Blankenagel, Alexander:	Gentechnologie und Menschenwürde. Über die Strapazierung von juristischem Sachverstand und gesundem Menschenverstand anläßlich eines ernsten Themas, in: Kritische Justiz (KJ) 1987, S. 379 ff.

Bleckmann, Albert: Zum materiellrechtlichen Gehalt der Kompetenzbestimmungen des Grundgesetzes,
in: DÖV 1983, S. 129 ff.

ders.: Probleme des Grundrechtsverzichts,
in: JZ 1988, S. 57 ff.

ders./ Wiethoff, Claudia: Zur Grundrechtskonkurrenz,
in: DÖV 1991, S. 722 ff.

ders.: Staatsrecht II, Die Grundrechte.
4. Aufl., Köln/ Berlin/ Bonn/ München, 1997

Böckenförde, Ernst-Wolfgang: Grundrechtstheorien und Grundrechtsinterpretation,
in: NJW 1974, S. 1529 ff.

ders.: Zur Lage der Grundrechtsdogmatik nach 40 Jahren Grundgesetz.
Heidelberg, 1990

ders.: Grundrechte als Grundsatznormen. Zur gegenwärtigen Lage der Grundrechtsdogmatik,
in: Der Staat 29 (1990), S. 1 ff.

ders.: Die Überlastung des Bundesverfassungsgerichts,
in: ZRP 1996, S. 281 ff.

ders.: Schutzbereich, Eingriff, verfassungsimmanente Schranken. Zur Kritik gegenwärtiger Grundrechtsdogmatik,
in: Der Staat 42 (2003), S. 165 ff.

ders.: Die Würde des Menschen war unantastbar. Abschied von den Verfassungsvätern: Die Neukommentierung von Artikel 1 des Grundgesetzes markiert einen Epochenbruch,
in: Frankfurter Allgemeine Zeitung vom 03.09.2003, S. 33/35

ders.: Menschenwürde als normatives Prinzip. Die Grundrechte in der normativen Debatte,
in: JZ 2003, S. 809 ff.

Bolz, Marcel: Das Verhältnis von Schutzobjekt und Schranken der Grundrechte.
Zürich, 1991.

Borowski, Martin: Grundrechte als Prinzipien. Die Unterscheidung von prima facie-Position und definitiver Position als fundamentaler Konstruktionsgrundsatz der Grundrechte.
Baden-Baden, 1998

Brenner, Michael: Grundrechtsschranken und die Verwirkung von Grundrechten, in: DÖV 1995, S. 60 ff.

Breuer, Rüdiger: Freiheit des Berufs, in: Handbuch des Staatsrechts der Bundesrepublik Deutschland. Herausgegeben von Josef Isensee und Paul Kirchhof. Band VI: Freiheitsrechte. 2. Aufl., Heidelberg, 2001, § 147 (S. 877 ff.)

Britz, Gabriele: Prozedurale Lösung von Grundrechtskollisionen durch „grundrechtliches Vorverfahren", in: Der Staat 42 (2003), S. 35 ff.

Brockhaus: Enzyklopädie in 24 Bänden, 10. Band: Herr – Is. 19. Aufl., Mannheim, 1989

Brohm, Winfried: Glaubensfreiheit und Gesetzesgehorsam, in: Demokratie in Staat und Wirtschaft, Festschrift für Ekkehart Stein zum 70. Geburtstag am 24.9.2002, herausgegeben von Heiko Faber und Götz Frank. Tübingen, 2002, S. 3 ff.

ders.: Die Funktion des BVerfG - Oligarchie in der Demokratie?, in: NJW 2001, S. 1 ff.

Brugger, Winfried: Elemente verfassungsliberaler Grundrechtstheorie, in: JZ 1987, S. 633 ff.

ders.: Würde gegen Würde, in: VBlBW 1995, S. 414 f., 446 ff.

ders.: Darf der Staat ausnahmsweise foltern?, in: Der Staat 35 (1996), S. 67 ff.

ders.: Vom unbedingten Verbot der Folter zum bedingten Recht auf Folter?, in: JZ 2000, S. 165 ff.

ders.: Darf der Staat foltern?" - Eine Podiumsdiskussion, Diskutanten: Winfried Brugger, Bernhard Schlink; Moderation: Dieter Grimm, Humboldt Universität zu Berlin, Audimax, 28.06.2001, veröffentlicht unter: http://www.humboldt-forum-recht.de/4-2002/Drucktext.html

ders.: Das andere Auge. Folter als zweitschlechteste Lösung, in: Frankfurter Allgemeine Zeitung vom 10.03.2003, S. 8.

ders.: Schutz oder Verbot aggressiver Rede? Argumente aus liberaler und kommunitaristischer Sicht,
in: Der Staat 42 (2003), S. 77 ff.

Bumke, Christian: Der Grundrechtsvorbehalt. Untersuchungen über die Begrenzung und Ausgestaltung der Grundrechte.
Baden-Baden, 1998

Burgi, Martin: Das Grundrecht der freien Persönlichkeitsentfaltung durch einfaches Gesetz,
in: ZG 1994, S. 341 ff.

Burmeister, Joachim: "Dienende" Freiheitsgewährleistungen - Stuktur und Gehalt eines besonderen Grundrechtstypus, in: Joachim Burmeister (Hrsg.), Verfassungsstaatlichkeit. Festschrift für Klaus Stern zum 65. Geburtstag.
München, 1997, S. 835 ff.

ders.: Marktpreis und Menschenwürde - Betrachtungen über die freiheitsgefährdende Tendenz des technischen Fortschritts
in: Staatsphilosophie und Rechtspolitik, Festschrift für Martin Kriele zum 65. Geburtstag, herausgeben von Burkhardt Ziemske/Theo Langheid/Heinrich Wilms/Görg Haverkate.
München, 1997, S. 85 ff

Butzer, Hermann/ Clever, Marion: Grundrechtsverwirkung nach Art. 18 GG: Doch eine Waffe gegen politische Extremisten?,
in: DÖV 1994, S. 637 ff.

Calliess, Christian: Sicherheit im freiheitlichen Rechtsstaat. Eine verfassungsrechtliche Gratwanderung mit staatstheoretischem Kompass,
in: ZRP 2002, S. 1 ff.

Cicero, Marcus Tullius: De Officiis, herausgegeben von M. Winterbottom,
New York, 1994

Cremer, Wolfram: Freiheitsgrundrechte. Funktionen und Strukturen.
Tübingen, 2003

Degenhart, Christoph: Die allgemeine Handlungsfreiheit des Art. 2 I GG,
in: JuS 1990, S. 161 ff.

Denninger, Erhard: Freiheitsordnung – Wertordnung – Pflichtordnung, in: JZ 1975, S. 545 ff.

ders.: Die Grundrechte, in: Kommentar zum Grundgesetz für die Bundesrepublik Deutschland, Reihe Alternativkommentar, Gesamtherausgeber: Rudolf Wassermann, vor Art. 1, Loseblattsammlung, 3. Aufl., Neuwied, 2001 (zit.: AK-Denninger)

Deutelmoser, Anna: Angst vor den Folgen eines weiten Versammlungsbegriffs, in: NVwZ 1999, S. 240 ff.

Di Fabio, Udo: Grundrechte als Wertordnung, in: JZ 2004, S. 1 ff.

Dickert, Thomas: Naturwissenschaften und Forschungsfreiheit. Berlin, 1992

Diederichsen, Uwe: Die Selbstbehauptung des Privatrechts gegenüber dem Grundgesetz, in: Jura 1997, S. 57 ff.

Dierksmeier, Claus: Die Würde der Kunst – Überlegungen zu Schutzbereich und Schranken eines schrankenlosen Grundrechts, in: JZ 2000, S. 883 ff.

Dietlein, Johannes: Die Lehre von den grundrechtlichen Schutzpflichten. Berlin, 1992

ders.: Das Untermaßverbot. Bestandsaufnahme und Entwicklungschancen einer neuen Rechtsfigur, in: ZG 1995, S. 131 ff.

ders.: Examinatorium Staatsrecht. Köln/Berlin/Bonn/München, 2002

Doehring, Karl: Das Staatsrecht der Bundesrepublik Deutschland unter besonderer Berücksichtigung der Rechtsvergleichung und des Völkerrechts. 3. Aufl., Frankfurt a.M., 1984

Dolderer, Michael: Kommunale Planungen im Konflikt mit vorbehaltlosen Grundrechten – Planungshoheit gegen „Baukunst“ und Sakralarchitekur“, in: Baurecht 1999, S. 691 ff.

Dreier, Horst: Menschenwürdegarantie und Schwangerschaftsabbruch, in: DÖV 1995, S. 1036 ff.

ders.: Rechtsprechungsanalyse: Grundrechtsdurchgriff contra Gesetzesbindung? Exemplarische Betrachtungen zum Verhältnis von Verfassungs- und Verwaltungsrecht anhand der Rechtsprechung des Bundesverwaltungsgerichts, in: Die Verwaltung 36 (2003), S. 105 ff.

ders. (Hrsg.): Grundgesetz. Kommentar. Band I: Präambel, Artikel 1 – 19, 2. Aufl., Tübingen, 2004 (zit.: Bearbeiter, in: Dreier, GG)

Dreier, Ralf: Widerstandsrecht im Rechtsstaat? Bemerkungen zum zivilen Ungehorsam, in: Recht und Staat im sozialen Wandel, Festschrift für Hans Ulrich Scupin zum 80. Geburtstag, herausgeben von Norbert Achterberg/Werner Krawietz/Dieter Wyduckel. Berlin, 1983, S. 573 ff.

Dürig, Günter: Die Menschenauffassung des Grundgesetzes, in: JR 1952, S. 259 ff.

ders.: Art. 2 des Grundgesetzes und die Generalermächtigung zu allgemeinpolizeilichen Maßnahmen, in: AöR 79 (1953/54), S. 57 ff.

ders.: Der Grundrechtssatz von der Menschenwürde, in: AöR 81 (1956), S. 117 ff.

ders.: Anmerkung zum Urteil des BVerfG v. 16.1.1957 – 1 BvR 253/56, in: JZ 1957, S. 169 ff.

Duttge, Gunnar: Der Begriff der Zwangsmaßnahme im Strafprozeßrecht. Unter besonderer Berücksichtigung der allgemeinen Handlungsfreiheit, des allgemeinen Persönlichkeitsrechts sowie des Rechts auf informationelle Selbstbestimmung. 1. Aufl., Baden-Baden, 1995

ders.: Freiheit für alle oder allgemeine Handlungsfreiheit?, in: NJW 1997, S. 3353 ff.

Eckhoff, Rolf: Der Grundrechtseingriff. Köln, 1992

Ehmke, Horst: Prinzipien der Verfassungsinterpretation, in: VVDStRL 20 (1963), S. 53 ff.

Enderlein, Axel: Der Begriff der Freiheit als Tatbestandsmerkmal der Grundrechte. Konzeption und Begründung eines einheitlichen, formalen Freiheitsbegriffs, dargestellt am Beispiel der Kunstfreiheit.
Berlin, 1995.

Enderlein, Wolfgang: Abwägung in Recht und Moral.
Freiburg/München, 1992

Enders, Christoph: Die Sondernutzung im Straßenrecht zwischen Erlaubnispflicht und Freiheitsanspruch des Bürgers. Zum Beschluß der 3. Kammer des Ersten Senats des Bundesverfassungsgerichts vom 18.10.1991 – 1 BvR 1377/91 –,
in: VerwArch Bd. 83 (1992), S. 527 ff.

ders.: Die Menschenwürde in der Verfassungsordnung. Zur Dogmatik des Art. 1 GG.
Tübingen, 1997.

ders.: Der Schutz der Versammlungsfreiheit,
in: Jura 2003, S. 34 ff.

ders.: Würde- und Lebensschutz im Konfliktfeld von Biotechnologie und Fortpflanzungsmedizin,
in: Jura 2003, S. 666 ff.

Epping, Volker: Die Außenwirtschaftsfreiheit.
Tübingen, 1998

ders.: Grundrechte.
Berlin/Heidelberg, 2004

Erbel, Günter: Inhalt und Auswirkungen der verfassungsrechtlichen Kunstfreiheitsgarantie.
Bonn, 1965

Erichsen, Hans-Uwe: Der Schutz der Allgemeinheit und der individuellen Rechte durch die polizei- und ordungsrechtlichen Handlungsvollmachten der Exekutive,
in: VVDStRL 35 (1977), S. 171 ff.

ders.: Die Verfassungsbeschwerde (Schluss),
in: Jura 1992, 142 ff

ders.: Allgemeine Handlungsfreiheit, in: Handbuch des Staatsrechts der Bundesrepublik Deutschland. Herausgegeben von Josef Isensee und Paul Kirchhof. Band VI: Freiheitsrechte. 2. Aufl., Heidelberg, 2001, § 152 (S. 1185 ff.)

Faller, Hans Joachim: Gewaltmonopol des Staates und Selbstschutzrecht des Bürgers,
in: Hans Joachim Faller/ Paul Kirchhof, Ernst Träger (Hrsg.), Verantwortlichkeit und Freiheit: die Verfassung als wertbestimmende Ordnung. Festschrift für Willi Geiger zum 80. Geburtstag.
Tübingen, 1989, S. 3 ff.

Faßbender, Kurt: Präimplantationsdiagnostik und Grundgesetz. Ein Beitrag zur verfassungsrechtlichen und –dogmatischen Strukturierung der aktuellen Diskussion,
in: NJW 2001, S. 2745 ff.

Fechner, Erich: Die soziologische Grenze der Grundrechte. Versuch einer Ordnung der einwirkenden Kräfte zum Zwecke ihrer besseren Beherrschung.
Tübingen, 1954

Fechner, Frank: Grenzen der Forschungsfreiheit am Beispiel der Bodendenkmalpflege,
in: JZ 1992, S. 777 ff.

Fehlau, Meinhard: Die Schranken der freien Religionsausübung,
in: JuS 1993, S. 441 ff.

Fehling, Michael: Der praktische Fall - Öffentliches Recht: Plakataktion,
in: JuS 1996, S. 431 ff.

Fehn, Karsten/ Fehn, Josef: Grundrecht versus Grundrecht – Die Problematik von Grundrechtskollisionen anhand von Fällen,
in: JR 1994, S. 413 ff.

Fikentscher, Wolfgang/ Möllers, Thomas M.J.: Die (negative) Informationsfreiheit als Grenze von Werbung und Kunstdarbietung,
in: NJW 1998, S. 1337 ff.

Fink, Udo: Der Schutz des menschlichen Lebens im Grundgesetz – zugleich ein Beitrag zum Verhältnis des Lebensrechts zur Menschenwürdegarantie,
in: Jura 2000, S. 210 ff.

Fischer, Kristian/ Groß, Thomas: Die Schrankendogmatik der Religionsfreiheit,
in: DÖV 2003, S. 932 ff

Fohmann, Lothar H.: Konkurrenzen und Kollisionen im Grundrechtsbereich,
in: EuGRZ 1985, S. 49 ff.

Frank, Götz: Das Gewaltmonopol des Staates und das Versammlungsrecht,
in: Auf einem Dritten Weg, Festschrift für Helmut Ridder zum 70. Geburtstag am 18. Juli 1989, herausgegeben von Ekkehart Stein/Heiko Faber, Neuwied/Frankfurt a.M., 1989, S. 37 ff.

Franz, Fritz: Zur Verfassungstreue im deutschen Beamtenrecht. Im Anschluß an das Urteil Narr des OVG Berlin EuGRZ 1978, 282 ff.,
in: EuGRZ 1978, S. 303 ff.

Friauf, Karl Heinrich: Schranken der Grundrechte,
in: JR 1970, S. 215 f.

ders./ Höfling, Wolfram (Hrsg.): Berliner Kommentar zum Grundgesetz.
Loseblatt. Grundwerk: Berlin, 2000

Führ, Martin: Ökologische Grundpflichten als verfassungrechtliche Dimension. Vom Grundrechtsindividualismus zur Verantwortungsgemeinschaft zwischen Bürger und Staat?,
in: Natur und Recht (NuR) 1998, S. 6 ff.

Fülbier, Ulrich: Die Religionsfreiheit in der Bundesrepublik Deutschland und den Vereinigten Staaten von Amerika unter spezieller Berücksichtigung der jeweiligen Methodik der Verfassungsinterpretation.
Köln, 2003

Gallwas, Hans-Ulrich: Der Mißbrauch von Grundrechten.
München, 1961

ders.: Grundrechte.
2. Aufl., Neuwied/Kriftel/Berlin, 1995

Gassner, Erich: Zur Abwägung als Maßstabsproblem, in: NJW 1998, S. 119 ff.

Gassner, Ulrich: Glücksspiel und Berufsfreiheit, in: NVwZ 1995, S. 449 ff.

Geddert-Steinacher, Tatjana: Menschenwürde als Verfassungsbegriff. Aspekte der Rechtsprechung des Bundesverfassungsgerichts zu Art. 1 Abs. 1 GG. Berlin, 1990

Gellermann, Martin: Grundrechte im einfachgesetzlichen Gewande: Untersuchungen zur normativen Ausgestaltung der Freiheitsrechte. Tübingen, 2000

Gersdorf, Hubertus: Parlamentsvorbehalt versus Gesetzesvorbehalt ? - Anmerkungen zum Beschluß des Hessischen VGH zur Gentechnologie -, in: DÖV 1990, S. 514 ff.

Ginthum, Felix: Der Mißbrauch mit dem Mißbrauch. Art. 18 GG, die Verwirkung von Grundrechten und grundrechtsimmanente Mißbrauchsschranke, in: Forum Recht 1999, S. 125 f.

Grawert, Rolf: Menschenrechte und Staatsräson, in: Michael Brenner/ Peter M. Huber/Markus Möstl (Hrsg.), Der Staat des Grundgesetzes – Kontinuität und Wandel. Festschrift für Peter Badura zum 70. Geburtstag. Tübingen, 2004, S. 115 ff.

Grigoleit, Klaus Joachim/ Kersten, Jens: Grundrechtlicher Schutz und grundrechtliche Schranken kommerzieller Kommunikation, in: DVBl. 1996, S. 596 ff.

Gröschner, Rolf: Anmerkung zum Urteil des BVerwG v. 18.10.1990 – 3 C 3.88 (OVG Münster) in: JZ 1991, S. 628 ff.

Groh, Karin: Das Religionsprivileg des Vereinsgesetzes, in: KritV 85 (2002), S. 39 ff.

Groß, Rolf: Zur Pressefreiheit, in: DÖV 1992, S. 981 ff.

Guckelberger, Annette: Die Drittwirkung der Grundrechte, in: JuS 2003, S. 1151 ff.

Gusy, Christoph: Verhältnis von Kunstfreiheit und Meinungsfreiheit zum strafrechtlichen Schutz von Staatssymbolen vor Verunglimpfung, in: JZ 1990, S. 640 f.

ders.: Rechtsgüterschutz als Staatsaufgabe – Verfassungsfragen der „Staatsaufgabe Sicherheit" –, in: DÖV 1996, S. 573 ff.

Haas, Diether: Freie Entfaltung der Persönlichkeit, Artikel 2 Abs. 1 Grundgesetz, in: DÖV 1954, S. 70 ff.

Häberle, Peter: Die Wesensgehaltgarantie des Art.19 Abs. 2 Grundgesetz. 3. Aufl., Heidelberg, 1983; 2. Aufl., Karlsruhe, 1972

ders.: Grundrechte im Leistungsstaat, in: VVDStRL 30 (1972), S. 43 ff.

ders.: Buchbesprechung zu Marcel Bolz, Das Verhältnis von Schutzobjekt und Schranken der Grundrechte. Zürich, 1991, in: DÖV 1994, S. 85 ff.

ders.: Die Menschenwürde als Grundlage der staatlichen Gemeinschaft, in: Handbuch des Staatsrechts der Bundesrepublik Deutschland. Herausgegeben von Josef Isensee und Paul Kirchhof. Band II: Verfassungsstaat, 3. Aufl., Heidelberg, 2004, § 22 (S. 317 ff.)

Hager, Johannes: Der Schutz der Ehre im Zivilrecht, in: AcP 196 (1996), S. 168 ff.

ders.: Die Mephisto-Entscheidung des Bundesverfassungsgerichts, in: Jura 2000, S. 186 ff.

Hailbronner, Kay: Forschungsreglementierung und Grundgesetz, in: WissR 13 (1980), S. 212 ff.

ders.: Ausländerrecht und Verfassung, in: NJW 1983, S. 2105 ff.

Hain, Karl-Eberhard: Das Untermaßverbot in der Kontroverse. Eine Antwort auf Dietlein, in: ZG 1996, S. 74 ff.

ders.: Ockhams`s Razor - ein Instrument zur Rationalisierung der Grundrechtsdogmatik?,
in: JZ 2002, S. 1036 ff.

ders./Unruh, Peter: Neue Wege in der Grundrechtsdogmatik? Anmerkungen zum Schächt-Urteil des BVerfG nach Änderung des Art. 20 a GG,
in: DÖV 2003, S. 147 ff.

Hammer, Felix: Private Sicherheitsdienste, staatliches Gewaltmonopol, Rechtsstaatsprinzip und schlanker Staat,
in: DÖV 2000, S. 613 ff.

Hassemer, Winfried: Der Gefolterte ist nur noch Bündel unter Schmerzen, Spiegel-Online vom 27.2.2003,
dokumentiert unter
http://www.spiegel.de/politik/deutschland/0,1518,237980,00.html

Hattenhauer, Hans: Grundbegriffe des Bürgerlichen Rechts. Historisch-dogmatische Einführung.
2. Aufl., München, 2000

Hauriou, Maurice: Die Theorie der Institution und zwei weitere Aufsätze (1925). Deutsche Übersetzung in: Roman Schnur (Hrsg.), Die Theorie der Institution. Berlin ,1965

Heckel, Martin: Religionsfreiheit, in: Gesammelte Schriften: Staat, Kirche, Recht, Geschichte. Herausgegeben von Klaus Schlaich, Bd. 4. Tübingen, 1997.

Hecker, Wolfgang: Relativierung des Folterverbots in der BRD?,
in: Kritische Justiz (KJ) 2003, S. 210 ff.

Heckmann, Dirk: Eingriff durch Symbole?,
in: JZ 1996, S. 880 ff.

Heger, Martin: Verwerflicher Grundrechtsgebrauch? Anmerkungen zu BVerfGE 104, 92,
in: Jura 2003, S. 112 ff.

Heintschel v. Heinegg, Wolff/ Schäfer, Olaf: Der Grundrechtsschutz (neuer) Religionsgemeinschaften und die Grenzen staatlichen Handelns,
in : DVBl. 1991, S. 1341 ff.

Heintzen, Markus: Staatliche Warnungen als Grundrechtsproblem, in: VerwArch 81 (1990), S. 532 ff.

Hellermann, Johannes: Die sogenannte negative Seite der Freiheitsrechte. Berlin, 1993

Henke, Wilhelm: Juristische Systematik der Grundrechte, in: DÖV 1984, S. 1 ff.

Henschel, Johann Friedrich: Zum Kunstbegriff des Grundgesetzes, in: Festschrift für Rudolf Wassermann zum 60. Geburtstag, herausgegeben von Christian Broda/Erwin Deutsch/Hans-Ludwig Schreiber/Hans-Jochen Vogel. Neuwied, 1985, S. 351 ff.

ders.: Die Kunstfreiheit in der Rechtsprechung des BVerfG, in: NJW 1990, S .1937 ff.

Herdegen, Matthias: Gewissensfreiheit und Normativität des positiven Rechts. Berlin/Heidelberg/New York/Paris/Tokyo/Hong Kong, 1989

Heß, Reinhold: Grundrechtskonkurrenzen. Zugleich ein Beitrag zur Normstruktur der Freiheitsrechte. Berlin, 2000

Hesse, Hans Albrecht: Der Schutz-Staat geht um, in: JZ 1991, S. 744 ff.

Hesse, Konrad: Grundzüge des Verfassungsrechts der Bundesrepublik Deutschland. 20. Aufl., Heidelberg, 1995

ders.: Bedeutung der Grundrechte, in: Ernst Benda/Werner Maihofer/ Hans JochenVogel (Hrsg.): Handbuch des Verfassungsrechts der Bundesrepublik Deutschland, Studienausgabe, Teil 1, , § 5 (S. 127 ff.). 2. Aufl., Berlin/New York, 1995

ders.: Verfassungsrechtsprechung im geschichtlichen Wandel, in: JZ 1995, S. 265 ff.

Heyde, Wolfgang: Der Regelungsspielraum des Gesetzgebers bei vorbehaltlos gewährleisteten Grundrechten, in: Walther Fürst/Roman Herzog/Dieter C. Umbach (Hrsg.), Festschrift für Wolfgang Zeidler. Bd. 2.
Berlin/New York, 1987, S. 1429 ff.

Hildebrandt, Burghard: Der praktische Fall - Öffentliches Recht: Kunst darf (fast) alles, in: JuS 1993, S. 580 ff.

Hilgendorf, Eric: Folter im Rechtsstaat?,
in: JZ 2004, S. 331 ff.

Hippel, Eike von: Grenzen und Wesensgehalt der Grundrechte.
Berlin, 1965

Hirschberg, Lothar: Der Grundsatz der Verhältnismäßigkeit.
Göttingen, 1981

Hochhuth, Martin: Relativitätstheorie des Öffentlichen Rechts.
Baden-Baden, 2000

ders.: Lückenloser Freiheitsschutz und die Widersprüche des Art. 2 Abs. 1 GG,
in: JZ 2002, S. 743 ff.

Höfling, Wolfram: Offene Grundrechtsinterpretation. Grundrechtsauslegung zwischen amtlichem Interpretationsmonopol und privater Konkretisierungskompetenz.
Köln, 1987

ders.: Bauelemente einer Grundrechtsdogmatik des deutschsprachigen Raumes, in: Kleinstaat und Menschenrechte. Festgabe für Gerhard Batliner zum 65. Geburtstag, herausgeben von A. Riklin u.a.
Basel, 1993, S. 341 ff.

ders.: Grundrechtstatbestand – Grundrechtsschranken – Grundrechtsschrankenschranken,
in: Jura 1994, S. 169 ff.

ders.: Um Leben und Tod: Transplantationsgesetzgebung und Grundrecht auf Leben,
in: JZ 1995, S. 26 ff.

ders.: Die Unantastbarkeit der Menschenwürde - Annährungen an einen schwierigen Verfassungsrechtssatz,
in: JuS 1995. S. 837

ders.: Kopernikanische Wende rückwärts? Zur neueren Grundrechtsjudikatur des Bundesverfassungsgerichts, in: Muckel (Hrsg), Kirche und Religion im sozialen Rechtsstaat, Festschrift für Wolfgang Rüfner zum 70. Geburtstag. Berlin, 2003, S. 329 ff.

Hoerster, Norbert: Zur Bedeutung des Prinzips der Menschenwürde, in: JuS 1983, S. 93 ff.

Hoffmann, Josef: Kunstfreiheit und Sacheigentum. Bemerkungen zum „Sprayer"-Beschluss des BVerfG, in: NJW 1985, 237 ff.

Hofmann, Hasso: Die versprochene Menschenwürde, in: AöR 118 (1993), S. 353 ff.

Huber, Peter M.: Die Informationstätigkeit der öffentlichen Hand - ein grundrechtliches Sonderregime aus Karlsruhe?, in: JZ 2003, S. 290 ff.

ders.: Das Menschenbild im Grundgesetz, in: Jura 1998, S. 505 ff.

Hufen, Friedhelm: Zur rechtlichen Regelung der Straßenkunst – kommunikativer Gemeingebrauch oder Verbot mit Erlaubnisvorbehalt?, in: DÖV 1983, S. 353 ff.

ders.: Verwaltungsprozeßrecht. 5. Aufl., München, 2003

ders.: Erosion der Menschenwürde?, in: JZ 2004, S. 313 ff.

Huhmann, Marcus: Die verfassungsrechtliche Dimension des Bankgeheimnisses. Frankfurt a.M., 2002

Huster, Stefan: Rechte und Ziele: zur Dogmatik des allgemeinen Gleichheitssatzes. Berlin, 1993

ders.: Gehört der Tierschutz ins Grundgesetz?, in: ZRP 1993, S. 326 ff.

ders.: Das Verbot der „Auschwitzlüge", die Meinungsfreiheit und das Bundesverfassungsgericht, in: NJW 1996, S. 487 ff.

Ipsen, Hans Peter: Verfassungsfragen zur Handwerksordnung, in: DVBl. 1956, S. 358 ff.

Ipsen, Jörn: Gesetzliche Einwirkungen auf grundrechtlich geschützte Rechtsgüter, in: JZ 1997, S. 473 ff.

ders.: Staatsrecht II – Grundrechte. 7. Aufl., München, 2004

Isensee, Josef: Wer definiert die Freiheitsrechte? Selbstverständnis der Grundrechtsträger und Grundrechtsauslegung des Staates. Heidelberg/Karlsruhe, 1980

ders.: Grundrechte und Demokratie. Die polare Legitimation im grundgesetzlichen Gemeinwesen, in: Der Staat 20 (1981), S. 161 ff.

ders.: Die verdrängten Grundpflichten des Bürgers, in: DÖV 1982, S. 609 ff.

ders.: Die Friedenspflicht der Bürger und das Gewaltmonopol des Staates: Zur Legitimationskrise des modernen Staates, in: Staatsorganisation und Staatsfunktionen im Wandel; Festschrift für Kurt Eichenberger zum 60. Geburtstag, herausgeben von Georg Müller/ René Rhinow. Basel/Frankfurt a.M., 1982

ders.: Das Grundrecht auf Sicherheit. Zu den Schutzpflichten des freiheitlichen Verfassungsstaates. Berlin/New York, 1983

ders.: Diskussionsbeitrag, in: Essener Gespräche zum Thema Staat und Kirche, Bd. 19, Münster 1985, S. 143

ders.: Schranken der vorbehaltlosen Grundrechte, in: Recht in Deutschland und Korea. Zeitschrift der Koreanisch-Deutschen Gesellschaft für Rechtswissenschaft, Bd. V, Seoul, 1985, S. 51 ff.

ders.: Diskussionsbeitrag, in: Essener Gespräche zum Thema Staat und Kirche, Bd. 22. Münster, 1988, S. 148

ders.: Das staatliche Gewaltmonopol als Grundlage und Grenze der Grundrechte. Der Vorbehalt der Friedlichkeit als Kriterium des Grundrechtstatbestands und der Schutzpflicht, in: Bürger – Richter – Staat. Festschrift für Horst Sendler, herausgegeben von Everhardt Franßen/Konrad Redeker/Otto Schlichter/Dieter Wilke. München, 1991, S. 39 ff.

ders.: Kunstfreiheit im Streit mit Persönlichkeitsschutz, in: Archiv für Presserecht (AfP) 1993, S. 619 ff

ders.: Die alte Frage nach der Rechtfertigung des Staates, in: JZ 1999, S. 265 ff.

ders.: Vorbehalt der Verfassung. Das Grundgesetz als abschließende und als offene Norm, in: Freiheit und Eigentum, Festschrift für Walter Leisner zum 70. Geburtstag, herausgegeben von Josef Isensee/Helmut Lecheler. Berlin, 1999, S. 359 ff.

ders.: Das Grundrecht als Abwehrrecht und als staatliche Schutzpflicht, in: Handbuch des Staatsrechts der Bundesrepublik Deutschland. Herausgegeben von Josef Isensee und Paul Kirchhof. Band V: Allgemeine Grundrechtslehren. 2. Aufl., Heidelberg, 2000, § 111 (S. 143 ff.)

ders.: Grundrechtsvoraussetzungen und Verfassungserwartungen an die Grundrechtsausübung, in: Handbuch des Staatsrechts der Bundesrepublik Deutschland. Herausgegeben von Josef Isensee und Paul Kirchhof. Band V: Allgemeine Grundrechtslehren. 2. Aufl., Heidelberg, 2000, § 115 (S. 353 ff.)

ders.: Staat und Verfassung, in: Handbuch des Staatsrechts der Bundesrepublik Deutschland. Herausgegeben von Josef Isensee und Paul Kirchhof. Band II: Verfassungsstaat, 3. Aufl., Heidelberg, 2004, § 15 (S. 3 ff.)

Jansen, Nils: Die Abwägung von Grundrechten, in: Der Staat 36 (1997), S. 27 ff.

Jarass, Hans D.: Grundrechte als Wertentscheidungen bzw. objektivrechtliche Prinzipien in der Rechtsprechung des Bundesverfassungsgerichts, in: AöR 110 (1985), S. 363 ff.

ders.: Das allgemeine Persönlichkeitsrecht im Grundgesetz, in: NJW 1989, S. 857 ff.

ders.: Bausteine einer umfassenden Grundrechtsdogmatik, in: AöR 120 (1995), S. 345 ff.

ders./ Pieroth, Bodo: Grundgesetz für die Bundesrepublik Deutschland. Kommentar. München, 2004.

Jeand'Heur, Bernd: Grundrechte im Spannungsverhältnis zwischen subjektiven Freiheitsgarantien und objektiven Grundsatznormen, in: JZ 1995, 161 ff.

ders./ Cremer, Wolfram: Der praktische Fall - Öffentliches Recht: Warnungen vor Sekten, in: JuS 2002, S. 991 ff.

Jellinek, Walter: Grundrechte und Gesetzesvorbehalt, in: Deutsche Rechts-Zeitschrift (DRZ) 1946, S. 4 ff.

Jestaedt, Matthias: Verfassungsrecht und einfaches Recht – Verfassungsgerichtsbarkeit und Fachgerichtsbarkeit, in: DVBl. 2001, S. 1309 ff.

Kämmerer, Jörn Axel: Privatisierung: Typologie –Determinanten – Rechtspraxis – Folgen. Tübingen, 2001

Karpen, Ulrich: "Ziviler Ungehorsam" im demokratischen Rechtsstaat, in: JZ 1984, S. 249 ff.

Katz, Alfred: Staatsrecht. Grundkurs im öffentlichen Recht. 15. Aufl., Heidelberg, 2002.

Keller, Adolf: Die Kritik, Korrektur und Interpretation des Gesetzeswortlautes. Winterthur, 1960.

Ketteler, Gerd: Die Einschränkbarkeit nichtöffentlicher Versammlungen in geschlossenen Räumen, in: DÖV 1990, S. 954 ff.

Kiesel, Manfred: Die Liquidierung des Ehrenschutzes durch das BVerfG in: NVwZ 1992, S. 1129 ff.

Kimms, Frank/ Schlünder, Irene: Verfassungsrecht II. Grundrechte. München, 1998

Kirchbach, Johannes von: Wissenschaftsfreiheit und Arzneimittelkontrolle. Ein Beitrag zum Verständnis von Art. 5 Abs.3 GG. Frankfurt a.M., 1995.

Kirchhof, Paul: Polizeiliche Eingriffsbefugnisse und private Nothilfe, in: NJW 1978, S. 969 ff.

ders.: Der demokratische Rechtsstaat – die Staatsform der Zugehörigen, in: Handbuch des Staatsrechts der Bundesrepublik Deutschland. Herausgegeben von Josef Isensee und Paul Kirchhof. Band IX: Die Einheit Deutschlands - Festigung und Übergang -. Heidelberg, 1997, § 221 (S. 957 ff.)

ders.: Der Staat als Organisationsform politischer Herrschaft und rechtlicher Bindung – Kontinuität und Erneuerung des deutschen Verfassungsstaates in Freiheitlichkeit, Weltoffenheit und demokratischer Solidarität –,
in: DVBl. 1999, S. 637 ff.

Kirsch, Benno: Verbrechensbekämpfung durch private Sicherheitsdienste?,
in: Kritische Justiz (KJ) 2002, S. 233 ff.

Kittner, Michael: Sozialstaatsprinzip, in: Kommentar zum Grundgesetz für die Bundesrepublik Deutschland, Reihe Alternativkommentar, Gesamtherausgeber: Rudolf Wassermann, 2. Aufl., Neuwied, 1989 (zit.: AK-Kittner)

Klein, Hans Hugo: Öffentliche und private Freiheit. Zur Auslegung des Grundrechts der Meinungsfreiheit,
in: Der Staat 10 (1971), S. 145 ff.

ders.: Die Grundrechte im demokratischen Staat. Kritische Bemerkungen zur Auslegung der Grundrechte in der deutschen Staatsrechtslehre der Gegenwart.
Stuttgart/Berlin/Köln/Mainz, 1972

ders.: Ziviler Ungehorsam im demokratischen Rechtsstaat?
in: Bernd Rüthers/Klaus Sterm (Hrsg.), Freiheit und Verantwortung im Verfassungsstaat. Festgabe zum 10jährigen Jubiläum der Gesellschaft für Rechtspolitik.
München, 1984, S. 177

ders.: Gewissensfreiheit und Rechtsgehorsam, in: Staat und Völkerrechtsordnung. Festschrift für Karl Doehring, herausgegeben von Kay Hailbronner/Georg Ress/Torsten Stein.
Berlin/Heidelberg/New York/London/Paris/Tokyo/Hong Kong, 1989, S. 479 ff.

ders.: Die grundrechtliche Schutzpflicht,
in: DVBl. 1994, S. 489 ff.

Kloepfer, Michael:	Grundrechtstatbestand und Grundrechtsschranken in der Rechtsprechung des BVerfG – dargestellt am Beispiel der Menschenwürde -, in: Bundesverfassungsgericht und Grundgesetz. Festgabe aus Anlaß des 25jährigen Bestehens des Bundesverfassungsgerichts, herausgegeben von Christian Starck. Band II: Verfassungsauslegung. Tübingen, 1976, S. 405 ff.
ders.:	Tierversuchsbeschränkungen und Verfassungsrecht, in: JZ 1986, S. 205 ff.
ders.:	Leben und Würde des Menschen, in: Festschrift 50 Jahre Bundesverfassungsgericht, herausgegeben von Peter Badura/Horst Dreier. Zweiter Band: Klärung und Fortbildung des Verfassungsrechts. Tübingen, 2001, S. 77 ff.
ders.:	Versammlungsfreiheit, in: Handbuch des Staatsrechts der Bundesrepublik Deutschland. Herausgegeben von Josef Isensee und Paul Kirchhof. Band VI: Freiheitsrechte. 2. Aufl., Heidelberg, 2001, § 143 (S. 739 ff.)
ders.:	Vom Zustand des Verfassungsstaats, in: JZ 2003, S. 481 ff.
Kluge, Hans-Georg:	Vorbehaltlose Grundrechte am Beispiel des Schächtens, in: ZRP 1992, S. 141 ff.
Kluth, Winfried:	Das Grundrecht auf Leben und die „ratio" des Gesetzgebers, in: Goldhammers Archiv f. Strafrecht 1988, S. 547 ff.
ders.:	Die Grundrechte des Art. 4 GG, in: Jura 1993, S. 137 ff.
Knies, Wolfgang:	Schranken der Kunstfreiheit als verfassungsrechtliches Problem. München, 1967
Koch, Thorsten:	Der Grundrechtsschutz des Drittbetroffenen. Zur Rekonstruktion der Grundrechte als Abwehrrechte. Tübingen, 2000
Kokott, Juliane:	Grundrechtliche Schranken und Schrankenschranken, in: Handbuch der Grundrechte in Deutschland und Europa. Herausgegeben von Detlef Merten und Hans-Jürgen Papier. Band I: Entwicklung und Grundlagen. Heidelberg, 2004, § 22 (S. 853 ff.)

Krebs, Walter: Vorbehalt des Gesetzes und Grundrechte. Vergleich des traditionellen Eingriffsvorbehalts mit den Grundrechtsbestimmungen des Grundgesetzes.
Berlin, 1975

ders.: Freiheitsschutz durch Grundrechte,
in: Jura 1988, S. 617 ff.

Kretschmer, Bernhard: Folter in Deutschland: Rückkehr einer Ungeheuerlichkeit?,
in: Recht und Politik 2003, S. 102 ff.

Kriele, Martin: Vorbehaltlose Grundrechte und die Rechte anderer,
in: JA 1984, S. 629 ff.

ders.: Freiheit und Gleichheit, in: ders.: Recht – Vernunft – Wirklichkeit.
Berlin, 1990

ders.: Ehrenschutz und Meinungsfreiheit,
in: NJW 1994, S. 1897 ff.

ders.: Grundrechte und demokratischer Gestaltungsspielraum, in: Handbuch des Staatsrechts der Bundesrepublik Deutschland. Herausgegeben von Josef Isensee und Paul Kirchhof. Band V: Allgemeine Grundrechtslehren. 2. Aufl., Heidelberg, 2000, § 110 (S. 101 ff.)

Krings, Günter: Grund und Grenzen grundrechtlicher Schutzansprüche. Die subjektiv-rechtliche Rekonstruktion der grundrechtlichen Schutzpflichten und ihre Auswirkung auf die verfassungsrechtliche Fundierung des Verbrauchervertragsrechts.
Berlin, 2003.

Kröger, Klaus: Forum: Die vernachlässigte Friedenspflicht des Bürgers,
in: JuS 1984, S. 172 ff.

Krüger, Herbert: Grundgesetz und Kartellgesetzgebung
Göttingen, 1950

ders.: Die Einschränkung von Grundrechten nach dem Grundgesetz,
in: DVBl. 1950, 625

ders.: Mißbrauch und Verwirkung von Grundrechten,
in: DVBl. 1953, S. 97 ff.

Kube, Hanno: Die Elfes-Konstruktion,
in: JuS 2003, S. 111 ff.

Kudlich, Hans:	Grundrechtsorientierte Auslegung im Strafrecht, in: JZ 2003, S. 127 ff.
Kuhl, Thomas/ Unruh, Peter:	Religionsfreiheit versus Tierschutz – Anmerkungen zum Schächten – , in: DÖV 1994, S. 644 ff.
Kunig, Philip:	Der Reiter im Walde, in: Jura 1990, S. 523 ff.
ders.:	Grundrechtlicher Schutz des Lebens, in: Jura 1991, S. 415 ff.
Laker, Thomas:	Ziviler Ungehorsam. Baden-Baden, 1986
Langer, Stefan:	Strukturfragen der Berufsfreiheit, in: JuS 1993, S. 203 ff.
Laubinger, Hans-Werner:	Höchstrichterliche Rechtssprechung zum Verwaltungsrecht. Straßenkunst –Gemeingebrauch oder Sondernutzung ?, in: VerwArch 81 (1990), S. 583 ff.
Lege, Joachim:	Nochmals: Staatliche Warnungen – Zugleich zum Paradigmenwechsel in der Grundrechtsdogmatik und zur Abgrenzung von Regierung und Verwaltung –, in: DVBl. 1999, S. 569 ff.
Leibholz, Gerhard/ Rinck, Hans J./ Hesselberger, Dieter:	Grundgesetz für die Bundesrepublik Deutschland. Kommentar an Hand der Rechtsprechung des BVerfG. Losebl.-Ausg., Stand Juli 2003, Grundwerk: 7. Aufl., Köln, 1993
Leisner, Walter:	Die verfassungsrechtliche Berufsfreiheit - BVerfGE 7, 377 (Apothekenurteil), in: JuS 1962, S. 463 ff.
ders.:	„Abwägung überall“ – Gefahr für den Rechtsstaat, in: NJW 1997, S. 636 ff.
ders.:	Der Abwägungsstaat. Verhältnismäßigkeit als Gerechtigkeit? Berlin, 1997

Lenz, Helmut: Grenzsituationen der Demokratie, in: KritV 70 (1987), S. 1 ff.

Lepa, Manfred: Grundrechtskonflikte, in: DVBl. 1972, S. 161 ff.

Lerche, Peter: Übermass und Verfassungsrecht. Zur Bindung des Gesetzgebers an die Grundsätze der Verhältnismäßigkeit und der Erforderlichkeit. Köln/Berlin/München/Bonn, 1961.

ders.: Schranken und Kunstfreiheit - Insbesondere zu offenen Fragen der Mephisto-Entscheidung -, in: BayVBl. 1974, S. 177 ff.

ders.: Verfassungsrechtliche Aspekte der Gentechnologie, in: Rudolf Lukes/Rupert Scholz (Hrsg.), Rechtsfragen der Gentechnolgie. Vorträge anläßlich eines Kolloquiums Recht und Technik – Rechtsfragen der Gentechnologie in der Tagungsstätte der Max-Planck-Gesellschaft „Schloß Ringberg" am 18./19./20. November 1985. Köln/Berlin/Bonn/München, 1986, S. 88 ff.

ders.: Ausnahmslos und vorbehaltlos geltende Grundrechtsgarantien, in: Gegenrede. Aufklärung - Kritik - Öffentlichkeit. Festschrift für Ernst-Gottfried Mahrenholz, herausgegeben von Herta Däubler/Gmelin/Klaus Kinkel/Hans Meyer/Helmut Simon. Baden Baden, 1994, S. 515 ff.

ders.: Die "nicht-erlaubte" Betätigung und das Grundrecht der Berufsfreiheit –Zusammenspiel von Verfassungsrecht und allgemeiner Rechtsordnung?, in: Festschrift für Wolfgang Fikentscher zum 70. Geburtstag, herausgegeben von Bernhard Großfeld/Rolf Sack/Thomas M.J. Möllers/Josef Drexl/Andreas Heinemann. Tübingen 1998, S. 541 ff.

ders.: Grundrechtlicher Schutzbereich, Grundrechtsprägung und Grundrechtseingriff, in: Handbuch des Staatsrechts der Bundesrepublik Deutschland. Herausgegeben von Josef Isensee und Paul Kirchhof. Band V: Allgemeine Grundrechtslehren. 2. Aufl., Heidelberg, 2000, § 121 (S. 739 ff.)

ders.: Grundrechtsschranken, in: Handbuch des Staatsrechts der Bundesrepublik Deutschland. Herausgegeben von Josef Isensee und Paul Kirchhof. Band V: Allgemeine Grundrechtslehren. 2. Aufl., Heidelberg, 2000, § 122 (S. 775 ff.)

Liesegang, Helmuth: Zentralfragen eines verfassungsgemäßen Grundrechtsverständnisses, in: JuS 1976, S. 420 ff.

Lindner, Josef Franz: Die gleichheitsrechtliche Dimension des Rechts auf freie Entfaltung der Persönlichkeit (Art. 2 I GG), in: NJW 1998, S. 1208 ff.

Loebenstein, Edwin: Die Behandlung des österreichischen Grundrechtskataloges durch das Expertenkollegium zur Neuordnung der Grund- und Freiheitsrechte, in: EuGRZ 1985, S. 365 ff.

Lorenz, Dieter: Wissenschaft darf nicht alles! Zur Bedeutung der Rechte anderer als Grenze grundrechtlicher Gewährleistung,in: Wege und Verfahren des Verfassungslebens. Festschrift für Peter Lerche zum 65. Geburtstag, herausgegeben von Peter Badura/Rupert Scholz. München, 1993

ders.: Zulassungsfreie Sondernutzung kraft Grundrechts? – BVerfG, NVwZ 1992, 52, in: JuS 1993, S. 375 ff.

ders.: Allgemeine Handlungsfreiheit und unbenannte Freiheitsrechte, in: Staat, Kirche, Verwaltung. Festschrift für Hartmut Maurer zum 70. Geburtstag, herausgegeben von Max-Emanuel Geis/Dieter Lorenz. München, 2001, S. 213 ff.

ders.: Recht auf Leben und körperliche Unversehrtheit, in: Handbuch des Staatsrechts der Bundesrepublik Deutschland. Herausgegeben von Josef Isensee und Paul Kirchhof. Band VI: Freiheitsrechte. 2. Aufl., Heidelberg, 2001, § 128 (S. 3 ff.)

Losch, Bernhard: Wissenschaftsfreiheit, Wissenschaftsschranken, Wissenschaftsverantwortung: zugleich ein Beitrag zur Kollision von Wissenschaftsfreiheit und Lebensschutz am Lebensbeginn. Berlin, 1993

Loschelder, Wolfgang: Staatliche Regelungsbefugnis und Toleranz im Immisionsschutz zwischen Privaten. Die „Passivraucher"-Kontroverse in der öffentlichen Verwaltung, in: ZBR 1977, S. 337 ff.

Luchterhand, Otto: Grundpflichten als Verfassungsproblem in Deutschland, Geschichtliche Entwicklung und Grundpflichten unter dem Grundgesetz.
Berlin, 1989

Lübbe, Anna: Hat der Tierschutz Verfassungsrang?,
in: Natur und Recht (NuR) 1994, S. 469 ff.

Lübbe, Weymar: Neminem laedere? Zur Zukunft der Handlungsverantwortung, in: Ulfrid Neumann/Lorenz Schulz (Hrsg.), Verantwortung in Recht und Moral: Referate der Tagung der Deutschen Sektionen der Internationalen Vereinigung für Rechts- und Sozialphilosophie vom 2. Bis zum 3. Oktober 1998 in Frankfurt/M. (ARSP-Beiheft 74).
Stuttgart, 2000, S. 73 ff.

Lübbe-Wolff, Gertrude: Die Grundrechte als Eingriffsabwehrrechte: Struktur und Reichweite der Eingriffsdogmatik im Bereich der staatlichen Leistungen.
Bielefeld, 1988

Lücke, Jörg: Begründungszwang und Verfassung.
Tübingen, 1981

ders.: Die spezifischen Schranken des allgemeinen Persönlichkeitsrechts und ihre Geltung für die vorbehaltlosen Grundrechte – Zu den Schranken der vorbehaltlosen Freiheitsrechte aus Art. 2 Abs.1 in Verbindung mit Art. 1 Abs.1 GG,
in: DÖV 2002, S. 93 ff.

Mädrich, Susanne: Forschungsfreiheit und Tierschutz im Spiegel des Verfassungsrechts.
Frankfurt a.M/Bern/New York, 1988

Maihofer, Werner: Rechtsstaat in der Bewährung,
in: Bitburger Gespräche, Jahrbuch 1974 - 1976, S. 147 ff.

Mangoldt, Hermann von/ Klein, Friedrich: Das Bonner Grundgesetz, Kommentar, Band 1,
2. Aufl., Berlin/Frankfurt, 1957

dies./Starck, Christian: Das Bonner Grundgesetz. Kommentar
Band 1: Präambel, Art. 1 – 19, 4. Aufl., München, 1999

Manssen, Gerrit: Staatsrecht I, Grundrechtsdogmatik.
München, 1995

ders.:	Grundrechte. München, 2000
Matz, Werner:	Entstehungsgeschichte der Artikel des Grundgesetzes. Im Auftrage der Abwicklungsstelle des Parlamentarischen Rates und des Bundesministers des Innern auf Grund der Verhandlungen des Parlamentarischen Rates. Bearbeitet von Klaus-Berto v. Doemming/Rudolf Werner Füsslein/Werner Matz, in: JöR n.F. 1 (1951)
Maunz, Theodor/ Dürig, Günter:	Grundgesetz. Kommentar. Loseblattsammlung, gegründet 1958, Stand: Februar 2003 (zit.: Bearbeiter, in: Maunz/Dürig)
Maunz, Theodor/ Zippelius, Reinhold:	Deutsches Staatsrecht. 30. Aufl., München, 1998
Maurer, Hartmut:	Idee und Wirklichkeit der Grundrechte, in: JZ 1999, S. 689 ff.
ders.:	Allgemeines Verwaltungsrecht. 14. Aufl., München, 2002
ders.:	Staatsrecht I, Grundlagen Verfassungsorgane Staatsfunktionen. 3. Aufl., München, 2003
Mayen, Thomas:	Der grundrechtliche Informationsanspruch des Forschers gegenüber dem Staat. Köln, 1991
Meincke, Jens Peter:	Die Institutionen Iustinians als Repetitionsprogramm, in: JZ 1988, S. 1095 ff.
Menzel, Andreas:	Nochmals: Zum materiellrechtlichen Gehalt der Kompetenzbestimmungen des Grundgesetzes, in: DÖV 1983, S. 805 ff.
Merkel, Reinhard:	Embryonenschutz, Grundgesetz und Ethik. Über verfassungsrechtliche Missverständnisse und moralische Grundlagen im Streit um die Forschung embryonalen Stammzellen, in: DRiZ 2002, S. 184 ff.
Merten, Detlef:	Rechtsstaat und Gewaltmonopol. Tübingen, 1975

ders.: Grundpflichten im Verfassungssystem der Bundesrepublik Deutschland, in: BayVBl. 1978, S. 554 ff.

ders.: Rechtsstaatdämmerung, in: Polizeilicher Eingriff und Grundrechte, Festschrift zum 70. Geburtstag von Rudolf Samper, herausgegeben von Manfred Schreiber. Stuttgart, 1982, S. 35 ff.

ders.: Bürgerverantwortung im demokratischen Verfassungsstaat, in: VVDStRL 55 (1995), S. 7 ff.

ders.: Vereinsfreiheit, in: Handbuch des Staatsrechts der Bundesrepublik Deutschland. Herausgegeben von Josef Isensee und Paul Kirchhof. Band VI: Freiheitsrechte. 2. Aufl., Heidelberg, 2001, § 144 (S. 775 ff.)

Merten, Jan O.: Folterverbot und Grundrechtsdogmatik – Zugleich ein Beitrag zur aktuellen Diskussion um die Menschenwürde –, in: JR 2003, S. 404 ff.

Meyn, Karl-Ulrich: Warnung der Bundesregierung vor Jugendsekten – BVerwG, NJW 1989, 2272, und BVerwG, NJW 1989, 3269, in: JuS 1990, S. 630 ff.

Miehe, Olaf: Nochmals: Die Debatte über Ausnahmen vom Folterverbot, in: NJW 2003, S. 1219 f.

Mis-Paulußen, Ursula: Zur Frage der Begrenzung vorbehaltlos gewährleisteter Grundrechte unter besonderer, kritischer Würdigung der Rechtsprechung des Bundesverfassungsgerichts. Köln, 1997

Misera-Lang, Kathrin: Dogmatische Grundlagen der Einschränkbarkeit vorbehaltloser Freiheitsgrundrechte. Frankfurt a.M./Berlin/Bern/New York/Paris/Wien, 1999

Möllers, Christoph: Staat als Argument. München, 2000

Möstl, Markus: Die staatliche Garantie für die öffentliche Sicherheit und Ordnung: Sicherheitsgewährleistung im Verfassungsstaat, im Bundesstaat und in der Europäischen Union. Berlin, 2002

Morgenthaler, Gerd: Freiheit durch Gesetz. Der parlamentarische Gesetzgeber als Erstadressat der Freiheitsrechte.
Tübingen, 1999

Muckel, Stefan: Staatliche Warnungen vor sog. Jugendsekten,
in: JA 1995, S. 343 ff.

ders.: Religiöse Freiheit und staatliche Letztentscheidung. Die verfassungsrechtlichen Garantien religiöser Freiheit unter veränderten gesellschaftlichen Verhältnissen.
Berlin 1997

ders.: Grenzen der Gewissensfreiheit,
in: NJW 2000, S. 689 ff.

ders.: Begrenzung grundrechlicher Schutzbereiche durch Elemente außerhalb der Grundrechtstatbestandes, in: Die Macht des Geistes. Festschrift für Hartmut Schiedermair, herausgegeben von Dieter Dörr.
Heidelberg, 2001, S. 347 ff.

Müller, Friedrich: Normstruktur und Normativität. Zum Verhältnis von Recht und Wirklichkeit in der juristischen Hermeneutik, entwickelt an Fragen der Verfassungsinterpretation.
Berlin, 1966

ders.: Freiheit der Kunst als Problem der Grundrechtsdogmatik .
Berlin 1968

ders.: Normbereiche von Einzelgrundrechte in der Rechtsprechung des Bundesverfassungsgerichtes.
Berlin, 1968

ders.: Strafrecht, Jugendschutz und Freiheit der Kunst,
in: JZ 1970, S. 87 ff.

ders.: Noch einmal: Die Grundrechte des Grundgesetzes,
in: JuS 1981, S. 643 f.

ders.: Strukturrierende Rechtslehre.
Berlin, 1984

ders.: Positivität der Grundrechte, Fragen einer praktischen Grundrechtsdogmatik.
2. Aufl., Berlin, 1990

ders./ Christensen, Ralph: Juristische Methodik. Band I: Grundlagen ,Öffentliches Recht.
8. Aufl., Berlin, 2002

Müller-Hannemann, H.-Rainer: Zum Ausschluß gewerblicher Betätigung auf Friedhöfen. Ein Beitrag zur wirtschaftlichen Betätigung der Gemeinden auf dem Gebiet des Bestattungswesen,
in: DVBl. 1977, S. 440 ff.

Müller-Volbehr, Jörg: Die Jugendreligionen und die Grenzen der Religionsfreiheit, in: Essener Gespräche zum Thema Staat und Kirche, Bd. 19. Münster, 1985, S. 111 ff.

ders.: Das Grundrecht der Religionsfreiheit und seine Schranken,
in: DÖV 1995, S. 301 ff.

Münch, Ingo von: Staatsrecht II.
2. Aufl., Stuttgart 2002

ders./ Kunig, Philip: Grundgesetz-Kommentar. Band 1 (Präambel bis Art. 20). Begründet von Ingo von Münch, herausgegeben von Philip Kunig.
5. Aufl., München, 2000.
(zit.: Bearbeiter, in: v. Münch/Kunig, GG)

Murswiek, Dietrich: Die staatliche Verantwortung für die Risiken der Technik. Verfassungsrechtliche Grundlagen und immissionsschutzrechtliche Ausformung.
Berlin, 1985

ders.: Grundrechtsdogmatische Fragen gestufter Teilhabe-/Freiheitsverhältnisse, in: Staat und Völkerrechtsordnung. Festschrift für Karl Doehring, herausgegeben von Kay Hailbronner/Georg Ress/Torsten Stein.
Berlin/Heidelberg/New York/London/Paris/Tokyo/Hong Kong, 1989, S. 647 ff.

ders.: Privater Nutzen und Gemeinwohl im Umweltrecht. Zu den überindividuellen Voraussetzungen der individuellen Freiheit,
in: DVBl. 1994, S. 77 ff.

ders.: Staatsziel Umweltschutz (Art. 20a GG) - Bedeutung für Rechtsetzung und Rechtsanwendung,
in: NVwZ 1996, S. 222 ff.

ders.: Das Bundesverfassungsgericht und die Dogmatik mittelbarer Grundrechtseingriffe. Zu der Glykol- und der Osho-Entscheidung vom 26.6.2002,
in: NVwZ 2003, S. 1 ff.

Mußgnug, Reinhard: Zustandekommen des Grundgesetzes und Entstehen der Bundesrepublik Deutschland, in: Handbuch des Staatsrechts der Bundesrepublik Deutschland. Herausgegeben von Josef Isensee und Paul Kirchhof. Band I: Historische Grundlagen. 3. Aufl., Heidelberg, 2003, § 8 (S. 315 ff.)

Mutius, Albert von: Die Vereinigungsfreiheit des Art. 9 Abs. 1 GG, in: Jura 1984, S. 193 ff.

Nierhaus, Michael: Grundrechte aus der Hand des Gesetzgebers? - Ein Beitrag zur Dogmatik des Art. 1 Abs. 3 GG -, in: AöR 116 (1991), S. 72 ff.

Nieuwland, Herwig van: Darstellung und Kritik der Theorien der immanenten Grundrechtsschranken. Göttingen, 1981

Nipperdey, Hans Carl: Die Würde des Menschen, in: Franz L. Neumann/Hans Carl Nipperdey/Ulrich Scheuner (Hrsg.), Die Grundrechte. Handbuch der Theorie und Praxis der Grundrechte, Band II. Berlin, 1954, S. 1 ff.

Oebbecke, Janbernd: Reichweite und Voraussetzungen der grundgesetzlichen Garantie des Religionsunterrichts, in: DVBl. 1996, S. 336 ff.

Oeter, Stefan: „Drittwirkung" der Grundrecht und die Autonomie des Privatrechts, in: AöR 119 (1994), S. 529 ff.

Ogorek, Markus: Tierschutz und Religionsfreiheit im Widerstreit: Das Schächtverbot des § 4a TierSchG, in: Zeitschrift für Türkeistudien (ZfTS) 2002, S. 163 ff.

Ossenbühl, Fritz: Probleme und Wege der Verfassungsauslegung, in: DÖV 1965, S. 649 ff.

ders.: Versammlungsfreiheit und Spontandemonstration, in: Der Staat 10 (1971), S. 53 ff.

ders.: Die Interpretation der Grundrechte in der Rechtsprechung des Bundesverfassungsgerichts, in: NJW 1976, S. 2100 ff.

ders.: Abwägung im Verfassungsrecht, in: DVBl. 1995, 904 ff.

ders.: Der Grundsatz der Verhältnismäßigkeit (Übermaßverbot) in der Rechtsprechung der Verwaltungsgerichte, in: Jura 1997, S. 617 ff.

ders.: Grundsätze der Grundrechtsinterpretation, in: Handbuch der Grundrechte in Deutschland und Europa. Herausgegeben von Detlef Merten und Hans-Jürgen Papier. Band I: Entwicklung und Grundlagen. Heidelberg, 2004, § 15 (S. 595 ff.)

Pabst, Heinz-Joachim: Der postmortale Persönlichkeitsschutz in der neueren Rechtsprechung des Bundesverfassungsgerichts, in: NJW 2002, S. 999 ff.

Pecher, Christian Matthias: Verfassungsimmanente Schranken von Grundrechten. Hamburg, 2002

Peters, Hans: Die freie Entfaltung der Persönlichkeit als Verfassungsziel, in: Constantopoulos, Dimitri/ Wehberg, Hans (Hrsg.), Gegenwartsprobleme des internationalen Rechts und der Rechtsphilosophie. Festschrift für Rudolf Laun. Hamburg, 1953, S. 669 ff.

ders.: Das Recht auf freien Entfaltung der Persönlichkeit in der höchstrichterlichen Rechtsprechung. Köln, 1963

Picker, Eduard: Vertragliche und deliktische Schadenshaftung – Überlegungen zu einer Neustrukturierung der Haftungssysteme –, in: JZ 1987, S. 1041 ff.

ders.: Positive Forderungsverletzung und culpa in contrahendo - Zur Problematik der Haftungen "zwischen" Vertrag und Delikt, in: AcP 183 (1983), S. 369 ff.

Pieroth, Bodo: Materiale Rechtsfolgen grundgesetzlicher Kompetenz- und Organisationsnormen, in: AöR 114 (1989), S. 422 ff.

ders.: Der Wert der Auffangfunktion des Art. 2 Abs. 1GG. Zu einem bundesverfassungsgerichtsinternen Streit um die allgemeine Handlungsfreiheit, in: AöR 115 (1990), S. 33 ff.

ders./ Hartmann, Bernd J.: Grundrechtsschutz gegen wirtschaftliche Betätigung der öffentli chen Hand, in: DVBl. 2002, S. 421 ff.

ders./ Schlink, Bernhard: Grundrechte. Staatsrecht II, 19. Aufl., Berlin/Münster 2003

Pollern, Hans-Ingo von: Forum – Immanente Grundrechtsschranken – eine Bestandsaufnahme, in: JuS 1977, S. 644 ff.

Preu, Peter: Freiheitsgefährdung durch die Lehre von den grundrechtlichen Schutzpflichten - Überlegungen aus Anlaß des Gentechnikanlagen-Beschlusses des Hessischen Verwaltungsgerichtshofs, JZ 1990, 88 -, in: JZ 1991, S. 265 ff.

Pufendorf, Samuel A.: De Jure Naturae Et Gentium, Ed. G. Mascovius, Tom I. Frankfurt und Leipzig, 1759, unveränderter Nachdruck: Frankfurt a. M., 1967

Quoirin, Marianne: Eine Selbstverständlichkeit – Das Folterverbot. Gastkommentar, in: DRiZ 2003, S. 114

Reupert, Christine: Der verfassungsrechtliche Schutz des Films, in: NVwZ 1994, S. 1155 ff.

Richter, Ingo/ Schuppert, Gunnar Folke/ Bumke, Christian: Casebook Verfassungsrecht. 4. Aufl., München 2001

Ridder, Helmut: Die soziale Ordnung des Grundgesetzes. Leitfaden zu den Grundrechten einer demokratischen Verfassung. Opladen, 1975

ders.: „Das Menschenbild des Grundgesetzes", Zur Staatsreligion der Bundesrepublik Deutschland, in: Demokratie und Recht (DuR) 1979, S. 123 ff.

Röger, Ralf: Demonstrationsfreiheit für Neonazis? Analyse des Streits zwischen BVerfG und OVG NRW und Versuch einer Aktivierung des § 15 VersG als ehrschützende Norm. Berlin, 2004

Röthel, Anne: Grundrechte in der mobilen Gesellschaft.
Berlin, 1997

Roth, Wolfgang: Faktische Eingriffe in Freiheit und Eigentum. Struktur und Dogmatik des Grundrechtstatbestandes und der Eingriffsrechtfertigung.
Berlin, 1994

Rottman, Frank: Der Vorbehalt des Gesetzes und die grundrechtlichen Gesetzesvorbehalte,
in: EuGRZ 1985, S. 277 ff.

Rozek, Jochen: Anbringung von Kreuzen oder Kruzifixen in Schulräumen,
in: BayVBl. 1996, S. 22 ff.

Rüfner, Wolfgang: Überschneidungen und Gegenseitige Ergänzungen der Grundrechte,
in: Der Staat 7 (1968), S. 41 ff.

ders.: Grundrechtskonflikte, in: Bundesverfassungsgericht und Grundgesetz. Festgabe aus Anlaß des 25jährigen Bestehens des Bundesverfassungsgerichts.
Herausgegeben von Christian Starck. Band II: Verfassungsauslegung.
Tübingen, 1976, S. 453 ff.

ders.: Grundrechtsadressaten, in: Handbuch des Staatsrechts der Bundesrepublik Deutschland. Herausgegeben von Josef Isensee und Paul Kirchhof. Band V: Allgemeine Grundrechtslehren.
2. Aufl., Heidelberg, 2000, § 117 (S. 525 ff.)

Rühl, Ulli F. H.: Das Grundrecht auf Gewissensfreiheit als verfassungsrechtliches Problem und seine aktuelle Bedeutung,
in: Demokratie und Recht (DuR) 1983, S. 363 ff.

Rudolf, Walter: Sicherheit und Grundrechte, in: Michael Brenner/Peter M. Huber/Markus Möstl (Hrsg.), Der Staat des Grundgesetzes – Kontinuität und Wandel. Festschrift für Peter Badura zum 70. Geburtstag.
Tübingen, 2004, S. 463 ff.

Ruffert, Matthias: Vorrang der Verfassung und Eigenständigkeit des Privatrechts: eine verfassungsrechtliche Untersuchung zur Privatrechtswirkung des Grundgesetzes,
Tübingen, 2001

Rupp, Hans Heinrich: "Dienende" Grundrechte, "Bürgergesellschaft", "Drittwirkung" und "soziale Interdependenz" der Grundrechte, in: JZ 2001, S. 271 ff.

Sachs, Michael: in: Stern, Klaus: Das Staatsrecht der Bundesrepublik Deutschland, Band III/1: Allgemeine Lehren der Grundrechte. München, 1988

ders.: in: Stern, Klaus: Das Staatsrecht der Bundesrepublik Deutschland, Band III/2: Allgemeine Lehren der Grundrechte. München, 1994

ders.: Grundrechtsbegrenzungen außerhalb von Gesetzesvorbehalten, in: JuS 1995, S. 984 ff.

ders.: Öffentliche Ordnung im Versammlungsrecht – „Ostermontag-Demo", Besprechung des Beschlusses des BVerfG v. 12.4.2001 und des Beschlusses des OVG Münster v. 12.4.2001, in: JuS 2001, S. 1116 f.

ders.: Beachtung des Parteienprivilegs bei Versammlungsverbot, Besprechung des Beschlusses des BVerfG v. 1.5.2001 und des Beschlusses des OVG Münster v. 30.4.2001, in: JuS 2001, S. 1118 f.

ders.: Verfassungsrecht II. Grundrechte. 1. Aufl., Berlin, 2003

ders. (Hrsg.): Grundgesetz. Kommentar. 3. Aufl., München, 2003 (zit.: Bearbeiter, in: Sachs, GG)

Sacksofsky, Ute: Die Kopftuch-Entscheidung – von der religiösen zur förderalen Vielfalt, in: NJW 2003, S. 3297 ff.

Schachtschneider, Karl Albrecht: Demokratiedefizite in der Europäischen Union, in: Währungsunion und Weltwirtschaft. Festschrift für Wilhelm Hankel, herausgegeben von W. Nölling/K.A. Schachtschneider/J. Starbatty. Stuttgart, 1999, S. 119 ff.

Schack, Haimo: Geistiges Eigentum contra Sacheigentum, in: GRUR 1983, S. 56 ff.

Schapp, Jan: Grundrechte als Wertordnung,
in: JZ 1998, S. 913 ff.

Schatzschneider, Wolfgang: Rechtsordnung und "destruktive Kulte". Zur juristischen Auseinandersetzung mit den sog. neuen Jugendreligionen,
in: BayVBl. 1985, S. 321

Scherzberg, Arno: "Objektiver" Grundrechtsschutz und subjektives Grundrecht – Überlegungen zur Neukonzeption des grundrechtlichen Abwehrrechts –,
in: DVBl. 1989, S. 1128 ff.

ders.: Grundrechtsschutz und „Eingriffsintensität". Das Ausmaß individueller Grundrechtsbetroffenheit als materiellrechtliche und kompetenzielle Determinante der verfassungsgerichtlichen Kontrolle der Fachgerichtsbarkeit im Rahmen der Urteilsverfassungsbeschwerde.
Berlin, 1989

Scheuner, Ulrich: Die Funktion der Grundrechte im Sozialstaat. Die Grundrechts als Richtlinie und Rahmen der Staatstätigkeit,
in: DÖV 1971, S. 505 ff.

ders.: Pressefreiheit,
in: VVDStRL 22 (1965), S. 1 ff.

Schiemann, Gottfried: Das allgemeine Schädigungsverbot: „alterum non laere",
in : JuS 1989, S. 345 ff.

Schilling, Theodor: Die staatliche Pflicht zum Schutz von Grundrechten und Menschenwürde,
in: KritV 82 (1999), S. 452 ff.

Schlaich, Klaus/ Korioth, Stefan: Das Bundesverfassungsgericht. Stellung, Verfahren, Entscheidungen.
6. Aufl., München, 2004

Schlette, Volker: Kunstfreiheit contra Feiertagsschutz - ein Anwendungsfall der Lehre von den verfassungsimmanten Grundrechtsschranken,
in: JA 1996, S. 955 ff.

Schlink, Bernhard: Freiheit durch Eingriffsabwehr – Rekonstruktion der klassischen Grundrechtsfunktion,
in : EuGRZ 1984, S. 457 ff.

ders.:	Der Grundsatz der Verhältnismäßigkeit, in: Festschrift 50 Jahre Bundesverfassungsgericht, herausgegeben von Peter Badura/Horst Dreier. Zweiter Band: Klärung und Fortbildung des Verfassungsrechts. Tübingen, 2001, S. 445 ff.
ders.:	Darf der Staat foltern?" - Eine Podiumsdiskussion. Diskutanten: Winfried Brugger, Bernhard Schlink; Moderation: Dieter Grimm, Humboldt Universität zu Berlin, Audimax, 28.06.2001, veröffentlicht unter: http://www.humboldt-forum-recht.de/4-2002/Drucktext.html
Schmid, Carlo:	Wortbeitrag in der 2. Sitzung des Parlamentarischen Rates vom 8.9.1948, Stenographische Berichte, S. 14
Schmidt, Rolf:	Staatliches Informationshandeln und Grundrechtseingriff. Bremen, 2004.
ders.:	Grundrechte. 5. Aufl., Bremen 2004
Schmidt, Thorsten Ingo:	Grundpflichten. 1. Aufl., Baden-Baden, 1999.
Schmidt, Walter:	Die Freiheit vor dem Gesetz. Zur Auslegung des Art. 2 Abs. 1 GG, in: AöR 91 (1966), S. 42 ff.
ders.:	Die Entscheidungsfreiheit des einzelnen zwischen staatlicher Herrschaft und gesellschaftlicher Macht, in: AöR 101 (1976), S. 24 ff.
ders.:	Der Verfassungsvorbehalt der Grundrechte, in: AöR 106 (1981), S. 497 ff.
ders.:	Grundrechtstheorie im Wandel der Verfassungsgeschichte, in: Jura 1983, S. 169 ff.
ders.:	Die Freiheit im Wandel. Eine Zwischenbilanz zu Art. 2 Abs.1 GG, in: Demokratie in Staat und Wirtschaft, Festschrift für Ekkehart Stein zum 70. Geburtstag am 24.9.2002, herausgegeben von Heiko Faber und Götz Frank. Tübingen 2002, S. 91 ff.
Schmidt-Bleibtreu, Bruno/ Klein, Franz:	Kommentar zum Grundgesetz. 9. Aufl., Neuwied, 1999

Schmieder, Hans-Heinrich: Kunst als Störung privater Rechte, in: NJW 1982, S. 628 ff.

Schmitt, Carl: Verfassungslehre. 6. Aufl., Berlin, 1983 (unveränderter Nachdruck der 1. Aufl., München, 1928)

Schmitt Glaeser, Walter: Mißbrauch und Verwirkung von Grundrechten im politischen Meinungskampf. Eine Untersuchung über die Verfassungsschutzbestimmung des Art. 18 GG und ihr Verhältnis zum einfachen Recht, insbesondere zum politischen Strafrecht. Bad Homburg v.d.H./Berlin/Zürich, 1968

ders.: Die Beurteilung politisch motivierter Privatgewalt durch das Bundesverfassungsgericht, in: Das akzeptierte Grundgesetz, Festschrift für Günter Dürig zum 70. Geburtstag. Herausgegeben von Hartmut Maurer. München, 1990, S. 91 ff.

ders.: Die Meinungsfreiheit in der Rechtsprechung des Bundesverfassungsgerichts, in: AöR 113 (1988), S. 53 ff.

Schnapp, Friedrich E.: Urteilsanmerkung zu BVerwG, Urt. v. 7.10.1975 – I C 46/69 in: NJW 1976, S. 493 f.

ders.: Grenzen der Grundrechte, in : JuS 1978, S. 729 ff.

ders.: Toleranzidee und Grundgesetz, in: JZ 1985, S. 857 ff.

ders.: Die Grundrechtsbindung und Staatsgewalt, in: JuS 1989, S. 1 ff.

ders./ Dudda, Frank: Die öffentlich-rechtliche Klausur in der Zwischenprüfung und im Ersten juristischen Staatsexamen – Tierschutz und Religionsfreiheit, in: NWVBl. 1992, S. 375 ff.

ders.: Wie macht man richtigen Gebrauch von seiner Freiheit ?, in: NJW 1998, S. 960 f.

Schneider, Bernhard: Die Freiheit der Baukunst: Gehalt und Reichweite der Kunstfreiheit des Art. 5 Abs. 3 GG im öffentlichen Baurecht. Berlin, 2002

Schneider, Hans: Verfassungsrechtliche Grenzen einer gesetzlichen Regelung des Pressewesens.
Berlin, 1971

Schneider, Harald: Die Güterabwägung des Bundesverfassungsgerichts bei Grundrechtskonflikten. Empirische Studie zu Methode und Kritik eines Konfliktlösungsmodells.
Baden-Baden 1979

Schneider, Ludwig: Der Schutz des Wesengehalts von Grundrechten nach Art. 19 Abs. 2 GG.
Berlin, 1982.

Schneider, Peter: In dubio pro libertate, in: Caemmerer, Ernst von/Friesenhahn, Ernst/Lange, Richard (Hrsg.), Hundert Jahre deutsches Rechtsleben. Festschrift zum hundertjährigen Bestehen des Deutschen Juristentages 1860 – 1960. Band II. Karlsruhe, 1960, S. 263 ff.

Schnur, Roman: Rezension zu Peter Häberle, Die Wesengehaltsgarantie des Art. 19 Abs.2 GG (1. Aufl., 1962),
in: DVBl. 1965, S. 489 ff.

Schoch, Friedrich: Staatliche Informationspolitik und Berufsfreiheit,
in: DVBl. 1991, S. 667 ff.

Scholler, Heinrich: Die staatliche Warnung vor religiösen Bewegungen und die Garantie der Freiheit der Religion, in: Staatsphilosophie und Rechtspolitik, Festschrift für Martin Kriele zum 65. Geburtstag, herausgeben von Burkhardt Ziemske/Theo Langheid/Heinrich Wilms/ Görg Haverkate.
München, 1997, S. 321 ff.

Scholtissek, Herbert: Innere Grenzen der Freiheitsrechte,
in: NJW 1952, S. 561 ff.

Scholz, Rainer: „Neue Jugendreligionen" und Grundrechtsschutz nach Art. 4 GG,
in: NVwZ 1992, S. 1152 ff.

Scholz, Rupert: Verfassungsfragen zum Schutz des Nichtrauchers. Untersuchung auf der Grundlage des Nichtraucher-Schutzprogramms von Bundesregierung und Landesregierungen,
in: DB Beilage 1979, Nr. 10, S. 1 ff.

ders.: Das Dritte Fernsehurteil des Bundesverfassungsgerichts - Zugleich Anmerkung zum Urteil des BVerfG vom 16.6.1981, JZ 1981, 581 -,
in: JZ 1981, S. 561 ff.

ders.: Rechtsfrieden im Rechtsstaat. Verfassungsrechtliche Grundlagen, aktuelle Gefahren und rechtspolitische Folgerungen,
in: NJW 1983, S. 705 ff.

ders.: Das Grundrecht der freien Entfaltung der Persönlichkeit in der Rechtsprechung des Bundesverfassungsgerichts. Bericht über die in den Bänden 1 – 36 (Lieferung 3) BVerfGE,
in: AöR 100 (1975), S. 80 ff.

Schramm, Theodor: Staatsrecht. Bd. 2: Grundrechte und ihre verfassungsrechtliche Absicherung.
4. Aufl., Köln, 1988

Schürmann, Frank: Öffentlichkeitsarbeit der Bundesregierung. Strukturen, Medien, Auftrag und Grenzen eines informalen Instruments der Staatsleitung.
Berlin, 1992

Schütz, Peter: Artemis und Aurora vor den Schranken des Bauplanungsrechts – BVerwG, NJW 1995, 2648,
in: JuS 1996, S. 498 ff.

Schwabe, Jürgen: Anmerkungen zum Verfassungshandwerk,
in: ZRP 1991, S. 361 ff.

ders.: Probleme der Grundrechtsdogmatik.
2. (unveränderte) Aufl., Hamburg , 1997 (Erstaufl.: 1977)

Schwacke, Peter: Grundrechtliche Spannungslagen.
Stuttgart, 1975.

Schwäble, Ulrich: Das Grundrecht der Versammlungsfreiheit (Art. 8 GG),
Berlin, 1975.

Schwarz, Kyrill-A.: Das Postulat lückenlosen Grundrechtsschutzes und das System grundgesetzlicher Freiheitsgewährleistung,
in: JZ 2000, S. 126 ff.

ders.: Friedlichkeit als Grundpflicht- Die Herausforderung der Grundrechtsdogmatik durch den Fundamentalismus -,
in: BayVBl. 2003, S. 326 ff.

Schwerdtfeger, Gunther: Öffentliches Recht in der Fallbearbeitung. 11. Aufl., München, 2003

Selk, Michael: Einschränkung von Grundrechten durch Kompertenzregelungen?, in: JuS 1990, S. 895 ff.

Selmer, Peter: Generelle Norm und individueller Rechtsschutz, in: DÖV 1972, S. 551 ff.

Sendler, Horst: Kann man Liberalität übertreiben?, in: ZRP 1994, S. 343 ff.

Siebert, Wolfgang: Verwirkung und Unzulässigkeit der Rechtsausübung – Ein rechtsvergleichender Beitrag zur Lehre von den Schranken der privaten Rechte und zur exceptio doli (§§ 226, 242, 826 BGB.), unter besonderer Berücksichtigung des gewerblichen Rechtsschutzes (§ 1 UWG). Marburg, 1934

ders.: Vom Wesen des Rechtsmißbrauches. Über die konkrete Gestaltung der Rechte, in: Grundfragen der Neuen Rechtswissenschaften. Berlin, 1935

Siekmann, Helmut/ Duttge, Gunnar: Staatsrecht I: Grundrechte. 3. Aufl., Frankfurt a.M., 2000

Sinn, Arndt: Gewaltbegriff - quo vadis ? Zugleich Besprechung des 4. Sitzblockadenbeschlusses des BVerfG v. 24.10.2001 - 1 BvR 1190/90 u. a., in: NJW 2002, S. 1024 f.

Sintenis, Carl Friedrich Ferdinand: Das Corpus Juris Civilis in`s Deutsche übersetzt. Herausgegeben von Carl Eduard Otto/Bruno Schilling/Carl Friedrich Sintenis. 2. Aufl., Leipzig, 1839

Spieker, Manfred: Grenzen der Gewissensfreiheit – Zur Bedeutung von Artikel 4 Abs. 1 GG –, in: ZfL 2003, S. 121 ff.

Spiekerkötter, Jörg: Verfassungsfragen der Humangenetik. Insbesondere Überlegungen zur Zulässigkeit der Genmanipulation sowie der Forschung an menschlichen Embryonen. Neuwied/Frankfurt, 1989

Starck, Christian: Menschenwürde als Verfassungsgarantie im modernen Staat, in: JZ 1981, S. 457 ff,

ders.: Die Grundrechte des Grundgesetzes, in: JuS 1981, S. 237 ff.

ders.: Die Verfassungsauslegung, in: Handbuch des Staatsrechts der Bundesrepublik Deutschland. Herausgegeben von Josef Isensee und Paul Kirchhof. Band VII: Normativität und Schutz der Verfassung – Internationale Beziehungen. Heidelberg, 1992, § 164 (S. 189 ff.)

Stein, Ekkehard/ Götz, Frank: Staatsrecht. 18. Aufl., Tübingen, 2002

Steinbeiß-Winkelmann, Christine: Grundrechtliche Freiheit und staatliche Freiheitsordnung. Funktion und Regelungsgehalt verfassungsrechtlicher Freiheitsgarantien im Licht neuerer Grundrechtstheorien. Frankfurt a.M./Bern/New York, 1986

Stern, Klaus: Menschenwürde als Wurzel der Menschen- und Grundrechte, in: Recht und Staat im sozialen Wandel, Festschrift für Hans Ulrich Scupin zum 80. Geburtstag, herausgeben von Norbert Achterberg/Werner Krawietz/Dieter Wyduckel. Berlin, 1983, S. 627 ff.

ders.: Ehrenschutz und "allgemeine Gesetze", in: Festschrift für Heinz Hübner zum 70. Geburtstag am 7. November 1984, herausgegeben von Gottfried Baumgärtel/Hans-Jürgen Becker/Ernst Klingmüller/Andreas Wacke. Berlin/New York, 1984, S. 815 ff.

ders.: Das Staatsrecht der Bundesrepublik Deutschland, Band I: Grundbegriffe und Grundlagen des Staatsrechts, Strukturprinzipien der Verfassung, 2. Aufl., München, 1984

ders.: Das Staatsrecht der Bundesrepublik Deutschland, Band III/1: Allgemeine Lehren der Grundrechte. München, 1988

ders.: Das Staatsrecht der Bundesrepublik Deutschland, Band III/2: Allgemeine Lehren der Grundrechte. München, 1994 *ders.:* Idee und Elemente eines Systems der Grundrechte, in: Handbuch des Staatsrechts der Bundesrepublik Deutschland. Herausgegeben von Josef Isensee und Paul Kirchhof. Band V: Allgemeine Grundrechtslehren. 2. Aufl., Heidelberg, 2000, § 109 (S. 45 ff.)

ders.: Die Grundrechte und ihre Schranken, in: Festschrift 50 Jahre Bundesverfassungsgericht. Herausgegeben von Peter Badura/Horst Dreier. Bd. 2: Klärung und Fortbildung des Verfassungsrechts.
Tübingen, 2001, S. 1 ff.

ders.: Probleme der Ausstrahlungswirkung der Grundrechts auf das Privatrecht, in: Festschrift für Herbert Wiedemann zum 70. Geburtstag, herausgegeben von Rolf Wank/Heribert Hirte/Kasper Frey.
München, 2002, S. 133 ff.

ders.: Die normative Dimension der Menschenwürde,
in: Michael Brenner/Peter M. Huber/Markus Möstl (Hrsg.), Der Staat des Grundgesetzes – Kontinuität und Wandel. Festschrift für Peter Badura zum 70. Geburtstag.
Tübingen, 2004, S. 571 ff.

Sternberg-Lieben, Detlev: Die „Hörfalle“ – Eine Falle für die rechtsstaatliche Strafverfolgung?,
in: Jura 1995, S. 299 ff.

Suerbaum, Joachim: Berufsfreiheit und Erlaubtheit,
in: DVBl. 1999, S. 1690 ff.

Suhr, Dieter: Entfaltung der Menschen durch die Menschen. Zur Grundrechtsdogmatik der Persönlichkeitsentfaltung, der Ausübungsgemeinschaft und des Eigentums.
Berlin, 1976

ders.: Die Freiheit vom staatlichen Eingriff als Freiheit zum privaten Eingriff?: Kritik der Freiheitsdogmatik am Beispiel des Passivraucherproblems,
in: JZ 1980, S. 166 ff.

ders.: Freiheit durch Geselligkeit. Institut, Teilhabe, Verfahren und Organisation im systematischen Raster eines neuen Paradigmas,
in: EuGRZ 1984, S. 529 ff.

Szczekalla, Peter: Die sogenannten grundrechtlichen Schutzpflichten im deutschen und europäischen Recht: Inhalt und Reichweite einer "gemeineuropäischen Grundrechtsfunktion". Berlin, 2002

Teichmann, Arndt: in: Soergel, Hans Theodor (Hrsg.), Bürgerliches Gesetzbuch, Bd. 2: Schuldrecht I. 12. Aufl., Stuttgart, 1990

Terwiesche, Michael: Die Begrenzung der Grundrechte durch objektives Verfassungsrecht. Hamburg, 1999

Tettinger, Peter J.: Der Schutz der persönlichen Ehre im freien Meinungskampf, in: JZ 1983, S. 317 ff.

Thoma, Richard: Die juristische Bedeutung der grundrechtlichen Sätze der deutschen Reichsverfassung im allgemeinen, in: Nipperdey, Hans Carl (Hrsg.), Die Grundrechte und Grundpflichten der Reichsverfassung. Kommentar zum Zweiten Teil der Reichsverfassung, Erster Band. Berlin 1929, S. 1 ff.

Tiedemann, Paul: Von den Schranken des allgemeinen Persönlichkeitsrechts, in: DÖV 2003, S. 74 ff.

Traub, Thomas: Schutz der Menschenwürde in Stufen? Ein Bericht über die Neukommentierung von Art. 1 Abs. 1 GG von Matthias Herdegen im Grundgesetz-Kommentar von Maunz/Dürig, in: ZfL 2003, S. 130 ff.

Trute, Hans-Heinrich: Die Forschung zwischen grundrechtlicher Freiheit und staatlicher Institutionalisierung: das Wissenschaftsrecht als Recht kooperativer Verwaltungsvorgänge. Tübingen, 1994

Turner, George: Grenzen der Forschungsfreiheit, in: ZRP 1986, S. 172 ff.

Uber, Giesbert: Die Freiheit des Berufs. Hamburg, 1952

Umbach, Dieter C./ Clemens, Thomas (Hrsg.): Grundgesetz. Mitarbeiterkommentar und Handbuch. Band I (Art. 1 – 37 GG). Heidelberg, 2002 (zit.: Bearbeiter, in: Umbach/Clemens, GG)

Vesting, Thomas: § 35 III BauGB zwischen Umweltschutz und Kunstfreiheit, in: NJW 1996, S. 1111 ff.

Vlachopoulus, Spyridon: Kunstfreiheit und Jugendschutz. Berlin, 1996

Waechter, Kay: Forschungsfreiheit und Forschungsvertrauen, in: Der Staat 30 (1991), S. 19 ff.

Wagner, Heinz: Forschungsfreiheit und Regulierungsdichte, in: NVwZ 1998, S. 1235 ff.

Wahl, Rainer: Freiheit der Wissenschaft als Rechtsproblem, in: Freiburger Universitätsblätter 1987, S. 19 ff.

ders./Masing, Johannes: Schutz durch Eingriff, in: JZ 1990, S. 553 ff.

ders./ Wieland, Joachim: Verfassungsrechtsprechung als knappes Gut, in: JZ 1996, S. 1137 ff.

ders.: Elemente der Verfassungsstaatlichkeit, in: JuS 2001, S. 1041 ff.

Weber, Max: Wirtschaft und Gesellschaft. Grundriß der verstehenden Soziologie. Mit einem Anhang: Die rationalen und soziologischen Grundlagen der Musik. 1. und 2. Halbband. 4. Aufl., Tübingen, 1956

Wegmann, Bernd: Grundrechtskollision im Prüfungsraum, in: BayVBl. 1990, S. 673 ff.

Weigend, Thomas: Anmerkung zu LG Frankfurt/M., Beschluß v. 9.4.2003 - 5/22 Ks 3490 Js 230118/02, in: StV 2003, S. 436 ff.

Welsch, Harald: Die Wiederkehr der Folter als das letze Verteidigungsmittel des Rechtsstaats? in: BayVBl. 2003, S. 481 ff.

Wendt, Rudolf: Der Garantiegehalt der Grundrechte und das Übermaßverbot. Zur maßstabsetzenden Kraft der Grundrechte in der Übermaßprüfung,
in: AöR 104 (1979), S. 414 ff.

Wernsmann, Rainer: Anfängerhausarbeit Öffentliches Recht. Wassertiere in der Waschmittelforschung – Problematische Tierversuche,
in: Jura 2001, S. 106 ff.

Wertenbruch, Wilhelm: Der Grundrechtseingriff und Art. 2 Abs. 1 GG,
in: DVBl. 1958, S. 481 ff.

Wiegand, Bodo: Kein Grundrechtsschutz für Extremisten,
in: Neue Justiz (NJ) 1993, S. 396 ff.

Wieland, Joachim: Der Zugang des Bürgers zum Bundesverfassungsgericht und zum U.S. Supreme Court,
in: Der Staat 29 (1990), S. 333 ff.

Winkler, Markus: Kollisionen verfassungsrechtlicher Schutznormen. Zur Dogmatik der „verfassungsimmanenten" Grundrechtsschranken.
Berlin, 2000

Wipfelder, Hans-Jürgen: Ungeschriebene und immanente Schranken der Grundrechte,
in: BayVBl. 1981, S. 417 ff., 457 ff.

Wittreck, Fabian: Menschenwürde und Folgerverbot. Zum Dogma von der ausnahmslosen Unabwägbarkeit des Art. 1 Abs. 1 GG,
in: DÖV 2003, S. 873 ff.

Wollweber, Harald: Polizeilicher Scheinaufkäufer und Unverletzlichkeit der Wohnung (f),
in: StV 1997, S. 507 ff.

Wülfing, Thomas: Grundrechtliche Gesetzesvorbehalte und Grundrechtsschranken.
Berlin, 1981

Würkner, Joachim: Das Bundesverfassungsgericht und die Freiheit der Kunst.
München, 1994

Zacharias, Diana: Zur Abgrenzung von Menschenwürde und allgemeinem Persönlichkeitsrecht,
in: NJW 2001, S. 2950 f.

dies.: Rezension zu Christoph Möllers: Staat als Argument. München, 2002,
in: JZ 2001, S. 974

dies.: Staatsrecht I, Grundrechte.
2. Aufl., Frankfurt a.M., 2002

Zechlin, Lothar: Kunstfreiheit, Strafrecht und Satire,
in: NJW 1984, S. 1091 ff.

Zeitler, Franz-Christoph: Immanente Grundrechtsschranken oder Normenkonkordanz? – Überlegungen zum Beschluß des Bundesverfassungsgerichts vom 26.05.1970,
in: BayVBl. 1971, S. 417 ff.

Zizek, Slavoj: Der Körper des Feindes. Die Folterung und der Westen: Über die Selbstaushöhlung des Liberalismus nach den Terroranschlägen,
in: Die Zeit vom 6.12.2001, Nr. 50/2001, S. 54

Zöbeley, Günter: Zur Garantie der Kunstfreiheit in der gerichtlichen Praxis,
in: NJW 1985, S. 254 ff.

1. Teil: Einleitung

I. Der unstreitige Ausgangspunkt: Die Unmöglichkeit unbegrenzter Freiheitsrechte

Unser Staat will eine Gemeinschaft freier Menschen sein. Er erkennt daher in der Möglichkeit freier Selbstbestimmung des Einzelnen einen gemeinschaftsbildenden Wert.[1] Gesichert wird diese Möglichkeit vor allem durch die als subjektive Garantien ausgestalteten und verfahrensrechtlich abgesicherten Freiheitsgrundrechte, die unter der Geltung des Grundgesetzes wertentscheidende Grundsatznormen höchsten verfassungsrechtlichen Ranges darstellen.[2] Die Grundrechte haben gegenüber der Weimarer Reichsverfassung bekanntlich eine erhebliche Aufwertung erfahren. Sie gelten nicht mehr nur nach Maßgabe der Gesetze, sie binden vielmehr gemäß Art. 1 Abs. 3 GG die gesamte staatliche Gewalt als unmittelbar geltendes Recht und können damit zu einer inhaltlichen Begrenzung des Gesetzgebungsermessens führen.[3] Gleichwohl garantieren die Grundrechte keine unbegrenzten bzw. unbegrenzbaren[4] Freiheiten, mögen sie auch aus natürlichen bzw. vorstaatlichen Rechten und Freiheiten des Menschen hervorgegangen sein. Diese im Ergebnis unabweisbare Notwendigkeit der Begrenztheit der Grundrechte[5] läßt sich mit deren Rechtsqualität erklären[6] und wird allzu verständlich, wenn man bedenkt, daß die individuelle Persönlichkeitsentfaltung zwangsläufig auf Interessen der Gemeinschaft oder auf Freiheitsinteressen anderer Grundrechtsträger stoßen kann. Neben weiteren Begründungsansätzen, wie etwa dem Aspekt der „Einheit der Verfassung“[7] oder der von ihr geschützten „Wertordnung“[8], die keinem Verfassungswert den prinzipiellen Vorrang vor allen anderen Gütern und Werten mit Verfassungsrang einräumt, wird daher zumeist darauf verwiesen, daß grundrechtlich garantierte Freiheit schon aus Gründen des mit ihrer Betätigung verbundenen Sozialkontakts keine „totale“, von Rücksichten auf andere grund-

---

1 BVerfGE 12, 45 (54).

2 BVerfGE 21, 362 (371 f.); 23, 127 (134).

3 BVerfGE 7, 377 (404).

4 „Begrenzen“ soll in der einleitenden Vorstellung des Themas als Obergriff für alle Freiheitsverkürzungen verstanden werden, gleich in welcher Form und auf welcher Ebene der Grundrechtsprüfung sie den Freiheitsrechten entgegenzusetzen sind.

5 Siehe nur *Koch*, Der Grundrechtsschutz des Drittbetroffenen, S. 92; *Bamberger*, Verfassungswerte als Schranken vorbehaltloser Freiheitsgrundrechte, S.1, mit umfangreichen Nachweisen

6 *Bethge*, Zur Problematik von Grundrechtskollisionen, S. 263; *Müller*, Die Positivität der Grundrechte, S. 41; *Hesse*, Verfassungsrecht, Rn. 308: „Grundrechtliche Freiheiten sind rechtliche Freiheiten und als solche stets inhaltlich bestimmt, d.h. aber begrenzt.“; *Wendt*, AöR 104 (1979), 414 (431).

7 U.a. BVerfGE 28, 243 (261); 44, 37 (49 f.) ; 52, 223, (246 f.); aus der Lehre vgl. *Sachs*, in: Stern, Staatsrecht, Bd. III/2, S. 560; *Dreier*, in: ders., GG, Bd. I, Vorb., Rn. 139; *Muckel*, Religiöse Freiheit und staatliche Letztentscheidung, S. 56.

8 BVerfGE 30, 173 (193); 32, 98 (108).

rechtliche Schutzgüter oder verfassungsverbürgte Werte unbelastete Freiheit sein kann.[9] Rechtliche Grenzenlosigkeit kann es auch nach liberaler Vorstellung nur im Zustand der vor- oder außerrechtlichen Freiheit, also im „Naturzustand", geben. Dagegen wohnt jeder individuellen Freiheit in einer „menschlichen Gemeinschaft" (Art. 1 Abs. 2 GG), die auf der allgemeinen Gleichheit ihrer Mitglieder basiert, eine (rechtliche) Begrenztheit inne.[10] In diesen Zusammenhang paßt die frühzeitig vom BVerfG formulierte Erkenntnis, daß Grundrechten nicht das Menschenbild eines isolierten Individuums zugrunde liegt, sondern das Bild eines in die Gemeinschaft gestellten Menschen[11], der im Rahmen seiner Freiheitsbetätigung wegen der Gemeinschaftsgebundenheit auf die gleichen Freiheiten anderer Rücksicht zu nehmen hat.[12] Um normative Widersprüche innerhalb unserer Verfassung zu vermeiden, sind also grenzenlose Freiheitsverbürgungen und -betätigungen und ein reiner Individualismus in unserem demokratischen Gemeinwesen undenkbar.[13] Abgesehen von den wenigen „ausnahmslosen" Grundrechten[14] sind Freiheitsbegrenzungen vielmehr denknotwendige Voraussetzung dafür, daß es rechtlich garantierte Freiheit zwischen den Individuen der Gemeinschaft überhaupt gibt.[15] Andernfalls drohte die Diktatur der Stärkeren über die Schwächeren der Gesellschaft, was zum Untergang unserer demokratischen Gemeinschaftoordnung führen würde. Allgemeine Einigkeit über diese Aussagen besteht ersichtlich auch insoweit, als sie nicht nur auf Freiheitsverbürgungen zutreffen, die der Verfassungsgeber schon dem Verfassungstext nach mit der Möglichkeit einer Begrenzbarkeit

---

[9] BVerfGE 77, 240 (253): „...logische Folge eines geordneten menschlichen Zusammenlebens."; BVerfGE 80, 367 (374): „Der Mensch als Person, auch im Kern seiner Persönlichkeit, existiert notwendig in sozialen Bezügen."; BVerfGE 81, 278 (292); im Hinblick auf die Gewährleistungen des Art. 4 GG siehe *Bethge*, Grundrechtskollisionen, S. 261 f.; anschaulich *Maurer*, Staatsrecht I, § 9, Rn. 42: „Nur der Robinson, der allein auf einer Insel lebt, ist frei von sozialen Bindungen,..."; *v. Pollern*, JuS 1977, S. 644 f. ; vgl. auch *Stern*, HdbStR V, § 109, Rn. 78; *Sachs*, in: Stern, Staatsrecht, Bd. III/2, S. 302 f.

[10] So *Krebs*, Jura 1988, 617 (620); vgl. auch *Fechner*, Die soziologische Grenze der Grundrechte, 1954, S. 3 f.

[11] Erstmals BVerfGE 4, 7 (15 f.) und seitdem ständige Rspr., vgl. BVerfGE 8, 274 (329); 12, 45 (51); 27, 344 (351); 33, 303 (334); 50, 290 (353); 56, 37 (49); 65, 1 (44).

[12] *Gellermann*, Grundrechte im einfachgesetzlichen Wandel, S. 216 f.; *Kriele*, Freiheit und Gleichheit, in: ders.: Recht - Vernunft - Wirklichkeit, S. 143.

[13] BVerfGE 49, 24 (56); BVerwGE 49, 202 (209); aus der Literatur vgl. *Ipsen*, StaatsR. II, Rn. 142, 165: die schrankenlose Gewährleistung menschlichen Handelns würde „zu einem unauflöslichen Widerspruch der Grundrechtsdogmatik führen".; *Böckenförde*, VVDStRL 28 (1970), 3 (54); *Berg*, Konkurrenzen schrankendivergenter Freiheitsrechte, S. 43 f.; dagegen vertritt *Schnapp*, JuS 1978, 729, die Auffassung, es sei rechtstheoretisch und rechtsdogmatisch denkbar sei, daß eine Rechtsordnung eine unbeschränkte oder unbeschränkbare Gewährung von Freiheitsrechten vorsieht.

[14] Im Gegensatz zu den „vorbehaltlosen" Grundrechten genießen „ausnahmslose" Grundrechte absoluten Vorrang. Siehe dazu *Bumke*, Der Grundrechtsvorbehalt, S. 153 mit Fn. 589. Zum unbegrenzbaren Achtungsanspruch der Menschenwürde siehe unten **11. Teil, III. 1. a.**

[15] So *Murswiek*, DVBl. 1994, 77 (80).

oder Regelbarkeit durch den (einfachen) Gesetzgeber versehen hat, sondern auch für solche, die nach dem Normtext keine Möglichkeit gesetzlicher Begrenzung aufgrund eines einfachen oder qualifizierten Gesetzesvorbehalts aufweisen, wie z.B. das Grundrecht auf Religionsfreiheit (Art. 4 Abs. 2 GG)[16], das auf Gewissensfreiheit (Art. 4 Abs. 3 GG) und das auf Freiheit der Kunst und Wissenschaft, Forschung und Lehre (Art. 5 Abs. 3 GG). Die formelle Grenzenlosigkeit dieser „vorbehaltlosen" Grundrechte[17] rechtfertigt mithin nicht die Annahme eines materiellen Privilegs in dem Sinne, daß sie eine absolute Unbegrenztheit und von jedweder Bindung befreite individuelle Beliebigkeit beanspruchen dürften.[18] Das muß aus den genannten Gründen jedenfalls dann gelten, wenn sich der konkrete Entfaltungsspielraum eines vorbehaltlos garantierten Freiheitsrechts nicht strikt auf den personeninternen Bereich beschränkt, also auf das, was im Rahmen von Art. 4 Abs. 1 GG als der von außen unzugängliche Bereich des „forum internums" [19] bezeichnet wird.[20]

Auch die vorbehaltlos gewährleisteten Grundrechte garantieren also ungeachtet des Fehlens eines Gesetzesvorbehalts keine totale Freiheit von der Rechtsordnung, sondern lediglich eine besonders gesicherte Freiheit innerhalb der Rechtsordnung, in der sie sich einfügen müssen. Sie schützen ebenfalls (nur) rechtliche Freiheit und damit umgrenzte Freiheit.[21] Das leuchtet ein, weil es andernfalls zu evident untragbaren Ergebnissen käme. Um es nur kurz an einigen vielfach bemühten Beispielen deutlich zu machen, die die Unstreitigkeit des Ergebnisses gemeinsam haben:

Man wird weder den Totschlag im Namen der Kunst auf der Theaterbühne für zulässig erachten[22], noch in Frage stellen wollen, daß es Möglichkeiten geben muß, eine religiöse Prozession wegen Seuchengefahr zu verbieten.[23] Genausowenig wird unter Berufung auf Grundrechte dem Bildhauer der Diebstahl

---

16 Die Vorbehaltlosigkeit der Religionsfreiheit ist umstritten. Nach einer weit verbreiteten Gegenauffaussung stellt Art. 140 GG i.V.m Art. 136 WRV einen Gesetzesvorbehalt des Art. 4 Abs. 1 GG dar. Vgl zum Streitstand mit umfangreichen Nachweisen *Morlok*, in: Dreier, GG, Art. 4, Rn. 112 f.

17 Zum weithin übereinstimmenden Verständnis des Begriffs „Vorbehaltlosigkeit" siehe *Misera-Lang*, Einschränkbarkeit vorbehaltloser Grundrechte, S. 10 f.; zum erklärbaren Sinn vorbehaltloser Grundrechte vgl. *dies.*, aaO., S. 61 ff.

18 Vgl. *Rudolf*, FS Badura, 2004, S. 463 (464), m.w.N.; *Spieker*, ZfL 2003, 121 (124 f.); *Lücke*, DÖV 2002, 93 (97 f.).

19 Siehe nur *Mager*, in: von Münch/Kunig, GG, Bd. 1, Art. 4, Rn. 16.

20 Bethge, Zur Problematik von Grundrechtskollisionen, S. 261.

21 *Enders*, Die Menschenwürde in der Verfassungsordnung, S. 323, m.w.N.; *Böckenförde*, Zur Lage der Grundrechtsdogmatik nach 40 Jahren GG, S. 20; vgl. auch BVerfGE 30, 173 (191: „vorbehaltlos" – 193: „nicht schrankenlos"), zahlreiche weitere Rechtsprechungsnachweise bei *van Nieuwland*, Theorie der immanenten Grundrechtsschranken, S. 103 in Fn. 3.

22 Beispiel von *Müller*, Freiheit der Kunst als Problem der Grundrechtsdogmatik, S. 57; *ders.*, JuS 1981, 643 f.; unter vielen aufgegriffen von *Rüfner*, Festgabe BVerfG, Bd. 2, 1976, S. 453 (460).

23 Beispiel von *Rüfner*, aaO., S. 460.

von Marmor, dem Forscher die Entwendung eines Mikroskops gestattet. Das Ergebnis dieser banalen Beispiele ist jeweils evident, obwohl in allen Fällen für die Handelnden vorbehaltlos garantierte Freiheitsrechte (Art. 5 Abs. 3 GG, Art. 4 Abs. 1 GG) zu sprechen scheinen.

II. Untersuchungsgegenstand/Problemstellung

Obwohl die im Grunde lapidare Einsicht der Unmöglichkeit grenzenloser Freiheitsverbürgungen im Ergebnis unstreitig ist und die Existenz ungeschriebener Grundrechtsbegrenzungen heute als gesichert gelten darf[24], bleibt die Frage, wie dieses Ergebnis angesichts des Verfassungswortlauts dogmatisch und methodisch zu erzielen ist.

Das BVerfG hat aus den genannten Gründen seit jeher Begrenzungen auch der formal vorbehaltlosen Grundrechte vorgenommen, ohne dies zunächst auf dogmatisch stringente Grundlagen zu stützen. Folge war eine variable Schrankenjudikatur, die sich zumeist am Einzelfall ausrichtete.[25] Erst in der Kriegsdienstverweigerungsentscheidung im Jahre 1970[26] hat das Gericht scheinbar tragende dogmatische Leitlinien vorgegeben. Um dem Bedürfnis nach einer Begrenzung vor allem der normtextlich vorbehaltlos verbürgten Grundrechte Rechnung zu tragen, werden sie seitdem in ständiger Rechtsprechung einem immanenten Verfassungsvorbehalt unterworfen. Aus ihrer Vorbehaltlosigkeit folgert das BVerfG, daß ihre Grenzen „nur von der Verfassung selbst“, d.h. „allein durch andere Bestimmungen des Grundgesetzes“ determiniert werden können.[27] Daher seien nur Grundrechte Dritter und andere kollidierende Verfassungsgüter imstande, auch vorbehaltlos garantierte Grundrechte zu begrenzen.[28] Die Konfliktlösung erfordere einen Ausgleich, der im Wege der Abwägung zwischen den konfligierenden Positionen[29] mit dem Ziel der Herstellung „praktischer Konkordanz“[30] vorzunehmen sei.

Diese, der Freiheitsausübung als ungeschriebene Begrenzungen entgegenstehenden Verfassungsgüter werden oftmals als „verfassungsmmanente Schranken“ der Grundrechte bezeichnet.[31] Das skizzierte Kollisionsmodell des

---

[24] *Sachs*, JuS 1995, 984 (985), spricht von einer „elementaren Einsicht“, die sich kraft „Evidenzappells“ legitimieren ließe.

[25] *Van Nieuwland*, Theorie der immanenten Grundrechtsschranken, S. 105 f.

[26] BVerfGE 28, 243.

[27] BVerfGE 30, 173 (193); 32, 98 (107 f.).

[28] St. Rspr. seit BVerfGE 28, 243 (261) – „Kriegsdienstverweigerungsentscheidung“; grundlegend auch BVerfGE 30, 173 (193,195) – „Mephisto-Entscheidung“; vgl. aus jüngerer Zeit BVerfGE 77, 240 (253); 81, 278 (292); 81, 298 (307); 83 , 130 (139); 94, 268 (284).

[29] Zur Abwägung als Mittel der Konfliktlösung vgl. BVerfGE 28, 243 (261); 30, 173 (195); 47, 327 (369 f.); 81, 278 (293).

[30] So explizit u.a. BVerfGE 41, 29 (51); 77, 240 (255); 81, 298 (308); 83, 130 (143); 97, 169 (176).

[31] Siehe unter vielen *Jarass*, in: ders./Pieroth, GG, Vorb. Vor Art.1, Rn. 45; *Enders*, in: Berliner Komm. zum GG, Bd. 1, vor Art. 1, Rn. 116; *Meyn*, JuS 1990, 630 (632); *v. Pollern*, JuS 1977, 644 (648). Weil der Begriff auch von anderen Begrenzungsmodellengebraucht

BVerfG hat in der Lehre und in der Rechtsprechungspraxis vielfach Zustimmung gefunden, so daß man zu Recht davon sprechen kann, es habe sich mittlerweile durchgesetzt.[32] Das darf aber nicht darüber hinwegtäuschen, daß das Konzept trotz dieser grundsätzlichen Akzeptanz einige Fragen aufwirft. Strittig nämlich sind u.a. der legitime Anwendungsbereich[33], der sachliche Maßstab zur Bestimmung dieser verfassungsimmanten Schranken und insbesondere die Reichweite der kollisionsfähigen Verfassungsgüter.[34] Angesichts der mit diesem Verfassungsvorbehalt zusammenhängenden Probleme überrascht es daher nicht, daß einige Aspekte im dogmatischen Bereich des Themas „ungeschriebene Grundrechtsbegrenzungen" noch nicht abschließend beantwortet sind.[35] Nach wie vor wird darüber diskutiert, ob statt oder neben dem Modell des BVerfG das mitunter bestehende Spannungsverhältnis zwischen der grundrechtlichen Freiheitsausübung und den durch ihre Inanspruchnahme gefährdeten Grundrechtspositionen Dritter oder Gemeinschaftsgütern auch anders als durch eine Güterabwägung aufzulösen ist und wie dies außerhalb von Gesetzesvorbehalten konstruktiv und dogmatisch begründet werden kann. Im Mittelpunkt der Diskussion stehen folgende Fragen: Können ungeschriebene Grundrechtsbegrenzungen immer nur und erst das Ergebnis einer Abwägung im Einzelfall sein, aufgrund derer einer zunächst grundrechtlich geschützten Freiheitsbetätigung gleichsam erst nachträglich auf der Ebene der Grundrechtsschranken ihre Wirkung genommen wird? Oder sollte man bestimmten – etwa gewaltsamen oder gegen Dritte gerichteten – Verhaltensweisen von vornherein den grundrechtlichen Schutz versagen, weil sie womöglich nicht als Ausfluß grundrechtlicher Freiheit anzusehen sind, obwohl sie einem Freiheitsgrundrecht thematisch zugeordnet werden können?

Untersuchungsgegenstand ist damit – um es hier verkürzt zusammenzufassen – die Frage nach der Existenz und Berechtigung von grundrechtsübergreifenden Grenzen aller, nicht nur der vorbehaltlosen Freiheitsgrundrechte, im Wege einer „Schutzbereichslösung" im Unterschied zu den Schranken der Grundrechte im Modell einer auf einer Einzelfallabwägung beruhenden „Kollisionslösung".[36]

---

wird, ist er problematisch. Das BVerfG hat sich ihn lange Zeit nicht zu eigen gemacht. Siehe näher dazu unten **3. Teil, III 3. d. bb. (2)**.

32 So *Sachs*, in: Stern, Staatsrecht, Bd. III/2, S. 551, mit Nachweisen aus Rechtsprechung und Schrifttum in Fn. 297; *Gellermann*, Grundrechte im einfachgesetzlichen Gewande, S. 210. *Kokott*, Hdb. der Grundrechte, Bd. I, § 22, Rn. 47.

33 Dazu *Sachs*, in: Stern, Staatsrecht, Bd. III/2, S. 515 ff. und näher unten **7. Teil, II. 2.**

34 Vgl. zu diesem vielfach diskutiertem Problem nur *Selk*, JuS 1990, S. 895 ff. und näher dazu unten **7. Teil, II. 1.**

35 Viele andere Probleme hingegen dürften in der dogmatischen Behandlung der Grundrechte in ihrer klassischen Funktion als Abwehrrechte mittlerweile geklärt sein, so auch *Borowski*, Grundrechte als Prinzipien, S. 21.

36 Zum elementaren Unterschied zwischen den Begriffen „Grenze" und der „Schranke" näher unten **3. Teil, III. 3.**

Obwohl beide Ansätze in vielen Fällen zu denselben Ergebnissen führen dürften, ist die Frage nicht eine rein theoretische. Sie zu beantworten heißt zugleich, in einer Diskussion über die Weite des Freiheits- und Tatbestandsverständnisses der Freiheitsrechte zu einer „sinnvollen" Grundrechtsprüfung im Einzelfall zu finden.[37] Auf der Grundlage der beim abwehrrechtlichen Schutz von Freiheitsrechten mittlerweile allgemein anerkannten[38] dreistufigen Prüfungsabfolge von Schutzbereich, Eingriff und Rechtfertigung des Eingriffs[39] ist es nämlich ein qualitativ-materiell-rechtlicher Unterschied, an welcher Stelle der Prüfung der Grundrechtsschutz versagt. Fällt das zu beurteilende Verhalten gar nicht erst in den Schutzbereich eines Freiheitsgrundrechts, kommt man bereits auf der ersten Stufe der Grundrechtsprüfung zu einem endgültigen Ergebnis, ohne daß die grundrechtlichen Sicherungsmechanismen wirksam werden. Bejaht man dagegen die Einschlägigkeit eines Grundrechts, ist also sein Schutzbereich eröffnet, sind die weiteren Prüfungsstufen (Eingriff in den Schutzbereich und dessen verfassungsrechtliche Rechtfertigung) auf der Schrankenebene zu durchlaufen.

Die Arbeit versteht sich in erster Linie nicht als eine (rechts-)philosophische Untersuchung, sondern vielmehr als das Bemühen, die relevanten Erklärungsmodelle und das jeweilige Verständnis von der Struktur der Freiheitsgrundrechte dogmatisch aufzuarbeiten und am Maßstab eines praktikablen Verfassungsrechts zu bewerten.

Anknüpfungspunkt soll der allgemeine Rechtsgedanke des „neminem laedere" sein, das Gebot, niemandem zu schaden. Die damit angesprochenen „Rechte anderer" haben in Art. 2 Abs. 1 GG ihren Niederschlag gefunden. Es soll untersucht werden, ob sich insbesondere aus diesem Gebot eine Reduzierung freiheitlicher Betätigung herleiten läßt und wie es gegebenenfalls im Hinblick auf die oben aufgeworfenen Fragen methodisch und inhaltlich von Relevanz ist.

---

[37] *Muckel*, FS Schiedermaier, 2001, S. 347 (348).

[38] Auch wenn die Terminologie unterschiedlich ist, besteht Einigkeit in der Sache, vgl. *Pieroth/Schlink*, Grundrechte, Rn. 346 ff.; *Bleckmann*, Staatsrecht II, § 12, Rn. 1 ff., *Isensee*, HdbStR V, § 111, Rn. 37 ff., anschaulich auch *Lege*, DVBl. 1999, 569 (570 f.); ebenso das BVerfG, näher dazu *Kloepfer*, Festgabe BVerfG, Bd. 2, 1976, S. 408 ff.

[39] Dieser Prüfungsaufbau ist für die Freiheitsrechte in ihrer klassischen Abwehrfunktion entwickelt worden. In Streit steht allerdings, ob das auf Eingriffsabwehr ausgerichtete Instrumentarium geeignet ist, die Probleme des Leistungsstaates, des sozial- oder wirtschaftsgestaltenden Staates hinreichend zu erfassen; vgl. dazu eingehend die Untersuchung von *Borowski*, Grundrechte als Prinzipien, S. 237 ff. Nach *Jarass*, AöR 120 (1995), 359 ff., kann dieses Schema auch bei anderen Grundrechtsfunktionen – mit gewissen Modifikationen – zum Tragen kommen.

III. Gang der Untersuchung

Im Anschluß an eine kurze Vorstellung des Neminem-laedere-Gebotes, seiner rechtsgeschichtlichen Herkunft und seines ungesicherten verfassungsrechtlichen Stellenwertes (dazu **2. Teil**) soll zu Beginn der Arbeit eine Bestimmung der einschlägigen Begriffe erfolgen (**3. Teil**). Dies erscheint notwendig, da die Terminologie gerade in der grundrechtsdogmatischen Diskussion um das „Eingriffs-Schranken-Denken“ vielschichtig und unterschiedlich ist, was die systematische Rekonstruktion des gegebenen Rechtsstoffes erschwert.
Nach Darstellung der für das Thema relevanten rechtstheoretischen Grundlagen (**4. Teil**), rückt dann in den Mittelpunkt der Untersuchung die Diskussion um das - weite oder enge - Tatbestandsverständnis der Freiheitsrechte und damit einhergehend die Frage nach der Berechtigung von unbenannten apriorischen Grenzen des Freiheitsgebrauchs (**5. u. 6. Teil**). In diesem Kontext wird die Konzeption des BVerfG näher durchleuchtet (**7. Teil**). Dabei wird auch der Aussagewert einiger der ins Felde geführten Auslegungsregeln, wie der Grundsatz „in dubio pro libertate“ oder das „Menschenbild des Grundgesetzes“, beurteilt und in die Untersuchung eingebunden (**8. Teil**). Im Anschluß daran werden die vor allem früher vertretenen Alternativmodelle zum Begrenzungskonzept des BVerfG diskutiert (**9. Teil**). Schließlich wird dargelegt, ob und gegebenenfalls welche apriorische Grenzen grundrechtlicher Freiheit es gibt und in welchem Zusammenhang sie mit dem Gebot des „neminem laedere“ stehen (**10. Teil**).

2. Teil: Das Neminem-laedere-Gebot

I. Die historische Bedeutung des Gebots

In ethischen und philosophischen Diskussionen ist der Gedanke des „neminem laede!“ („Schädige niemanden!“) weit verbreitet. Er wird als ein elementares Prinzip der Mitmenschlichkeit angesehen.[40] Alle Menschen, die zusammenleben, müssen ihr Handeln so ausrichten, daß niemand in seiner Freiheit, in seinem Leben, in seiner körperlichen Integrität oder in seinem Eigentum verletzt wird. Das Neminem-laedere-Gebot ist damit gleichsam ein Grundsatz des gemeinsamen Lebens[41] und eine Fundamentalnorm jeder Ethik.[42] In diesem Zusammenhang ist daran zu erinnern, daß das Wertefundament der drei noahidischen Religionen Judentum, Christentum und Islam im Wesentlichen dasselbe ist, gerade auch, was das Gebot der Nächstenliebe anbelangt. Es gibt keine Kultur, in der das „neminem laedere“ nicht ein zentrale, für das Zusammenleben bedeutsame Leitidee darstellt.

Auch im rechtlichen Kontext hat das Neminem-laedere-Gebot seinen Stellenwert. Es wird als eine allgemeiner Grundsatz begriffen, für den allerdings kein bestimmter rechtssystematischer Standort auszumachen ist. Daher überrascht es nicht, daß er im Strafrecht ebenso wie im Öffentlichen Recht und im Zivilrecht thematisiert wird.[43]

Das Gebot hat seinen Ursprung im Recht der Antike.[44] Es läßt sich textlich im Römischen Recht belegen. Auch wenn das „neminem laedere“ dort nicht im Zusammenhang mit konkreten rechtlichen Problemen diskutiert wurde, weil das römische Haftungsrecht wegen seiner kasuistischen Ausrichtung auf das Argument eines allgemeinen Schädigungsverbots nicht angewiesen war[45], so findet es dennoch bei *Cicero* auf den ersten Seiten seines 44 v. Chr. geschriebenen Hauptwerkes „De officiis“ Erwähnung. Es sei erste Aufgabe der Gerechtigkeit, daß keiner einem anderen schade.[46] Die Weite eines solchen Verbots der Fremdschädigung wurde aber auch damals bereits im Hinblick auf den eigenen Nutzen relativiert. *Cicero* dürfte mit seiner Forderung nicht so zu

---

[40] Siehe die Resolution des VII. Internationalen Leibniz-Kongresses, 15.09.2001, Berlin: „Im Geiste von Leibniz mahnen wir, seine fundamentalen Prinzipien des menschlichen Zusammenlebens zu achten: Neminem laedere! Suum cuique tribuere! Honeste vivere! (Niemandem schaden! Jedem das Seine zugestehen! Ehrenhaft leben!)“, dokumentiert unter http://www.tu-berlin.de/presse/pi/2001/pi184.htm.

[41] *Schachtschneider*, FS Hankel, 1999, S.119 f.

[42] Vgl. dazu *Merkel*, DRiZ 2002, 184 (190 f.).

[43] So die treffende Feststellung von *Lübbe*, in: Verantwortung in Recht und Moral, ARSP-Beiheft 74 (2000), S. 73.

[44] Siehe hierzu und auch zu folgendem *Schiemann*, JuS 1989, 345 ff.

[45] Näher zum System des Schadensersatzes im Römischen Recht, *Schieman*, aaO., 346 f.

[46] De officiis, I., [VII], 20; „... iustitiae primum munus est, ut ne cui quis noceat...“.

verstehen sein, daß Schädigungen anderer allemal zu vermeiden sind.[47] Der potentielle Schädiger darf vielmehr seinen eigenen Vorteil wahren.[48] Die eigennützige Ausübung eines eigenen Rechts kann also der Anwendung des Schädigungsverbots entgegenstehen. Diese Sichtweise verdeutlicht bereits einen Aspekt, der auch später in der grundsrechtsdogmatischen Betrachtung von Relevanz sein wird: Die Rechte anderer setzen der eigenen Freiheitsverwirklichung nicht stets und voraussetzungslos eine Grenze.

Das Neminem-laedere-Gebot findet sich auch im Gesamtwerk der oströmischen Gesetzgebung des 6. Jahrhunderts n. Chr. Maßgeblich hat es Kaiser Justinian (527 – 565 n. Chr.) kodifiziert. Die Kodifikation Justinians, die Ende des 11. Jahrhunderts in Italien und Westeuropa eine Rezeption erfuhr, wird seit dem 16. Jahrhundert als „Corpus Juris Civilis" bezeichnet. Es hatte bis 1900 in weiten Gebieten Deutschlands als Bestandteil des Gemeinen Recht Gesetzeskraft.[49]
So beinhalten die Institutionen Justinians „über Gerechtigkeit und Recht" aus dem Jahre 555 n. Chr.[50] in herausgehobener Stellung im 1. Titel des 1. Buches ein allgemeines Schädigungsverbot, das „alterum non laedere", indem es dort heißt:
„Die Grundsätze des Rechts sind folgende: ehrenhaft leben, keinen anderen verletzen, jedem das Seine zukommen lassen".[51]

Die Formulierung dieser drei „praecepta iuris" findet sich noch an einer anderen Stelle des Werkes und zwar im 1. Titel der Digesten als Äußerung des spätklassischen römischen Juristen *Ulpian* (um 170 - 228 n.Chr.) aus dem 1. Buch seiner Bücher über Rechtsregeln (regulae).[52] Dabei wird vermutet, daß

---

47 *Schiemann*, JuS 1989, 345 (347).

48 De officiis, III., [X], 42: „Nec tamen nostrae nobis utilitates omittendae sunt aliisque tradendae, cum ipsi egeamus, sed cuique utilitati, quod sine alterius iniura fiat, serviendum est.", also: „Aber wir sollen unsere Vorteile nicht vernachlässigen und anderen überlassen, wenn wir derer selbst bedürfen; vielmehr soll jeder den eigenen Nutzen waren, soweit er ohne Unrecht gegenüber anderen erreicht werden kann". (Übersetzung von *Schiemann*, aaO., S. 347)

49 Gerade der Umstand der unmittelbaren Gesetzeskraft macht das Werk zum wohl berühmtesten und meistbenutzen Lehrbuch des Rechts in der Geschichte; vgl. *Schiemann*, aaO., S. 346.

50 Vgl. dazu *Meincke*, JZ 1988, 1095 ff.

51 Übersetzung nach *Sintenis*, in: Otto, u.a. (Hrsg), Das Corpus juris civilis, 1839, Bd. 1, S. 1.; im Original, zitiert nach *Schiemann*, JuS 1989, 345: „Iuris praecepta sunt haec: honeste vivere, alterum non laedere, suum cuique tribuere" (I. 1, 1, 3). Wie prägend diese Formel war, zeigt sich darin, daß sie später vielfach aufgegriffen wurde. Siehe etwa die oben zitierte Resolution des Leibniz-Kongresses.

52 Dig., Liber Primus, I, 10; Quelle: Corpus Iuris Civilis, Digesta, Recognovit Theodorus Mommsen, 1954.

der Text nicht selbst von *Ulpian* verfaßt wurde, sondern von einem Nachklassiker, der sich nur den berühmten Namen zu eigen gemacht hat.[53]
Auch das „alterum non laedere" des Corpus Iuris Civilis dürfte eng zu verstehen sein in dem Sinne, daß die Handlungsfreiheit nicht dadurch begrenzt wird, daß Schäden, wenn irgend möglich, vermieden werden sollen. Vielmehr sollten allgemein nur vorsätzliche Schädigungen verboten sein, also vergleichbar mit dem Schutzzweck des heutigen § 826 BGB.[54]

Später ist das „alterum non laedere" verselbständigt und knapper gefaßt worden mit der Formulierung des „neminem laede" oder „... laedere".[55] In den meisten juristischen Abhandlungen wird diese kürzer gefaßte Umschreibung gebraucht. Sie wird auch in der hiesigen Arbeit verwendet.

Das Neminem-laedere-Gebot wurde die Grundlage der vernunftrechlichen Pflichtenlehre des 17. Jahrhunderts, die die Verantwortlichkeit des frei handelnden Menschen hervorhob.[56] So entwickelte *Samuel Pufendorf* (1632-1694) unter Heranziehung des Gedankens des „neminem laedere" eine zum Schadensersatz verpflichtende Deliktslehre.[57] Er maß dem Gebot eine zentrale Bedeutung im System der gesellschaftlichen Pflichten des Menschen bei.[58]
Die Freiheit des Menschen wurde zur Grundlage seiner Haftung. Die Begründung einer Schadensersatzpflicht war für Pufendorf ein Gebot reiner Vernunft.[59] Sie hatte für den Geschädigten eine Genugtuungsfunktion und sollte für den Schädiger als Abschreckung wirken. Klar war jedoch, daß das Neminem-laedere-Gebot nur eine Grundregel der deliktischen Haftung sein konnte, die wegen ihrer Abstraktheit zu praktischen Abgrenzungsschwierigkeiten führen mußte. Denn das Gebot allein beantwortet nicht die Frage, wann eine ver-

---

53 Vgl. *Schiemann*, JuS 1989, 345 (346), m.w.N.
54 So *Schiemann*, aaO., 347.
55 *Schiemann*, aaO., 345 f.
56 Dazu *Hattenhauer*, Grundbegriffe des Bürgerlichen Rechts, S. 114 f.
57 Vgl. *Pufendorf*, De Jure Naturae Et Gentium, III. Buch, 1. cap., § 1, nach der Übersetzung von *Hattenhauer*, aaO., S. 114: „... es stehe unter denen Schuldigkeiten, die ein Mensch dem anderen überhaupt, an und für sich selbst und ohne vorhergehende besondere Satzung zu erweisen hat, billig oben an, *dass keiner den anderen beschädigen*, und der etwa zugefügte Schaden gutgemacht werden solle."
58 *Schiemann*, JuS 1989, 345 (349).
59 *Pufendorf*, Vgl. *Pufendorf*, De Jure Naturae Et Gentium, III. Buch, 1. cap., § 2, nach der Übersetzung von *Hattenhauer*, Grundbegriffe des Bürgerlichen Rechts, S. 114: „Aus dieser scharf eingebundenen Pflicht folgt ferner, dass der, so er andern Schaden getan hat, solchen, soweit er ihm zugerechnet werden kann, nach Möglichkeit zu ersetzen gehalten sei. Denn wem würde der Befehl, niemanden zu beschädigen, helfen, wenn der Beschädigte keine Ersetzung des Schadens erhalten sollte, der Beschädiger aber sein Unrechts ohne Abtrag friedlich und sicher genießen möchte?".

botene Schädigung vorliegt, wie also ein Schaden ersatzpflichtig zuzurechnen ist und ob dies auch bei unterlassenem Verhalten möglich ist. [60]
Auch diese Überlegungen bestätigen, daß der Gedanke des „neminen laedere“ zunächst nur als eine Leitidee zu begreifen ist, die für die Rechtsanwendung einer Konkretisierung bedarf.

Das Neminem-laedere-Gebot wurde dann im 18. und 19. Jahrhundert vor allem von *Immanuel Kant* (1724-1804) weiterentwickelt. Auf der Grundlage der christlichen Lehre von der Sünde entwickelte er die optimistische Lehre vom Menschen als dem sittlich und zum Handeln in Freiheit und Verantwortung befähigten Menschen. Dabei beruft er sich in seinem Werk „Metaphysik der Sitten“ bei der „allgemeinen Einteilung der Rechtspflichten“ ausdrücklich auf *Ulpian* und die Formel des „neminem laedere“.[61] Gleichwohl verschreibt sich *Kant* nicht dem antiken rechtstheoretischen Denken, sondern vielmehr einem naturrechtlichen.

Heutzutage wird das Neminem-laedere-Gebot vor allem im Zusammenhang mit der Begründung der zivilrechtlichen Schadenshaftung und der Frage nach einem generellen Schädigungsverbot erörtert. Das BGB enthält kein allgemeines Schädigungsverbot. Es hat sich vielmehr für ein Haftungssystem entschieden, das zwischen einer allgemeinen, deliktischen Schadenspflicht und einer Haftung aus vertraglichen Sonderbeziehungen unterscheidet. Trotz der Dichte seines Schadensersatzsystems offenbart das BGB aber auch Lücken im Vermögensschutz. Dies führte dazu, daß im Wege der Rechtsfortbildung etwa die „culpa in contrahendo“ und die „positive Forderungsverletzung“ entwickelt worden sind.[62] Der Grund und der Umfang von zivilrechtlichen Schadensersatzansprüchen ist daher ein traditionelles Thema, das in der Zivilrechtsdogmatik diskutiert wird. Dabei wird in einer historischen Betrachtung auch das Gebot des „neminem laedere“ einbezogen. Auch heute wird betont, daß eine Haftung auf Wiedergutmachung eines Schadens, der Folge eines rechtswidrigen zurechenbaren Verhaltens ist, eine zeitlose Rechtsüberzeugung darstelle. Dies müsse als Ausfluß schierer Gerechtigkeit, als Leitidee und allgemeinstes Prinzip angesehen werden, was historisch das Neminem-laedere-Gebot zum Ausdruck bringt.[63] Damit verbunden sei die Grundidee der Beschränkung der natürlichen Handlungsfreiheit und die Grundentscheidung für eine rechtlich verfaßte Gemeinschaft. Insofern stelle das Neminem-laedere-Gebot aber nur ein ideales Grundpostulat dar, das jeder Rechtsordnung

---

[60] Vgl. dazu eingehender *Hattenhauer*, aaO., S. 114 f.

[61] Metaphysik der Sitten, Einleitung in die Rechtslehre, Allgemeine Eintheilung der Rechtspflichten, A: „Thue niemanden Unrecht (neminem laede), und solltest du darüber aller Verbindung mit anderen hinaus gehen und alle Gesellschaft meiden müssen (Lex iuridica)“.

[62] Diese Rechtsfiguren finden durch die Modernisierung des Schuldrechts nunmehr auch eine positivrechtliche Grundlage, vgl. § 280 Abs. 1 BGB und § 311 Abs. 2 BGB.

[63] *Picker*, JZ 1987, 1041 (1048).

vorausliege[64] und daher einer näheren Präzisierung für eine konkrete rechtliche Ordnung bedürfe.[65]

II. Das Neminem-laedere-Gebot im verfassungsrechtlichen Kontext

Auch im Hinblick auf die hier im Mittelpunkt stehende verfassungsrechtliche Problemstellung wird der Gedanke des „neminem laedere" immer wieder aufgegriffen, ohne daß ihm jedoch in der judikativen Praxis - zumindest vordergründig - eine besondere Bedeutung beigemessen wird[66], weil es in seinem klassischen Verständnis zu unbestimmt ist. Wie bereits die römischen Rechtsgelehrten unter dem zivilrechtlichen Blickwinkel erkannt haben, stellt sich das Hauptproblem des Neminem-laedere-Grundsatzes in ähnlicher Weise auch im Bereich der Grundrechtsdogmatik: Die Frage nämlich, ob ein herbeigeführter Nachteil eine Schädigung darstellt, bedarf der vorherigen Klärung, ob der Schädigende ein Recht zu seiner Handlung hatte. Das Idealprinzip des „neminem laedere" erfaßt von vornherein nicht Verhaltensweisen, die nicht als rechtswidrig qualifiziert werden können.[67] Da sich die Frage der Rechtswidrigkeit aus dem Gebot selbst nicht ergibt[68], sind auch im verfassungsrechtlichen Kontext Kriterien zu suchen, die das „neminem laedere" soweit konkretisieren, daß sich daraus verbindliche Aussagen für die Rechtsanwendung treffen lassen.

In seiner allgemeinen Form ist das Gebot auch nicht normiert. Gleichwohl hat es im Grundgesetz zumindest eine positivrechtliche Erscheinung gefunden, indem die „Rechte anderer" expressis verbis der in Art. 2 Abs. 1 GG gewährleisteten freien Entfaltung der Persönlichkeit als „Schranke" entgegen stehen können. Darin kommt der allgemeine Rechtsgrundsatz des Schädigungsverbots des „neminem laedere" zum Ausdruck.[69] Allein mit Blick auf Art. 2 Abs. 1

---

[64] *Burmeister*, FS Kriele, 1997, S. 85 (103).

[65] *Picker*, JZ 1987, 1041 (1049), der sich dagegen ausspricht, das Neminem-laedere-Gebot als eine nichtssagende allgemeine Gerechtigkeitsphrase zu betrachten.

[66] In der deutschen Rechtsprechung wird die Formel soweit ersichtlich nicht erwähnt; dagegen findet sich der Begriff in der italienischen Judikatur, vgl. den Corte suprema di Cassazione, Urteil vom 20.04.1991, VersRAI 1993, S. 26, im Zusammenhang mit einem Schulbusunglück: Die zuständige Provinz habe bei der Organisation des Schulbusdienstes den Grundsatz des neminen laedere nicht beachtet, d.h. keine geeigneten Maßnahmen getroffen, um die Unversehrtheit der Schüler zu gewährleisten. Der Ermessensspielraum einer öffentlichen Verwaltung sei nicht unbegrenzt, sondern finde seine Schranke im Neminem-laedere-Grundsatz.

[67] *Picker*, AcP 183 (1983), 369 (463).

[68] Vgl. *Lübbe*, in: Verantwortung in Recht und Moral, ARSP-Beiheft 74 (2000), 73 (82), mit Verweis auf *Isensee*, HdbStR V, § 111, Rn. 103: „Als solches bedarf es (scil.: das Neminem-laedere-Gebot) nicht der Begründung, aber es vermag auch nicht, aus sich heraus die Verfassungswidrigkeit des privaten Grundrechtsübergriffs, ... zu begründen."

[69] *Di Fabio*, in: Maunz/Dürig, GG, 2001, Art. 2 Abs. 1, Rn. 44; *Murswiek*, in: Sachs, GG, Art. 2 Rn.91; *Muckel*, Religiöse Freiheit und staatliche Letztentscheidung, S.220.

GG wird teilweise betont, daß die „Rechte anderer" ihre praktische Bedeutung als Schranke der allgemeinen Handlungsfreiheit[70] weitgehend verloren haben, weil sie vollständig in der Schranke der „verfassungsmäßigen Ordnung" enthalten seien.[71]
Den „Rechten anderer" wird aber nicht nur als ausdrücklich genannte Schranke der allgemeinen Handlungsfreiheit, sondern eine darüber hinaus gehende grundsätzliche Bedeutung beigemessen. Auch wenn sich die unmittelbare Übertragung dieser Schranke auf andere grundrechtliche Gewährleistungen verbietet[72], enthielten die „Rechte anderer" ein „menschenrechtliches Grundprinzip"[73] und seien ein „Urgestein des Menschenrechtsgedankens".[74] Als Ausfluß des Neminem-laedere-Gebots haben sie die Funktion eines „Freiheitsüberschreitungsverbots"[75] bzw. einer allgemeinen „Nichtstörungsschranke"[76], die jeder Freiheit und damit allen Freiheitsrechten stets immanent sei.[77] Der grundrechtliche Schutz sei auf solche Verhaltensmöglichkeiten begrenzt, die nicht auf die Schädigung anderer abzielen.[78] Diese pauschalen Aussagen beantworten aber noch nicht alle Fragen. Im Hinblick auf den Untersuchungsgegenstand ist insbesondere klärungsbedürftig, nach welchen Kri-

---

70 Kritisch zu dem mittlerweile anerkannten Ansatz, aus dem durch Art. 2 Abs. 1 GG gewährleisteten „Recht auf die freie Entfaltung seiner Persönlichkeit" ein Generalgrundrecht auf Eingriffsfreiheit zu postulieren, siehe nur *Suhr*, JZ 1980, 166 (168). Näher zur Auslegegung des Art. 2 Abs. 1 GG unten **5. Teil, II.**

71 *Di Fabio*, in: Maunz/Dürig, GG, 2001, Art. 2 Abs. 1, Rn. 44; *Pieroth/Schlink*, Grundrechte, Rn. 385.

72 Vgl. statt vieler *Pieroth/Schlink*, Grundrechte, Rn. 305 f.

73 *Ipsen*, Staatsrecht II, Rn. 167, s. auch *Isensee*, Diskussionsbeitrag, in: Essener Gespräche zum Thema Staat und Kirche 22 (1988), S. 150: „Das Verbot des neminem laedere ist das allgemeine Gesetz, das die Koordination grundrechtlicher Freiheiten ermöglicht. Der Störer hat kein Grundrecht zum Übergriff in die Rechte anderer".

74 *Starck*, in: v. Mangoldt/Klein/Starck, GG, Bd. 1, Art. 2 Abs. 1, Rn. 31.

75 So *Bettermann*, Grenzen der Grundrechte, S. 10; siehe auch *Isensee*, AfP 1993, 619 (625 f.).

76 *Ipsen*, Staatsrecht II, Rn. 167, *ders.*, JZ 1997, S. 473 (480); *Isensee*, HdbStR V, § 111, Rn.105; Zur „allgemeinen Nichtstörungspflicht" vgl. auch Luchterhandt, Grundpflichten als Verfassungsproblem in Deutschland, S. 468 f. und *Dürig*, AÖR 79 (1953/54), 57 (77), der sie als vorstaatliche Menschenpflicht ansieht; kritisch dagegen *Ruffert*, Vorrang der Verfassung und Eigenständigkeit des Privatrechts, S. 196: Das Neminem-laedere-Prinzip wie das staatliche Gewaltmonopol könnten lediglich als staatsphilosophische Begründung der Grundrechte herangezogen werden, nicht jedoch „gleichsam als Meta-Verfassungsrecht verfassungsunmittelbare Pflichten Privater konstituieren".

77 Siehe nur *Di Fabio*, in: Maunz/Dürig, GG, 2001, Art. 2 Abs. 1, Rn. 44; vgl. auch in der Erstauflage des Kommentars grundlegend, *Dürig*, in: Maunz/Dürig, GG, 1958, Art. 2 Abs. 1, Rn. 73 : „... eine allen Grundrechten geradezu rechtslogisch immanente Schranke..."; ebenso *Schramm*, Staatsrecht II, S. 40; siehe auch *Fechner*, Die soziologische Grenze der Grundrechte, S. 3.

78 *Isensee*, Das Grundrecht auf Sicherheit, S. 44 f.; vgl. *Stern*, Staatsrecht, Bd. III/2, S. 1060 f.; *Nipperdey*, Die Grundrechte, Bd. 2, S. 9, begreift das „neminem laedere" als „Ausfluß der Achtung vor der Personenwürde des Mitmenschen."

terien und in welchen Situationen die „Rechte anderer" Anlaß zu Grundrechtsbegrenzungen bieten.[79]

Hinter dem Neminem-laedere-Gebot in seiner freiheitsbegrenzenden Bedeutung steht die noch einprägsamere Überlegung, daß dem Einzelnen sein Freiheitsraum durch das Recht nur soweit gewährleistet wird, als der Freiheitsraum anderer nicht verletzt wird. Mit diesem Verständnis ist die einen Rechtsstaat kennzeichnende Prämisse, daß alles erlaubt ist, was nicht verboten ist[80], darauf zu hinterfragen, ob das Verbot stets ausdrücklich normiert sein muß oder ob es auch wie selbstverständlich der Rechtsordnung zugrunde liegen kann, weil die Rechte des einen die Freiheit des anderen womöglich von vornherein begrenzen.

Die Bedeutung, die den Rechten anderer im Verhältnis von Freiheit und Freiheitsbegrenzung zukommt, hat in Art. 4 Satz 1 der französischen Menschen- und Bürgerrechtserklärung von 1789 („Déclaration des droits de l´homme et du citoyen"), die bis heute die Grundlage aller demokratischen Verfassungen und des Völkerrechts ist, ihren gültigen Ausdruck gefunden:
„Die Freiheit besteht darin, alles tun zu dürfen, was einem anderen nicht schadet: die Ausübung der natürlichen Rechte jedes Menschen hat also nur die Grenzen, die den anderen Mitgliedern der Gesellschaft den Genuß der gleichen Rechte sichert."[81]

Garant des Neminem-laedere-Gebots ist der Staat, was für ihn grundrechtliche Schutzpflichten nach sich zieht. Nach heutigem Verfassungsverständnis fungieren Grundrechte nämlich nicht nur als Abwehrrechte gegen den Staat; sie können ihn auch dazu verpflichten, sich schützend vor die Grundrechtsträger zu stellen, um sie vor der Beeinträchtigung privater Übergriffe zu bewahren.[82]

Während diese grundsätzlichen Überlegungen in der Dogmatik weitgehend außer Frage stehen, ist dagegen nicht geklärt, wie sich die Rechte anderer auf den grundrechtlichen Freiheitsschutz auswirken (können).
Während nämlich ein Ansatz die „Rechte anderer" als einen „konfligierenden Abwägungsfaktor im Rahmen von Verhältnismäßigkeitsfragen"[83] behandelt und sich damit auf der Linie des BVerfG und dessen aufgezeigter „Kollisionslösung" im Zusammenhang mit der Lehre von „verfassungsimmanenten

---

[79] *Sachs*, in: Stern: Staatsrecht, Bd. III/2, S. 303 f.

[80] So auch BVerfGE 84, 372 (380).

[81] Vgl. beispielsweise auch Art. 101 der Verfassung des Freistaates Bayern vom 2. Dezember 1946 (GVBl. S. 333 ff.): „Jedermann hat die Freiheit, innerhalb der Schranken der Gesetze und der guten Sitten alles zu tun, was anderen nicht schadet." Hier kommt zum Ausdruck, daß die Rechte anderer im Verhältnis zu den freiheitsbeschränkenden Gesetzen als eine eigene Kategorie der Freiheitsbegrenzung zu verstehen sind.

[82] *Isensee*, JZ 1999, 265 (272).

[83] So *Di Fabio*, in: Maunz/Dürig, GG, 2001, Art. 2 Abs. 1, Rn. 44.

Schranken“ bewegt, begreift sie eine andere Auffassung als Ausdruck des „neminem laedere“ als eine „apriorische Tatbestandsgrenze“[84], die bestimmte Verhaltensweisen von vornherein vom grundrechtlichen Schutz ausschließt. Das beruht auf der Überzeugung, daß sozialschädliches Verhalten nicht zunächst in den Genuß des Grundrechtsschutzes kommen sollte, um es erst hinterher zu verbieten.[85]

Mithin zeigt sich in diesen – hier vereinfacht dargestellten – konträren Ansätzen der Streit um den Unterschied zwischen rechtfertigungsbedürftigen Einwirkungen auf der Schrankenebene der Grundrechte einerseits und apriorischen Schutzbereichsgrenzen der Freiheitsgrundrechte andererseits. Das Neminem-laedere-Gebot erscheint daher als geeigneter Anknüpfungspunkt, um diesen Unterschied zwischen einer kategorischen und rechtsrelativen Wirkung der „Rechte anderer“ näher aufzuzeigen und das jeweils dahinter stehende Grundrechts- und Freiheitsverständnis zu beurteilen. Insbesondere soll über eine Konkretisierung des Neminem-laedere-Gebots die Frage beantwortet werden, ob sich handhabbare Kriterien finden lassen, anhand derer sich bestimmte Verhaltensweisen bereits a priori aus dem Schutzbereich der thematisch jeweils einschlägigen Grundrechte ausgrenzen lassen.[86]

---

[84] Ein Begriff von *Isensee*, FS Sendler, 1991, S. 39 (59); vgl. *dens.*, Diskussionsbeitrag, in: Essener Gespräche zu Thema Staat und Kirche 22 (1988), S. 148 (150): „Das Gebot des „neminem laedere“ ist a priori die Schranke der Freiheitsrechte. Es gibt keine grundrechtliche Freiheit, die grundrechtlich geschützten Rechtsgüter des anderen, Leben, Gesundheit, Eigentum, Freiheit der Person, zu verletzen.“

[85] *Ipsen*, Staatsrecht II, Rn. 167.

[86] Dazu unten **11. Teil**.

3. Teil: Begriffsbestimmung: „Schutzbereichsimmanente Grenzen" und „verfassungsimmanente Schranken" im Lichte der „Eingriffs-Schranken-Dogmatik"

Im folgenden werden die im Zusammenhang mit ungeschriebenen Grundrechtsbegrenzungen stehenden Begriffe erläutert.[87] Ziel ist es, eine begriffliche Gegenüberstellung zu finden, aus der deutlich werden soll, ob Freiheitsverkürzungen auf der tatbestandlichen Seite der Grundrechte thematisiert („Tatbestandsebene") werden oder ob man sie auf der Schrankenebene ansiedelt. Als Ansatzpunkt dient hierfür ein klar differenziertes Verständnis der Begriffe der „Grenzen" der Grundrechte und ihrer „Schranken". Dadurch soll die in Bezug auf den Untersuchungsgegenstand uneinheitliche und in der Gesamtschau der verschiedenen Auffassungen in Literatur und Praxis verwirrende Terminologie[88] vereinfacht und besser verständlich gemacht werden. In der Diskussion um zentrale Fragen des abwehrrechtlichen Grundrechtstatbestandes und der Grundrechtsbegrenzungen fehlt es nämlich an einer klaren, allgemein anerkannten Begrifflichkeit.[89] Zum Teil wird über dasselbe Thema gesprochen, was aber durch die Verwendung differierender Begriffe oftmals nur schwer deutlich wird. Andererseits verdecken terminologische Gemeinsamkeiten unterschiedliche Auffassungen und Ansätze in der Sache. Die grundrechtliche Dogmatik befindet sich auch insofern in einem Klärungsprozeß.[90]

Auch wenn es kaum möglich ist, eine zumindest begriffliche Übereinstimmung in der grundrechtsdogmatischen Diskussion herbeizuführen, so ist eine eigene terminologische Stringenz gleichwohl notwendig, um sich den inhaltlichen Problemen zuwenden zu können.[91] Es handelt sich insofern weniger um eine Begriffsklärung als um eine Begriffsbestimmung, die zugleich vertiefend in die Problematik einführen soll. Dabei wird man freilich bereits hier nicht auf einige inhaltliche Wertungen verzichten können. Denn bereits in der Begriffswahl

---

[87] Das Erfordernis einer klaren Begriffsbestimmung macht *Bumke*, Der Grundrechtsvorbehalt, S.30, deutlich: „Dogmatik ist in erster Linie Arbeit am Begriff, das auf den Begriff bringen diffuser Anschauungen und grober Vorstellungen".

[88] *Schnapp*, JuS 1978, 729 (733), siehe auch *Nierhaus*, AöR 116 (1991), 71 (79), der die Terminologie und die dogmatische Erfassung der Grundrechtsschranken für übermäßig ausdifferenziert hält; vgl. auch *Brenner*, DÖV 1995, 60 (61), der zu Recht darauf hinweist, daß die Terminologie im Bereich des grundrechtlichen Schrankensystems durch eine „verwirrend anmutende Begriffsvielfalt" gekennzeichnet ist.

[89] *Stern*, FS 50 Jahre BVerfG, Bd. 2, 2001, S.1; siehe auch *Heß*, Grundrechtskonkurrenzen, S. 96; *Steinbeiß-Winkelmann*, Grundrechtliche Freiheit und staatliche Freiheitsordnung, S. 42 f.

[90] So *Isensee*, HdbStR V, § 111, Rn. 37 in Fn. 77: „Eine Konvention über den Sprachgebrauch wäre angebracht."; zum Problem der Vielzahl der grundrechtsdogmatischen Figuren und zum Versuch ihrer Rationalisierung siehe auch *Hain*, JZ 2002, 1036 ff.

[91] Vgl. *Eckhoff*, Der Grundrechtseingriff, S. 7 f., der im Rahmen seiner grundrechtsdogmatischen Abhandlung ebenfalls auf die Notwendigkeit einer terminologischen Klarstellung zur näheren Bestimmung des Untersuchungsgegenstandes hinweist.

kann immer auch ein gewisses Grundrechtsverständnis zum Ausdruck kommen.

I. Terminologische Vorgaben des Grundgesetzes

Um den Untersuchungsgegenstand begrifflich zu präzisieren, sollte man zunächst nach terminologischen Festlegungen im Grundgesetz selbst suchen. Bezeichnungen für die Bestandteile des Grundrechts und die Struktur der Grundrechtsprüfung sind jedoch im Verfassungstext nicht vorgegeben.[92] So bietet der Wortlaut der Grundrechtsnormen wenig Anhaltspunkte dafür, wie einerseits die grundrechtlich geschützten Freiheiten und andererseits ihre Begrenzungen begrifflich klar und allgemeinverständlich zu umschreiben sind. Vielmehr werden teils synonyme, teils gegensätzliche Begriffe gebraucht.[93]

1. Tatbestandsebene

Um den Inhalt dessen zu bezeichnen, was die Grundrechtsnormen verbürgen, bestimmt das Grundgesetz selbst keinen Begriff. Auf dieser tatbestandlichen bzw. „positiven Seite"[94] der Grundrechtsnormen werden lediglich verschiedene grundrechtlich geschützte Lebensbereiche umschrieben. Dies oft in lapidarer Knappheit, aber ohne eine allgemein durchgängige Terminologie.[95] Die unterschiedlichen sprachlichen Fassungen sind mit der Vielgestaltigkeit der Grundrechte zu erklären. Grundrechtliche Schutzgüter können die Voraussetzungen menschlicher Existenz und individueller Handlungsmöglichkeiten beinhalten[96], die menschlichen Handlungsmöglichkeit selbst umfassen[97] oder auch – wie Art. 14 Abs. 1 GG und Art. 16 GG deutlich machen – Rechtspositionen beinhalten. Zudem werden institutionelle Garantien geschützt (Art. 6 Abs. 1 GG, Art. 7 Abs. 4 GG). Das alles ist in einer einheitlichen begrifflichen Form nur schwer zu fassen. Zudem ergeben sich terminologische Unterschiede zwangsläufig daraus, daß der Grundrechtskatalog „sachgeprägte" und „normgeprägte" Grundrechte beinhaltet.[98] Während die Schutzgüter der ersten Gruppe „natür-

---

92 *Ipsen*, Staatsrecht II, Rn. 48, vgl. *ders.*, JZ 1997, 473 (474).

93 *Eckhoff*, Der Grundrechtseingriff, S. 3.

94 *Höfling*, Festgabe Batliner, 1993, S. 343 (347); *Stern*, Staatsrecht, Bd. III/2, S. 1817.

95 Vgl. bspw. Art. 9 Abs. 1 GG: „Alle Deutschen *haben das Recht*, Vereine und Gesellschaften zu bilden.", Art. 11 Abs. 1 GG: „Alle Deutschen *genießen* Freizügigkeit im ganzen Bundesgebiet.", Art. 13 Abs. 1 GG: „Die Wohnung ist *unverletzlich*.", Art. 14 Abs. 1 GG: „Das Eigentum und das Erbrecht werden *gewährleistet*."

96 Wie Leben, körperliche Unversehrtheit, Freiheit der Person (Art. 2 Abs. 2 GG) und die Menschenwürde (Art. 1 Abs. 1 GG); *Ipsen*, Staatsrecht II, Rn. 73, bezeichnet sie als „Lebensgüter".

97 Dies schützt die überwiegende Zahl der Grundrechte: Art. 5 Abs. 1 Satz 1 GG, Art. 5 Abs. 3 Satz 1 GG, Art. 8 Abs. 1 GG, Art. 9 Abs. 1 GG, Art. 11 Abs. 1 GG, Art. 12 Abs. 1 Satz1 GG, Art. 17 GG und Art. 2 Abs. 1 GG als allgemeine Handlungsfreiheit für alle unbenannten Handlungsmöglichkeiten.

98 Statt „normgeprägt" wird auch – ohne Unterschiede in der Sache – von „rechtsgeprägten" Grundrechten gesprochen, vgl. *Manssen*, Staatsrecht I , Rn. 253 ff.; *Pieroth/Schlink*,

licher Art"[99] sind und sich ohne weiteres aus sich selbst, d.h. aus der Lebenswelt ergeben[100], werden die der zweiten Gruppe erst durch den (einfachen) Gesetzgeber inhaltlich näher ausgestaltet.[101] Zu ihnen gehören besonders diejenigen Grundrechte, die (auch) eine Einrichtungsgarantie gewährleisten. Klassisches Beispiel für ein normgeprägtes Grundrecht ist das Eigentum, dessen Inhalt – neben den Schranken – durch Gesetz bestimmt wird (Art. 14 Abs. 1 Satz 2 GG). Der Gesetzgeber bestimmt also, was Eigentum im Sinne der Garantie des Art. 14 Abs. 1 Satz.1 GG ist.[102] Mithin ist hier der einzelne erst durch die Rechtsordnung zum Grundrechtsgebrauch imstande.[103]
Das Grundgesetz hat zudem Freiheitsrechte normiert, die sach- und normgeprägt sind.[104]
Aufgrund der unterschiedlichen Ausgestaltungsfähigkeit und -bedürftigkeit verwundert es nicht, daß dem Normtext der Verfassung kein Begriff zu entnehmen ist, der einheitlich das bezeichnet, was auf der Tatbestandsebene der verschiedenen Freiheitsgrundrechte geschützt wird.

2. Begrenzungsebene

Für die vom Grundgesetz vorgegebenen Begrenzungen bzw. Begrenzungsmöglichkeiten der Freiheitsrechte läßt sich ebenfalls keine einheitliche Terminologie ausmachen. Auf dieser „negativen Seite"[105] der Grundrechte bedient sich der Verfassungsgeber Bezeichnungen wie „Eingriff" (Art. 2 Abs. 2 Satz 3, Art. 13 Abs. 3 GG), „Schranken" (Art. 5 Abs. 2, Art. 14 Abs. 1 Satz 2, Art. 140 GG i.V.m. Art. 137 Abs. 3 Satz 1 WRV), „Beschränkungen" (Art. 8 Abs. 2, Art. 10 Abs. 2, Art. 13 Abs. 3, Art. 104 Abs. 1 Satz 1 GG), „Einschränkung" (Art 11 Abs. 2, Art. 17a Abs. 1 und 2, Art. 19 Abs. 1 Satz 1 GG) sowie „Regelung" (Art. 4 Abs. 3 Satz 2, Art. 12 Abs. 1 Satz 2, Art. 12a Abs. 2 Satz 3, Art. 104 Abs. 2 Satz 4 GG).
Darüber hinaus findet man auch Begrenzungen, die in der Verfassungsnorm schon umschrieben sind, wie die „Rechte anderer", die „verfassungsmäßige

---

Grundrechte, Rn. 209 ff.; z.T. findet man auch die Begriffe „sacherzeugt" und „normerzeugt", so bei *Isensee*, HdbStR V, § 111, Rn. 51.

[99] *Manssen*, Staatsrecht I, Rn. 254; zu den „sachgeprägten Grundrechten" siehe auch *Nierhaus*, AöR 116 (1991), 72 (82 ff, 90 ff.).

[100] So schützt beispielsweise Art. 2 Abs. 2 S. 1 GG Leben und Gesundheit, Art. 4 Abs. 1 GG die Glaubens- und Gewissenüberzeugung, Art. 8 Abs. 1 GG das Sich-Versammeln, Art. 12 Abs. 1 GG die berufliche Betätigung.

[101] *Bamberger*, Verfassungswerte als Schranken vorbehaltloser Grundrechte, S. 9.

[102] Zum (scheinbaren) Widerspruch, daß der Gesetzgeber einerseits nach Art.1 Abs. 3 GG an die Garantie des Art. 14 Abs. 1 Satz 1 GG gebunden ist und andererseits das Eigentum zu bestimmen hat (Art. 14 Abs. 1 Satz 2 GG) siehe *Maurer*, Verwaltungsrecht, § 27, Rn. 38.

[103] *Pieroth/Schlink*, Grundrechte, Rn. 209.

[104] Wie z.B. die Vereinigungsfreiheit des Art. 9 Abs. 1 GG, dazu *Pieroth/Schlink*, Grundrechte, Rn. 210 f.

[105] *Stern*, Staatsrecht, Bd. III/2, S. 1818.

Ordnung" und das „Sittengesetz" in Art. 2 Abs. 1 Satz 2 Hs.2 GG („Schrankentrias"[106]) oder die „Treueklausel" in Art. 5 Abs. 3 Satz 2 GG.[107]

II. Die Terminologie der Rechtsprechung

Um die von den Grundrechten tatbestandlich geschützte Freiheitsbetätigung begrifflich zu umschreiben, verwendet das BVerfG zumeist die Bezeichnung „Schutzbereich".[108] Es sind auch Formulierungen wie „Schutzgut"[109], „Geltungsbereich"[110] oder „materielle Substanz des Grundrechts"[111] zu finden.

Auf der Begrenzungsebene wechselt die allgemeine Terminologie der Rechtsprechung. Rechtserhebliche Einwirkungen auf grundrechtliche Schutzgüter werden vom BVerfG meist als „Eingriff" bezeichnet.[112] I.d.R. ist damit der Vollzugsakt der Verwaltung aufgrund des die Eingriffsvoraussetzungen regelnden Gesetzes gemeint. Daneben spricht es synonym auch von „Beschränkungen" oder „Einschränkungen" der Freiheit.[113] Vereinzelt findet sich auch der Begriff der „verletzungsgleichen Beeinträchtigung"[114] oder Umschreibungen wie „Grundrechtsberührung", „Grundrechtsbeeinträchtigung"[115] oder „Grundrechtsrelevanz."[116] Legislative Begrenzungen, die zumeist als Eingriffsermächtigung für Maßnahmen der Exekutive fungieren, werden allgemein üblich als „Schranke" bezeichnet.[117]
Die Begriff „unmittelbare Grundrechtsbetroffenheit" hingegen wird von der Rechtsprechung als terminus technicus des Verfassungsprozeßrechts verwendet.[118]

Im Hinblick auf die spezifische Unterscheidung zwischen einer Freiheitsverkürzung bereits auf Tatbestandsebene im Gegensatz zu einer nachträglichen Grundrechtseinschränkung auf der Rechtfertigungsebene ist eine terminologische Stringenz in der Rechtsprechung sowohl des BVerfG als auch anderer

---

106 Statt vieler *Pieroth/Schlink*, Grundrechte, Rn. 367.
107 Weitere in der Grundrechtsnorm selbst umschriebene Grundrechtsbegrenzungen finden sich in Art. 9 Abs. 2 GG und Art. 14 Abs. 2 GG.
108 BVerfGE 35, 202 (219); 69, 1 (33); 73, 261 (270); 80, 137 (154 f.); 84, 203 (209); 84, 372 (387 f.); 85, 1 (15); 85, 386 (397); 86, 122 (128); 87, 399 (406).
109 BVerfGE 50, 290 (354, 363); 54, 148 (155); 94, 1 (9).
110 BVerfGE 64, 72 (81); 83, 130 (143); 88, 40 (46); 94, 49 (87); 94, 115 (132).
111 BVerfGE 32, 54 (72); 85, 386 (397).
112 Siehe u.a. BVerfGE 52, 283 (296); 57, 9 (23); 61, 291 (309, 311); 65, 1 (45); 66, 39 (64); 68, 193 (205); 69, 315 (342 f.).
113 BVerfGE 65, 1 (44, 45); 69, 315 (342 f.).
114 BVerfGE 66, 39 (59).
115 Beide Begriffe in BVerfGE 61, 291 (308).
116 BVerfGE 47, 46 (80).
117 Siehe nur BVerfGE 8, 274 (328); 32, 98 (107); 33, 1 (15); 52, 1 (28); 61, 1 (10); 77 , 240 (253); 79, 174 (191); 83, 130 (139); 100, 226 (245).
118 Vgl. nur BVerfGE 70, 35.

Gerichte nicht auszumachen. Der Grundrechtsbetätigung entgegenstehende verfassungsrechtliche Schutzgüter werden im Wege der Kollisionslösung in einigen Entscheidungen als Grenzen der Grundrechte bezeichnet[119], wohingegen in anderen Entscheidungen ausschließlich von Schranken gesprochen wird.[120] Manchmal werden beide Begriffe sogar synonym verwendet[121], was zeigt, daß einer klaren Terminologie keine große Bedeutung beigemessen wird. Dahinter verbirgt sich zugleich die inhaltliche Ungleichbehandlung von ungeschriebenen Grundrechtsbegrenzungen dergestalt, daß das BVerfG kollidierende Verfassungsgüter einerseits als Reduktion des tatbestandlichen Schutzes heranzieht, sie andererseits vorwiegend als eine durch Abwägung gewonnene nachträgliche Freiheitsbeschränkung betrachtet erst auf der Rechtfertigungsebene vornimmt, nachdem es vorher ausdrücklich festgestellt hat, daß der Freiheitsgebrauch dem Schutzbereich eines Grundrechts unterfalle.[122] Jedenfalls läßt sich aus den gebrauchten Begriffen nicht zwingend erkennen, wie die Rechtsprechung ungeschriebene Grundrechtsbegrenzungen methodisch zur Geltung bringt.[123] Der Weg zur inhaltlichen Lösung wird von der Rechtsprechung also terminologisch nur vage beschrieben.

III. Eigene Begriffsbestimmung unter Berücksichtigung der terminologischen Vorschläge des Schrifttums

Die begriffliche Vielfalt in der Grundrechtsliteratur ist kaum zu überschauen. Dahinter verbergen sich gegensätzliche dogmatische Grundauffassungen, die an dieser Stelle noch nicht einer umfassenden Beurteilung unterworfen werden sollen. Inhaltliche Erläuterungen erfolgen daher nur insoweit, als sie zur Verdeutlichung der Ansatzpunkte für das jeweilige Begriffsverständnis notwendig sind. Daraus wird jeweils eine eigene Begriffsbestimmung entwickelt und der weiteren Untersuchung zugrunde gelegt.

1. Der Begriff des „Schutzbereichs" der Freiheitsgrundrechte für tatbestandlich Geschütztes

Das, was auf der Tatbestandsseite der Grundrechtsnormen geschützt ist, wird im folgenden „Schutzbereich" genannt. Dieser Begriff ist nicht nur in der Rechtsprechungspraxis, sondern auch im Schrifttum anerkannt.[124] Er beinhaltet die tatbestandliche Umschreibung jener Verhaltensmöglichkeiten oder Zu-

---

[119] BVerfGE 67, 213 (228); BVerfG NJW 1989, 3269 f.; BVerwGE 82, 76 (82).
[120] BVerfGE 77, 240 (251); 81, 298 (304 ff.).
[121] Siehe BVerfGE 81, 278 (290 ff.); 83, 130 (139).
[122] Vgl. BVerfGE 67, 213 (228).
[123] Siehe die Analyse bei *Winkler*, Kollisionen verfassungsrechtlicher Schutznormen, S. 176 f.; vgl. auch *Erichsen*, Jura 1992,142 (144).
[124] Siehe nur *Stern*, HdbStR V, § 109, Rn. 77; *Starck*, in:. v. Mangoldt/Klein/Starck, GG, Bd.1, Art. 1 Abs. 3, Rn. 230; *v. Münch*, in: ders./Kunig, GG Bd.1, Vorb. Art. 1-19, Rn. 48 ff.; *Zacharias*, Staatsrecht I, S. 30. Aus neueren spezifisch grundrechtsdogmatischen Abhandlungen vgl. *von Arnauld*, Die Freiheitsrechte und ihre Schranken, S. 15.

stände, die in einer Grundrechtsnorm genannt sind und deshalb mit der Abwehrfunktion der Grundrechte gegen eine unzulässige Einwirkung des Staates verteidigt werden können.[125] Mithin wird der Schutzbereich als der „grundrechtlich geschützte Lebensbereich" verstanden.[126] Die Reichweite des spezifisch geschützten Lebensbereich wird zunächst durch die Begrifflichkeiten der jeweiligen Grundrechtsnorm bestimmt. Fern jeglicher dogmatischer Kontroversen ist also an erster Stelle jeder Grundrechtsprüfung zu definieren, was z.B. „Glauben", „Meinung", „Kunst" etc. ist. Läßt sich ein Verhalten oder ein Zustand nicht darunter subsumieren, so findet die Prüfung bereits hier ihr Ende. Der Bürger kann sich nicht auf spezielles Abwehrrecht berufen.

Dem Begriff „Schutzbereich" wird zum Teil entgegengehalten, daß er zu einem falschen räumlichen Denken verleite, was der Qualität der Grundrechte als subjektive Rechte nicht gerecht werde.[127] Wenngleich diese Kritik nicht unberechtigt ist, so soll dennoch an der Terminologie festgehalten werden. Sie macht – wenn auch metaphorisch – am besten die Struktur der Grundrechtsprüfung anschaulich. Man muß sich nur von der Vorstellung lösen, daß der Schutzbereich der Grundrechte etwas räumlich Begrenztes beschreibt.[128]

Üblicherweise wird zwischen „personalem" und „sachlichem" Schutzbereich unterschieden.[129] Ersterer erfaßt die Personen, die durch die Grundrechtsnorm geschützt werden. Dies geschieht entweder durch eine ausdrückliche Benennung des geschützten Personenkreises (Bsp.: „jedermann", „jeder", „alle Deutschen") oder durch eine Anknüpfung an spezifische Lebensumstände

---

[125] Vgl. zum Begriff des Schutzbereichs *Lerche*, HdbStR V, § 121, Rn. 11. In dieser grundlegenden Vorstellung vom Schutzbereich der Grundrechte auf der Basis des „Eingriff-Schranken-Denkens" liegt bereits eine Absage an sog. innentheoretische Ansätze, die den Schutzbereich erst durch die Vornahme aller Beschränkungen durch Gesetz oder auf Grund eines Gesetzes als bestimmt ansehen und damit einen Gegensatz zwischen Schutzbereich und Schranken der Grundrechte negieren. Näher dazu unten **4. Teil, II 1. b.**

[126] *Pieroth/Schlink*, Grundrechte, Rn. 197.

[127] So, ohne den Begriff selbst aufzugeben, *Pieroth/Schlink*, Grundrechte, Rn. 231 f., mit dem Bsp., daß Art. 13 Abs. 1 GG nicht den Raum der Wohnung mit allen darin stattfin denden Verhalten schützt; siehe auch *Siekmann/Duttge*, Staatsrecht I, Rn. 107; ebenfalls kritisch zum „in der Literatur weit verbreitete 'verräumlichende' Grundrechtsdenken in (negatorisch) geschützten Freiheitssphären" *Scherzberg*, Grundrechtrechtsschutz und „Eingriffsintensität", S. 216; *ders.*, DVBl. 1989, 1128; ausdrückliche Abkehr dagegen bei *Ipsen*, Staatsrecht II, Rn. 117, der statt dessen von „Grundrechtsinhalt" spricht; vgl. *ders.*, JZ 1997, 473 (474 f.); insgesamt dazu *Sachs*, in: Stern, Staatsrecht, Bd. III/2, S. 31 ff., m. w. N.

[128] Vgl. *Alexy*, Theorie der Grundrechte, S. 248 mit dem Hinweis, daß man auch im Alltag von „Handlungsspielräumen" spricht. Für ihn ist es daher „nicht nur unschädlich, sondern treffend", wenn das BVerfG von einem „freien Rechtsraum" oder „Freiheitsraum" spricht.

[129] Vgl. nur *Jarass*, in: ders./Pieroth, GG, Vorb. vor Art.1, Rn. 19 ff.

(Bsp.: Eheleute in Art. 6 Abs. 1 GG oder Wohnungsinhaber in Art. 13 Abs. 1 GG).
Die vom personalen Schutzbereich erfaßten Rechtssubjekte werden auch als „Grundrechtsberechtigte"[130] oder „Grundrechtsträger"[131] bezeichnet. Diese Begriffe mögen als materiellrechtliche Aussage präziser sein. Durch sie kommt aber weniger klar zum Ausdruck, daß es um die Reichweite des Tatbestandes einer Grundrechtsnorm geht. Anschaulicher dürfte insofern die Feststellung sein, daß jemand nicht dem personalen Schutzbereich eines Grundrechts unterfällt, als davon zu sprechen, er sei nicht Grundrechtsberechtigter oder Grundrechtsträger eines Grundrechts. Denn das könnte auch erst als das Ergebnis einer Grundrechtsprüfung verstanden werden. Insbesondere der Begriff der „Grundrechtsträgerschaft" wird z.T. gleichgesetzt mit dem der „Grundrechtsfähigkeit"[132], der sich jedoch im üblichen Begriffsverständnis auf die Frage bezieht, ob eine natürliche oder juristische Person überhaupt Träger von Grundrechten sein kann, unabhängig davon, welches Grundrecht thematisch einschlägig sein könnte.[133]

Der sachliche Schutzbereich erfaßt begrifflich die Schutzobjekte bzw. die Schutzgüter eines Grundrechts. Dies sind Umstände und Gegebenheiten aus der Sphäre des Grundrechtsinhabers, die nicht nur Verhaltensweisen sein können, sondern auch Rechtsgüter – wie im Fall von Art. 2 Abs. 2 Satz 1 GG „Leben und körperliche Unversehrtheit" – oder auch Rechtspositionen, etwa die Eigentumsgarantie in Art. 14 Abs. 1 GG. Zudem kann sich der sachliche Schutzbereich aus Eigenschaften des Grundrechtsträgers ergeben, z.B. aus seinem Geschlecht oder seiner Herkunft (vgl. Art. 3 Abs. 2, 3 GG).[134] Durch Auslegung der Grundrechtsnorm ist zu ermitteln, ob die Verhaltensweise, der Zustand oder die Rechtsposition als Schutzgut in den Schutzbereich des jeweiligen Grundrechts fällt.[135] Dabei geht das BVerfG davon aus, daß grundsätzlich diejenige Auslegung zu wählen sei, welche die juristische Wirkkraft der Grundrechtsnorm am stärksten entfaltet.[136]
Das im Schutzbereich eines Grundrechts liegende Verhalten läßt sich als Grundrechtsausübung oder Grundrechtsgebrauch bezeichnen.[137]

---

130 Siehe nur *Sachs*, GG, Vor Art.1, Rn. 77.
131 *Jarass*, in: ders./Pieroth, GG, Vorb. vor Art.1 , Rn. 22.
132 So *v. Münch*, in: ders./Kunig, Vorb. Art. 1-19, Rn. 7.
133 Vgl. *Katz*, Staatsrecht, Rn. 599 f.
134 Zum „Tatbestand in sachlicher Hinsicht" vgl. *Heß*, Grundrechtskonkurrenzen, S. 94 f.;
135 *Isensee*, HdbStR V, § 111, Rn. 54; *Bleckmann*, Staatsrecht II, § 12, Rn. 13.
136 BVerfGE 6, 55 (72); 39, 1 (38); 51, 97 (110); 59, 231 (265).
137 *Pieroth/Schlink*, Grundrechte, Rn. 199; kritisch dagegen zu derartigen Bezeichnungen *Ipsen*, Staatsrecht II, Rn. 68, weil dadurch Grundrechte als Ermächtigungen mißverstanden werden könnten.

2. „Schutzbereich" und synonyme Begriffe

Für den Begriff „Schutzbereich" werden vielfältig andere Termini verwendet, die oft synonym zu verstehen sind, zuweilen aber auch inhaltliche Unterschiede in sich tragen.

a) Gewährleistungsbereich, Garantiebereich

Anstelle des Begriffs des „Schutzbereichs" findet sich der des „Gewährleistungsbereichs"[138], ohne inhaltlich etwas anderes auszusagen. Man sollte terminologisch jedoch insofern unterscheiden, als Grundrechte einen Schutzbereich *haben* und innerhalb dessen subjektive Rechte *gewährleisten,* beispielsweise Abwehrrechte.[139] Während der Begriff „gewährleisten" sich daher eher auf die Schutzwirkungen der Grundrechte beziehen läßt, umschreibt der Begriff des Schutzbereichs den Wirklichkeitsausschnitt, der dem grundrechtlichen Schutz tatbestandlich unterliegen soll. Der Begriff „Gewährleistungsbereich" bietet daher keine terminologischen Vorzüge. Er wird im weiteren nicht verwendet. Das gilt auch für das begriffliche Äquivalent des „Garantiebereichs".[140]

b) Normbereich des Grundrechts

Dem Schutzbereich ebenfalls gleichbedeutend ist der Begriff „Normbereich".[141] Auch mit ihm wird der Bereich bezeichnet, den die Grundrechtsnorm aus der Lebenswirklichkeit als Schutzgegenstand herausschneidet.[142] Der Begriff bietet gegenüber dem hier favorisierten Ausdruck „Schutzbereich" keine terminologischen Vorzüge. Rein begrifflich hat er den Nachteil, daß er ohne Vorverständnis und Definition nicht erkennen läßt, ob er nur das Thema eines Grundrechts erfaßt oder ob er das vom Grundrecht Geschützte kennzeichnen möch-

---

[138] *Gallwas*, Grundrechte, Rn. 158, 160 und öfter; *ders.*, Faktische Beeinträchtigungen im Bereich der Grundrechte, S.51; *van Nieuwland*, Theorie der immanenten Grundrechtsschranken, S. 10; vgl. aus der Rspr. z.B. BVerfG, NJW 2002, 2621 (2262).

[139] So *Pieroth/Schlink*, Grundrechte, Rn. 203.

[140] Hiervon spricht u.a. *Schwabe*, DVBl. 1981, 443.

[141] Als Synonym für den Schutzbereich verwendet den Begriff *Schwabe*, Grundrechtsdogmatik, S. 152 f., 195; siehe auch *Hesse*, Verfassungsrecht, Rn. 46, 69; Für *Stein/Frank*, Staatsrecht, § 26 V, S. 209, sind die Begriffe „Schutzbereich" und „Normbereich" nicht identisch. Sie bezeichnen als „Normbereich" das, was üblicherweise „Regelungsbereich" genannt wird. Der Begriff „Normbereich" ist zurückzuführen auf *Müller*, vgl. *dens./Christensen*, Juristische Methodik, Rn. 230 ff., 235 ff., 481 ff., dessen Begriffsverständnis jedoch aus einer auf der Grundlage der Unterscheidung von „Normprogramm" und „Normbereich" anderen Sichtweise der Grundrechtsstruktur herrührt. Er definiert den „Normbereich" als den Ausschnitt sozialer Wirklichkeit in seiner Grundstruktur, den sich das Normprogramm als seinen Regelungsbereich „ausgesucht" oder z.T. erst geschaffen hat, mithin als den „Sachbestandteil von Rechtsvorschriften" (so *Müller*, Normbereiche von Einzelgrundrechten, S. 9); siehe dazu vertiefend *Koch*, Der Grundrechtsschutz des Drittbetroffenen, 2000, S. 67, Fn. 8. Zu *Müllers* Ansatz des „sachspezifisch Geschützten" siehe unten **9. Teil, VI.**

[142] *Müller*, Normstruktur und Normativität, S. 125 f., 178 ff.

te. Damit ist das Verhältnis von Schutzbereich und Regelungsbereich angesprochen. Gerade durch diese terminologische Gegenüberstellung wird deutlich, daß es sich um etwas inhaltlich Unterschiedliches handeln muß. Ein Unterschied läßt sich dagegen mit dem Ausdruck „Normbereich" nicht ohne weiteres vermuten. Aus diesen Gründen wird er im weiteren nicht mehr verwendet, soweit es sich nicht um die inhaltliche Auseinandersetzung mit dem spezifischen Verständnis des Begriffs handelt.

c) „Gewährleistungsumfang" als eigene Kategorie der Grundrechtsprüfung?

Dem „Gewährleistungsumfang" wird vielfach die gleiche Bedeutung beigemessen wie dem Schutzbereich der Grundrechte.[143]

Der Begriff wird aber auch bewußt in Abgrenzung zum Schutzbereich gebraucht, um deutlich zu machen, daß man sich auf einer anderen Stufe der Grundrechtsprüfung bewegt. So plädiert *Wahl* für den „Gewährleistungsumfang" als mittleren Prüfungspunkt in einem dreigliedrigen Prüfungsschema vor der Schrankenprüfung und nach dem sachlichen Schutzbereich.[144] Der sachliche Schutzbereich wird nach diesem Verständnis allein durch die Begrifflichkeit der jeweiligen Grundrechtsnorm definiert. Hier ist also nur zu entscheiden, ob z.B. die Tatbestandsmerkmale „Kunst" oder „Beruf" erfüllt sind. Dagegen wird im Prüfungspunkt „Gewährleistungsumfang" die Frage aufgeworfen, ob einem unter den geschriebenen Begriffsmerkmalen der Grundrechtsnorm positiv subsumierbarem Verhalten oder einem Zustand aus anderen, außerhalb des geschriebenen Tatbestandes liegenden Gründen, der Grundrechtsschutz zu versagen ist, ohne daß dies auf der Schrankenebene gerechtfertigt werden müßte.[145] So verstanden, beinhaltet der „Gewährleistungsumfang" also genau die Frage nach ungeschriebenen Grundrechtsgrenzen, deren Existenz hier geklärt werden soll. Die begriffliche Unterscheidung zwischen Schutzbereich und Gewährleistungsumfang erscheint sinnvoll, weil durch sie deutlich wird, aus welchen Gründen der Grundrechtsschutz versagt wird.

Letztlich geht es aber darum, zu klären, was tatbestandlich geschützt ist. Und so kann es auch mißverständlich sein, wenn für eine Verhaltensweise der Schutzbereich eines Grundrechts als einschlägig oder eröffnet angesehen wird, sie dann aber dennoch vom tatbestandlichen Grundrechtsschutz ausgrenzt. Aus diesem Grund wird der Gewährleistungsumfang nicht als eigene

---

[143] Siehe nur *Bayer*, Das Grundrecht der Religionsfreiheit und Gewissensfreiheit, S. 24 und öfter.

[144] *Wahl*, Freiburger Universitätsblätter 1987, 19 (32 f.), der das anhand der Wissenschaftsfreiheit thematisiert, den Ansatz aber für alle Grundrechte befürwortet. Der Einsatz erfährt neuerdings auch Zustimmung und wird weiterentwickelt von *Böckenförde*, Der Staat 42 (2003), 165 (174 ff.), der auch den Schutzbereich in (beschreibenden) Sach- und Lebensbereich und (normativen) Gewährleistungsinhalt aufgliedert; solche Unterscheidungen ablehnend *Misera-Lang*, Beschränkbarkeit vorbehaltloser Grund-rechte, S. 234 f.

[145] Ähnlich *Pieroth/Hartmann*, DVBl. 2002, 421 (425), in Bezug auf Art. 12 GG: „Nicht jede Tätigkeit, die den Berufsbegriff erfüllt, fällt in den Schutzumfang des Grundrechts."

Kategorie begriffen, vielmehr als Bestandteil des Schutzbereichs, d.h.: Wenn ein Verhalten nicht vom Gewährleistungsumfang eines Grundrechts erfaßt wird, dann fällt es auch nicht in den Schutzbereich. Der Begriff des „Gewährleistungsumfangs" soll daher keinen eigenen Prüfungspunkt kennzeichnen, aber zumindest auch in dieser Untersuchung eine klarstellende Funktion insofern haben, als er inhaltlich die Frage ungeschriebener Schutzbereichsgrenzen zum Gegenstand hat.

d) Das Verhältnis von „Schutzbereich" und „Grundrechtstatbestand"

Dem Begriff „Schutzbereich" wird von vielen der Begriff „Grundrechtstatbestand" gleichgesetzt, manchmal ausdrücklich synonym[146], teilweise explizit nur im Hinblick auf Freiheitsgrundrechte[147] bzw. Abwehrgrundrechte.[148]

aa) Der Eingriff als Element des Grundrechtstatbestandes

Es gibt auch Stimmen, die auf inhaltliche Unterschiede der Begriffe „Schutzbereich" und „Grundrechtstatbestand" hinweisen.[149] Der Grundrechtstatbestand sei erst erfüllt, wenn in den Schutzbereich eines Freiheitsgrundrechts eingegriffen werde. Erst dann trete die Rechtsfolge ein, nämlich die Rechtfertigungsbedürftigkeit der belastenden staatlichen Maßnahmen.[150] Der Schutzbereich sei also „nur" notwendiger Bestandteil des Grundrechtstatbestandes. Darin liegt ein treffender Einwand gegen den Ausdruck „Grundrechtstatbestand". Denn die Rechtsfolge der Grundrechtsnorm – bei den hier in Blick genommenen Freiheitsrechten der Abwehranspruch – bezieht sich unmittelbar auf die Beeinträchtigung des Schutzbereichs, nicht auf diesen selbst.[151] Insofern erscheint es verständlich, wenn der Tatbestand eines Grundrechts als die Summe aus Schutzbereich und Eingriff begriffen wird.[152] Die Gleichsetzung

---

146 U.a. *v. Münch*, in: ders./Kunig, GG, Bd.1, Vorb. Art.1-19, Rn. 48; *Isensee*, HdbStR V, § 111, Rn. 40, Fn. 84; *Starck*, in: v. Mangoldt/Klein/Starck, GG, Bd. 1, Art. 1 Abs. 3, Rn. 230; *Höfling*, Jura 1994, 169 (170); *Laker*, Ziviler Ungehorsam, S. 241.

147 *Dreier*, in: ders., GG, Bd. I, Vorb., Rn. 119.

148 *Sachs*, in: ders., GG, Vor Art. 1, Rn. 77.

149 Vgl. zu folgendem auch *Huhmann*, Die verfassungsrechtliche Dimension des Bankgeheimnisses, S. 54 f.

150 *Eckhoff*, Der Grundrechtseingriff, S.19 ff., der dezidiert für den Grundrechtseingriff als Element des Grundrechtstatbestandes eintritt; zum uneinheitlichen Gebrauch des Begriffes „Grundrechtstatbestand" siehe auch *Sachs*, Verfassungsrecht II , A 7, Rn. 1 ff.

151 *Roth*, Faktische Eingriffe in Freiheit und Eigentum, S. 113.

152 *Jarass*, AöR 120 (1995), 345 (371); *von Arnauld*, Die Freiheitsrechte und ihre Schranken, S. 108. s. auch *Eckhoff*, Der Grundrechtseingriff, S. 20, 36, der zutreffend darauf hinweist, daß die Weite des Grundrechtstatbestandes damit sowohl vom Umfang des grundrechtlichen Schutzbereichs, als auch von der Weite des Eingriffsbegriffs abhängig ist, also eine „Symbiose" besteht. *Ramsauer*, Die faktische Beeinträchtigung des Eigentums, S. 50, und *Schwerdfeger*, Öffentliches Recht, Rz. 548, wollen dies dadurch deutlich machen, daß sie von einer nur zweistufigen Grundrechtsprüfung ausgehen, indem sie vom „funktionalen Schutzbereich" sprechen, wenn es um die Frage geht, ob ein Grundrechtseingriff vorliegt.

von Grundrechtstatbestand und Schutzbereich würde zu einem engeren Tatbestandsbegriff führen als er in anderen Rechtsgebieten verwendet wird, da er lediglich einen Ausschnitt aus der Gesamtheit der Voraussetzungen beinhaltet, die erfüllt sein müssen, damit die Rechtsfolge eintritt.

Auch *Alexy*[153] mißt den Begriffen „Schutzbereich" und „Tatbestand" bei Abwehrrechten eine unterschiedliche Bedeutung bei, findet aber im Ergebnis eine inhaltliche Kongruenz durch eine jeweils weite Begriffsfassung. Er unterscheidet zwischen dem allein auf das Schutzgut bezogenen Schutzbereich und spricht insofern vom „Schutzbereich im engeren Sinne", der nach seiner Diktion dem „Schutzgut-Tatbestand"[154] entspricht. Der die abwehrrechtliche Rechtsfolge auslösende Tatbestand müsse dagegen den Eingriff inkorporieren, was er begrifflich mit „Schutzgut/Eingriff-Tatbestand" zum Ausdruck bringt. Dieser decke sich inhaltlich mit einem „Schutzbereich im weiteren Sinne".[155] Dieses Begriffsverständnis vom „Schutzbereich im weiteren Sinne" legt *Alexy* seinen weiteren Ausführungen zugrunde und kommt damit zu einer inhaltlichen Übereinstimmung von Schutzbereich und Tatbestand des Grundrechts.[156]

Hingegen vertritt *Sachs*[157] die Auffassung, der Begriff des „Grundrechtstatbestandes" müsse nicht zwingend die Gesamtheit der Rechtsfolgenvoraussetzungen umfassen, ließe sich vielmehr auf einen Ausschnitt der Rechtsfolgenvoraussetzungen beziehen. Um einen dogmatisch brauchbaren Begriff zu finden, müsse dieser Ausschnitt problemlos erkennbar sein, um einen „sinnvollen Abschnitt der Grundrechtsprüfung" zu bilden.[158] Daher solle nur der „Inbegriff der zum Grundrechtsgewährleistungssatz verbundenen notwendigen Voraussetzungen der grundrechtlichen Rechtsfolge als Grundrechtstatbestand" bezeichnet werden.[159] Auch wenn der Eingriffsbegriff notwendig für den grundrechtlichen Abwehranspruch sei, solle er also nicht in den Tatbestand der

---

[153] *Alexy*, Theorie der Grundrechte, S. 272 ff.

[154] In Anlehnung an *Alexy* gebraucht *Koch*, Der Grundrechtsschutz des Drittbetroffenen, S.67, diesen Begriff, „um deutlich zu machen, daß der Gegenstand des Grundrechtsschutzes in Rede steht".

[155] *Alexy*, Theorie der Grundrechte, S. 275 f.; zur Unterscheidung zwischen engem und weitem Schutzbereich siehe auch *Browowski*, Grundrechte als Prinzipien, S. 187 f., der entgegen *Alexy* aber zutreffend darauf hinweist, daß sich „Schutzbereich" als Bezeichnung des Schutzbereichs im engeren Sinne durchgesetzt hat, aaO., S. 188, m.w.N

[156] Ihm weitgehend folgend *von Arnauld*, Die Freiheitsrechte und ihre Schranken, S. 90 f.: Der Eingriffsbegriff gehöre notwendig zum Begriff des abwehrrechtlichen Schutzbereichs. Der dreistufige Prüfungsaufbau von Schutzbereich – Eingriff – Schranken reduziere sich dadurch auf einen Dualismus von Schutzbereichs- und Schrankenebene; so auch *Alexy*, Theorie der Grundrechte, S. 275.

[157] *Sachs*, in: Stern, Staatsrecht, Bd. III/2, S. 14 ff.

[158] *Sachs*, aaO., S. 15.

[159] *Sachs*, aaO., S. 15.

Grundrechtsnorm aufgenommen werden, weil dieser dem Eingriff vorgelagert sei.[160]

bb) Inkorporation von Grundrechtsbegrenzungen in den Grundrechtstatbestand?

Ebenso wie die Frage, ob die Grundrechtsbeeinträchtigung als Tatbestandsmerkmal aufzufassen ist, wird darüber diskutiert, ob die Begrenzungsvorbehalte der Grundrechtsnormen in den Grundrechtstatbestand aufzunehmen sind.
Eine Auffassung will die Begrenzungsregelungen in den Tatbestand als Einschränkungsmerkmale inkorporieren, sie also als (quasi negative) Tatbestandsmerkmale begreifen.[161] Danach dürfte man „Schutzbereich" und „Grundrechtstatbestand" terminologisch nicht synonym gebrauchen.

cc) Der Schutzbereich als notwendiges Element des Grundrechtstatbestandes

Die hier angesprochenen dogmatischen Unterschiede im Verständnis vom Verhältnis des Schutzbereichs zum Grundrechtstatbestand müssen im Ergebnis nicht beurteilt werden. Sie sind für die terminologische Präzisierung des Untersuchungsgegenstands nicht von Relevanz. Denn die unterschiedlichen Auffassungen sind sich jedenfalls darüber einig, daß Element des Tatbestandes aller Freiheitsrechte der jeweilige Schutzbereich ist. Wenn also eine Verhaltensweise aus dem Schutzbereich ausgegrenzt wird, kann der Grundrechtstatbestand zwingend nicht erfüllt sein. Mithin ist der Schutzbereich eines Grundrechts jedenfalls eine notwendige Voraussetzung des Grundrechtstatbestandes.

Auch der Ansatz von *Fohmann*, der Grundrechtsbegrenzungen in den Grundrechtstatbestand einbinden möchte[162], steht nicht im Zusammenhang mit der hier im Mittelpunkt stehende Frage, ob es ungeschriebene Schutzbereichsgrenzen gibt.[163] Denn unter Grundrechtsbegrenzungen versteht er nur die in der Grundrechtsnorm ausdrücklich genannten Begrenzungsmerkmale i.S.v. „Schutzausschließungsmerkmalen"[164] und die „Einschränkungsmerkmale", d.h. die einfachen und qualifizierten Gesetzesvorbehalte[165], die eben nicht aus sich selbst „schutzausschlußkräftig" sind, sondern durch eine unterverfas-

---

[160] *Sachs*, aaO., S. 38 f.

[161] *Fohmann*, EuGRZ 1985, 49 (55 f.); ihm inhaltlich folgend *Stern*, Staatrecht, Bd. III/2, S. 1395, allerdings kritisch zu der Bezeichnung „negative Tatbestandsmerkmale"; ablehnend *Heß*, Grundrechtskonkurrenzen, S. 98 ff.

[162] *Fohmann*, ebenda.

[163] So auch *Heß*, Grundrechtskonkurrenzen, S. 97, Fn. 18.

[164] *Stern*, Staatsrecht, Bd. III/2, S. 1395, Bsp.: „friedlich und ohne Waffen" in Art. 8 Abs. 1 GG oder die „Treue zur Verfassung" in Art. 5 Abs. 3 GG; Fohmann, EuGRZ 1985, 49 (55).

[165] *Stern*, ebenda.

sungsrechtliche Norm zur Beschränkung des grundrechtlichen Schutzes führen können.[166]

Um Mißverständnisse zu vermeiden, wird im weiteren Gang der Untersuchung auf den Begriff des „Grundrechtstatbestandes" jedenfalls dann verzichtet und nur noch vom „Schutzbereich" gesprochen, wenn es inhaltlich um die Frage geht, ob es bestimmte Verhaltensweisen gibt, denen von vornherein die Qualität grundrechtsgeschützter Freiheit abzusprechen ist, die also erst gar nicht vom Schutzbereich der Grundrechte erfaßt werden.

e) „Schutzgegenstand" und „Schutzgut"

Was hier als „Schutzbereich" bezeichnet wird, nennen andere bevorzugt „Schutzgegenstand".[167] Das ist insofern mißverständlich, als Gegenstand grundrechtlichen Schutzes nicht etwas „Gegenständliches", sondern etwas „Menschliches" ist, eben – wie gezeigt – ein menschliches Verhalten oder eine menschliche Situation. Selbst z.B. Art. 13 GG, in dem von „Wohnung" die Rede ist, schützt nicht die Wohnung als Sache. Geschützt wird vielmehr der Wohnungsinhaber und dessen Befugnis, anderen den Zutritt zu verwehren. Statt eines geschützten Gegenstandes sollte daher terminologisch sinnvoller vom Schutzgut eines Grundrechts gesprochen werden, das vom Schutzbereich umfaßt ist. Das Schutzgut ist mithin das Objekt eines staatlichen Eingriffs, der Schutzbereich die Zone, in der staatliche Einwirkungen zum Eingriff werden und damit unter Rechtfertigungszwang stehen. Dabei ist der Schutzbereich starr; er stellt eine „Regel" dar, während das Schutzgut nur ein in unterschiedlichem Maße zu verwirklichendes Optimierungsgebot, also ein elastisches „Prinzip" ist.[168]

f) Abgrenzung zum „Regelungsbereich" und „Gewährleistungsbereich"

Klar abgrenzen läßt sich der Schutzbereich vom Regelungsbereich. Während vom Schutzbereich die persönlichen und sachlichen Voraussetzungen erfaßt werden, die erfüllt sein müssen, damit der Grundrechtsschutz eintreten kann, kennzeichnet der „Regelungsbereich" das Thema der jeweiligen Freiheitsgrundrechte. Er nennt damit nur den Ausschnitt aus der Vielfalt des menschlichen Lebens, dem die Grundrechtsbestimmung gewidmet ist. In diesem Ausschnitt wird der Schutzbereich dann vom Grundrecht bestimmt.[169] Ein anschauliches Beispiel bietet Art. 8 Abs. 1 GG. Das Grundrecht der Ver-

---

[166] *Fohmann*, EuGRZ 1985, 49 (55).

[167] Vgl. *Sachs*, Verfassungsrecht II, A 7, Rn.13; ausführlicher *ders.*, in Stern, Staatsrecht, Bd. III/2, S. 31; den Begriff findet man auch in der Rechtsprechung, vgl. BVerfGE 69, 272 (298).

[168] *Isensee*, HdbStR V, § 111, Rn. 42, mit Verweis auf *Alexy*, Theorie der Grundrechte, S. 75 ff., 77 ff., auf den die begriffliche Gegenüberstellung von „Regel" und „Prinzip" zurückgeht; näher dazu unten **6. Teil, I. 1.**

[169] Statt vieler vgl. *Pieroth/Schlink*, Grundrechte, Rn. 197 f.

sammlungsfreiheit gewährleistet nur das Recht, sich „friedlich und ohne Waffen" zu versammeln. Der Regelungsbereich der Norm erfaßt alle Versammlungen, auch gewalttätige. Sie unterliegen aber nicht dem Schutzbereich, da sie von vornherein keinen Grundrechtsschutz genießen.[170]

3. Grenzen und Schranken der Freiheitsgrundrechte

Der z.T. undifferenzierten Terminologie soll im folgenden entgegengetreten werden. Mit einer klaren und einfachen begrifflichen Zuordnung läßt sich die inhaltliche Auseinandersetzung mit dem Untersuchungsgegenstand verständlicher machen.

a) „Begrenzung" im weiten Sinne als der Oberbegriff für Freiheitsverkürzungen

Bezeichnend für die terminologische Unüberschaubarkeit im Bereich der Grundrechtsbegrenzungen ist es, wenn „Eingriff", „Schranke", „Be- oder Einschränkung", „Beeinträchtigung", „Verkürzung" oder „Begrenzung" als gleichbedeutende Begriffe verstanden werden[171] und damit lediglich die terminologischen Vorgaben des Verfassungstextes wiedergegeben werden. Im Sprachgebrauch der Wissenschaft wird zusammenfassend vorzugsweise von den „Schranken" der Grundrechte gesprochen.[172]

In dieser Arbeit wird Ausdruck „Begrenzung" als Oberbegriff für alle Freiheitsreduzierungen verwendet, gleich ob man sie als Restriktion des Schutzbereichs oder aber als Ergebnis einer Abwägung von Grundrechten und mit ihnen kollidierenden Gütern auf der Rechtfertigungsebene konstruiert.[173] Der Terminus hat den Vorteil, daß ihn das Grundgesetz nicht kennt und er sich gegenüber inhaltlichen Konstruktionsvorschlägen weitgehend neutral verhält bzw. neutral verstanden werden sollte.[174] Dennoch ist der Begriff der „Begrenzung" ein terminologischer „Notbehelf" und angreifbar. Es ist nämlich einzuräumen, daß der „Grenz-Begriff" nach allgemeinem Sprachgebrauch für die Abmessung des Schutzbereichs verwendet und demnach er der ersten Stufe

---

[170] A.A. *Alexy*, Theorie der Grundrechte, S. 260: wegen der Interpretationsbedürftigkeit des Begriffs der Unfriedlichkeit müsse eine Abwägung des grundrechtlichen Prinzips der Versammlungsfreiheit mit gegenläufigen Prinzipien vorgenommen werden und das auf der Schrankenebene; ihm folgend *von Arnauld*, Die Freiheitsrechte und ihre Schranken, S. 57, 114 f.: auch er begreift den Zusatz „friedlich und ohne Waffen" als verfassungsunmittelbare Schranke.

[171] *Pieroth/Schlink*, Grundrechte, Rn. 207 f., zur synonymen Verwendung der Begriffe „Einschränkung" und „Begrenzung" in der Rechtsprechung vgl. z.B. BVerfG, NJW 2000, 1711 (1712).

[172] *Stern*, FS 50 Jahre BVerfG, Bd. 2, 2001, S. 10.

[173] Ähnlich *Misera-Lang*, Einschränkbarkeit vorbehaltloser Freiheitsgrundrechte, S. 10.

[174] Auch *Sachs*, in: Stern, Staatsrecht, Bd. III/2, S. 226, und *Hesse*, HdBVerfR I, § 5, Rn. 64 ff., verstehen „Begrenzung" als einen Oberbegriff; terminologisch anders *Pieroth/Schlink*, Grundrechte, Rn. 208, die „Begrenzung" als Bezeichnung verstehen, die den Schutzbereich vom Regelungsbereich trennt.

der Grundrechtsprüfung zugeordnet wird.[175] Da kein anderer (dritter) Begriff naheliegt, wäre die Alternative der Ausdruck „Beschränkung"[176] als gemeinsamer Oberbegriff für die beiden im Ansatz beschriebenen unterschiedlichen Konstruktionen der Freiheitsminderung. Nur diese Terminologie steht der „Schranke" begrifflich nah, die hier wiederum eine spezifische Umschreibung von Freiheitsminderungen sein soll, die von außen an ein zunächst vom Schutzbereich eines Freiheitsgrundrechts erfaßtes Schutzgut herangetragen werden und so auf die Freiheitsausübung *beschränkend* einwirken. Der Begriff hätte also terminologisch keine Vorzüge.[177] Daher wird am Begriff „Begrenzung" festgehalten. Einschränkungen im technischen Sinne sind hierin eingeschlossen.[178]

b) Die begriffliche Gegenüberstellung von Grenzen und Schranken der Grundrechte

Zunächst losgelöst von einem „Immanenzdenken" wird im Hinblick auf die Frage der strukturellen Lösungen der Freiheitsbegrenzungen folgende einfache terminologische Unterscheidung vorgeschlagen und der Arbeit im weiteren zugrunde gelegt:
Die Begrenzungen, die eine Verhaltensweise von vornherein aus dem Schutzbereich eines Grundrechts ausscheiden, werden allgemein als „Grundrechtsgrenze" bezeichnet. Im Gegensatz dazu charakterisiert der Begriff „Schranke" des Grundrechts eine Begrenzung, die die grundrechtliche Schutzwirkung erst nachträglich nimmt. Diese Gegenüberstellung soll lediglich die unterschiedliche Wirkweise in konstruktiver Hinsicht aufzeigen[179], ohne bereits über die dogmatische Berechtigung und die jeweiligen Voraussetzungen eine Aussage zu treffen.

---

[175] Zutreffend insofern *Winkler*, Kollisionen verfassungsrechtlicher Schutznormen, S. 35. Ebenfalls ist nicht zu verkennen, daß der Begriff „Begrenzung" oft im Zusammenhang mit innentheoretischen Konstruktionsansätzen steht, die sich vom herkömmlichen „Eingriffs-Schranken-Denken" und damit vom Begriff der „Beschränkung" distanzieren, vgl. dazu *Eckhoff*, Der Grundrechtseingriff, S. 7, Fn. 38; insofern die notwendige Betonung, daß der Begriff hier „neutral" verstanden wird.

[176] Als Konsequenz seiner Kritik ist das der Vorschlag von *Winkler*, aaO., S. 35, wobei das aus seiner Sichtweise naheliegt, da er als Vertreter der weiten Tatbestandstheorie die Abwägungsmethode im Sinne der Kollisionslösung des BverfG favorisiert und im Ergebnis jedes Begrenzungsmodell (im engeren Verständnis) ablehnt.

[177] Zu der terminologischen Unklarheit zwischen „Begrenzung" und „Einschränkung" vgl. auch *Terwiesche*, Die Begrenzung der Grundrechte durch objektives Verfassungsrecht, S. 247.

[178] Damit läßt sich auch vereinbaren, daß Gesetzesvorbehalte zuweilen als (potentielle) „Begrenzungen" des betroffenen Grundrechts bezeichnet werden, so ausdrücklich BVerfGE 80, 244 (254).

[179] Ähnlich *Winkler*, Kollisionen verfassungsrechtlicher Schutznormen, S. 33: „Die Alternative zwischen norminterner und normkollisionsbezogener Lösung kommt auch sprachlich zum Ausdruck, nämlich im Unterschied zwischen Gewährleistungs*grenzen* und - *schranken*."; vgl. auch *Misera-Lang*, Einschränkbarkeit vorbehaltloser Grundrechte, S. 10.

Auch der Begriff „Schranke“ wird aufgrund seines metaphorischen Charakters kritisiert.[180] Die verräumlichende Betrachtungsweise führe zu der falschen Vorstellung, daß man durch eine Schranke freie und unfreie Bereiche eines bestimmten Verhaltens klar voneinander abgrenzen könne, was jedoch oft gar nicht möglich sei.[181] Das mag richtig sein. Gleichwohl wird an dem Begriff festgehalten. Seine bildliche Anschaulichkeit im Hinblick auf den Untersuchungsgegenstand gewinnt er durch die bewußte Gegenüberstellung zum Begriff „Grenze“:

Eine „Schranke der Grundrechte“ ist gleichsam zunächst außerhalb des Schutzbereichs verankert. Indem sie herunterschlägt, greift sie in den Schutzbereich eines Grundrechts ein und drängt die potentiell geschützte Freiheit auf das gewollte Maß zurück.

Dagegen bewegen sich die „Grundrechtsgrenzen“ von vornherein auf der Ebene des Schutzbereichs. Sie schneiden sozusagen aus dem Regelungsbereich des Freiheitsrechts einen Abschnitt heraus, so daß dieser nicht von dessen Schutzbereich erfaßt ist.[182]

Die jeweilige Konstruktion zieht unterschiedliche rechtsstaatliche Folgen nach sich, was den inhaltlichen Streit um die Existenz von (immanenten) Grundrechtsgrenzen hervorruft und später Kernpunkt der Untersuchung sein soll.

Um es zusammenzufassen: Der elementare Unterschied zwischen einer Schutzbereichsbegrenzung und einer Eingriffsrechtfertigung soll begrifflich dadurch zum Ausdruck gebracht werden, daß im ersten Fall allgemein von „Grenze“ des Grundrechts und im zweiten allgemein von „Schranke“ des Grundrechts gesprochen werden sollte. Damit ist noch keine inhaltliche Aussage über die Existenz und Rechtfertigung von (immanenten) Grundrechtsgrenzen getroffen.

c) Auswirkungen der Unterscheidung auf gängige Terminologien

Die vorgeschlagene grundsätzliche Unterscheidung zwischen „Grenzen“ und „Schranken“ der Grundrechte führt dazu, daß manche Begriffe, die in der wissenschaftlichen Auseinandersetzung um die „Tatbestands- und Schrankensystematik“ gebraucht werden, z.T. einer Klarstellung bedürfen und in das hier zugrunde gelegte einfache Begriffsverständnis integriert werden müssen, um

---

[180] *Stein/Frank*, Staatsrecht, § 30 I, S. 232 f.; kritisch auch *Henke*, DÖV 1984, 1 (4).

[181] *Stein/Frank*, ebenda, mit anschaulichen Beispielen; sie sprechen statt dessen von „Bindungen“ der Freiheit.

[182] Das Ganze ist angelehnt an *Bleckmann*, Staatsrecht II, § 12, Rn. 14 f., der eine Unterscheidung zwischen inneren und äußeren Schranken trifft. Was hier als „Grenze“ bezeichnet ist, entspricht gleichsam seiner „inneren Schranke“; vgl. auch *Muckel*, FS Schiedermaier, 2001, S. 345 (347 f.).

ihnen nicht einen falschen Sinngehalt zu geben. Zugleich sollen damit die Gründe für die schlichte Begriffswahl aufgezeigt werden.

aa) Das Verhältnis von Eingriff und Grundrechtsschranke

Der terminologischen Einfachheit halber werden alle Freiheitsverkürzungen, die von außen auf vom grundrechtlichen Schutzbereich gedeckte Freiheiten einwirken, „Schranken“ genannt. Dem Verfasser ist bewußt, daß er durch diese Vereinfachung einige dogmatische Probleme übergeht und einer verbreiteten Terminologie nicht differenziert begegnet. Insbesondere werden die inhaltlichen Unterschiede zwischen „Grundrechtsschranke“ und „Grundrechtseingriff“ nicht offengelegt. Dies ist im Hinblick auf den Untersuchungsgegenstand aber auch nicht erforderlich, wie sich aus folgendem ergibt:
Auf die grundrechtlichen Schutzbereiche einwirkende, rechtfertigungsbedürftige, staatliche Maßnahmen werden allgemein üblich mit dem Begriff des „Eingriffs“ bezeichnet. Er ist ebenso verbreitet wie umstritten.[183] Die vordergründigen Probleme liegen in der Weite des Eingriffsbegriffs. Nach mittlerweile überwiegender Auffassung reicht der durch Finalität, Unmittelbarkeit, Rechtsförmlichkeit und Zwang gekennzeichnete „klassische“ Eingriffsbegriff[184] nicht mehr aus, um alle relevanten Einwirkungen auf grundrechtliche Schutzgüter zu erfassen, insbesondere faktische Grundrechtsbeeinträchtigungen. Zudem wird seine allgemeinverständliche Aussagekraft insofern bezweifelt, als sich die Grundrechte nicht mehr auf ihre traditionelle und primäre abwehrrechtliche Funktion beschränken[185], sondern erheblich vielschichtiger verstanden werden, insbesondere auch Leistungs- und Teilhaberechte vermitteln können. Die Diskussion um den Eingriffsbegriff ist so breit angelegt, daß „es kaum noch ein Problem in der allgemeinen Grundrechtsdogmatik gibt, das nicht als Problem der Verwendung des Eingriffsbegriffs gefaßt werden könnte.“[186] Anders hingegen verhält es sich bei dem vorliegenden Untersuchungsgegenstand. Im Mittelpunkt der Arbeit steht nämlich nicht das Bemühen, Kriterien dafür zu finden, welche staatlichen Maßnahmen überhaupt geeignet sind, die Schutzwirkungen der Freiheitsrechte auszulösen. Vielmehr soll beurteilt werden, wie bestimmten Verhaltensweisen konstruktiv der grundrechtliche Schutz zu versagen ist, ob sie mithin überhaupt grundrechtlichen Schutz genießen können. Die Frage

---

[183] Vgl. *Dreier*, in: ders., GG, Bd. I, Vorb., Rn. 123 ff.; *Sachs*, in: Stern, Staatsrecht III/2, S. 76 ff:; *Starck*, in: v. Mangoldt/Klein/Starck, GG, Bd.1, Art. 1 Abs. 3, Rn. 231; ausführlich *Eckhoff*, Der Grundrechtseingriff, S. 1 ff., der in der Einleitung seiner Untersuchung auch darstellt, daß in der grundrechtlichen Literatur die dogmatische Figur des „Grundrechtseingriff“ ganz abgelehnt wird; zur Vielschichtigkeit des Begriffs vgl. auch *Lerche*, Übermaß und Verfassungsrecht, S. 258 ff.; kritisch zur Figur des Eingriffs auch *Ipsen*, JZ 1997, 473 (478).

[184] *Dreier*, in: ders., GG, Bd. I, Vorb., Rn. 124, m.w.N.

[185] Auch wenn Grundrechte „in erster Linie Abwehrrechte des Bürgers gegen den Staat“ sind, vgl. BVerfGE 7, 198 (204); 21, 362 (371 f.); 39, 68 (70 ff.); 50, 290 (327); 68, 193 (205).

[186] So *Lübbe-Wolff*, Die Grundrechte als Eingriffsabwehrrechte, S. 42.

nach der Berechtigung von (immanenten) Grenzen der Grundrechte thematisiert also nicht, wovor ein Schutzgut geschützt wird, sondern vielmehr, ob bestimmte Verhaltensweisen als schützenswertes Gut zu behandeln sind, also vom Schutzbereich erfaßt sind oder nicht. Die spezifische Eingriffsproblematik tritt damit in den Hintergrund.[187]

Gleichwohl wird nicht verkannt, daß der Gebrauch der Begriffe „Schranke" und „Eingriff" im Verhältnis zueinander verworren ist. Während es Stimmen gibt, die dem Eingriff den Terminus „Schranke" entgegensetzen[188], verwenden andere die Ausdrücke „Einschränkung", „Schranke" und „Eingriff" synonym.[189]
Es ist durchaus nachvollziehbar, wenn gefordert wird, daß Eingriff und Schranke strikt voneinander zu trennende Begriffe sind, auch wenn sie sich aufeinander beziehen.[190] Dem liegt die Vorstellung zugrunde, daß der Grundrechtseingriff eine auf eine grundrechtlich geschützte Freiheit einwirkende staatliche Maßnahme darstellt, die zu rechtfertigen ist. Die den Grundrechten im Grundgesetz auferlegten „Grundrechtsschranken" seien der Prüfungsmaßstab für diesen Eingriff, mithin seine normative Rechtfertigung.[191] Das ist insofern richtig, als sich die konkrete Grundrechtsbeeinträchtigung in der Verfassungswirklichkeit oftmals erst durch einen Exekutivakt im Einzelfall vollzieht. Das dazu ermächtigende Gesetz greift in diesem Fall also selbst nicht unmittelbar in das Grundrecht ein, es vermittelt gleichsam den Eingriff. So ist es zu verstehen, wenn gesagt wird, daß der Eingriff „zwischen" Schutzbereich und Schranke steht.[192]

---

[187] Wegen des engen Verhältnisses von Schutzbereich und Eingriff ließen sich aber viele Probleme des prima-facie-Umfangs des Grundrechtschutzes sowohl als Schutzbereichs- als auch als Eingriffsproblematik darstellen, vgl. Eckhoff, Der Grundrechtseingriff, S. 36 ff; sehr anschaulich am Beispiel der grundrechltichen Überprüfung des behördlichen Betretens von Geschäftsräumen am Maßstab des Art. 13 Abs. 1 GG *Borowski*, Grundrechte als Prinzipien, S. 185 ff.

[188] Siehe *v. Münch*, in: ders./Kunig, GG, Bd.1, Vorb. Art.1-19, Rn. 53; auch *Alexy*, Theorie der Grundrechte S. 254, der begrifflich davon ausgeht, daß eine freiheitsverkürzende Norm nur dann ein „Grundrechtsschranke" sein kann, wenn sie verfassungsgemäß ist, andernfalls stelle sie einen „Eingriff" dar. Ebenso *Eckhoff*, Der Grundrechtseingriff, S. 9, und *von Arnauld*, Die Freiheitsrechte und ihre Schranken, S. 110. Der terminologische Gewinn dieser Unterscheidung ist jedenfalls insofern zweifelhaft, als die begriffliche Zuordnung der „Grundrechtsschranke" erst am Ende der Grundrechtsprüfung möglich wäre, wenn also die Verfassungsmäßigkeit des Eingriffs abschließend beurteilt werden kann. Begriffsunterschiede machen jedoch eher Sinn, wenn sie von vornherein zugleich strukturelle Unterschiede offenlegen, vgl. auch *Borowski*, Grundrechte als Prinzipien, S.110, der die Rechtmäßigkeit ebenfalls nicht als konstitutives Merkmal für den Begriff der Schranke erachtet.

[189] Z.B. *Pieroth/Schlink*, Grundrechte, Rn. 207, 208.; *Schwabe*, Probleme der Grundrechtsdogmatik, S. 64.

[190] *Eckhoff*, Der Grundrechtseingriff, S. 9.

[191] Vgl. *v. Münch*, in: ders./Kunig, GG Bd.1, Vorb Art.1-19, Rn. 53.

[192] *V. Münch*, aaO., Rn. 51 a.

Eine so verstandene „Grundrechtsschranke" trägt damit zugleich dem rechtsstaatlichen Gebot des Vorbehalts des Gesetzes (Art. 20 Abs. 3 GG) Rechnung.

Die unter diesem Gesichtspunkt getroffene Unterscheidung von „Eingriff" und „Schranke" läßt sich aber nicht durchgängig vornehmen. Denn zuweilen stellt das Gesetz selbst bereits eine Beschränkung dar, indem z.B. Verbotsnormen dem Freiheitsschutz entgegengestellt werden. Solche den Schutzbereich beeinträchtigenden Gesetze sind dann „Eingriffe" im eben genannten Sinne.[193] Und sogar die Verfassung selbst enthält grundgesetzliche Beschränkungsnormen[194], die nicht nur die Rechtsfolge des Grundrechts ausschließen, sondern darüber hinaus zugleich selbst Verkürzungen der individuellen Rechtssphäre beinhalten, ebenfalls vor allem in Gestalt von freiheitsbeschränkenden grundgesetzlichen Geboten oder Verboten. So läßt sich z.B. die Norm des Art. 5 Abs. 2 Alt. 3 GG als unmittelbares, für jedermann geltendes Verbot interpretieren, das „Recht der persönlichen Ehre" anderer zu verletzen.[195]

Einige Fragen müssen hier offen bleiben. Gegenstand der Arbeit ist nämlich weder eine erschöpfende Auseinandersetzung mit den Schrankenregelungen des Grundgesetzes[196] noch mit dem Eingriffsbegriff.
Die Notwendigkeit von Freiheitsbegrenzungen hat der Verfassungsgeber erkannt. Um sie zu verwirklichen und um seinem Begründungszwang gerecht zu werden, hat er im Grundgesetz ein differenziertes Schrankensystem angeordnet, das nicht immer nachvollziehbar ist. So ist beispielsweise kaum verständlich, warum gerade das Grundrecht auf Leben, Art. 2 Abs. 2 Satz 1 GG, einem schlichten Gesetzesvorbehalt und damit der denkbar weitesten Einschränkungsmöglichkeit unterworfen ist (Art. 2 Abs. 2 Satz 3 GG), obwohl es Grundlage jeder weiteren Grundrechtsbetätigung ist. Die Ausgestaltung der Grundrechtsbegrenzungen beruht daher auch auf Zufälligkeiten.[197] Insbesondere die Vielfältigkeit der hierzu verwendeten Terminologie läßt das Spektrum von Grundrechtsbegrenzungen so differenziert erscheinen, daß man es schwerlich systematisieren kann. Von einer den Grundrechtsnormen zugrunde liegenden übereinstimmenden Konzeption kann jedenfalls nicht die Rede sein.[198] In der Literatur spricht man daher bisweilen auch von einem „Schrankenwirrwarr" des

---

193 So auch *Eckhoff*, Der Grundrechtseingriff, S. 23 .
194 Bezeichnung nach *Sachs*, in: Stern, Staatsrecht, Bd. III/2, S. 503 ff., sie ist als anderer Ausdruck für den allgemein verwendeten Begriff der „verfassungsunmittelbaren Schranke" zu verstehen. Dazu auch sogleich unten unter **cc**.
195 Vgl. *Stern*, FS Hübner, 1984, S. 815 (823).
196 Eine gute Übersicht bietet *Stern*, FS 50 Jahre BVerfG, Bd. 2, 2001, S. 1 ff.
197 So *Sachs*, Verfassungsrecht II, A 9, Rn. 24.
198 So aber *Fischer/Groß*, DÖV 2003, 932 (936).

Grundgesetzes[199], wobei es sich bei näherer Betrachtung vor allem um ein „Begriffswirrwarr" handelt.[200]
Die im Verfassungstext angelegten und genannten Beschränkungsmöglichkeiten in Form vom Grundrechtsschranken sollen hier aber im einzelnen nicht weiter in den Blick rücken.[201] Aus diesem Grunde wurde bei der allgemeinen Begriffsbestimmung bewußt nicht von „Grundrechtsschranke" gesprochen, sondern von den „Schranken der Grundrechte". Dieser Begriff soll – wie bereits erklärt – grundlegend als Umschreibung für alles verstanden werden, was einer zunächst grundrechtlich geschützten Freiheit von außen nachträglich ihre Wirkung nimmt oder nehmen kann.

Eine interessante und überzeugende Differenzierung von „Eingriff" und „Schranke" nimmt *Ipsen* vor.[202] Für Freiheitsverkürzungen wählt er den Oberbegriff der „Einwirkung". Er unterscheidet dann zwischen dem Einwirkungsmodus des Eingriffs und dem der Schranke, indem er jeweils an die Eigenart des geschützten Rechtsguts anknüpft.
Den Begriff des „Eingriffs" verwendet er für Einwirkungen „auf grundrechtlich geschützte, für 'unverletzlich' erklärte oder zu erklärende (Individual)Sphären".[203] Dazu zählen die Schutzgüter in Art. 2 Abs. 2 GG – Leben, körperliche Unversehrtheit und Freiheit –, die Unverletzlichkeit der Wohnung in Art. 13 Abs. 1 GG sowie das Post- und Fernmeldegeheimnis in Art. 10 Abs. 1 GG. Bei der von diesen Schutzgütern in Bezug genommenen Integrität macht es assoziativ Sinn, davon zu sprechen, daß in sie „eingegriffen" wird und zwar jeweils nur punktuell, ohne die Sphäre insgesamt in Frage zu stellen.
Im Gegensatz dazu sind die Schutzgüter zu sehen, die in der Sozialsphäre anzusiedeln sind. Das sind die grundrechtlich geschützten Handlungsmöglichkeiten, die mit den Handlungsmöglichkeiten und Freiheiten anderer kollidieren können und damit im Gegensatz zu der Individualssphäre nicht als „unverletzlich" gelten können. In diese wird nicht punktuell eingegriffen, sondern sie werden beschränkt. Der Verfassungsgeber selbst hat offensichtlich den Unterschied erkannt. Denn er gebraucht die Metapher der „Schranke" und sinnverwandte Begriffe immer dann, wenn bestimmte Handlungsmöglichkeiten Inhalt des Schutzgutes sind (siehe z.B. Art. 5 Abs. 2 GG, Art. 8 Abs. 2 GG, Art. 11 Abs. 2 GG und Art. 17 a Abs. 1 und Abs. 2 GG). Insofern läßt sich also doch, zumindest terminologisch, eine gewisse systematische Struktur erkennen. Wenn es also um die Begrenzung von Handlungsmöglichkeiten geht, er-

---

199 Dieser Ausdruck von *Bettermann*, Grenzen der Grundrechte, S. 3, ist zum geflügelten Begriff geworden und wird vielfach aufgegriffen, siehe *Friauf*, JR 1970, 215; vgl. aus jüngerer Zeit nur *Kloepfer*, JZ 2003, 481 (484); kritisch dagegen *Stern*, FS 50 Jahre BVerfG, Bd. 2, 2001, S. 1 (8 f.).

200 *Burmeister*, FS Stern, 1997, S. 835 (841 in Fn. 17)

201 Die Schrankensystematik des GG wird sehr gehaltvoll von *v. Arnauld*, Die Freiheitsrechte und ihre Schranken, S. 110 ff., aufgezeigt.

202 *Ipsen*, Staatsrecht II, Rn. 123 ff.

203 *Ipsen*, aaO., Rn. 139.

scheint der Begriff „Schranke" in Abgrenzung zum Begriff „Eingriff" sinnvoll. Ein wesentlicher Unterschied liegt zudem darin, daß eine Schranke nicht notwendig erst durch einen Einzelakt freiheitsverkürzende Wirksamkeit entfaltet. Solange sich der Grundrechtsträger innerhalb der ihm gezogenen Schranken bewegt, muß man ihm nicht mit einem weiteren exekutiven Akt begegnen.[204]

Auf dem Hintergrund dieses differenzierten Begriffsverständnisses gewinnt der hier verwendete Begriff der „Schranken" mit Blick auf den Untersuchungsgegenstand an Verständlichkeit. Kern der Arbeit ist nämlich die Frage, ob es außerhalb des bestehenden Schrankensystems Notwendigkeiten und Möglichkeiten gibt, bestimmte Verhaltensweisen zu begrenzen. Ins Blickfeld geraten dabei gerade die Grundrechte, die menschliche Handlungen verbürgen und damit aufgrund ihres Bezugs zur Sozialsphäre immer im Zusammenhang mit den Rechten anderer zu sehen sind. Beurteilt werden soll, ob die Rechte der anderen Grundrechtsträger und gegebenenfalls unter welchen Voraussetzungen freiheitsverkürzend oder freiheitsausschließend wirken. Jedenfalls sind diese entgegenstehenden Rechte als Ausdruck des Neminem-laedere-Gebots nicht als punktuelle Eingriffe zu verstehen, sondern möglicherweise eine aus der Abwägung entgegenstehender Interessen gewonnene *Schranke* oder aber eine der Freiheit von vornherein entgegenstehende (Schutzbereichs-)*Grenze*.

Das soll erklären, daß dem Begriff des „Eingriffs" im folgenden nicht die ansonsten große dogmatische Bedeutung beigemessen und auf ihn weitgehend verzichtet wird. Die Untersuchung orientiert sich bewußt an der schlichten terminologischen Gegenüberstellung von (immanenten) Grenzen und Schranken der Freiheitsgrundrechte. Das eine schließt einen Eingriff in den Grundrechtsschutzbereich aus und das andere stellt ihn dar bzw. rechtfertigt ihn.

bb) „Gewährleistungsschranken" im Unterschied zu „Vorbehaltsschranken"

Es gibt Auffassungen, die zwischen „Gewährleistungsschranken" und „Vorbehaltsschranken" unterscheiden.[205] Ihnen liegt die Vorstellung zugrunde, daß sich die „Gewährleistungsschranken" auf die Formulierung des Grundrechtstatbestandes beziehen. So sei der Begriff „Beruf" eine sachlich immanente Gewährleistungsschranke des Art. 12 Abs. 1 GG und „Deutscher" dessen persönliche immanente Gewährleistungsschranke.[206]

Diese Begriffsvorstellung ist mit der hier vorgeschlagenen Terminologie nicht in Einklang zu bringen. Abgesehen davon, daß das, was *Klein* als „Gewährleistungsschranken" bezeichnet, der Sache nach Tatbestandsmerkmal sind[207],

---

[204] Alles in enger Anlehnung an *Ipsen*, aaO., Rn 142 ff.

[205] So früher *Klein*, in: v. Mangoldt/Klein, GG, Bd. 1 I, 2. Auflage, Vorb. B XV 2., S. 123 ff., näher zu diesem systematischen Ansatz *Wipfelder*, BayVBl. 1981, 417 (419).

[206] Siehe *Starck*, in: v. Mangoldt/Klein/Starck, GG, Bd. 1, Art. 1 Abs. 3, Rn. 239, der sich näher mit der Terminologie Kleins in der 2. Auflage des Kommentars auseinandersetzt.

[207] *Isensee*, HdbStR V, § 111, Rn. 55; daher kritisch zu der Terminologie Kleins auch *Merten*, HdbStR VI, § 144, Rn. 69.

sollte man es vermeiden, den Begriff der „Schranke" überhaupt im Zusammenhang mit einer Schutzbereichsumgrenzung oder mit der Auslegung von Tatbestandsmerkmalen zu verwenden. Die tatbestandliche Umschreibung eines Schutzguts könnte nach dem hier vorgeschlagenen Begriffsverständnis allenfalls als „Gewährleistungsgrenze" begriffen werden.[208] Da jedes Grundrecht seine Grenze zunächst dort findet, wo seine sachliche Reichweite endet[209], kann auch ganz schlicht von einer Schutzbereichsgrenze gesprochen werden.

Entgegen der Auffassung *Alexys*[210] sollte nicht auf die Unterscheidung zwischen Schutzbereichsgrenze und Grundrechtsschranke verzichten werden.[211] Denn zumindest terminologisch muß hinreichend deutlich werden, auf welcher Ebene der Grundrechtsprüfung man sich bewegt.

Mit „Vorbehaltsschranke" werden alle expliziten Bestimmungen des Grundrechtskatalogs bezeichnet, durch die der Staat ermächtigt wird, Grundrechte einzuschränken. Methodisch fügt sich dieser Begriff damit in die hier zugrunde gelegte allgemeine Bedeutung des Begriffs „Schranke" ein, der für die auf einer Abwägung beruhende Einwirkung auf vom Schutzbereich der Freiheitsrechte erfaßte Verhaltensweisen und Zustände steht.[212]

cc) Verfassungsunmittelbare und verfassungsmittelbare Schranken

Kaum Probleme bereitet hingegen die Einordnung der Begriffe der verfassungsunmittelbaren und verfassungsmittelbaren Schranken der Grundrechte in das hier vorgeschlagene, auf die grundsätzliche Unterscheidung von Grenzen und Schranken basierende, Begriffsmodell.

Grundrechtliche Freiheitsgarantien werden durch die Verfassung begründet. Die Begrenzungen dieser Freiheitsrechte müssen daher ihre Grundlage in der Verfassung haben.[213] Hierbei ist zwischen verfassungsunmittelbaren und verfassungsmittelbaren Schranken zu unterscheiden.[214]

---

208 *Bumke*, Der Grundrechtsvorbehalt, S. 51, spricht im Hinblick auf das „friedlich und ohne Waffen" in Art. 8 Abs. 1 GG von „Gewährleistungsbegrenzungen".

209 *Hesse*, Verfassungsrecht, Rn 310.

210 Alexy, Theorie der Grundrechte, S. 259 f; dies ist Folge seines ausnahmslos weiten Tatbestandsverständnisses und der Auffassung, alle gegen den grundrechtlichen Schutz sprechenden Gründe auf der Schrankenebene abhandeln zu müssen.

211 So überzeugend *Bumke*, Der Grundrechtsvorbehalt, S. 51, Fn. 132, mit der treffenden Aussage, daß nicht jedes ernsthafte Argumentieren immer als Abwägung verstanden werden darf, um nicht den Unterschied zwischen Auslegung einer Norm auf der Tatbestandsebene und Abwägung auf der Schrankenebene ganz aufzugeben.

212 Vgl. *Isensee*, HdbStR V, § 111, Rn. 54 f.

213 Statt vieler *Hesse*, Verfassungsrecht, Rn. 309.

214 Vgl. *Stern*, FS 50 Jahre BVerfG, Bd. 2, 2001, S. 1 (12); *Lerche*, HdbStR V, § 122, Rn. 1.

Als verfassungsunmittelbar lassen sich die Schranken bezeichnen, die in den jeweiligen Grundrechtsbestimmungen oder in anderen Verfassungsnormen den grundrechtlichen Schutzbereich nach Maßgabe der Verfassung selbst beschränken. Ein klassisches Beispiel für eine verfassungsunmittelbare Schranke findet sich in Art. 5 Abs. 2 GG, in dem das „Recht der persönlichen Ehre“ den in Art. 5 Abs. 1 GG genannten Grundrechten eine Schranke setzt. Als weiteres Beispiel läßt sich Art. 9 Abs. 2 GG anführen, wonach „Vereinigungen, (...) die sich gegen die verfassungsmäßige Ordnung (...) richten, (...) verboten“ sind. Ob diese Regelung eine verfassungsunmittelbare Schranke darstellt oder einem Gesetzesvorbehalt gleichkommt, ist allerdings umstritten. Auch in anderen Fällen ist die Einordnung nicht immer einfach.[215] Als Abgrenzungskriterium erscheint es dienlich, darauf abzustellen, daß eine verfassungsunmittelbare Schranke dem Grundrechtsträger selbst eine Rechtspflicht in Form eines Verbotes auferlegt, während ein Vorbehalt nur die Voraussetzungen dafür schafft, die der Gesetzgeber umzusetzen hat.[216] Wegen dieses Unterschiedes wird es daher auch abgelehnt, „verfassungsunmittelbare“ und „verfassungsmittelbare“ Schranken unter der gemeinsamen Kategorie „Schranke“ zusammenzufassen.[217]

Dagegen sind Schranken verfassungsmittelbar, wenn sie die Staatsgewalt, vor allem den (einfachen) Gesetzgeber, zu Einschränkungen ermächtigen. Besondere Bedeutung haben dabei die unterschiedlich ausgestalteten - einfachen und qualifizierten - Gesetzesvorbehalte.[218] Terminologisch ist es problematisch, wenn diese selbst schon als „Schranke“ bezeichnet werden.[219] Durch ihre Ermächtigung an den Gesetzgeber begründen sie nur die Möglichkeit von Schranken, wirken an sich aber noch nicht freiheitsmindernd.[220] Besser sollte man daher von „Schrankenvorbehalt“ sprechen.

---

[215] Siehe *Sachs*, in: Stern, Staatsrecht, Bd. III/2, S. 23 f., m.w.N; vgl. als weiteres Bsp. Art. 16 a Abs. 2 GG, bei dem auf Grund der Formulierung „... kann sich nicht berufen...“ str. ist, ob es sich um eine verfassungsunmittelbare Schranke handelt oder bereits um eine Begrenzung des Grundrechtstatbestandes, dazu *Stern*, FS 50 Jahre BVerfG, Bd. 2, 2001, S. 1 (12 f.), m.w.N; ausführlich und sehr differenziert *Bumke*, Der Grundrechtsvorbehalt, S. 211 ff.

[216] *Bumke*, aaO., S. 50 f.

[217] *Bumke*, aaO., S. 210 f.

[218] Neben den dominierenden Gesetzesvorbehalten, gibt es vereinzelt auch Vorbehalte, die unmittelbar andere Teile der staatlichen Gewalt zu Einwirkungen in Grundrechte ermächtigen, so z.B. „Exekutivvorbehalte“ in Art. 13 Abs. 7 Hs.1 GG und Art. 132 Abs. 1 Satz 1-3 GG und „Judikativvorbehalte“ in Art. 16 a Abs. 4 Hs.1 GG und Art.18 Satz 2 GG; insofern ist es überzeugend, wenn Bumke, aaO., S. 25 f., alle Bestimmungen des Grundrechtskatalogs, die den Staat zu Grundrechtsbeeinträchtigungen ermächtigen, unter dem Oberbegriff „Grundrechtsvorbehalt“ zusammenfaßt.

[219] Dazu *Stern*, 50 Jahre BVerfG, Bd. 2, 2001, S. 1 (12).

[220] *Alexy*, Theorie der Grundrechte, S. 254 f.

Auch wenn man es mit einer verfassungsunmittelbaren Schranke zu tun hat, die materiell einen Eingriff rechtfertigt, so muß sich insbesondere die Exekutive gleichwohl auf eine verfassungsmittelbare Schranke in Form eines Gesetzes stützen können.[221] Ob das auch für die „verfassungsimmanenten Schranken" gilt, bedarf später einer näheren Betrachtung.[222]

Gegen die Unterscheidung von „verfassungsunmittelbaren" und „verfassungsmittelbaren" Schranken wendet sich *Sachs* mit dem Einwand, jede Begrenzung von Grundrechten erfolge zwingend verfassungsunmittelbar.[223] Es offenbart sich hierin jedoch kein inhaltlicher Unterschied, da er lediglich mit der terminologischen Ablehnung von „verfassungsmittelbaren Schranken" klar zum Ausdruck bringen möchte, daß jede Beschränkung von Grundrechten ihren Ursprung in der Verfassung haben muß[224], was der eingangs erläuterten allgemeinen Überzeugung entspricht.

In Anbetracht der für die weitere Untersuchung maßgeblichen, schlichten Gegenüberstellung der Begriffe „Grenze" und „Schranke" bedürfen die bisher aufgeworfenen Streitpunkte um die Begriffe der „verfassungsunmittelbaren" und „verfassungsmittelbaren" Schranken keiner eigenen Beurteilung. Sie betreffen nämlich nicht die Frage, welche Wirkungsweisen sie haben. Den dargestellten Auffassungen liegt die Vorstellung zugrunde, daß, unabhängig von der Frage der Verfassungs(un)mittelbarkeit der Schranken, diese jedenfalls die vom jeweiligen Schutzbereich der Freiheitsrechte erfaßten Schutzgüter erst von außen einschränken und damit allen rechtsstaatlichen Anforderungen genügen müssen, die an Grundrechtseingriffe bzw. -beschränkungen zu stellen sind.

Der Begriff der „verfassungsunmittelbaren Schranke" wird auch anders als in dem erörterten Sinne verstanden, was im Hinblick auf die hier getroffene Begriffsbestimmung klärungsbedürftig ist:
In einigen Grundrechtsnormen werden, wie in Art. 8 Abs. 1 GG, bestimmte Verhaltensweisen aus dem Schutzbereich ausgegrenzt („friedlich und ohne Waffen"). Nach der hier vorgeschlagenen Terminologie ist es verfehlt, insofern von „verfassungsimmanenten"[225] oder „verfassungsunmittelbaren"[226] Schran-

---

[221] Vgl. *Alexy*, Theorie der Grundrechte, S. 263, der damit deutlich macht, daß den Grundrechten nicht nur materielle, sondern auch formelle Positionen zuzuordnen sind, die z.B. die Einhaltung von Kompetenznormen oder Verfahrensvorschriften gebieten.
[222] Siehe unten **7. Teil, II. 3.**
[223] *Sachs*, in: Stern, Staatsrecht, Bd. III/2, S. 495.
[224] *Sachs*, ebenda.
[225] *Hesse*, in: HdbVerfR I, § 5, Rn. 65; *ders.*, Verfassungsrecht, Rn. 310: hier spricht er von „grundrechtsimmanenten Grenzen", *Starck*, in: v. Mangoldt/Klein/Starck, GG, Bd. 1, Art. 1 Abs. 3, Rn. 239, spricht von „immanenten Gewährleistungsschranken"; *Beisel*, Kunstfreiheitsgarantie, S.132: „immanente Schranke".
[226] Z.B. BVerfGE 59, 231 (261).

ken zu sprechen, wie es zuweilen gemacht wird. Der Begriff der „Immanenz" wird unnötigerweise überstrapaziert, weil es sich um eine aus dem ausdrücklichen Wortlaut der Grundrechtsnormen entnehmbare Begrenzung handelt.[227] Zudem ist hier der Begriff „Schranke" mißverständlich, weil es nicht darum geht, etwas zu umschreiben, was von außen an einen Schutzbereich herangetragen wird, um ihn (nachträglich) und unter Rechtfertigungszwang zu beschränken. Es handelt sich vielmehr um eine „verfassungsunmittelbare Beschreibung der sachlichen Gewährleistungsreichweite einer Grundrechtsbestimmung"[228], jenseits derer ein Grundrecht gar nicht existiert. Es handelt sich hierbei also um die Bestimmung des Schutzbereichs und damit den Anwendungsbereich einer Gewährleistung. Um es lapidar noch einfacher zu sagen: Art. 8 Abs. 1 GG verbürgt kein Grundrecht, sich unfriedlich zu versammeln. Der Gesetzgeber wird zur Herstellung der Friedlichkeit nicht zu Einschränkungen des Grundrechts auf Versammlungsfreiheit ermächtigt. „Friedlich und ohne Waffen" ist eine normtextlich deutlich gekennzeichnete Restriktion des Schutzbereichs, die auch ohne gesetzliche Regelung Geltung hat. Es geht mithin um ein das grundrechtlich geschützte Interesse von vornherein einengendes (Tatbestands-)Merkmal, das interpretatorisch und nicht, wie es für eine Schranke üblich ist, durch eine am Maßstab der Verhältnismäßigkeit orientierte Abwägung zu bestimmen ist.[229] Der Friedlichkeitsvorbehalt in Art. 8 Abs. 1 GG hat also, wenn man sich terminologische Einfachheit wünscht, nichts mit „verfassungsimmanenten" oder „verfassungsunmittelbaren Schranken" zu tun.[230]

d) Der Begriff der „(verfassungs-) immanenten Schranken" in Abgrenzung zu den „schutzbereichsimmanenten Grenzen" der Grundrechte

Auf der Grundlage der allgemeinen Unterscheidung zwischen „Grenzen" und „Schranken" der Grundrechte soll im folgenden im Hinblick auf den Untersu-

---

[227] Zum Begriff der „Immanzenz" siehe eingehender unten **d. aa**.

[228] *Schnapp*, JuS 1978, 729 (730), ebenso *Suerbaum*, DVBl. 1999, 1690 (1694, Fn. 60).

[229] *Winkler*, Kollisionen verfassungsrechtlicher Schutznormen, S. 191; *Sachs*, Verfassungsrecht II, A 7, Rn. 11; *Jarass*, AöR 120 (1995), 345 (370 f.); a.A. *Alexy*, Theorie der Grundrechte, S. 259 f., der als Konsequenz seiner ausnahmslos weiten Tatbestands-theorie auf eine Unterscheidung von Schutzbereichsgrenze und Grundrechtsschranke ganz verzichtet und selbst das „friedlich und ohne Waffen" in Art. 8 Abs. 1 GG oder Klauseln wie „alle Deutschen" als „Formulierungen verfassungsunmittelbarer definitiver Grundrechtsschranken" betrachtet. Dieses Verständnis beruht auf der Prämisse, alle Gründe, die gegen den grundrechtlichen Schutz sprechen, auf der Schrankenebene abhandeln zu müssen; ihm folgend *v. Arnauld*, Die Freiheitsrechte und ihre Schranken, S. 114 f.; kritisch dazu *Bumke*, Der Grundrechtsvorbehalt, S. 51, Fn. 132; hier zeigt sich, daß das Begriffsverständnis Ausdruck dogmatisch unterschiedlicher Auffassungen ist, die später einer intensiveren inhaltlichen Untersuchung unterzogen werden müssen. Zum Frielichkeitsvorbehalt des Art. 8 Abs. 1 GG näher unten **11. Teil, II. 2 a**.

[230] BVerfGE 69, 315 (369); *Dreier*, in: ders., GG, Bd. I, Vorb., Rn. 143; *v. Münch*, in: ders./Kunig, GG, Vorb. Art.1-19, Rn. 49.

chungsgegenstand eine differenzierte Terminologie eingeführt werden, die die unterschiedlichen Konstruktionsweisen von ungeschriebenen Grundrechtsbegrenzungen zunächst begrifflich zu veranschaulichen versucht.

aa) Der Begriff der Immanenz

Philosophisch beinhaltet der Begriff der Immanenz „diejenigen Gegenstände, die im Bereich möglicher Erfahrung liegen", und stellt damit den Gegensatz zur Transzendenz dar. Bildungssprachlich steht er für das, was in etwas enthalten ist oder innewohnt.[231] Er bezeichnet also alle Merkmale, die mit der spezifischen Eigenart eines Objekts untrennbar verbunden sind und seine Grenze nicht überschreiten.[232]

Ein ähnlicher Sinngehalt wird dem Begriff vielfach auch in der juristischen Dogmatik gegeben. Allerdings wird die juristische Rezeption des Ausdrucks „immanent" von einigen Stimmen als eine „theologisch getönte Formel"[233] oder als eine „rechtsphilosophisch angehauchte Begrifflichkeit"[234] kritisch gesehen. Dennoch wurde und wird an dem Begriff in der juristischen Dogmatik festgehalten. Ihm wird allerdings unterschiedliche Bedeutung beigemessen und er wird meist unreflektiert gebraucht.[235] Zudem werden vielfältige andere Begriffe verwendet, die im wesentlichen synonym verstanden werden, wie z.B.[236] „inhärent"[237] oder „der Natur der Sache nach".[238]

Vom allgemeinen Sinn des Begriffs ausgehend, wäre es sicherlich richtig, auch explizit genannte Tatbestandsmerkmale als „grundrechtsimmanente Grenzen" zu begreifen.[239] Denn gerade sie sind es ja, die im Tatbestand „wesensmäßig" enthalten und mit dem Grundrecht untrennbar verbunden sind. Mit diesem Verständnis gewinnt der Begriff im juristischen Kontext aber keine eigenständige dogmatische Bedeutung, so daß man ihn vollständig aufgeben könnte. Das Argument eines innewohnenden Merkmals sollte erst dann bemüht und hinterfragt werden, wenn es nicht klar ersichtlich oder ausdrücklich normiert ist. „Immanent" steht daher für etwas, was sich nicht unmittelbar aus dem Wortlaut der einzelnen Freiheitsverbürgungen oder als ausdrückliche

---

[231] Vgl. *Brockhaus* Enzyklopädie, 1989, Bd. 10, S. 400.

[232] So *van Nieuwland*, Theorie der immanenten Grundrechtsschranken, S. 7.

[233] Vgl. *H. Schneider*, Verfassungsrechtliche Grenzen einer gesetzlichen Regelung der Pressefreiheit, S. 67

[234] *Winkler*, Kollisionen verfassungsrechtlicher Schutznormen, S. 26, der aus „pragmatischer Motivation" aber ebenfalls am Begriff festhält hat, weil er sich eingebürgert habe.

[235] So der treffende Befund von *Borowski*, S. 32, Fn. 32; kritisch auch *L. Schneider*, Der Schutz des Wesengehalts von Grundrechten nach Art. 19 Abs. 2 GG, S. 48: der Immanzbegriff sei „zu schillernd und zu vieldeutig".

[236] Eingehender und mit weiteren Beispielen *van Nieuwland*, Theorie der immanenten Grundrechtsschranken, S.8.

[237] *Loebenstein*, EuGRZ 1985, 365 (883), ebenfalls *Scholtissek*, NJW 1952, 562.

[238] BGHZ 12, 197, (203)

[239] *Hesse*, Verfassungsrecht, Rn. 310.

Begrenzungregelung aus sonstigen Verfassungsnormen eindeutig ergibt, also „ungeschrieben" ist.[240]
Diese Sichtweise deckt sich im Grunde mit der Intention aller Immanenzlehren der Grundrechtsdogmatik, nämlich notwendige Grundrechtsbegrenzungen zu finden, obwohl es dafür keine explizite normative Grundlage gibt. Immanente Schranken oder Grenzen werden hier mithin verstanden als ungeschriebene Schranken oder Grenzen der Grundrechte.[241]

bb) „Verfassungs- bzw. grundrechtsimmanente Schranken"

Wenn die Begriffe der „Schranke" und der „Grenze" der Grundrechte schon im allgemeinen uneinheitlich verwendet werden, so handelt es sich bei dem Begriff der „verfassungsimmanenten Schranke" (erst recht) um einen „notorisch unklaren Begriff"[242], der durch differenzierte grundrechtsdogmatische Begriffe ersetzt werden sollte.[243]
In der Tat sind „verfassungsimmanente Schranken" bzw. „grundrechtsimmanente Schranken" zwar zu geläufigen Begriffen in der Grundrechtsdogmatik geworden, was aber nicht darüber hinwegtäuschen darf, daß sie als Umschreibung für methodisch und dogmatisch ganz unterschiedliche Ansätze stehen.[244]
Die damit verbundenen inhaltlichen Unterschiede sollen hier (noch) nicht im Detail dargelegt und bewertet werden. Vielmehr soll es hier zunächst darum gehen, den elementaren Unterschied im Verständnis der Normstruktur der Freiheitsgrundrechte aufzuzeigen, der sich überwiegend undifferenziert hinter dem Begriff verbirgt. Das Problem liegt insbesondere darin, daß die unter strukturellen Gesichtspunkten bedeutsamste Unterscheidung innerhalb der Vielzahl verschiedener Auffassungen, ob die immanente Begrenzung bereits

---

[240] So auch *Heyde*, FS Zeidler, Bd. 2, 1987, S. 1429 (1433); ähnlich *Steinbeiß-Winkel-mann*, Grundrechtliche Freiheit und staatliche Freiheitsordnung, 1986, S. 41 f.; vgl. auch *Lerche*, HdbStR V, § 121, Rn. 12.

[241] Vgl. *van Nieuwland*, Theorie der immanenten Grundrechtsschranken, S. 151, der im Ergebnis dafür plädiert, den Immanenzbegriff als terminus technicus der Grundrechtsdogmatik aufzugeben, und die immanenten Schranken als das zu bezeichnen, „was sie tatsächlich sind: ungeschriebene Grundrechtsschranken." Nur scheinbar dazu steht im Widerspruch, wenn *Wipfelder*, BayVBl. 1981, 457 (459 f.), zwischen ungeschriebenen und immanenten Schranken unterscheidet. Dies beruht allein darauf, daß er „sachliche Gewährleistungsschranken" als immanent ansieht, die dem Wortlaut interpretativ zu entnehmen und daher mehr mitgeschriebenes als ungeschriebenes Verfassungsrecht seien. Vgl. auch *Höfling*, Jura 1994, 169 (171), der nicht von immanenten Schranken spricht, sondern von „ungeschrieben Schrankenklauseln".

[242] So *Borowski*, S. 34; vgl. auch *Huster*, Rechte und Ziele, S. 85; *Heckel*, Religionsfreiheit, in: Gesammelte Schriften, Bd. 4, 1997, S. 752, Fn. 177; kritisch auch *Lerche*, Übermass und Verfassungsrecht, S. 105 mit Fn. 20.

[243] Zum unheitlichen Bedeutungsgehalt des Begriffs der „immanenten Grundrechtsschranken" vgl. *Schnapp*, JuS 1978, 729 (733); *Misera-Lang*, Einschränkbarkeit vorbehaltloser Grundrechte, S. 87, die auf den Begriff ganz verzichten möchte.

[244] Vgl. *von Kirchbach*, Wissenschaftsfreiheit und Arzneimittelkontrolle, S. 87 ff.

eine Grenze des Schutzbereichs darstellt oder (erst) ein grundsätzlich weiterreichendes Grundrecht inhaltlich vermindert, also als Schranke zu begreifen ist, terminologisch oftmals gar nicht zum Ausdruck kommt.[245]

(1) „Immanente Schranken" im Zusammenhang mit Schutzbereichslösungen

Dem Begriff der „(verfassungs-)immanenten Schranken" liegt vielfach die Vorstellung zu Grunde, daß sie wesensmäßig und den Grundrechten ihrer Natur nach von vornherein innewohnen.[246] Im Gegensatz zu „äußeren"[247] bzw. „examenten"[248] Schranken würden sie also nicht von außen an das Grundrecht herangetragen, sondern begrenzten (bereits) von innen die mögliche Konkretisierung des Grundrechtsgehalts. Nach dieser Auffassung gehören sie zum Schutzbereich[249] und sind quasi negative Tatbestandsmerkmale.[250]
Die immanenten Schranken werden danach also nicht als Schrankenproblem gesehen, sondern als ein Bestandteil der Grundrechtsgewährleistung.
Unabhängig von der Frage der inhaltlichen Berechtigung dieses Verständnisses und der im einzelnen dahinter stehenden Auffassungen ist es jedenfalls terminologisch mit der hier getroffenen Begriffsbestimmung nicht zu vereinbaren, diese Konstruktion der Grundrechtsbegrenzung mit der Figur der „verfassungsimmanenten Schranke" zu bezeichnen.[251]
Denn wie dargelegt, eignet sich der Begriff der „Schranke" nicht für Vorgänge, die den Schutzbereich oder den Gewährleistungsgehalt eines Grundrechts von vornherein begrenzen. Vielmehr wäre es für eine erkennbare Abgrenzung förderlich, würden ungeschriebene Schutzbereichsreduzierungen als „immanente Grenzen" begriffen.[252] Der Begriff „Schranke" und der Vorgang der „Be-

---

245 Vgl. beispielhaft nur *Krebs*, Jura 1988, 617 (620, Fn.35), wenn er Verweisungen auf die „Lehre von den immanenten Grenzen *oder* Schranken" (Hervorhebung nicht im Original) vornimmt.

246 Siehe unter vielen *Wipfelder*, BayVBl. 1981, 417, *v. Pollern*, JuS 1977, 644 (645).

247 *Bleckmann*, Staatsrecht II, § 12, Rn. 14 f.

248 *Van Nieuwland*, Theorie der immanenten Grundrechtsschranken, S.10.

249 Unter vielen vgl. *Isensee*, HdbStR V, § 111, Rn. 56; *Blaesing*, Grundrechtskollisionen, S. 132 ff.; vgl. auch *Erichsen*, Jura 1992, 142 (143 f.), der in immanenten Grundrechtsschranken eine „auf die Herstellung praktischer Konkordanz gerichtete Schutzbereichsbegrenzung" sieht.

250 *Van Nieuwland*, Theorie der immanenten Grundrechtsschranken, S. 10 f., mit Verweis auf u.a. *Bachof*, JZ 1957, 334 (337 f.), *Häberle*, Wesensgehaltgarantie des Art. 19 Abs. 2 GG, S. 57; siehe auch *Isensee*, HdbStR V, § 111, Rn. 56.

251 Ähnlich kritisch daher zu Recht *Terwiesche*, Die Begrenzung der Grundrechte durch objektives Verfassungsrecht, S. 211.

252 So auch *Misera-Lang*, Einschränkbarkeit vorbehaltloser Grundrechte, S. 78; *Borowski*, Grundrechte als Prinzipien, S. 37; *Muckel*, FS Schiedermaier, 2001, S. 347; die terminologische Fragwürdigkeit der „immanenten Schranken" als Ausdruck für Schutzbereichsreduzierungen ist auch ihren Befürwortern bewußt. So versteht *Bleckmann*, Staatsrecht II, § 12, Rn. 14 f., die immanenten Schranken als tatbestandsbegrenzende „innere Schranken" im Gegensatz zu den rechtfertigungsbedürftigen „äußeren Schranken"; *Isen-*

schränkung" gehen nämlich davon aus, daß auf ein prinzipiell weitergehend bestehendes Recht eingewirkt wird. Diese Vorstellung hat dieser Ansatz aber gerade nicht, wenn er „immanente Schranken" als Aspekt zur Schutzbereichsbestimmung interpretiert.
Hier wird bereits deutlich, was für viele Immanenzlehren gilt. Hinter ihnen verbirgt sich weniger eine Theorie der Grundrechtsschranken als vielmehr eine Theorie über Inhalt, Bedeutung und Reichweite der Grundrechtsgewährleistung und damit eigentlich ein Problem der Grundrechtsinterpretation.[253]

Wenn im Zusammenhang mit einer Schutzbereichslösung statt dessen synonym von grundrechtsimmanenten Schranken gesprochen wird, dann ist das nach dem hier vorgeschlagenen Begriffsverständnis ebenfalls und erst recht mißverständlich. Denn mit „grundrechtsimmanent" verbindet man gerade etwas, was gleichsam von vornherein im Schutzbereich eines Freiheitsgrundrechts enthalten ist. Auf „Schranken" trifft dies – wie gezeigt – aber nicht zu.[254]
Es gibt mithin keine „grundrechtsimmanenten Schranken".

Für ungeschriebene Begrenzungen, die sich von vornherein auf die Reichweite des Schutzbereichs, also auf den Gewährleistungsumfang auswirken, gilt es daher, einen anderen Begriff zu finden als „verfassungs-" oder „grundrechtsimmanente Schranken".

(2) „Verfassungsimmanente Schranken" im Zusammenhang mit einer „Kollisionslösung"

Auch die vom BVerfG entwickelte Formel zur Kollisionslösung, daß nämlich „kollidierende Grundrechte Dritter und andere mit Verfassungsrang ausgestattete Rechtswerte... ausnahmsweise imstande (seien), auch uneinschränkbare Grundrechte in einzelnen Beziehungen zu begrenzen"[255], wird herkömmlich ebenfalls als Grundlage zur Begründung von „verfassungsimmanenten

---

see, HdbStR V, § 111, Rn. 56, stellt klar, daß es sich nicht um Schranken im eigentlichen Sinne handelt und spricht später dann selbst von „verfassungsimmanenten Grenzen".

[253] Deutlich wird das beispielsweise bei *Zippelius*, in: Bonner Kommentar, Art. 4, Rn. 84 ff., der „grundrechtsimmanente Schranken" zur Bestimmung der tatbestandlichen Grenzen eines Grundrechts heranzieht.

[254] Abgelehnt wird daher die im Schrifttum verschiedentlich vertretene Lehre, die den Schutzbereich eines Grundrechts als von vornherein durch die Grundrechtsschranken begrenzt ansieht, so u.a *Klein*, in: v. Mangoldt/Klein, GG, 2. Auflage, Bd. 1, Vorb. B IV 1. b, S. 122. Denn mit diesem Verständnis wird die grundsätzlich unter rechtsstaatlichen Gesichtspunkten sinnvolle Unterscheidung zwischen Eingriff in ein Grundrecht und dessen Rechtfertigung gefährdet; siehe näher dazu unten **4 Teil, II. 1. b**.

[251] Erstmals BVerfGE 28, 243 (261) – Kriegsdienstverweigerungsentscheidung: hier ist das BVerfG inhaltlich erstmals konsequent vom Begrenzungsmodell, in dem Konflikte im Wege der restriktiven Interpretation der betroffenen Grundrechte gelöst werden, abgerückt und hat den Güterschutzkonflik durch eine Abwägung gelöst.

Schranke“ bezeichnet.[256] Das BVerfG hat sich diesen Sprachgebrauch lange Zeit nicht zu eigen gemacht und sprach eher von Schranken, die sich unmittelbar aus der Verfassung selbst ergeben[257] oder von einer „Begrenzung durch die Verfassung.“[258] Damit ist umschrieben, was der Begriff „*verfassungs*immanent“ zum Ausdruck bringen soll, nämlich, daß die Grenzen oder Schranken der vorbehaltlosen Grundrechte aus der Verfassung selbst ermittelt werden müssen. Er umschreibt damit also eine Voraussetzung dieser Grundrechtsbegrenzung, nicht jedoch ihre Wirkweise in normstruktureller Hinsicht. Das BVerfG selbst hat den Begriff „verfassungsimmanente Schranken“ ersichtlich zum ersten Mal 1990 in einer Entscheidung zu Art. 5 Abs. 3 Satz 1 GG gebraucht.[259] In jüngerer Zeit greift es ihn häufiger auf[260], zuletzt wieder explizit im Kopftuch-Urteil. Der Gesetzgeber müsse die „verfassungsimmanenten Schranken“ der Glaubensfreiheit bestimmen und konkretisieren.[261] Wenn das BVerfG vereinzelt von „immanenten Schranken“ spricht[262], steht dies nicht in unmittelbarem Zusammenhang mit der Kollisionstheorie.

Aber auch im Anwendungsbereich dieser Theorie schwankt die Auffassung des BVerfG.[263] Mitunter scheint die Berufung auf kollidierendes Verfassungsrecht für eine Begrenzung des Schutzbereichs zu sprechen, wenn z.B. vom „Offenlegen“ der „Grenzen“ vorbehaltloser Grundrechtsgewährleistungen gesprochen wird.[264] Dagegen hat es scheinbar deutlich im „Fangschaltungs-Beschluß“ Stellung bezogen und sich gegen Schutzbereichsreduzierungen bei Güterkollisionen ausgesprochen.[265]

Die Formel wird von der Rechtsprechung seitdem ganz überwiegend als die auf einer Güterabwägung beruhende Rechtfertigung von staatlichen Eingriffen in Grundrechte im Einzelfall angewandt.[266] Die mittlerweile h.L. folgt dieser Rechtsprechung und berücksichtigt „immanente Schranken“ ebenfalls erst auf der Schrankenebene als Rechtfertigung von Eingriffen in prima facie weiterrei-

---

256 Vgl. nur *Jarass*, in: ders./Pieroth, GG, Vorb. Vor Art. 1, Rn. 45; *Dreier*, in: ders., GG, Bd. I, Vorb., Rn. 139, m.w.N., *Schlette*, JA 1995, 955 f.; *Isensee*, FS Leisner, 1999, S. 359 (388); *von Arnauld*, Die Freiheitsrechte und ihre Schranken, S. 119 ff.; *Lücke*, DÖV 2002, 93 (94).

257 BVerfGE 44, 37 (49 f.) bzgl. Art. 4 GG; BVerfG 66, 116 (136) bzgl. Art. 5 Abs. 1 GG.

258 BVerfGE 19, 135 (138); vgl. auch BVerfG, NJW 1989, 3269 (3270).

259 BVerfGE 83, 130 (142)

260 Vgl. BVerfG, NJW 2003, 2004 (2006) und BVerfG, NJW 1994, 2346.

261 BVerfG, NJW 2003, 3111 (3116).

262 So u.a. BVerfGE 3, 248 (252 f.) zur beschränkten Rechtskraft des Strafbefehls; zu Art. 4 GG in BVerfGE 24, 236 (249); BVerfGE 39, 334 (367) hinsichtlich Radikaler im öffentlichen Dienst; BVerfGE 80, 137 (152) spricht ausdrücklich davon, daß das Eigentum als das Recht des anderen nicht als grundrechtsimmanente Schranke des Art. 2 Abs. 1 GG angesehen werden kann.

263 So *Pieroth/Schlink*, Grundrechte, Rn. 328.

264 BVerfGE 12, 45 (53); 33, 23 (29); 48, 127 (163).

265 BVerfGE 85, 386 (397 f.).

266 Siehe nur *Jarass*, in: ders./Pieroth, GG, Vorb. Vor Art.1, Rn. 45; dazu näher unten **7. Teil, I. 2.**

chende Rechte.[267] In der Regel geht es mithin darum, einen Eingriff von außen in einen feststehenden grundrechtlichen Schutzbereich zu überprüfen. Dieser Ansatz stimmt mit der vorgeschlagenen Bedeutung der Terminologie „Schranke" im allgemeinen überein.
Die lange Zeit offenkundige Zurückhaltung des BVerfG bei der Verwendung des Begriffs der „verfassungsimmanenten Schranke" läßt sich damit erklären, daß der Begriff – nach der hier vorgeschlagenen Sichtweise terminologisch verfehlt – von den vielfältigen Immanenzlehren in Anspruch genommen wurde, die ungeschriebene Begrenzungen der Grundrechte bereits auf der Ebene des Schutzbereichs zur Geltung bringen möchten. Da das BVerfG bei kollidierenden Verfassungswerten aber eine Lösung durch Einzelfallabwägungen auf der Schrankenebene favorisiert, wollte es sich auch begrifflich von den in Schrifttum und Rechtsprechung[268] entwickelten Immanenzlehren abgrenzen.[269] Nachdem das BVerfG jedoch den Begriff der „verfassungsimmanenten Schranken" in neueren Entscheidungen (wieder) entdeckt hat, ist davon auszugehen, daß er auch in seiner Rechtsprechung zu einer festen terminologischen Größe wird.

Eine begriffliche Präzisierung innerhalb der Judikatur wäre wünschenswert, zumal insbesondere in der Rechtsprechung der Oberverwaltungsgerichte nach wie vor auch Ansätze zu erkennen sind, die anklingen lassen, daß „immanente Schranken" herangezogen werden können, um grundrechtlichen Schutz per se zu versagen.[270]

Nur und gerade die vom BVerfG befürwortete Lösung, über eine im Einzelfall vorgenommene Abwägung kollidierender Verfassungswerte zu ungeschriebenen Grundrechtsbegrenzungen auf der Schrankenebene zu gelangen, steht im Einklang mit dem hier zugrunde gelegten Verständnis vom Begriff der „verfas-

---

[267] Siehe *Borowski*, Grundrechte als Prinzipien, S. 35, mit zahlreichen weiteren Nachweisen in Fn. 36.

[268] Insbesondere gegenüber dem BVerwG, das in früheren Jahren die Grundrechte von vornherein unter einen sog. „allgemeinen Gemeinschaftsvorbehalt" gestellt hat, indem es eine Inanspruchnahme der Grundrechte versagt, wenn „die für den Bestand der Gemeinschaft notwendigen Rechtsgüter gefährdet werden", vgl. nur BVerwGE 1, 48 ff. (52); 1, 92 ff. (94); 2, 89 (94); 2, 324 (346) und öfter. Näher dazu unten **9. Teil, I.**

[269] *Van Nieuwland*, Theorie der immanenten Grundrechtsschranken, S. 102 f., vgl. auch *Zeitler*, BayVBl. 1971, 417 (418 f.). Näher zu den Immanenzlehren unten **9. Teil**.

[270] Vgl. OVG NW, NJW 2001, 2986 f., indem es „demonstrative Meinungsinhalte auch unterhalb der Strafbarkeitsschwelle auf Grund verfassungsimmanenter Beschränkungen aus dem Kanon grundrechtlich geschützter Freiheitsrechte ausgrenzt", vgl. auch bereits OVG NW, NJW 2001, 2113 f. und NJW 2001, 2114 f. Der erkennende Senat stellt sich damit explizit gegen die gegenteilige Auffassung des BVerfG, NWVBl. 2001, 463 ff.; DVBl. 2001, 1056 f.; DVBl. 2001, 1134 f., daß die auch zur Abwehr nationalsozialistischer Bestrebungen einschlägigen Strafnormen – insbesondere §§ 84 ff. StGB – im Hinblick auf die Einschränkung von Meinungsäußerungen abschließend seien. Zum Ganzen *Sachs*, JuS 2001, 1118 f., und *Benda*, NJW 2001, 2947 f. Näher dazu auch unten **11. Teil, II 1.**

sungsimmanenten Schranken". Er soll daher im folgenden weiter Bestand haben, allerdings nur für die Konstruktion einer Kollisionslösung auf der Rechtfertigungsebene stehen, nicht aber für einen apriorischen Ausschluß bestimmter Verhaltensweisen vom grundrechtlichen Schutz.

cc) „Schutzbereichsimmanente Grenze" als Umschreibung für ungeschriebene Freiheitsverkürzungen auf Tatbestandsebene

In Abgrenzung zu (verfassungs)immanenten Schranken, die ungeschriebene Grundrechtsbegrenzungen auf der Rechtfertigungsebene darstellen, gibt es verschiedene Ansätze, die bestimmte Verhaltensweisen – wie etwa gewaltsame – bereits aus dem Schutzbereich der Freiheitsgrundrechte ausgrenzen wollen. Trotz zahlreicher Unterschiede im Detail, weisen sie die Gemeinsamkeit auf, daß sie der notwendigen Begrenztheit des Grundrechtsschutzes schon auf der Tatbestandsebene bei der Bestimmung der Reichweite des Schutzbereichs bzw. des Gewährleistungsumfangs Rechnung tragen wollen. Solche möglicherweise von vornherein bestehenden allgemeinen Ausschlußgründe für grundrechtliche Freiheitsbetätigung sollen im folgenden begrifflich mit „schutzbereichsimmanente Grenzen" der Grundrechte bezeichnet werden. Damit soll zum Ausdruck gebracht werden, daß es sich eben nicht um Schranken im technischen Sinne, sondern um allen Grundrechten von vornherein entzogene Verhaltensweisen handelt.[271]

Nach dem hier vorgeschlagenen und zugrunde gelegten Begriffsverständnis würde eigentlich die Bezeichnung „immanente Grenzen" genügen, um zu umschreiben, daß es sich bereits um Reduzierungen des Schutzbereichs handelt. Denn der Begriff „Grenze" an sich beinhaltet – wie aufgezeigt – eine Begrenzung der Freiheit auf der tatbestandlichen Ebene der Grundrechtsnormen. Wenn dennoch von „schutzbereichsimmanenten Grenzen" gesprochen wird, dann hat dies insofern nur klarstellende Funktion und soll den Unterschied zu verfassungsimmanenten Schranken auch denen deutlich machen, die terminologisch nicht zwischen Grenzen und Schranken der Freiheitsgrundrechte im allgemeinen differenzieren.

IV. Zusammenfassung

Die Begriffsvielfalt im Umfeld von Freiheitsrechten und ihren Begrenzungen ist groß. Auch wenn es ein Richtig oder Falsch im Bereich terminologischer Differenzen nicht geben kann, wäre eine Vereinfachung wünschenswert und würde das Verständnis in der inhaltlichen Auseinandersetzung von vornherein erhöhen. Der elementare Unterschied zwischen Freiheitsverkürzungen auf der Ebene des Schutzbereichs einerseits und auf der Schrankenebene andererseits sollte durch die terminologisch lapidare Differenzierung von Grenzen und Schranken der Grundrechte zum Ausdruck kommen. Während sich „Grenzen" immer auf die Weite des Schutzbereichs und damit von vornherein auf den

---

[271] Vgl. *Muckel*, Religiöse Freiheit und staatliche Letztentscheidung, S. 196, Fn. 1.

tatbestandlich geschützten Gewährleistungsumfang auswirken, umschreiben „Schranken" den Vorgang einer nachträglichen Beschneidung oder Zurückdrängung freiheitlicher Betätigung. An dieser einfachen Unterscheidung sollten sich die Rechtsfiguren, die im Zusammenhang mit der Begrenzung von Freiheitsgrundrechten thematisiert werden, begrifflich orientieren. Das führt dazu, daß nach dem hier vorgeschlagenen Begriffsverständnis „schutzbereichsimmanente Grenzen" der Freiheitsgrundrechte für den bereits tatbestandlichen Ausschluß bestimmter Verhaltensweisen stehen, der sich nicht aus dem Wortlaut der jeweiligen Grundrechtsnorm ausdrücklich ergibt. Dagegen umschreibt der allgemein gebräuchliche Begriff „verfassungsimmanente Schranken" die aus einer Abwägung gegenläufiger – verfassungsrechtlich verankerter – Interessen gewonnene nachträgliche Beschränkung tatbestandlich geschützter Freiheitsbetätigung. Damit steht der so verstandene Begriff für die Vorgehensweise des BVerfG im Zusammenhang mit der von ihm favorisierten „Kollisionslösung". [272]

---

[272] Zum Modell des BVerfG näher unten **7. Teil, I. 1. u. II.**

4. Teil: Innen- und Außentheorie: Die unterschiedlichen Ansätze zur Struktur der Grundrechtsnormen und -prüfung

Durch die in die Thematik einführende Begriffsbestimmung sollte deutlich gemacht werden, daß hinter den begrifflichen Differenzen Unterschiede im Verständnis der Struktur der (Abwehr-)Grundrechtsnormen und demzufolge auch Differenzen in der Grundrechtsprüfung bestehen. Um die Frage nach der Existenz und den Voraussetzungen ungeschriebener Grundrechtsgrenzen beantworten zu können, es ist erforderlich, diese grundlegenden dogmatischen Unterschiede aufzuzeigen.

I. Die Interdependenz von immanenten Schutzbereichsgrenzen und den „Tatbestandstheorien"

Der Streit um die Existenz von schutzbereichsimmanenten Grenzen steht in unmittelbarem Zusammenhang mit der grundsätzlichen Diskussion über die Weite des Schutzbereichs der Grundrechte. Das Befürworten bzw. Ausschließen von schutzbereichsimmanenten Grenzen hängt zwangsläufig davon ab, welches Verständnis man von der tatbestandlichen Gewährleistung der Freiheitsgrundrechte zugrunde legt. Über diese Frage streiten die sog. „Tatbestandstheorien", namentlich die „enge" und die „weite".

Der Streit zwischen den Tatbestandstheorien zeigt sich vor allem in der unterschiedlichen Bedeutung, die dem Verhältnis von Schutzbereich und Schranken der Grundrechte grundsätzlich beigemessen wird, wie also die jeweils für und gegen den Grundrechtsschutz sprechenden Aspekte systematisch zu erfassen sind.

II. Der dogmatische Zusammenhang zwischen den Tatbestandstheorien und der Innen- und Außentheorie

Dogmatisch und argumentativ eng verbunden mit der Auseinandersetzung um eine enges oder weites Tatbestandsverständnis, aber dennoch davon zu unterscheiden und ihr übergeordnet, sind die unterschiedlichen Modelle, die die grundlegenden Konstruktionsmöglichkeiten von Rechten beschreiben, nämlich die Innentheorie und die Außentheorie.[273]

---

[273] Vgl. zum Ganzen *Borowski*, Grundrechte als Prinzipien, der an *Alexy*, Theorie der Grundrechte, anknüpfend, die strukturtheoretischen Unterscheidungen beeindruckend und sehr verständlich aufzeigt und dabei auch den Zusammenhang von „Außen-/Innentheorie" und „enger bzw. weiter Tatbestandstheorie" darstellt; vgl. auch *Huster*, Rechte und Ziele, S. 85 ff.; bei anderen Autoren wird die „Außentheorie" inhaltlich mit der weiten Tatbestandstheorie gleichgesetzt, siehe *von Arnauld*, Die Freiheitsrechte und ihre Schranken, S. 18; *Isensee*, HdbStR V, § 111, Rn. 42, Fn. 90, hält die Unterscheidung - ohne nähere Begründung - für „dogmatisch wie praktisch" unergiebig; dagegen *Borowski*, aaO., S. 40 ff.

1. Die unterschiedlichen Konstruktionen der Innen- und der Außentheorie

Diese Theorien haben ein konträres Verständnis von dem strukturellen Verhältnis von Freiheit und Freiheitsbegrenzung. Es geht dabei allgemein um die in allen Rechtsgebieten aufwerfbare Frage, ob die Einschränkung eines Rechts möglich und notwendig ist.[274]

a) Außentheorie

Nach der Außentheorie lassen sich zwei verschiedene „Rechte" unterscheiden. Danach besteht ein Prima-facie-Recht bzw. das Recht „an sich"[275], was in der Grundrechtsdogmatik herkömmlich dem Schutzbereich entspricht. Wird diesem Recht in wirksamer Weise eine Schranke gezogen, entsteht erst das definitive Recht[276], das den im Ergebnis bestehenden grundrechtlichen Abwehranspruch beinhaltet. Die Freiheit soll damit als Regelfall unbegrenzt gewährleistet sein und Begrenzungen würden als zu rechtfertigende Ausnahmen quasi „von außen" an sie herangetragen.[277] Die Außentheorie beruht daher auf einem Regel-Ausnahme-Modell, auf das allgemein jede Rechtsordnung bauen muß.[278]

b) Innentheorie

Dagegen kennt die Innentheorie[279] von vornherein nur ein Recht mit einem bestimmten Inhalt.[280] Ihr nach besteht das Recht nur im Umfang der ihm von vornherein innewohnenden Grenzen. Rechtspositionen jenseits dieser Grenzen erkennt die Innentheorie nicht an. Es gibt also nur das abstrakte definitive Recht, was charakteristisch für „Regeln" ist. Denn Regeln haben im Gegensatz zu Prinzipien einen vollständigen Festsetzungsgehalt. [281] Überträgt man diese innentheoretische Konzeption auf die Grundrechte[282], hat das zur Folge,

---

[274] *Borowski*, Grundrechte als Prinzipien, S. 24, der auch, aaO., S. 26, S. 48 ff., die Diskussion um eine Innen- oder Außentheorie im Zivilrecht näher darstellt, ihr eine unmittelbare Relevanz für die Grundrechtsdogmatik aber abspricht.

[275] *Borowski*, aaO., S. 101.

[276] *Alexy*, Theorie der Grundrechte, S. 251 ff.; *Borowski*, aaO., S. 29, der in Fn. 4 weitere Begriffspaare nennt, durch die andere Autoren das Verhältnis von nicht eingeschränkten und eingeschränkten Rechten beschreiben, z.B. Schutzbereich/effektiver Garantiebereich (so *Lübbe-Wolff*, Grundrechte als Eingriffsabwehrrechte, S. 25 ff.).

[277] So *von Arnauld*, Die Freiheitsrechte und ihre Schranken, S.16; vgl. unter vielen auch *Alexy*, Theorie der Grundrechte, S. 251 ff.; *Schwabe*, Grundrechtsdogmatik, S. 60 ff.

[278] Näher *von Arnauld*, Die Freiheitsrechte und ihre Schranken, S.16 ff.

[279] *Lübbe-Wolff*, Grundrechte als Eingriffsabwehrrechte, S. 27 und öfter, spricht von „Präformationsmodell".

[280] Zur Innentheorie im Zivilrecht vgl. vor allem *Siebert*, Verwirkung und Unzulässigkeit der Rechtsausübung, 1934, S. 85 ff.

[281] Vgl. *Borowski*, Grundrechte als Prinzipien, S. 99; *Alexy*, Theorie der Grundrechte, S. 88.

[282] Den Bezug der Innentheorie zu den Grundrechten stellt *Häberle*, Die Wesensgehaltgarantie des Art. 19 Abs. 2 GG, S. 179 f., her und verweist dabei ausdrücklich auf die Lehre *Sieberts*. Wegen der Beiträge *Sieberts* zur nationalsozialistischen Rechtsauffassung zu

daß sich Beschränkungen von Grundrechten als Umschreibung für die (nachträglich) an das Grundrecht herangeführte Freiheitsverkürzungen nicht erklären lassen bzw. nicht notwendig sind.[283] Was von Anfang an definitiv bestimmt ist, läßt sich im nachhinein nicht reduzieren, also nicht „beschränken" in dem der Untersuchung zugrunde gelegten Verständnis.[284] Die im herkömmlichen Sinne „von außen hereingetragenen" Grundrechtsschranken werden damit als immanente Grenzen des Schutzbereichs begriffen, so daß nach der Innentheorie der Schutzbereich mit dem definitiven Grundrechtsschutz kongruent ist.[285] Da nicht zwischen Schutzbereich und Grundrechtsschranken unterschieden bzw. der Schutzbereich eines Grundrechts von vornherein auch durch dessen Schranken bestimmt wird, müssen die Vertreter dieser Theorie zwangsläufig auch die dogmatischen Figuren des (Grundrechts-)Eingriffs und der Grundrechtsschranken im herkömmlichen Sinne ablehnen.[286]

Weiterhin kennzeichnend für innentheoretische Rechte ist, daß ihr Inhalt kollisionsunabhängig, d.h. also abwägungsfrei bestimmt wird. Denn für Regeln ist es charakteristisch, nicht Gegenstand von Abwägungen zu sein. Es sei daher weder notwendig noch möglich, diesen Inhalt (im nachhinein) aufgrund von Kollisionen mit anderen Rechtspositionen zu verändern.[287] Innentheoretische Konzepte basieren daher auf reinen Regelmodellen.[288]

Auf der Grundlage der Innentheorie ist jede Beeinträchtigung eines grundrechtlichen Schutzbereichs verfassungswidrig und stellt somit eine Grundrechtsverletzung dar.[289]

---

dieser Bezugnahme *Häberles* kritisch *von Arnauld*, Freiheitsrechte und ihre Schranken, S. 19 ff.

283 Vielmehr sind nach *Häberle*, Die Wesengehaltgarantie des Art. 19 Abs. 2 GG, S. 53, 126, alle zulässigen Grenzen der Grundrechte diesen immanent; vgl. auch *Krebs*, Vorbehalt des Grundgesetzes und Grundrechte, S. 115.

284 Sehr deutlich *Alexy*, Theorie der Grundrechte, S. 252: „Normen, die etwas nehmen, worauf keine Rechte bestehen, können keine Rechte einschränken."; vgl. ebenso *Borowski*, Grundrechte als Prinzipien, S. 31.

285 Vgl. die Analyse von *Lübbe-Wolff*, Die Grundrechte als Eingriffsabwehrrechte, S. 27.

286 Nach *F. Klein*, in: v. Mangoldt/Klein, 2. Auflage, Vorb. XV 1. b, S. 122, gibt es „nach reiner Logik keine Schranken der Grundrechtsbestimmungen, sondern nur Begriffe derselben.".... da „(...) sich die Begriffe gewisser Grundrechte usw. erst durch gesetzgeberische Maßnahmen des (einfachen) Gesetzgebers konkretisieren, die Begriffe gewisser Grundrechte usw. ihre Ausprägung sogar erst durch entsprechende Maßnahmen der Verwaltungsbehörden und Gerichte auf Grund eines Gesetzes erhalten." Vgl. auch *Siebert*, Verwirkung und Unzulässigkeit der Rechtsausübung, S. 88: „logisch nicht möglich"; *ders.*, Vom Wesen des Rechtsmißbaruchs, S. 201: „Alle Anforderungen der Gemeinschaft sind (dann) keine gegenüberstehenden äußeren Schranken, sondern natürliche, in dem Recht liegende Grenzen."

287 *Borowski*, Grundrechte als Prinzipien, S. 30, 99 f. ; vgl. auch *Lübbe-Wolff*, Grundrechte als Eingriffabwehrrechte, S. 230 f.

288 *Borowski*, aaO., S. 100.

289 Nach *Häberle*, Die Wesengehaltgarantie des Art. 19 Abs. 2 GG, S. 223, kann es keine rechtmäßigen Eingriffe in Grundrechte geben.

Im Gegensatz dazu ist nach der Außentheorie ein Grundrechtseingriff nicht zwingend verfassungswidrig, sondern nur rechtfertigungsbedürftig.

Der innentheoretischen Konzeption liegt ein besonderes Freiheitsverständnis zugrunde, daß nämlich Grundrechte erst durch die staatliche Ausprägung und Konkretisierung entstünden, sie also eine vom Staat gewährte Freiheit, nicht aber eine vor dem Staat gewährleistete Freiheit beinhalteten.[290]

c) Keine graduellen Übergangsformen – Außentheorie bei der Anerkennung äußerer Schranken

Wie lassen sich aber Ansätze dogmatisch einordnen, die nicht eindeutig bzw. ausschließlich einer der beiden Theorien folgen? Es ist denkbar und sowohl in der wissenschaftlichen Auseinandersetzung als auch in der Rechtsprechung erkennbar, daß auch ein an der Innentheorie orientierter Konstruktionsansatz (äußere) Schranken der Grundrechte zuläßt und umgekehrt ein außentheoretischer Ansatz nicht schlechthin (innere) Grenzen der Grundrechte ablehnt. Gleichwohl gibt es keine graduellen Übergangsformen zwischen Innen- und Außentheorie[291], auch wenn die beiden theoretischen Ansätze scheinbar miteinander verknüpft werden. Wie *Borowski*[292] überzeugend aufzeigt, liegt letztlich nur dann eine innentheoretische Struktur vor, wenn man Schutzbereich und definitiven Grundrechtsschutz in jedem Fall als deckungsgleich ansieht, also äußere Schranken für schlechthin unzulässig bzw. unmöglich ansieht. Dagegen folgt man schon dann der Außentheorie, wenn man beides für nicht notwendig identisch hält. Das ist immer dann der Fall, wenn (auch) äußere Schranken anerkennt werden. Denn „die Bestimmung der Reichweite des Prima-facie-Rechts durch immanente Grenzen hindert die Annahme einer außentheoretischen Struktur nicht, denn auch bei außentheoretischen Rechten steht der Rechtsanwender zunächst vor der Aufgabe, die Reichweite des Prima-facie-Rechts zu ermitteln. Auf welche Art und Weise diese Reichweite zu ermitteln ist, schreibt die Außentheorie nicht vor".[293]
Das heißt also: Auch wenn man (einzelne) immanente Schutzbereichsgrenzen zulassen sollte, dabei aber nicht grundsätzlich die Konzeption des Eingriff-Schranken-Denkens aufgibt, folgt man der Außentheorie.[294] Die Frage, ob es

---

[290] Vgl. *Eckhoff*, Der Grundrechtseingriff, S. 13. Näher dazu sogleich unten **II 2 a**.

[291] So aber *Eckhoff*, Der Grundrechtseingriff, S.14, wohl aber auf der Grundlage der inhaltlichen Gleichsetzung von Innen-/Außentheorie mit enger/weiter Tatbestandstheorie und insofern wieder zutreffend. Denn, wie sich zeigen wird, läßt sich ein enges und weites Tatbestandsverständnis miteinander kombinieren.

[292] *Borowski*, Grundrechte als Prinzipien, S. 36 ff.

[293] So *Borowski*, aaO., S. 36.

[294] A.A. *Huster*, Rechte und Ziele, S. 86 f., der genau das Gegenteil vertritt und von einer Innentheorie spricht, wenn jedenfalls eine „Beschränkung" auch von innen erfolgt. Es handele sich dagegen nur dann um eine Außentheorie, wenn ausschließlich äußere Schranken vorliegen. Der Gegensatz zu *Borowski* ist im Grunde aber nur terminologi-

neben verfassungsimmanenten Schranken auch schutzbereichsimmanente Grenzen gibt, verlagert sich von den Unterschieden zwischen Innen- und Außentheorie zu der Auseinandersetzung des Gewährleistungsumfangs der Grundrechte, mithin zum Streit zwischen enger und weiter Tatbestandstheorie. Wer (nur) verfassungsimmanente Schranken zulässt, vertritt eine Außentheorie in Form der weiten Tatbestandstheorie, wer dagegen (auch) schutzbereichsimmanente Grenzen befürwortet, plädiert für die Außentheorie in Form der engen Tatbestandstheorie.[295]

2. Die Außentheorie als das anerkannte Konstruktionsmodell in der abwehrrechtlichen Funktion der Grundrechte

Es soll hier keine erschöpfende Kritik an der Innentheorie als einstufiges Subsumtionsmodell geübt werden. Die Begriffsbestimmung hat vielmehr bereits gezeigt und vorweggenommen, daß auch hier grundsätzlich einer außentheoretischen Konstruktion gefolgt, das „Eingriffs-Schranken-Schema" also der Untersuchung zugrunde gelegt wird. Im Kontext der Grundrechte als Eingriffsabwehrrechte wird die Außentheorie mit ihrer Unterscheidung von Schutzbereich und Schranke als das „richtige" Konstruktionsmodell nicht mehr bestritten.[296]

Dennoch erfolgt auch in jüngeren grundrechtsdogmatischen Abhandlungen immer noch die Auseinandersetzung mit einigen innentheoretische Modellen, die sich nicht durchsetzen konnten. Da sie durch eine besondere Vorstellung von schutzbereichsimmanenten Grenzen zur Bestimmung des definitiven Grundrechtsschutzes kommen, dürfen sie im Hinblick auf den Untersuchungsgegenstand nicht ausgeblendet und müssen daher hier behandelt werden.

a) Die Innentheorie in Gestalt der institutionellen Grundrechtstheorie

In diesem Zusammenhang ist exemplarisch vor allem die viel beachtete innentheoretische Konzeption von *Häberle* mit seinem institutionellen Grundrechtsdenken zu nennen. Diese läßt sich auch im hiesigen Verständnis einer Innentheorie zuordnen, weil sie sich in ihren grundsätzlichen Aussagen gegen das allgemein anerkannte „Eingriffs-Schranken-Schema" wendet und für sie die Existenz von schutzbereichsimmanenten Grenzen der Grundrechte keine Frage, sondern eine Selbstverständlichkeit ist. Wenn man die Berechtigung solcher Grundrechtsgrenzen thematisiert, kommt man nicht umhin, *Häberles* Grundrechtsmodell in seinen Ansätzen zu durchleuchten. Für eine Abgrenzung von „enger" und „weiter Tatbestandstheorie" eignet sich die Auseinandersetzung mit seiner Konzeption jedoch nicht.[297] Sie ist bereits vielfach einer

---

scher Natur, da Huster, wie andere auch, „Außentheorie" mit einer „weiten Tatbestandstheorie" und „Innentheorie" mit einer „engen Tatbestandstheorie" gleichsetzt.

295 In Anlehnung an *Borowski*, Grundrechte als Prinzipien, S. 38.

296 Siehe nur *Pecher*, Verfassungsimmanente Schranken von Grundrechten, S. 90, m.w.N.

297 Anders die vielen, die „Innentheorie" und „enge Tatbestandstheorie" gleichsetzen, siehe nur *Alexy*, Theorie der Grundrechte, S. 280 ff., in seiner kritischen Auseinandersetzung mit *Müllers* Theorie der sachlichen Reichweite.

kritischen Untersuchung unterzogen worden.[298] Daher sollen anhand ihrer hier nur die wesentlichen Punkte verdeutlicht werden, die gegen jede Innentheorie im Bereich der Grundrechte und für eine systematische Trennung von Schutzbereich und Grundrechtsschranke sprechen.

aa) *Häberles* institutionelles Grundrechtsverständnis

Häberles Plädoyer für eine innentheoretische Konzeption folgt aus seiner Abkehr vom klassischen liberalen Grundrechtsverständnis.[299] Er rückt die soziale Funktion der Grundrechte in den Mittelpunkt[300] und gilt als einer der bedeutendsten Vertreter einer institutionellen Grundrechtstheorie[301], die Grundrechten eher den Charakter objektiver Ordnungsprinzipien für die von ihnen geschützten Lebensbereiche zuspricht als die Funktion des Schutzes individueller Beliebigkeit.[302] In Anlehnung an *Haurio*[303] weisen *Häberles* Auffassung nach die Grundrechtsnormen einen doppelten verfassungsrechtlichen Gehalt auf. Sie hätten nicht nur individualrechtlichen Charakter als subjektiv öffentliche Rechte, sondern auch eine institutionelle Seite.[304] Beide Seiten seien gleichwertig und bildeten erst in der Gesamtheit das Grundrecht.[305] Den institutionellen Aspekt versteht *Häberle* als „verfassungsrechtliche Gewährleistung freiheitlich geordneter und ausgestalteter Lebensbereiche“[306]. Diese Interpretation ist darauf gerichtet, das Subjektive und das Objektive im Recht miteinander zu verbinden und die soziale Wirklichkeit in unmittelbaren Zusammenhang mit dem Recht zu stellen. Der institutionelle Aspekt soll nämlich gewährleisten, daß die Grundrechte in den verschiedenen Lebensbereichen

---

298 Ausführlich *Steinbeiß-Winkelmann*, Grundrechtliche Freiheit und staatliche Freiheitsordnung, S. 317 ff.;vgl. unter vielen auch *Schwabe*, Probleme der Grundrechtsdogmatik, S. 133 ff.; *Bleckmann*, Staatsrecht II, § 11, Rn. 76 ff.; *van Nieuwland*, Theorie der immanenten Grundrechtrechtsschranken, S. 50 ff.; *Wülfing*, Grundrechtliche Gesetzesvorbehalte und Grundrechtsschranken, S. 73 ff.; aus jüngerer Zeit vgl. *Koch*, Der Grundrechtsschutz des Drittbetroffenen, S. 93 ff.

299 Vgl. nur *Häberle*, Die Wesengehaltgarantie des Art. 19 Abs. 2 GG, S. 25.

300 *Häberle*, aaO., S. 8 f.

301 Auch anderen Autoren verfolgen den Ansatz, u.a. *Scheuner*, DÖV 1971, 505 (510 f.); aus jüngerer Zeit mit Blick auf die schweizerische Verfassung vgl. *Bolz*, Das Verhältnis von Schutzobjekt und Schranken der Grundrechte, S. 226 ff., der, ähnlich wie *Häberle*, das Eingriffs-Schranken-Denken und Außentheorie ablehnt und der Innentheorie folgt. Siehe zu *Bolz* auch die Rezension von *Häberle*, DÖV 1994, 85 ff.; Vgl. auch *A. Enderlein*, Der Begriff der Freiheit als Tatbestandsmerkmal der Grundrechte, S. 134 ff, bei dem das Freiheitsverständnis *Häberles* Zustimmung findet.

302 Vgl. *Böckenförde*, NJW 1974, 1529 (1532).

303 La Theorie de l'Institution et de la Fondation, Essaie de Vitalisme social, Cahiers des la Nouvelle Journée 4 (1925), S. 1 ff.; Deutsche Übersetzung in: Roman Schnur (Hrsg.), Die Theorie der Institution, S. 27 ff.

304 *Häberle*, Die Wesensgehaltgarantie des Art. 19 Abs. 2 GG, S. 70 ff.

305 *Häberle*, aaO., S. 71.

306 *Häberle*, aaO., S. 70.

von zahllosen Grundrechtsberechtigten tatsächlich in Anspruch genommen werden können.[307]
Aus *Häberles* institutioneller Sicht vermitteln die Grundrechte nicht nur das Verbot, verletzt zu werden, sondern auch das an den Gesetzgeber gerichtete Gebot, im einzelnen ausgestaltet zu werden.[308] Durch die Ausgestaltung der Grundrechte schaffe der Gesetzgeber erst Freiheit, die vorher nicht vorhanden sei.[309] Die antinomische Gegenüberstellung von Bürger/Gesellschaft und Staat stehe nicht mehr im Vordergrund. Vielmehr sei das Verhältnis heute geprägt durch eine „Koinzidenz der Interessenlage".[310] Der Staat erscheine damit nicht mehr als Feind der grundrechtlichen Freiheit, sondern eher als deren aktueller Garant.[311] Daraus ergibt sich für *Häberle* dogmatisch ein Bedeutungswandel im Hinblick auf die Funktion des Gesetzesvorbehalts. Die gesetzgeberische Tätigkeit aufgrund der Gesetzesvorbehalte sei keine Minderung oder Relativierung der Grundrechte darstellen, sondern führten zu einer „Stärkung, Bekräftigung und Verwirklichung der Grundrechte".[312] Soweit der Gesetzgeber zulässigerweise im Grundrechtsbereich tätig werde, schränke er die Freiheitsrechte nicht ein, sondern konkretisiere ihre wesensmäßigen Grenzen[313], die zugleich den Wesensgehalt eines Grundrechts ausmachten. Alle zulässigen Grenzen seien den Grundrechten „immanent"[314], weil diese von vornherein durch verfassungsrechtlich anerkannte, gleich- oder höherwertige Rechtsgüter begrenzt seien.[315] Durch die Konkretisierung der wesensmäßigen Grenzen werde daher den Grundrechten auch nichts genommen, was ihnen „an sich" zukomme.[316] Nach *Häberle* stehen folglich alle Grundrechte unter dem Vorbehalt des Gesetzes.[317] Er verfolgt damit eine innentheoretische Konzeption, auf deren Grundlage er als Konsequenz die Kategorie des rechtmäßigen Eingriffs in ein Grundrecht leugnet[318] und die Ausgestaltungsfunktion des Gesetzgebers in den Mittelpunkt seiner Theorie stellen kann. Das gelingt ihm durch die weitere Überzeugung, daß der Unterschied zwischen Begrenzung der Grundrechte und ihrer Ausgestaltung gering sei, da jede Begrenzung eines Grundrechts zugleich ein Stück Inhaltsbestimmung sei.[319] Während bei Grundrechts-

---

307 So *Häberle*, aaO., S. 131.
308 *Häberle*, aaO., S. 182.
309 *Häberle*, aaO., S. 225
310 So *Häberle*, aaO., S. 22.
311 *Häberle*, aaO., S. 163.
312 *Häberle*, aaO., S. 203
313 *Häberle*, aaO., S. 183.
314 *Häberle*, aaO., S. 53, S. 126.
315 *Häberle*, aaO., S. 56.
316 *Häberle*, aaO., S. 57.
317 *Häberle*, aaO., S. 32, 37, und öfter, eindeutig auf S.194: „Was Grundrechte im einzelnen sind, ergibt sich erst aus der von der Verfassung vorausgesetzten Rechtsordnung. Diese ist wesentlich durch den einfachen Gesetzgeber geschaffen".
318 So explizit *Häberle*, aaO., S. 223 f. und auch S. 233: „Es gibt keine rechtmäßigen Eingriffe, Eingriffe sind rechtswidrig, sie sind verfassungsrechtlich unzulässig."
319 *Häberle*, aaO., S. 179, 180.

begrenzungen der Gesetzgeber die wesensmäßigen Grundrechtsgrenzen konkretisiere, habe er sich bei der Grundrechtsausgestaltung an dem jeweiligen grundrechtlichen „Leitbild" zu orientieren. Jede nicht leitbildgerechte gesetzgeberische Ausgestaltung verstoße gegen das Verbot, das Grundrecht zu verletzen.[320]
Als Konsequenz seines Ansatzes distanziert sich *Häberle* ausdrücklich vom herkömmlichen „Eingriffs-Schranken-Denken"[321]. Zudem hält er als Folge seiner Innentheorie die Schutzwirkung des Art. 19 Abs. 2 GG für „überflüssig"[322] und mißt der Vorschrift nur deklaratorische Bedeutung bei. Denn der Gesetzgeber verletze bei einer Überschreitung der ihm vorgegebenen Grenzen zugleich den Wesensgehalt eines Grundrechts. „Als Institute" seien die Grundrechte zwar auch gegenüber dem Gesetzgeber geschützt, die „Schranken-Schranken" fänden hier jedoch keine Anwendung.[323]

bb) Kritik

Häberles anerkannter Verdienst liegt darin, den Blick für den institutionellen Aspekt der Grundrechte und ihre soziale Funktion geschärft zu haben.
Daß einige Grundrechtsnormen (auch) eine objektiv-institutionelle Garantie enthalten und dem Staat auch freiheitssichernde Funktion zukommt, läßt sich im Hinblick auf die sozialen und ökonomischen Rahmenbedingungen einer modernen Industriegesellschaft kaum mehr bestreiten. Denn die Individuen unserer Gesellschaft sind zuweilen nicht mehr in der Lage, alleine die Voraussetzungen für ihre Freiheitsbetätigung zu schaffen.[324] Der Staat tritt im Zuge seiner sozialen Verpflichtung insofern tatsächlich nicht als „Feind" der Grundrechte auf, sondern will sich als deren Förderer bewähren. Dem einfachen Gesetzgeber obliegt es, die grundrechtliche Freiheit zu konkretisieren und zu sichern.[325] Das Ausmaß dieser staatlichen Funktion, die sich im Spannungsfeld von liberalem Rechtsstaat und Sozialstaat bewegt, ist lebendiger Gegenstand der politischen Auseinandersetzung.

Auch das BVerfG hat vereinzelt auf den institutionellen Interpretationsansatz Bezug genommen und insofern die Grundrechtstheorie *Häberles* aufgegriffen, z.B. im Presserecht. Die von Art. 5 Abs. 1 Satz 2 GG gewährleistete Pressefreiheit gilt danach nicht nur als subjektiv-öffentliches Recht aller im Pressewesen Tätigen, sondern stellt nach Auffassung des BVerfG auch eine „institu-

---

[320] *Häberle*, aaO., S. 182.
[321] *Häberle*, aaO., S.130, 153; der Begriff stammt in einer gewissen polemischen Intention von ihm, wird aber weithin auch von den Befürwortern des Eingriffdenkens verwendet.
[322] *Häberle*, aaO., S. 234, ähnlich *von Hippel*, Grenzen und Wesensgehalt der Grundrechte, S. 62.
[323] Dazu *Häberle*, aaO., S. 116 ff.
[324] Vgl. *Scheuner*, DÖV 1971, 505 (511).
[325] Vgl. dazu *Suhr*, Entfaltung der Menschen durch die Menschen, S. 122 ff.

tionelle Sicherung der Presse" [326] dar. Unabhängig von subjektiven Berechtigungen einzelner ist der Staat demnach verpflichtet, dem Postulat der Freiheit der Presse überall dort Rechnung zu tragen, wo der Geltungsbereich einer Norm die Presse berührt.[327] Ähnlich hat sich das BVerfG zur Rundfunkfreiheit geäußert.[328]

Überhaupt ist allgemein anerkannt – und insofern findet das institutionelle Grundrechtsdenken *Häberles* in der Grundrechtsdogmatik vielfach Zustimmung – daß normative Regelungen im Bereich der Grundrechte sich auch als Ausgestaltung und Konkretisierung der grundrechtlichen Schutzbereiche darstellen können.[329] Es gehört mittlerweile zum Allgemeingut der Grundrechtsdogmatik, daß der Gesetzgeber in manchen Bereichen notwendige Rechtsformen schaffen muß, die erst einen effektiven Grundrechtsgebrauch ermöglichen, beispielsweise im Gesellschafts-, Familien- oder Baurecht.[330]
Mitunter ergibt sich die Konkretisierungsbefugnis – ja sogar -verpflichtung – des Gesetzgebers aus dem Grundgesetz selbst. Immer dann nämlich, wenn er verfassungsrechtlich explizit beauftragt wird, „das Nähere" zu regeln (z.B. Art. 4 Abs. 3 Satz 2, 12 a Abs. 2 Satz 3, 38 Abs. 3, 104 Abs. 2 Satz 1 GG).[331]

Einen expliziten Auftrag zur inhaltlichen Ausgestaltung eines grundrechtlichen Gewährleistungsumfangs enthält Art. 14 Abs. 1 Satz 2 GG, wenn dort der Gesetzgeber nicht nur zur Schrankenziehung, sondern auch zur Inhaltsbestimmung berechtigt bzw. verpflichtet wird. Darin kommt zum Ausdruck, daß die Eigentumsgarantie ein normgeprägtes Grundrecht ist, das ohne Rechtsnormen des einfachen Rechts nicht wirksam werden kann. Das ist deshalb unvermeidlich, da Eigentum kein natürlicher, sondern ein reiner Rechtsbegriff ist. Er bezeichnet das Recht an einer Sache und damit den Umfang des Ausschlusses anderer vom Zugriff auf diese Sache. Als Grundrecht mit normge-

---

[326] BVerfGE 10, 118 (121); vgl. auch weitere Urteile zum Hochschul- und Presserecht: BVerfGE 12, 205 (259 ff.); 20, 162 (174 ff.); 35, 79 (114 ff.); 50, 234 (239 f.)

[327] *Leibholz/Rinck/Hesselberger*, GG, Art. 5, Rn. 176.

[328] BVerfGE 57, 295 (320 ff.)

[329] Vgl. nur *Eckhoff*, Der Grundrechtseingriff, S. 15, der ebenfalls konstatiert, diese „unbestreitbare Tatsache" sei ein „wesentliches Argument für alle Spielarten einer Innentheorie". Ähnlich *A. Enderlein*, Der Begriff der Freiheit als Tatbestandsmerkmal der Grundrechte, S. 136, der die Konkretisierungsbedürftigkeit der Grundrechte aufgrund ihres generalklauselartigen Charakters betont; vgl. mit umfangreichen Nachweisen zur Akzeptanz des (auch) institutionellen Charakters der Grundrechte *Wülfing*, Grundrechtliche Gesetzesvorbehalte und Grundrechtsschranken, S. 85 ff. und Fn. 83.

[330] Auch das BVerfG stuft bei einer Reihe von Grundrechten, nicht nur bei dem erwähnten Beispiel der Pressefreiheit, belastende Regelungen im Grundrechtsbereich als „Ausgestaltung" ein und verneint insofern eine Grundrechtsbeeinträchtigung, vgl. z.B. zu Art. 6 GG, BVerfGE 81, 1 (6 f.) und zur Vereinigungs- und Koalitionsfreiheit BVerfGE 50, 290 (354 f.); 58, 233 (247). Siehe dazu auch *Jarass*, AöR 120 (1995), 345 (367 ff.).

[331] Siehe *Hesse*, Verfassungsrecht, Rn. 303 ff. *Häberle* findet bei seinem Lehrer *Hesse* insgesamt vorsichtige Zustimmung.

prägtem Schutzbereich ist die Eigentumsgarantie vergleichbar mit der Rundfunkfreiheit, dem Recht auf Kriegsdienstverweigerung und der Garantie der deutschen Staatsangehörigkeit. Die Ermächtigung des Gesetzgebers, den Inhalt des Eigentums zu bestimmen und so das Grundrecht zu „prägen"[332], stellt die Eigentumsfreiheit gleichwohl nicht zur vollkommen grundrechtsungebundenen Disposition des Gesetzgebers. Auch er muß sich bei Änderungen oder Ergänzungen des Rechts jedenfalls an die Grundzüge der vorhandenen Eigentumsordnung[333] und an den Verhältnismäßigkeitsgrundsatz halten.[334] So war heftig umstritten, ob sich der Gesetzgeber mit der Einführung der Mitbestimmung der Arbeitnehmer in Betrieben der privaten Wirtschaft noch im Rahmen des Anteilseigentums gehalten hat, so wie es im Aktien- und GmbH-Gesetz ausgeprägt war.[335] Der nach wie vor vorhandene, wenn auch in der Intensität schwächere Grundrechtsschutz zeigt sich in der Rechtspraxis dadurch, daß auch Inhaltsbestimmungen am Gehalt des Art. 14 Abs. 1 GG gemessen und in der Sache einer Verhältnismäßigkeitsprüfung unterworfen werden.[336] Weitere Grenzen für den Gesetzgeber ergeben sich aus dem Gleichheitssatz des Art. 3 Abs. 1 GG[337] und dem Grundsatz des Vertrauensschutzes.[338]

Dennoch besteht der Schutzbereich des verfassungsrechtlich garantierten Eigentums- und Erbrechts in seinem Umfang erst durch und nach einer entsprechenden Ausgestaltung durch den Gesetzgeber. Die Definition des Schutzbereichs findet hier also auf der Ebene des einfachen Rechts statt. Diese Verlagerung ist jedoch eine Ausnahme und nicht verallgemeinerungsfähig.[339] Denn abgesehen von dem ausdrücklichen Auftrag des Art. 14 Abs. 1 Satz 2 GG zur Inhaltsbestimmung des Eigentums, sind die Grundrechte nicht darauf angewiesen, durch einfachen Gesetzgeber positiv ausgestaltet zu werden, um Wirksamkeit zu erlangen.[340] Offenkundig gilt das für diejenigen sachgeprägten Grundrechte, deren Schutzgüter sich auf natürliche Lebenssachverhalte beziehen, so z.B. das Recht auf Leben, körperliche Unversehrtheit und Freiheit (Art. 2 Abs. 2 GG). Diese Grundrechte sind nicht ausgestaltungsbedürftig, um die von ihnen geschützte Freiheit erst existent zu machen. Abgesehen von Art. 14 Abs. 1 GG sind aber auch die anderen Grundrechtsnormen – wegen ihres generalklauselartigen Charakters sogar im hohen Maße – zwar auslegungsbedürftig, aber nur ausnahmsweise ausfüllungsbedürftig.[341] Es ist daher verfehlt

---

332 Von „Grundrechtsprägung" spricht *Lerche*, HdbStR V, § 121, Rn. 38.

333 BVerfGE 21, 150 (155).

334 *Wieland*, in: Dreier, GG, Bd. I, Art. 14, Rn. 126 f.

335 Das BVerfG hat dies bejaht, vgl. BVerfGE 50, 290.

336 BVerfGE 75, 78 (97 ff.)

337 BVerfGE 70, 191 (200).

338 BVerfGE 64, 87; 71,1; 72, 9 (23 f.)

339 So *v. Arnauld*, Die Freiheitsrechte und ihre Schranken, S. 33, m.w.N.

340 *V. Arnauld*, aaO., S. 37; ebenso *Grawert*, FS Badura, 2004, S. 115 (127); a.A. *Hesse*, Verfassungsrecht, Rn. 303; ähnlich *Müller*, Normstruktur und Normativität, S. 186.

341 *Von Arnauld*, aaO., 34 f., m.w.N

zu behaupten, die Grundrechtsnormen seien ohne die Ausgestaltung des einfachen Gesetzesrechts „bedeutungslos".[342]

Das problematische insbesondere an *Häberle*s Ansatz ist demzufolge, daß er meint, jedes Grundrecht müsse institutionell gedeutet und durch den Gesetzgeber ausgestaltet werden. Seine im Ergebnis zu einseitige institutionelle Sichtweise berücksichtigt nicht hinreichend genug, daß die Grundrechte auch – nach traditionellem liberalen Verständnis sogar vorrangig – die Funktion haben, den Einzelnen vor der Staatsgewalt zu schützen.[343] Wer von vornherein den Umfang der Grundrechtsgeltung vom (einfachen) Gesetzgeber abhängig macht, verkennt, daß auch und gerade gesetzgeberische Maßnahmen staatliche sind, vor denen nach der eindeutigen Aussage des Art. 1 Abs. 3 GG die Grundrechte als unmittelbar geltendes Recht Schutz gewähren sollen.[344] Damit wird speziell für die Freiheitsrechte das betont, was Art. 20 Abs. 3 GG grundsätzlich zum Ausdruck bringt, daß nämlich der Gesetzgeber an die verfassungsmäßige Ordnung gebunden ist. Sie steht nicht zu seiner Disposition.[345] Im Gegensatz zur Weimarer Reichsverfassung sind die Grundrechte nicht mehr nur ein programmatischer Appell an den Gesetzgeber. Der normative Charakter der Grundrechte und ihre Bindungswirkung hat unter der Geltung des Grundgesetzes zu der einprägsamen Formel *Herbert Krügers* geführt: „Früher Grundrechte nur im Rahmen der Gesetze; heute Gesetze nur im Rahmen der Grundrechte". [346]

Gleichwohl ist Gesetzgebung so gut wie nie bloßer Verfassungsvollzug.[347] Der Gesetzgeber hat sich stets an der Verfassung und ihren Aussagen auszurichten, insbesondere muß er die grundrechtlich gezogenen Grenzen respektieren. Innerhalb derer mag er zwar relativ „frei" sein[348], worin zuweilen das bereits angesprochene Problem gesehen wird, daß der die Grundrechte ausfüllende bzw. konkretisierende Gesetzgeber nicht zugleich an die Grundrechte

---

[342] So aber *Häberle*, Die Wesengehaltgarantie des Art. 19 Abs. 2 GG, S. 184, 194; ebenso *Scheuner*, VVDStRL 22 (1965), 1 (60).

[343] *Schnapp*, JuS 1989, 1, m.w.N

[344] Die hier klar zum Ausdruck kommende Bindung der gesamten Staatsgewalt entspricht der zentralen Bedeutung der Grundrechte nach dem Willen des Parlamentarischen Rates, siehe *Matz*, JöR 1 (1951), 177 ff.

[345] *Nierhaus*, AöR 116 (1991), 72 (81): „Eine Verfassung, die konstitutive Bindung fordert, kann nicht dispositiv sein."

[346] *Krüger*, Grundgesetz und Kartellgesetzgebung, 1950, S. 12; vgl. *dens.*, DVBL. 1950, 625 (626); kritisch *Betterman*, Grenzen der Grundrechte, S. 6.

[347] In diesem Sinne aber *Häberle*, Die Wesengehaltgarantie des Art. 19 Abs. 2 GG, S. 135, wenn er meint, daß der Gesetzgeber die Grundrechte „vollziehe" und Normenkomplexe schaffe, „in denen sich die Grundrechte als Institute erst verwirklichen".

[348] Vgl. *Schnapp*, JuS 1989, 1 (3). deutlich macht dies auch die Rechtsprechung des BVerfG zu Art. 6 Abs. 1 GG, BVerfGE 31, 58 (69 f.): Der Gesetzgeber habe zwar „einen erheblichen Gestaltungsspielraum, z.B. bei der Regelung der Form der Eheschließung, der Ehemündigkeit, der Voraussetzungen der Auflösung", aber die einzelnen Regelungen des bürgerlichen Rechts müssen an „Art. 6 Abs. 1 GG als vorrangiger, selbst die Grundprinzipien enthaltender Leitnorm gemessen werden".; vgl. auch BVerfGE 81, 1 (6 f.).

gebunden sein könne.[349] Die insofern gegebene politische Gestaltungsfreiheit des Gesetzgebers folgt aus der parlamentarisch-demokratischen Struktur unserer Verfassung. Dieser gesetzgeberische Spielraum legt (auch) eine institutionelle Betrachtung der Grundrechte nahe. Das darf aber nicht dazu führen, daß die Verfassung, hier die Grundrechte, dem Gesetzgeber keine äußeren Grenzen seiner legislativen Tätigkeit setzt.[350] Bei einer (rein) institutionelle Sichtweise dagegen besteht diese Gefahr. Sie betrachtet das Grundgesetz als eine Verfassung nach Maßgabe der Gesetze.[351] Der in den grundrechtlichen Gesetzesvorbehalten zum Ausdruck kommende Wille des Verfassungsgebers, das gesetzgeberische Handeln im Grundrechtsbereich an besondere und im einzelnen auch unterschiedliche Eingriffsvoraussetzungen zu binden, droht mißachtet zu werden.[352] Denn unter Berufung auf die gesetzgeberische Ausgestaltungsfunktion und als ihre Konsequenz entfällt die Erforderlichkeit, staatliche Einwirkungen auf die Freiheit der Bürger zu rechtfertigen, weil sie infolge des institutionellen Verständnisses den Schutzbereich der Grundrechte (vermeintlich) gar nicht berühren.[353] Auch wenn es nicht *Häberles* Intention ist, so wird dennoch zu Recht darauf hingewiesen, daß sein mit einer innenthereoretischen Konzeption einhergehendes Grundrechtsverständnis mit der Konzentration auf den institutionellen Aspekt den individuellen Grundrechtsschutz vernachlässigt. Es wird dadurch gegenüber Mißbräuchen anfällig.[354]

Wer den abwehrrechtlichen Charakter der Grundrechte verdrängt, unterstellt ein stets am Freiheitsideal orientiertes Staatshandeln, was erstrebenswert,

---

[349] Siehe dazu *Koch*, Der Grundrechtsschutz des Drittbetroffenen, S. 93 mit Bezugnahme auf *Lerche*, Übermaß und Verfassungsrecht, der, S. 107 ff., 140 ff. 146 ff., im Bereich der unmittelbar (Art. 14 Abs. 1 GG) bzw. mittelbar (Art. 5 Abs. 2, Art. 9 Abs. 2, Art. 2 Abs. 1 GG) rechtsgeprägten Grundrechtsnormen die Anwendung des Übermaßverbotes ablehnt. Zu der Problematik vgl. eingehend *Nierhaus*, AöR 116 (1991), 72 ff.

[350] Das wird auch die der verfassungsgerichtlichen Rechtsprechung deutlich; vgl. zu Art. 6 Abs. 1 GG BVerfGE 31, 58 (69 f.): Der Gesetzgeber habe zwar „einen erheblichen Gestaltungsspielraum, z.B. bei der Regelung der Form der Eheschließung, der Ehemündigkeit, der Voraussetzungen der Auflösung", aber die einzelnen Regelungen des bürgerlichen Rechts müssen an „Art. 6 Abs. 1 GG als vorrangiger, selbst die Grundprinzipien enthaltender Leitnorm gemessen werden"; vgl. auch BVerfGE 81, 1 (6 f.).

[351] *Häberle*, Die Wesengehaltgarantie des Art. 19 Abs. 2 GG, S. 195: „Die Grundrechte gelten nach Maßgabe verfassungsgemäßer Gesetze."

[352] *Wülfing*, Grundrechtrechtliche Gesetzesvorbehalte und Grundrechtsschranken, S. 91: „Das institutionelle Grundrechtsverständnis ist mit dem System positivierter Eingriffsermächtigungen nicht zu vereinbaren."

[353] *Eckhoff*, Der Grundrechtseingriff, S.30, der die Behauptung der Ausgestaltungsfunktion staatlicher Maßnahmen als geeignet ansieht, „die Grundrechtsbindung staatlicher Gewalt in weiten Teilen zu beseitigen".

[354] *Von Arnauld*, Die Freiheitsrechte und ihre Schranken, S. 20; *van Nieuwland*, Theorie der immanenten Grundrechtschranken, S. 57, 60 f.; jeweils unter Bezugnahme auf *Lerche*, DÖV 1965, S. 212 f., der davor warnt, *Häberles* Konzeption „in falsche Hände geraten" zu lassen.

aber weder garantiert ist noch der Staatspraxis entspricht.[355] Gäbe es den „idealtypischen", ausschließlich freiheitssichernden Gesetzgeber tatsächlich, müßte sein Handeln auch nicht überwacht werden. Man könnte auf die Normenkontrollbefugnisse des BVerfG (Art. 93 Abs. 1 Nr. 2 GG, 100 Abs. 1 S.1 GG) verzichten[356] - eine Schlußfolgerung, die niemand ernsthaft in Betracht ziehen wird.

Es läßt sich nicht bestreiten, daß unter einem weiteren Gesichtspunkt gesetzliche Regelungen die Freiheit nicht nur beschränken, sondern auch schützen und fördern können[357], wenn es nämlich darum geht, die Freiheit des einzelnen vor der mißbräuchlichen Freiheitsausübung eines anderen (Privaten) in Schutz zu nehmen. Insofern ist es eine wichtige Aufgabe des Gesetzgebers, zwischen den divergierenden und kollidierenden Interessen der Grundrechtsträger zu vermitteln und sie so in Ausgleich zu bringen. Freiheit kann ohne diesen Ausgleich im Rahmen einer rechtlichen Ordnung nicht existieren. Dabei bleibt jedoch zu beachten, daß sich das gesetzgeberische Handeln für den am Konflikt beteiligten Bürger als freiheitsfördernder Schutz darstellt, für den anderen Bürger aber Beschneidung seiner Freiheit bedeuten kann. Beide Ebenen lassen sich aber nur unzulänglich aus einer einheitlichen institutionellen Sichtweise beurteilen[358], was ein weiteres Defizit des Modells *Häberle*s offenbart.

Zudem ist nicht klar, wie *Häberle* mit seiner Theorie die im Einzelfall ergehenden Exekutivakte des Staates einer Grundrechtsprüfung unterwirft. Der Staat kann hier nicht immer als Garant der Grundrechte gesehen werden. Im Bereich des Polizei- und Ordnungsrechts, um nur ein klassisches Beispiel für hoheitliche Eingriffsrechte zu nennen, ergehen regelmäßig staatliche Maßnahmen, die für den Bürger objektiv wie subjektiv belastend sind. Zwar propagiert *Häberle* eine Gleichrangigkeit und Wechselseitigkeit der beiden Grundrechtsaspekte des Objektiv-Institutionellen und des Subjektiv-Individuellen, doch zeigt sein Verständnis ein deutliches und zu einseitiges Übergewicht des objektiv-institutionellen Grundrechtsgehalts. Denn die individuellen Interessen und Wertvorstellungen könnten oder sollten sich seinem Verständnis nach nur in dem objektiven Rahmen entfalten, der durch die Grundrechte als Institut

---

[355] Vgl. *Eckhoff*, Der Grundrechtseingriff, S. 27 f., *van Nieuwland*, Theorie der immanenten Grundrechtsschranken, S. 66.

[356] So zutreffend *Wülfing*, Grundrechtliche Gesetzesvorbehalte und Grundrechtsschranken, S. 74.

[357] Dies ist eine Erkenntnis, die auch den vielen Befürworten des „Eingriff-Schranken-Denkens" bewußt ist, vgl. nur *Schwabe*, Probleme der Grundrechtsdogmatik, S. 139 f.; *Knies*, Schranken der Kunstfreiheit als verfassungsrechtliches Problem, S. 45.

[358] So ist *Schwabe*, Probleme der Grundrechtsdogmatik, S. 142, zu verstehen, wenn er davor warnt, die individuelle Freiheit „mit Freiheit des sozialen Ganzen" zu vertauschen; kritisch auch *Schlink*, EuGRZ 1984, 457 (463).

vorgezeichnet sei.[359] Die Grundrechte als subjektive Individualrechte seien damit (lediglich) ein integrierter Bestandteil einer objektiv zu bestimmenden Ordnung. Wie der vermeintlich gleichrangige individuelle Aspekt der Grundrechte im Einzelfall praktisch noch Geltung behält, darauf gibt die institutionelle Sichtweise *Häberle*s keine konkreten Antworten. Vielmehr gibt *Häberle* das dogmatische Instrument zur Verwirklichung der abwehrrechtlichen Funktion der Grundrechte auf, wenn er konsequent die „Befreiung des Gesetzes- und Rechtsbegriffs vom traditionellen Eingriffselement“[360] fordert.[361] *Häberle* geht sogar so weit, das Strafrecht als Konsequenz der grundrechtlichen Freiheit anzusehen.[362] Das ist zu Recht auf scharfe Ablehnung gestoßen.[363]

Diese klare Abkehr von der anerkannten Grundrechtsstruktur läßt es kaum zu, bei *Häberle* nur terminologische Unterschiede auszumachen[364], die lediglich Ausdruck einer anderen, die außentheoretische Eingriffs-Schranken-Dogmatik aber nicht berührende Grundrechtsanschauung seien.[365] Soweit dies behauptet wird, kommt damit eher die durch Interpretation gewonnene Erkenntnis zum Vorschein, daß auch *Häberle* mit seinem Grundrechtsverständnis eigentlich nicht umhinkommt, seiner Konzeption ebenfalls die voneinander zu trennenden Kategorien von Schutzbereich, Grundrechtseingriff und Rechtfertigung des Eingriffs zugrunde zu legen. Denn er selbst bedient sich der Güterabwägung, um den Inhalt und die Grenzen der Grundrechte zu bestimmen[366], was eigentlich voraussetzt, die Grundrechte als außentheoretische Rechte zu begreifen.[367] Das ändert jedoch nichts daran, daß *Häberle* ausdrücklich der Innentheorie folgt.[368]
Er selbst ist vorsichtig von der stringenten Ablehnung der herkömmlichen Grundrechtsdogmatik abgerückt und mißt dem „Schrankendenken“ mittlerweile eine „wichtige, wenn auch begrenzte Aufgabe“ bei[369], ohne seine institutionelle Konzeption im Grundsatz aufzugeben. Für die Aktivierung des Gerichtsschutzes sieht er sogar die Möglichkeit einer „behutsamen Anknüpfung

---

359 *Häberle*, Die Wesengehaltgarantie des Art. 19 Abs. 2 GG, S. 102.

360 *Häberle*, aaO., S. 167.

361 *Eckoff*, Der Grundrechtseingriff, S. 29.

362 *Häberle*, Die Wesengehaltgarantie des Art. 19 Abs. 2 GG, S. 26.

363 *Van Nieuwland*, Theorie der immanenten Grundrechtsschranken, S. 65.

364 So angedeutet von *Koch*, Der Grundrechtsschutz des Drittbetroffenen, S. 93, der im weiteren, S. 100 ff., aber auch herausarbeitet, daß *Häberle* von einem anderen Freiheitsverständnis ausgeht.

365 So aber *Lübbe-Wolff*, Die Grundrechte als Eingriffsabwehrrechte, S. 64 ff.

366 *Häberle*, Die Wesengehaltgarantie des Art. 19 Abs. 2 GG, S. 31 ff., 188, 218.

367 Vgl. näher *Borowski*, Grundrechte als Prinzipien, S. 211, der *Häberle*s Theorie für unvollständig hält, da für sie nach nur das Ergebnis der Kollision, nicht aber die Gegenstände der Kollision Grundrechtsinhalt sind.

368 *Häberle*, Die Wesengehaltgarantie des Art. 19 Abs. 2 GG, S. 179 f.; a.A. *Lübbe-Wolff*, Die Grundrechte als Eingriffsabwehrrecht, S. 66.

369 So in dem Vorwort der 2. Auflage, Die Wesensgehaltgarantie des Art.19 Abs. 2 Grundgesetz, 1972, S. VII und S. 342 in Fn. 104; vgl. *dens.*, DÖV 1994, 85 (86).

an überkommene Begriffe, z.B. über die Modifikation des herkömmlichen 'Eingriffsbildes'".[370] Im Ansatz offenbart er damit selbst die pragmatischen Defizite seiner Theorie im Hinblick auf die notwendige abwehrrechtliche Schutzfunktion der Grundrechte.[371] Warum nun aber die Eingriffs-Schranken-Dogmatik plötzlich eine begrenzte Aufgabe haben soll und vor allem, wo diese greifen soll, erklärt *Häberle* nicht. Entgegen seiner Grundauffassung ist davon auszugehen, daß sich die institutionelle Seite der Grundrechte und ihre „klassische" abwehrrechtliche Funktion nicht gegenseitig ausschließen. Nur liegen, und das verkennt *Häberle*, die individuellen Freiheitsrechte den Institutionen voraus und nicht umgekehrt.[372] Mit seinem institutionellen Verständnis und innentheoretischen Ansatz wird er dem Anspruch, (auch) individuelle Freiheit zu sichern und zu stärken, nicht gerecht.

Häberle ist weiterhin der grundlegende Vorwurf zu machen, daß er nicht zwischen Grundrechtsgrenzen und Freiheitsgrenzen differenziert.[373] Zudem offenbart seine Theorie einen argumentativen Zirkelschluß. Die Pflicht und das Recht des (einfachen) Gesetzgebers zur Konkretisierung der Grundrechte finde seine Legitimation in der institutionellen Daseinsweise der Grundrechte. Als Institute bestünden sie aber gerade aus den durch die Leitidee der Freiheitsverbürgungen verbundenen Normen unterhalb der Verfassung.[374] Die die Freiheitsrechte ausfüllenden Gesetze enthielten damit zugleich die für die Grundrechtsausgestaltung notwendige Legitimation. Dies läßt sich mit den verfassungrechtlichen Bindungen des Gesetzgebers an das Grundgesetz nicht in Einklang bringen läßt.[375] Denn der einfache Gesetzgeber darf nicht der Schöpfer des ihn bindenden Maßstabs sein.[376]
Wenn zudem, wie *Häberle* meint, jede Begrenzung zugleich auch eine Inhaltsbestimmung ist, dann erscheint die zu einseitige Verlagerung auf den institutionellen Aspekt willkürlich. Denn die Einordnung als Freiheitskonkretisierung oder als -beschränkung unterliegt jeweils einer Bewertung, die *Häberle* nicht offenlegt.[377] Zu Recht wird in diesem Zusammenhang vielfach auf *Alexys* Feststellung verwiesen, daß etwas, das unter irgendeinem Gesichtspunkt ein-

---

370 So *Häberle*, VVDStRL 30 (1972), 43 (123).

371 Kritisch auch *Eckhoff*, Der Grundrechtseingriff, S.30: Es sei absurd, die herkömmliche Dogmatik abzulehnen, sie aber dann für die juristischen Alltagsprobleme doch heranzuziehen.

372 *Van Nieuwland*, Theorie der immanenten Grundrechtsschranken, S. 62.

373 Dazu näher *Schnur*, DVBl. 1965, 489 ff.; vgl. daran anknüpfend auch die Kritik von Schwabe, Probleme der Grundrechtsdogmatik, S. 136 ff.; ähnlich wie *Häberle* geht auch *Ridder*, Die soziale Ordnung des Grundgesetzes, S. 69, von einer Idendität von Grundrecht und Freiheit aus.

374 *Häberle*, Die Wesengehaltgarantie des Art. 19 Abs. 2 GG, S. 185.

375 Vgl. *Wülfing*, Grundrechtrechtliche Gesetzesvorbehalte und Grundrechtsschranken, S. 77 f.

376 *Nierhaus*, AöR 116 (1991), 71 (81 f.); siehe auch die Kritik bei *Dickert*, Naturwissenschaften und Forschungsfreiheit, S. 181.

377 *Eckhoff*, der Grundrechtseingriff, S. 16.

schränkend ist, einschränkend bleibt, auch wenn es unter einem anderen Gesichtspunkt ausgestaltend ist.[378]

Jedenfalls bietet die institutionelle Grundrechtstheorie *Häberles* keinen materiellen Maßstab dafür, wie die gesetzgeberische Ausgestaltung der Grundrechtsverbürgungen verfassungsrechtlich zu überprüfen ist.[379] Denn was er im Einzelfall unter „leitbildgerechter Ausgestaltung" versteht und welche verfassungsrechtlichen Vorgaben sich daraus insbesondere für Einwirkungen der Exekutive ergeben sollen, wird bei ihm nicht hinreichend deutlich. Einen subsumtionsfähigen Inhalt bietet der Begriff „Leitbild" nicht. Dafür ist er zu diffus[380]. Daher gerät *Häberle* mit seiner Sichtweise in die Gefahr, die Grenze zwischen verfassungsrechtlich garantierten Freiheitsrechten und verfassungswidrigen Freiheitsverkürzungen nicht bestimmen zu können.[381]

Schließlich ergibt sich ein wesentliches Argument für die Struktur der Außentheorie bereits aus der geschriebenen Verfassung selbst. Denn das Grundgesetz geht schon bei vielen Freiheitsgrundrechten dem Wortlaut nach offenkundig von der Trennung von Freiheitsverbürgungen auf der Ebene der Schutzbereiche und ihren Einschränkungen aus, wobei die Formulierungen der meisten Grundrechtsnormen für ein Regel-Ausnahme-Verhältnis der Freiheit zu ihren Begrenzungen sprechen.[382] Bei den unter Gesetzesvorbehalt stehenden Grundrechten heißt es zumeist, daß „dieses Recht" durch oder aufgrund eines Gesetzes eingeschränkt werden kann (Art. 2 Abs. 2 Satz 3; Art. 5 Abs. 2, Art. 8 Abs. 2, Art. 11 Abs. 2 GG). Diese Formulierung spricht dafür, daß es zunächst das Recht gibt, das nicht eingeschränkt ist, und es dann das gibt, was von dem Recht nach Hinzufügung der Schranke übrigbleibt, nämlich das eingeschränkte Recht.[383] Mit einer innentheoretischen Konzeption läßt sich diese Formulierung und die dahinter stehende systematische Zuordnung von Grundrechten und ihren abgestuften Gesetzesvorbehalten nicht erklären.[384] Gleiches gilt für den Wortlaut des Art. 19 Abs. 1 und Abs. 2 GG.[385] Für die von *Häberle* vertretene Innentheorie gibt es daher keine positivrechtliche Absicherung,

---

[378] So *Alexy*, Theorie der Grundrechte, S. 302.
[379] Dazu *van Nieuwland*, Theorie der immanenten Grundrechtsschranken, S. 63 ff.
[380] Das räumt auch *A. Enderlein*, Der Begriff der Freiheit als Tatbstandsmerkmal der Grundrechte, S. 137, ein.
[381] So bereits *W. Schmidt*, AöR 91 (1966), S. 42 (60 in Fn. 82 a.E.).
[382] *Von Arnauld*, Die Freiheitsrechte und ihren Schranken, S. 25 f.; *Pecher*, Verfassungsimmanente Schranken von Grundrechten, S. 96.
[383] *Alexy*, Theorie der Grundrechte, S. 250.
[384] *Wülfing*, Grundrechtrechtliche Gesetzesvorbehalte und Grundrechtsschranken, S. 84, der zutreffend feststellt, daß die differenzierten Vorbehalte gegen die institutionelle Auffassung sprechen; a.A. *Waechter*, Der Staat 30 (1991), 19 (27).
[385] *Huster*, Rechte und Ziele, S. 89; vgl. auch *Berg*, Konkurrenzen schrankendivergenter Freiheitsrechte, S. 30 f.

vielmehr spricht der Verfassungswortlaut für das Regel-Ausnahme-Modell der Außentheorie.

Die aus dem institutionellen Grundrechtsdenken zwingend folgende Innentheorie vermag daher insgesamt nicht zu überzeugen. Zusammengefaßt richtet sich die Kritik dagegen, daß mit ihr die Gefahr der Verringerung des individuellen Grundrechtsschutzes einhergeht, da Freiheit auf die institutionelle Sinnerfüllung der objektivierten Freiheit reduziert wird und damit zur Pflicht verkommen kann.[386]

b) Ergebnis

Eine geeignete Konzeption, mit der immanente Schutzbereichsgrenzen erklärt und gerechtfertigt werden kann, ist die Innentheorie in Gestalt der institutionelle Grundrechtstheorie nicht. Die Frage nach der Existenz solcher Grenzen stellt sich also weiter.

3. Enge Tatbestandskonzeptionen auf der Basis des Eingriff-Schranken-Schemas

Gegen die Innentheorie spricht die rechtsstaatliche Gebotenheit der Unterscheidung von Grundrechtstatbestand und Grundrechtsschranken. Eine klare strukturelle und dogmatische Trennung von Grundrechtsschutzbereich und Grundrechtsschranke soll gerade der Gefahr einer willkürlichen Beschränkung der Freiheit durch eine einengende Ad-hoc-Definition des Grundrechts entgegenwirken und die Operation der Schrankenziehung einem schärferen Argumentationszwang unterwerfen. Die geordnete Gegenüberstellung der individuellen Rechte des Grundrechtsträgers und der widerstreitenden Güter anderer oder des Gemeinwohls erscheint grundsätzlich geeigneter, eine berechenbare und nachvollziehbare Begründung offenzulegen.[387] Ob die individuellen Interessen bei der Bestimmung der jeweiligen Grundrechtsschutzbereiche ausnahmslos isoliert betrachtet werden sollten, kollidierende Positionen also immer eine Frage der Beschränkung sind, ist eine Frage des Tatbestandsverständnisses. Diese Frage zu stellen, ändert aber nichts an der Notwendigkeit, die Unterscheidung von Grundrechtsschutzbereich und Grundrechtsschranke anzuerkennen.[388] Fast selbstverständlich treten hierfür auch die Vertreter ein, die sich für (einzelne) immanente Schutzbereichsgrenzen in unterschiedlichen Spielarten aussprechen, also eine enge Tatbestandstheorie vertreten.[389]

---

[386] Vgl. *Böckenförde*, NJW 1974, 1529 (1533).

[387] In diesem Sinne viele, vgl. nur *Lübbe-Wolff*, Grundrechte als Eingriffsabwehrrechte, S. 87 ff.; *Eckhoff*, Der Grundrechtseingriff, S. 17 f.; *Höfling*, Offene Grundrechtsinterpretation, S. 173 ff.; *Huster*, Rechte und Ziele, S. 88 f., jeweils m.w.N

[388] Grundlegend *Kloepfer*, Festgabe BVerfG, Bd. 2, 1976, S. 406 ff.

[389] Siehe z.B. *Isensee*, HdbStR V, § 111, Rn. 44 ff.; ebenso *Starck*, HdbStR VII, § 164, Rn. 36; *ders.*, in: v. Mangoldt/Klein/Starck, GG, Bd. 1, Art. 1, Rn. 170 f.

III. Zusammenfassung

Angesichts der geschriebenen Verfassung lassen sich schutzbereichsimmanente Grenzen rechtsstaatlich nicht sinnvoll auf der Grundlage einer Innentheorie erklären und bestimmen.

Die Frage nach ihrer Existenz muß vielmehr auf der Basis einer außentheoretischen Konzeption beantwortet werden. Unter Anerkennung einer grundsätzlich zweistufigen Prüfungsabfolge und der Unterscheidung von Grundrechtstatbestand und Grundrechtsschranken verlagert sich die Problematik damit auf die Auseinandersetzung um die Weite der grundrechtlichen Schutzbereiche. Denn das Befürworten der Außentheorie bedeutet noch kein Präjudiz im Hinblick auf den Umfang des Grundrechtsschutzes im allgemeinen und der grundrechtlichen Schutzbereiche im besonderen.[390] Der damit angesprochene Streit um eine enge oder eine weite Tatbestandstheorie betrifft also die Reichweite des Prima-facie-Schutzes. In diesem Zusammenhang kommen dann nicht nur die konstruktiven, sondern auch die normativen Annahmen der Außentheorie zu tragen, die sich, wie sich zeigen wird, eindringlicher in einer weiten als in einer engen Tatbestandstheorie widerspiegeln.

---

[390] So *von Arnauld*, Die Freiheitsrechte und ihre Schranken, S. 48.

5. Teil: Die Unterschiede zwischen einer engen und weiten Auslegung des Art. 2 Abs. 1 GG

I. Überblick: Aspekte für die Unterscheidung von einem engen und weiten Tatbestandsverständnis

Die Frage nach der Existenz von schutzbereichsimmanenten Grenzen steht in unmittelbarem Zusammenhang mit der Diskussion über die Weite des Schutzbereichs der Grundrechte. Solche Grenzen zu befürworten bzw. auszuschließen, hängt zwangsläufig davon ab, welches Verständnis der tatbestandlichen Gewährleistung der Freiheitsgrundrechte zugrunde gelegt wird. Darüber streiten die sog. „Tatbestandstheorien", namentlich die „enge" und die „weite". Während die Befürworter eines weiten Tatbestandsverständnisses die der freiheitlichen Betätigung entgegenstehenden Dritt- oder Gemeinwohlinteressen stets und ausnahmslos auf der Ebene der Schranken ansiedeln[391], plädieren manche bereits für eine Begrenzung der grundrechtlichen Schutzbereiche. Diese engen Tatbestandstheorien gab und gibt es in unterschiedlichen Spielarten.[392]

Die Differenzen zwischen diesen Theorien offenbaren sich also vor allem in der unterschiedlichen Bedeutung, die dem Verhältnis von Schutzbereich und Schranken der Grundrechte grundsätzlich beigemessen wird. In der Auseinandersetzung um diesen Streit muß man die Frage nach der Existenz schutzbereichsimmanenter Grenzen beantworten.

Unterschiede im Tatbestandsverständnis der Grundrechte spiegeln sich auch in der Interpretation der grundrechtlich normierten Schutzgüter wider. Schutzbereichsgrenzen werden als erstes durch die Begrifflichkeiten des Grundrechtsgutes definiert. Sie markieren die gegenständliche Reichweite des jeweiligen Grundrechts. Zu Beginn der Grundrechtsprüfung ist zu bestimmen, was „Kunst", „Meinung", „Wissenschaft" etc. ist. Was ein Bürger jenseits dieser Grenzen tut, fällt niemals in den Schutzbereich des betreffenden Freiheitsrechts. Über eine enge Auslegung dieser Begriffs- bzw. Tatbestandsmerkmale wird zuweilen versucht, die Schutzbereiche der speziellen Freiheitsgrundrechte eng zu fassen, ohne dies mit Begrenzungen durch Elemente außerhalb des jeweiligen Grundrechtstatbestandes zu begründen. Da die Schutzgüter in den Grundrechtsnormen nicht weiter umschrieben werden, bleibt stets ein gewisser Spielraum für konkretisierende Interpretationen, die sich unterschiedlich auf die Weite des Schutzbereichs auswirken können. So läßt sich z.B. bei dem sachgeprägten Grundrecht der Versammlungsfreiheit des Art. 8 Abs. 1 GG der verfassungsrechtlichen Begriff der „Versammlung" weiter oder enger ausle-

---

[391] Zur weiten Tatbestandstheorie siehe ausführlich unten **6. Teil**.

[392] Zu allgemeinen Immanenzlehren siehe unten **9. Teil**; zu einzelnen schutzbereichsimmanenten Grenzen unten **11. Teil**.

gen.[393] Mitunter wird – um nur ein weiteres Beispiel anzuführen – der Begriff der „Meinung" in Art. 5 Abs. 1 S.1 GG einschränkend definiert. Beispielsweise werden nach der Rechtsprechung des BVerfG unwahre Tatsachenbehauptungen oder unrichtige Zitate ebensowenig tatbestandlich von der Meinungsfreiheit erfaßt[394], wie auch Formalbeleidigungen.[395] Es geht hierbei also um die Auslegung von geschriebenen Tatbestandsmerkmalen, die den Schutzbereich der Grundrechte explizit kennzeichnen.[396] Wie dies zu erfolgen hat, ist umstritten. Das damit aufgeworfene Problem der Interpretationsmethode im Verfassungsrecht soll hier nicht weiter vertieft werden, weil sich die im Mittelpunkt der Untersuchung stehende Frage nach der Existenz von unbenannten Schutzbereichsgrenzen der Freiheitsrechte nicht mit der Auslegung der in den Grundrechtsnormen umschriebenen Sachthemen und Schutzgegenständen beantworten läßt. Es geht hier nicht um die Interpretation geschriebener Tatbestandsmerkmale, sondern um grundrechtsübergreifenden Freiheitsgrenzen, aufgrund derer möglicherweise vom geschützten Bereich der Freiheitsrechte dasjenige Verhalten auszuschließen ist, das zwar begrifflich innerhalb eines Schutzbereichs der Grundrechte liegt, aber als per se nicht schützenswerte Freiheitsbetätigung anzusehen und deshalb quasi teleologisch aus dem Grundrechtsschutz auszugrenzen ist. Der dogmatische Unterschied läßt sich begrifflich durch ein differenziertes Verständnis vom „Schutzbereich" und „Gewährleistungsumfang" zum Ausdruck bringen.[397]
Um es zu veranschaulichen: Es dürfte weitgehend unumstritten sein, daß auch das mit einem gestohlenen Pinsel auf einer gestohlenen Leinwand gemalte Bild „Kunst" im Sinne des Art. 5 Abs. 3 GG ist. Wegen des drittschädigenden Charakters ließe sich aber erwägen, ob diese Form der Betätigung schon tatbestandlich aus dem Schutzbereich der Kunstfreiheit ausschließen ist, ob also ein Fall vorliegt, bei dem eine schutzbereichsimmanente Grenze den Gewährleistungsumfang reduzierend absteckt.

II. Die Auslegung des Tatbestandes des Art. 2 Abs. 1 GG

Für den Untersuchungsgegenstand bedeutsam ist zunächst der Streit um eine enge oder weite Auslegung des Schutzbereichs des Art. 2 Abs. 1 GG. Das ist dogmatisch grundlegend, weil sich darin ein Aspekt des im Grundgesetz angelegten Freiheitsverständnisses widerspiegelt. Zwar wird die dogmatische Kontroverse zwischen enger und weiter Tatbestandstheorie zumeist losgelöst

---

393 Z.B. hinsichtlich der Frage, ob bereits zwei Personen eine Versammlung i.S.d. Art. 8 Abs. 1 GG darstellen können: dazu *Schulze-Fielitz*, in: Dreier, GG, Bd. I, Art. 8, Rn. 23, mw.N.

394 Siehe BVerfGE 54, 208 (219); 61, 1 (7 ff.); 82, 43 (51); 85, 1 (15).

395 BVerfGE 60, 234 (242).

396 Gegen interpretatorische Schutzbereichsverkürzungen siehe nur BVerwG, NVwZ 1995, 473 (475).

397 In Anlehnung an *Wahl*, Freiburger Universitätsblätter 1987, 19 (32 f.), kann man den „Gewährleistungsumfang" als eigene Kategorie und in einem dreigliedrigen Prüfungsschema als zusätzlichen Prüfungspunkt vor der Schrankenprüfung und nach dem sachlichen Schutzbereich begreifen. Siehe dazu bereits oben **1. Teil, III. 2. c**.

von der Interpretation des Art. 2 Abs. 1 GG geführt, im Grunde ließe sich die gesamte Diskussion um allgemeine, bereits tatbestandlichen Grenzen hier führen. Denn der Umfang des von Art. 2 Abs. 1 GG vermittelten Grundrechtsschutzes wirkt sich auch auf die Frage nach der Weite der Tatbestände der speziellen Freiheitsrechte aus. Der Streit um die Weite der Grundrechtstatbestände würde im Ergebnis nämlich an Bedeutung verlieren, wenn man Art. 2 Abs. 1 GG als allumfassendes Auffanggrundrecht für die von den speziellen Freiheitsgrundrechten nicht erfaßten Formen menschlichen Handelns ansieht. Falls Art. 2 Abs. 1 GG, so wie es oft postuliert wird, subsidiär jedes erdenkliche menschliche Verhalten in seinen Schutzbereich aufnimmt[398], so könnte die Untersuchung im Hinblick auf die Existenz allgemeiner Freiheits- bzw. Schutzbereichsgrenzen schnell abgeschlossen werden. Nähme man das Postulat ausnahmslos beim Wort, gäbe es keine schutzbereichsimmanente Grenzen der Freiheitsrechte insgesamt. Nicht nur für das Sinnverständnis der Frage nach der Existenz solcher Grenzen ist daher die Auslegung des Art. 2 Abs. 1 GG von Bedeutung. So viel sei vorweggenommen: Am Ende dieses Abschnitts steht das Ergebnis im Hinblick auf die Berechtigung von schutzbereichsimmanenten Grenzen noch nicht fest. Vielmehr soll im folgenden das Grundrecht aus Art. 2 Abs. 1 GG zunächst nur auf seine thematische Offenheit hin untersucht werden.

1. Art. 2 Abs. 1 GG als Auffanggrundrecht – Freie Persönlichkeitsentfaltung als allgemeine Handlungsfreiheit

Das BVerfG hat sich 1957 im für die Grundrechtsdogmatik richtungsweisenden „Elfes"-Urteil bekanntlich für eine weite Auslegung des Rechts auf freie Entfaltung der Persönlichkeit entschieden, der zufolge Art. 2 Abs. 1 GG „die Handlungsfreiheit im umfassenden Sinne meint".[399] Geschützt wird jedes menschliche Verhalten, ohne Rücksicht auf das Gewicht, welches der konkreten Betätigung für die Persönlichkeitsentfaltung zukommt.[400] Dem BVerfG ist die übrige Rechtsprechung[401] und das Schrifttum ganz überwiegend gefolgt.[402] Mithin genießen auch vermeintlich banale Tätigkeiten und alltägliche

---

[398] *Von Arnauld*, Die Freiheitsrechte und ihre Schranken, S. 49, m.w.N.

[399] BVerfGE 6, 32 (36); noch offengelassen im „Investitionshilfe-Urteil", BVerfGE 4, 7 ff.; hier wurde Art. 2 Abs. 1 GG erstmals als Grundrecht und nicht bloß als objektiv-rechtlicher Verfassungsgrundsatz angesehen; das weite Auslegung des Art. 2 Abs. 1 GG durch BVerfG zeichnete sich aber bereits in der „KPD-Entscheidung" ab, der nach dem Mensch eine „möglichst weitgehende Entfaltung seiner Persönlichkeit gesichert werden" müsse, siehe BVerfGE 5, 85 (204).

[400] BVerfGE 6, 32 (36ff.); explizit wird die seither st. Rspr. bestätigt durch BVerfGE 80, 137 (154 ff.) - „Reiten im Walde"; vgl. auch BVerfGE 54, 143 (146).

[401] Vgl. z.B. BVerwGE 45, 224 (227).

[402] *Jarass*, NJW 1989, 857: „Das Verständnis... ist Allgemeingut."; *Erichsen*, HdbStR VI, § 152, Rn. 1: „überwiegend als hinnehmbar angesehen", vgl. unter vielen *auch Pieroth/Schlink*, Grundrechte, Rn. 367 f.; *Kunig*, in: v. Münch/Kunig, Art. 2, Rn.12 ff.; *Lorenz*, FS Maurer, 2001, S. 213 f., m.w.N.

Verhaltensweisen Grundrechtsschutz. So hat das BVerfG etwa Ladenschlußzeiten[403], Taubenfütterungsverbote[404], die Helmpflicht bei Mofa-Fahren[405] oder das Reiten im Walde an Art. 2 Abs. 1 GG gemessen.[406] Die damit postulierte allgemeine Handlungsfreiheit[407] macht Art. 2 Abs. 1 GG zu einem generalklauselartigen Auffanggrundrecht, das alle Handlungs- und Lebensbereiche schützt, die nicht von einem speziellen Freiheitsrecht erfaßt werden.[408] Das Grundrecht aus Art. 2 Abs. 1 GG verbürgt damit den grundrechtlichen Anspruch, „nicht mit einem Nachteil belastet zu werden, der nicht in der verfassungsmäßigen Ordnung begründet ist"[409] und stellt damit quasi ein Recht auf „Eingriffsfreiheit" dar.[410] Die Rechtsprechung des BVerfG führt zu einer (vermeintlichen[411]) Lückenlosigkeit des grundrechtlichen Schutzes, indem es Betätigungen jedweder Art und Güte in den Schutzbereich einbezieht.

Mit dem weit verstandenen Schutzbereich des Art. 2 Abs. 1 GG müssen zwangsläufig auch dessen Schranken weit gefaßt werden, um die für das Gemeinwohl gebotenen Freiheitsbeschränkungen durch das einfache Gesetz ermöglichen zu können. Aus diesem Grund setzt das BVerfG die Schranke der „verfassungsmäßigen Ordnung" mit der verfassungsgemäßen Rechtsordnung gleich[412], läßt zur Einschränkung also jede Rechtsnorm genügen, die formell und materiell mit der Verfassung in Einklang steht.[413] Unter dem Schrankenvorbehalt des Art. 2 Abs. 1 GG fallen also nicht allein förmliche Gesetze, sondern auch untergesetzliche Normen (Rechtsverordnungen und Satzungen). Durch diese funktionale Auslegung wird dem Begriff damit eine andere Bedeutung gegeben als etwa in Art. 9 Abs. 2 GG, bei dem die „verfassungsmäßige

---

403 BVerfGE 13, 230 (235).

404 BVerfGE 54, 143 (146 f.).

405 BVerfGE 59, 275 (278 f.).

406 BVerfGE 80, 137 (152 ff.).

407 BVerfGE 63, 45 (60) spricht von dem „allgemeinen Freiheitsrecht".

408 Zur subsidiären Auffangfunktion des Art. 2 Abs. 1 GG vgl. *Richter/Schuppert/Bumke*, Casebook Verfassungsrecht, S. 67; *Degenhart*, JuS 1990, 161 (165 ff.); *Dreier*, in: ders., GG, Bd. I, Art. 2 I, Rn. 30; mit Beispielen *Pieroth/Schlink*, Grundrechte, Rn. 369 f.

409 BVerfGE 9, 83 (88); 19, 206 (215); 42, 20 (27); 51, 77 (95).

410 Man sollte aber nicht von einer - grundrechtlich geschützten - „allgemeinen Eingriffsfreiheit" sprechen; so aber *Grimm*, abw. Meinung, BVerfGE 80, 164 (168) und auch *Duttge*, Der Begriff der Zwangsmaßnahme im Strafprozeßrecht, S. 51. Zum einen suggeriert diese Terminologie, daß sämtliche und nicht nur rechtswidrige Eingriffe abgewehrt werden könnten. Zum anderen bedeutet nicht jeder rechtswidrige Eingriffsakt zugleich einen verfassungsrechtlich nicht gerechtfertigten Grundrechtseingriff. Die dem Eingriff zugrunde liegende gesetzliche Ermächtigungsgrundlage kann im Wege der Verfassungsbeschwerde auf ihre Verfassungsmäßigkeit überprüft werden. Nicht generell geltend gemacht werden kann hingegen, der Eingriff beruhe auf unrichtiger Gesetzesanwendung. Daher zu Recht kritisch auch *Scherzberg*, DVBl. 1989, 1128 (1129 f.).

411 Wie sich zeigen wird, ist im Grundgesetz nicht zwingend ein lückenloser Grundrechtsschutz angelegt.

412 Siehe nur *Scholz*, AöR 100 (1975), 80 (82).

413 BVerfGE 6, 32 (37f.).

Ordnung" als „gewisse elementare Grundsätze der Verfassung" ausgelegt wird.[414] Art. 2 Abs. 1 GG enthält somit nicht einen Gesetzesvorbehalt, sondern einen Rechtsvorbehalt im weiteren Sinne.[415] Er vermittelt gleichsam einen Grundrechtsschutz auf die Einhaltung der Verfassung.[416]

2. Engeres Schutzbereichsverständnis: Persönlichkeitskerntheorie und an sie angelehnte Auffassungen („Persönlichkeitsrelevanztheorien"[417])

Mit der extensiven Auslegung des Art. 2 Abs. 1 GG distanzierte sich das BVerfG im „Elfes-Urteil" ausdrücklich von der Annahme, daß dieses Grundrecht nur einen „Kernbereich der Persönlichkeit" erfaßt, der das Wesen des Menschen als geistig-sittliche Person ausmacht.[418] Damit erteilt es der vor allem von *Peters* geprägten sog. „Persönlichkeitskerntheorie"[419] eine Absage, der nach das Recht aus Art. 2 Abs. 1 GG nicht die Freiheit zu einem Tun oder Unterlassen nach freiem Belieben gewähre, sondern nur die Entfaltung innerhalb einer engen, persönlichen Sphäre schütze.[420] Dieses sehr enge Schutzbereichsverständnis wird heute in dieser Form nicht mehr vertreten. Dennoch erfährt es tendenziell auch in jüngerer Zeit[421] noch vereinzelt Zuspruch. So werden zwischen den extremen Positionen verschiedene vermittelnde Auffassungen vertreten[422], die dem Grundrecht auf freie Entfaltung der Persönlichkeit zwar einen weiten, aber nicht grenzenlosen Schutzbereich zusprechen. Nicht jede beliebige Tätigkeit soll danach in den Rang einer grundrechtlichen

---

414 Vgl. BVerfGE 6, 32 (38).

415 *Kunig*, in: von Münch/Kunig, GG, Bd.1, Art. 2, Rn. 22.

416 So *Kunig*, Jura 1990, 523.

417 So der anschauliche Begriff von *Cremer*, Freiheitsgrundrechte, S. 88 ff.

418 BVerfGE 6, 32 (36)

419 Unter diesem Schlagwort wird sie üblicherweise thematisiert, vgl. nur *Kunig*, in v. Münch/Kunig, GG, Bd. 1, Art. 2, Rn. 14.

420 Vgl. *Peters*, FS Laun, 1962, S. 669 (673 f.), *ders.*, Das Recht auf freien Entfaltung der Persönlichkeit in der höchstrichterlichen Rechtsprechung, S. 48 f.

421 Umfassende Nachweise aus früherer Zeit und über die der dem Elfes-Urteil nachfolgenden Judikatur des Gerichts bei *Scholz*, AöR 100 (1975), S. 80 ff.

422 Einen wirklich vermittelnden und neuen Ansatz verfolgt *Hochhuth*, JZ 2002, 743 ff., indem er eine „Kombination beider Theorien" vorschlägt: Auch er plädiert für ein weites Tatbestandsverständnis des Art. 2 Abs. 1 GG im Sinne „beliebiger, nicht nach Wert unterschiedener subjektiver Willkür" (aaO., S. 744). Diese weit verstandene Sichtweise sei aber nur bei Eingriffen von Verwaltung und Fachgerichten angezeigt. Die den Eingriffen zugrunde liegenden förmlichen Gesetze sollten jedoch - anders als bei Spezialgrundrechten – lediglich am Maßstab des gemäß Art.19 Abs. 2 GG unantastbaren Wesensgehalt der „allgemeiner Handlungsfreiheit" gemessen werden (aaO., S. 744 f.). Mit Blick auf das Gewaltenteilungsprinzip habe das BVerfG bei gesetzgeberischen Eingriffen die Einschätzungsprägorative des parlamentarischen Gesetzgebers zu akzeptieren (aaO., S. 745). Durch dieses enge Verständnis bei der Gesetzesüberprüfung (anders als bei der des Einzelaktes) soll verhindert werden, „daß die Gerichte ihr Ermessen an die Stelle des gesetzgeberischen setzen, wie es beim weiten Schutzbereich unvermeidlich ist." (aaO., S. 747).

Freiheit gehoben werden. So will *Hesse* den Schutz aus Art. 2 Abs. 1 GG auf die „Gewährleistung der engeren persönlichen Lebenssphäre" beschränken.[423] In seinem oft zitierten Sondervotum zum Beschluß des BVerfG zum „Reiten im Walde" tritt *Grimm* diesem Verständnis bei und macht den Schutz des Art. 2 Abs. 1 GG davon abhängig, daß das Verhalten „eine gesteigerte, dem Schutzgut der übrigen Grundrechte vergleichbare Relevanz für die Persönlichkeitsentfaltung" besitzt und von „erheblicher Bedeutung" ist.[424] Er will damit einer „vom Grundgesetz nicht vorgesehenen Banalisierung der Grundrechte"[425] entgegenwirken. Dem liegt die Auffassung zugrunde, daß die Grundrechte als punktuelle Gewährleistungen der Freiheit besonders wichtiger oder gefährdeter Lebensbereiche verstanden werden sollten.
Im Ergebnis reduziert diese Auffassung den Schutzbereich des Art.2 Abs. 1 GG auf das vom BVerfG entwickelte allgemeine Persönlichkeitsrecht.[426] Ihr nach gibt es also Handlungen und Zustände, die von vornherein keinen grundrechtlichen Schutz genießen.[427]

3. Verfassungsprozessuale Folgen des „Elfes-Urteils"

Trotz der nach der Elfes-Entscheidung geäußerten und bis heute nicht verstummten Kritik hat das BVerfG an seiner Rechtsprechung festgehalten. Dies, obwohl die Annahme einer allgemeinen Handlungsfreiheit und die Funktion des Art. 2 Abs. 1 GG als Auffanggrundrecht nicht nur grundrechtsdogmatische, sondern auch einschneidende verfassungsprozessuale (und verwaltungsprozessuale[428]) Folgen mit sich bringt. Denn Art. 2 Abs. 1 GG beinhaltet eines der in Art. 93 Abs. 1 Nr. 4a GG genannten Grundrechte, auf die eine Verfassungsbeschwerde gestützt werden kann. Die Ausweitung des Schutz-

---

423 *Hesse*, Verfassungsrecht, Rn. 428, der im Gegensatz zu Peters die Gewährleistung aber nicht auf rein geistige und sittliche Entfaltung beschränkt.

424 *Grimm*, abw. Meinung, BVerfGE 80, 164 (165 f.); ähnlich *Siekmann/Duttge*, Staatsrecht I, Rn. 829; ders. NJW 1997, 3353 (3355): „... jedenfalls von einer gewissen Relevanz...".

425 *Grimm*, aaO., S. 168; vgl. auch *Hesse*, JZ 1995, 265 (268); *Duttge*, NJW 1997, 3353 (3354).

426 *Hesse*, Verfassungsrecht, Rn. 428, spricht selbst davon, daß seine Auffassung der Gewährleistung des allgemeinen Persönlichkeitsrechts nahekomme. Da dessen normative Grundlage aber nicht nur Art. 2 Abs. 1 GG ist, sondern in Verbindung mit Art.1 Abs. 1 GG gesehen wird, stellt *Epping*, Die Außenwirtschaftsfreiheit, S. 23 f., treffend fest, „daß man sich damit von einem auch selbständig zu begreifenden Grundrecht aus Art. 2 Abs. 1 GG entfernt".

427 So klar *Grimm*, abw. Meinung, BVerfGE 80, 164: „Das Reiten im Walde genießt keinen Grundrechtsschutz." Grundsätzliche Zustimmung erfährt dieses Verständnis einer stärkeren Konturierung der Schutzbereiche auch von *Heckmann*, JZ 1996, 880 (884 f.).

428 Hinter der im Verwaltungsprozeß anerkannten sog. „Adressatentheorie", wonach bei an den Bürger gerichteten, belastenden Verwaltungsakten die Klagebefugnis nach § 42 Abs. 2 VwGO stets mit der möglichen Verletzung der Rechte aus Art. 2 Abs. 1 GG bejaht werden kann (siehe dazu nur *Hufen*, Verwaltungsprozeßrecht, § 14, Rn. 77), verbirgt sich weniger eine „Theorie" als die praktische Konsequenz aus der Annahme einer umfassenden allgemeinen Handlungsfreiheit seit dem „Elfes-Urteil".

bereichs und die einhergehende ebenfalls weite Auslegung der Schranke der verfassungsmäßigen Ordnung eröffnet in einem erheblich größeren Umfang die Möglichkeit der Verfassungsbeschwerde.[429] Soweit nicht die Verletzung eines speziellen Freiheitsrechts gerügt werden kann, kann nämlich jede belastende Norm – unmittelbar oder mittelbar über einen auf sie gestützten Vollzugsakt – im Wege der Verfassungsbeschwerde mit der Begründung angegriffen werden, sie sei kein Bestandteil der verfassungsmäßigen Ordnung im Sinn der Schrankentrias des Art. 2 Abs. 1 GG. Art. 2 Abs. 1 GG wird damit quasi ein Grundrecht auf verfassungsmäßiges Verhalten.[430] Mangelnde Gesetzgebungskompetenz, Verfahrensfehler oder das Rechtsstaatsprinzip mit seinen Ausformungen sind dadurch versubjektiviert.[431] So kann es im Rahmen einer Verfassungsbeschwerde zu einer uneingeschränkten Normenkontrolle kommen.[432]

Vor allem durch die im „Elfes-Urteil" vorgenommene Interpretation des Art. 2 Abs. 1 GG ist die Zahl der Verfassungsbeschwerden gestiegen und wird für die Mehr- bzw. Überbelastung des BVerfG verantwortlich gemacht.[433]

In der weiten Auslegung der Norm wird darüber hinaus die Gefahr gesehen, daß das BVerfG zu einer „Superrevisionsinstanz" der Fachgerichte[434] bzw. zum „obersten Amtsgericht der Nation"[435] wird. Das BVerfG selbst sieht sich zwar ausdrücklich nicht in dieser Rolle[436], weil es seine Prüfungskompetenz auf die Verletzung „spezifischen Verfassungsrechts" beschränke.[437] Wo aber die Grenze zwischen einer Verletzung spezifischen Verfassungsrechts und der lediglich unrichtigen Anwendung des einfachen Rechts verläuft, bleibt unklar[438] und wird mit Blick auf die extensive Auslegung des Art. 2 Abs. 1 GG sogar als willkürlich betrachtet.[439]

---

[429] In den letzen 10 Jahren sind durchschnittlich mehr als 5000 Verfassungsbeschwerden jährlich erhoben worden, siehe die Übersicht über die Eingänge nach Verfahrensarten unter http://www.BVerfG.de/cgi-bin/link.pl?aufgaben

[430] BVerfGE 29, 402 (408): „... ein Grundrecht des Bürgers, nur aufgrund solcher Vorschriften belastet zu werden, die formell und materiell der Verfassung gemäß sind."; siehe auch *W. Schmidt*, Die Freiheit im Wandel, FS Stein, 1983, S. 91 ff.

[431] *Brohm*, NJW 2001, 1 (4).

[432] *W. Schmidt*, FS Stein, 2002, S. 91 (94 f.); vgl. auch *Kunig*, Jura 1990, 523, der zutreffend darauf hinweist, daß bei einer Rüge, die sich nicht auf die fehlerhafte Anwendung einer Norm des einfachen Rechts, sondern auf ihre Verfassungswidrigkeit bezieht, das die Prüfungskompetenz des BVerfG einschränkende Merkmal des „spezifischen Verfassungsrechts" nicht gilt.

[433] Unter vielen vgl. nur *Schlaich/Korioth*, Das BVerfG, Rn. 15, 219 ff., *Wahl/Wieland*, JZ 1996, 1137 ff.; *Böckenförde*, ZRP 1996, S. 281 ff.; *Wieland*, Der Staat 29 (1990), 333 ff.

[434] Näher dazu m.w.N. *Schlaich/Korioth*, aaO., Rn. 283 ff.

[435] So *Sendler*, ZRP 1994, 343 (346).

[436] Vgl. u.a. BVerfGE 2, 236 (239); 18, 85 (92); 53, 30 (53).

[437] BVerfGE 6, 7 (10); 18, 85 (92 f.); 42, 20 (27); 51, 77 (89 f.); ohne den Begriff aufzugreifen in der Sache genauso BVerfGE 79, 372 (376 f.); 80, 286 (296); 85, 1 (13).

[438] Vgl. *W. Schmidt*, Jura 1983, 169 (178).

[439] *Henke*, DÖV 1984, 1 (10): Die Grenzziehung sei nicht „systematisch-begrifflicher", sondern „richterrechtlich-pragmatischer Art"; anschaulich auch *Hochhuth*, JZ 2002, 743 (746,

4. Stellungnahme: Art. 2 Abs. 1 GG als thematisch offenes Grundrecht

a) Das Argument der Überlastung des BVerfG

Was zunächst die für das BVerfG nachteiligen prozessualen Folgen seiner eigenen Rechtsprechung betrifft, so ist die Überlastung des Gerichts und damit zusammenhängend die lange Dauer der Verfahren ein beklagenswerter Umstand. Wie sein früherer Präsident *Benda* aber zutreffend feststellt hat, ist das Kriterium der Überlastung unter rechtsstaatlichen Gesichtspunkten nicht sachgerecht, um ein anderes Grundrechtsverständnis zu begründen.[440] Ein Blick auf Art. 93 Abs. 1 Nr.4a GG macht vielmehr deutlich, daß die „Weite" der Verfassungsbeschwerde vom materiellen Recht, also vom Grundrechtstatbestand abhängt, nicht umgekehrt vom Prozeßrecht. Grundsätzlich dient nämlich das Prozeßrecht der Durchsetzung des materiellen Rechts[441] und ist diesem nachgeordnet.[442]

Zudem sollte man nicht verkennen, daß auch objektive Verfahrensnormen wie Verfahrens- und Zuständigkeitsregeln freiheitsschützende Funktionen haben können, so daß ihre Überprüfung nicht im Widerspruch zu der Funktion der Verfassungsbeschwerde steht.[443] Wenn ein in Grundrechte eingreifendes Gesetz wegen eines Verstoßes gegen objektives Verfassungsrecht nichtig ist, kann es nicht Grundlage für Freiheitsbeschränkungen sein.[444] Die Notwendigkeit der Entlastung des BVerfG kann jedenfalls kein Argument für ein engeres Schutzbereichsverständnis von Art. 2 Abs. 1 GG sein.

b) Bewertung nach klassischen Auslegungskriterien

Wie ist also die Norm des Art. 2 Abs. 1 GG auszulegen? Nach dem BVerfG gelten auch für die Verfassungsinterpretation die überkommenen juristischen Auslegungsregeln. Maßgeblich ist also der in der Norm zum Ausdruck kommende objektivierte Wille des Verfassungsgebers, so wie er sich aus Wortlaut und Sinnzusammenhang ergibt.[445]

Der von *Peters* geprägten Persönlichkeitskerntheorie ist zunächst zugute zu halten, daß sie sich um eine näher am Wortlaut des Art. 2 Abs. 1 GG orientierte Auslegung bemüht.[446] Denn, und das gerät manchmal angesichts der breiten Akzeptanz der „allgemeinen Handlungsfreiheit" in Vergessenheit, das Grundrecht spricht nicht ausdrücklich von einer solchen im Sinne eines wert-

---

FN 28): „Vielmehr eröffnet sich auch hier das Problem, daß der Kontrolleur seine Kontrollbefugnis selber definiert."; vgl. auch *Stern*, FS Wiedemann, 2002, S. 133 (150 ff.); ausführlich zur ganzen Problematik auch Jestaedt, DVBl. 2001, S. 1309 ff.

[440] *Benda*, NJW 1997, 560 (562).

[441] *Alexy*, Theorie der Grundrechte, S. 349.

[442] So *Kube*, JuS 2003, 111 (114).

[443] *Degenhart*, JuS 1990, 161 (163).

[444] *Murswiek*, in: Sachs, GG, Art. 2, Rn. 57.

[445] BVerfGE 1, 299 (312); 11, 126 (130).

[446] *Höfling*, in: Berliner Komm. zum GG, Bd. 1, Art. 2, Rn. 27.

freien „Jeder kann tun und lassen, was er will", sondern eben von dem Recht auf freie Entfaltung der Persönlichkeit. Die Wortsinnauslegung legt zumindest den Bezug zu einer für die Persönlichkeitsentfaltung relevanten Verhaltensweise nahe. „Persönlichkeit" und „freie Entfaltung" sind Tatbestandsmerkmale und determinieren insoweit auch den Schutzbereich des Art. 2 Abs. 1 GG. Mit diesen Vorgaben des Verfassungswortlauts erscheint es tatsächlich fragwürdig, daß die „Entfaltung der Persönlichkeit" für jedes beliebige Verhalten bemüht wird.

Gleichwohl kann die Entstehungsgeschichte des Art. 2 Abs. 1 GG[447] eher[448] für das weite Verständnis des BVerfG als für die engeren Sichtweisen ins Felde geführt werden.[449] Geht man nämlich den Beratungen des Parlamentarischen Rates nach, so zeigt sich, daß die jetzige Fassung des Art. 2 Abs. 1 GG weniger liberalen oder grundrechtsdogmatischen, als vielmehr sprachlich-stilistischen Neigungen entsprach.[450] Die in unterschiedlichen Fassungen diskutierte „Freiheit, zu tun und zu lassen, was die Rechte anderer nicht verletzt und nicht gegen die verfassungsmäßige Ordnung oder das Sittengesetz verstößt"[451], war als zu „vulgär" empfunden[452] und zugunsten der jetzigen Formulierung wegen des „Würdevollen im Klang" aufgegeben worden.[453] Wenn aber nicht das Telos, sondern das Pathos[454] für die Endfassung bestimmend war, besteht kein Anlaß, das als „allgemeine Handlungsfreiheit" konzipierte und an der einfacher formulierten, für das weite Verständnis sprechenden Bestimmung der Hessischen Landesverfassung[455] orientierte[456] Grundrecht einengend auszulegen.[457]

---

447 Siehe dazu *Höfling*, aaO., Rn. 7 f.

448 „Eher" deshalb, weil sich ein zweifelsfreier Beweis mit der Entstehungsgeschichte nicht führen läßt; so auch *Pieroth*, AöR Bd. 115 (1990), 33 (35).

449 Vgl. *Kunig*, in: von Münch/Kunig, GG, Art. 2, Rn.13; *Murswiek*, in: Sachs, GG, Art. 2 Abs. 1 GG Rn 2 f., 43; auch das BVerfG beruft sich im „Elfes-Urteil" auf die Entstehungsgeschichte, vgl. BVerfGE 6, 32 (36f.); a.A. *Duttge*, Der Begriff der Zwangsmaßnahme im Strafprozeßrecht, S. 151 f. und *Grimm*, abw. Meinung, BVerfGE 80, 164 (165), die zwar zutreffend darauf hinweisen, daß sich die engere Formulierung des Grundsatzausschusses durchgesetzt hat. Daß dem aber auch eine engere materiell-rechtliche Sichtweise zu Grunde lag, vermögen auch sie nicht zu begründen.

450 Vgl. *Dreier*, in: ders., GG, Bd. I, Art. 2 I, Rn. 8; *Starck*, in: v. Mangoldt/Klein/Starck, GG, Bd. 1, Art. 2 Abs. 1, Rn. 6.

451 Vgl. *Matz*, JöR 1 (1951), 55 ff.; die einzelnen Textvarianten finden sich in: Parl. Rat VII, S. 2, 36, 92, 135, 205, 340.

452 So vor allem *v. Mangoldt* in der 42.Sitzung des Hauptausschusses v. 18.1.1949, vgl. *Matz*, JöR 1 (1951), 61.

453 Vgl. *Matz*, JöR 1 (1951), 61.

454 *Schwabe*, ZRP 1991, 361 (362): „'Freie Entfaltung der Persönlichkeit' ist bekanntlich terminologisch etwas zu feierlich geraten".

455 Art. 2 Abs. 1 HessVerf: „Der Mensch ist frei. Er darf tun und lassen, was die Rechte anderer nicht verletzt oder die verfassungsmäßige Ordnung des Gemeinwesens nicht beeinträchtigt."

456 Vgl. *Matz*, JöR 1 (1951), 55.

457 So auch das Ergebnis von *Cremer*, Freiheitsgrundrechte, S. 83.

Zudem läßt sich die weite Interpretation des Art. 2 Abs. 1 GG auch auf verfassungsgeschichtliche Erwägungen stützen.[458] Zwar hat das Recht auf die freie Entfaltung der Persönlichkeit in der deutschen Verfassungsgeschichte (als Grundrecht) kein Vorbild.[459] In den klassischen westlichen Verfassungen finden sich aber eindeutige Normierungen im Sinne eines allgemeinen, offenen Freiheitsrechts, auch wenn sie kein wortgetreuer Vorläufer des Art. 2 Abs. 1 GG sind. So enthalten eine prinzipielle Freiheitsvermutung Art. 1 der „Virgina Bill of Rights" vom 12. Juni 1776 und Art. 4 der „Déclaration des Droits de l'Homme et du Citoyen" vom 3. September 1791.[460] Auch im Preußischen Recht lassen sich Ansätze finden.[461] Selbst die deutschen Verfassungen des 19. Jahrhunderts schlossen einen umfassenden Schutz der Freiheit nicht aus, sondern sicherten diesen durch das rechtsstaatliche Prinzip der Gesetzmäßigkeit der Verwaltung.[462] Und auch Art. 114 Abs. 1 WRV („Die Freiheit ist unverletzlich. Eine Beeinträchtigung oder Entziehung der persönlichen Freiheit durch die öffentliche Gewalt ist nur auf Grund von Gesetzen zulässig.") ist als rechtliche Möglichkeit interpretiert worden, alles tun zu dürfen, was kein Gesetz verbietet.[463] Insgesamt kann daher der von den Vertretern eines engeren Schutzbereichsverständnisses geltend gemachte Einwand, Grundrechte schützten seit jeher nur besonders gefährdete Lebensbereiche vor dem Staat[464], in seiner Grundsätzlichkeit keine Zustimmung finden.[465] Geschichtslos ist die Annahme eines umfassenden allgemeinen Freiheitsrechts jedenfalls nicht.

Die extensive Auslegung des Schutzbereichs des Art. 2 Abs. 1 GG muß, wie bereits erwähnt, zu einer entsprechend weiten Interpretation der Schrankenvorbehalte führen. Die Deutung der „verfassungsmäßigen Ordnung" im Zusammenhang mit der allgemeinen Handlungsfreiheit erscheint zwar erforder-

---

[458] Vgl. nur *Starck*, in: v. Mangoldt/Klein/Starck, GG, Bd. 1, Art. 2 Abs. 1, Rn. 9.

[459] *Murswiek*, in: Sachs, GG, Art. 2 Rn.1; anders in einigen vorgrundgesetzlichen Landesverfassungen, in denen die „allgemeine Handlungsfreiheit" deutlicher postuliert wurde, vgl. neben Art. 2 Abs. 1 Hess.Verf. auch Art. 1 Abs. 1 Rheinl.-PfälzVerf.

[460] Siehe den Quelltext sowie die Übersetzung bei *Hartung*, Die Entwicklung der Menschen- und Bürgerrechte von 1776 bis zur Gegenwart, S. 37 f. bzw. S. 42 f.; zur Entwicklung der Grund- und Menschenrechte siehe *Maurer*, JZ 1999, 689 ff.

[461] Siehe dazu *Dreier*, in: ders., GG, Bd. I, Art. 2 I, Rn. 5 mit Fn. 20, 21.

[462] Näher dazu *Anschütz*, Die Verfassungs-Urkunde für den Preußischen Staat vom 31. Januar 1850, Bd. I, S. 96 ff.

[463] *Anschütz*, Die Verfassung des Deutschen Reiches vom 11. August 1919, Art. 114 Anm.1; dagegen wurde Art. 114 WRV aus dem Kontext heraus auch enger ausgelegt, nämlich auf die körperliche Bewegungsfreiheit beschränkt, näher dazu Epping, Die Außenwirtschaftfreiheit, S. 33 f., m.w.N.

[464] *So* jedenfalls *Grimm*, abw. Meinung, BVerfGE 80, 164 f.; vgl. auch *Dürig*, JR 1952, 259, der Art. 2 Abs. 1 GG für kein klassisches, sondern früheren Verfassungen unbekanntes Grundrecht hält.

[465] Vgl. die umfassende geschichtliche Analyse bei *Epping*, Die Außenwirtschaftsfreiheit, S. 29 ff., insbesondere S. 34.

lich, nur muß man sich bewußt sein, daß es sich hierbei um eine Generalklausel handelt, „die sich in nichts von den sonstigen allgemeinen Gesetzesvorbehalten unterscheidet".[466] Zudem wird durch diese Auslegung den anderen Vorbehalten der Schrankentrias („Rechte anderer", „Sittengesetz") ihre praktische Bedeutung genommen, da sie in dem Begriff der „verfassungsmäßigen Ordnung" weitgehend aufgehen.[467]

Gegen die Persönlichkeitskerntheorie spricht das vom BVerfG zu Recht vorgetragene Argument, daß nicht verständlich ist, wie die Ausübung der Persönlichkeitsentfaltung innerhalb (nur) eines Kernbezirks des Persönlichen gegen das Sittengesetz oder die Rechte anderer verstoßen kann.[468]
Das ist eine aus systematischer Auslegung gewonnene, ernstzunehmende Argumentation[469], die jedoch im gewissen Widerspruch mit der andernorts betonten Überzeugung des BVerfG, daß eine Schutzbereichsbestimmung nicht mit Blick auf die Schrankenvorbehalte vorgenommen werden sollte.[470] Zudem offenbart die Argumentation des BVerfG insofern methodische Schwächen, als der Schutzbereich des Art. 2 Abs. 1 GG zunächst unter Berücksichtigung der Schranke der „verfassungsmäßigen Ordnung" bestimmt[471], diese dann selbst

---

466 So treffend *Dürig*, JZ 1957, 169 ff. (171).

467 *Dreier*, in: ders., GG, Bd. I, Art. 2 I, Rn. 53, 60; näher dazu auch *Kube*, JuS 2003, 111 (115); kritisch *Morgenthaler*, Freiheit durch Gesetz, S. 230 ff., in Anlehnung an *Suhr*, Entfaltung der Menschen durch die Menschen: „Die 'Rechte anderer' weisen darauf hin, daß die Rechtsordnung das selbstbestimmte Handeln gleichgewichtig und wechselseitig ermöglichen muß."

468 BVerfGE 6, 32 (36).

469 So *Stark*, in: v. Mangoldt/Klein/Starck, GG, Bd. 1, Art. 2 Abs. 1, Rn. 10. Diese Auslegung zur Bestimmung der Weite des Schutzbereichs verliert wiederum an Überzeugungskraft, da sie die anderen Schranken neben der verfassungsmäßigen Ordnung - wie gezeigt - überflüssig macht.

470 BVerfGE 85, 386 (397): Eingriffsorientierte Gesichtspunkte haben „bei der Definition des Schutzbereichs keinen Platz. Grundrechtliche Schutzbereiche lassen sich nicht nach Eingriffsnotwendigkeiten zuschneiden..." Zu bedenken ist aber, daß das BVerfG diese Aussage im Zusammenhang mit der Verneinung schutzbereichsimmanenter Grenzen getroffen hat. *Koch*, Der Grundrechtrechtsschutz des Drittbetroffenen, S. 104, Fn. 211, meint, das hindere nicht, die Existenz und den Inhalt einer geschriebenen Schranke für die Bestimmung der Weite des Schutzbereichs eines Grundrechts heranzuziehen. Die Angreifbarkeit der Argumentation des Bundesverfassungerichts in methodischer Hinsicht wird jedoch deutlich, wenn man *Isensee*, HdbStR Bd. V, § 111, Rn. 45 folgt: „Die Schranken müssen mit Blick auf das Im Grundrechtstatbestand verkörperte Schutzgut interpretiert werden, nicht der Tatbestand mit Rücksicht auf etwaige Konsequenzen auf der Ebene der Schranken".

471 Vgl. BVerfGE 6, 32 (36): „(...) denn es wäre nicht verständlich, wie die Entfaltung innerhalb dieses Kernbereichs (...) sogar gegen die verfassungsmäßige Ordnung einer freiheitlichen Demokratie sollte verstoßen können".

aber wiederum im Lichte des weiten Schutzbereichsverständnisses extensiv interpretiert wird.[472]

c) „Persönlichkeitsentfaltung“ als Ausdruck für Autonomie

Die Persönlichkeitskerntheorie und die an sie angelehnten vermittelnden Ansichten vermögen vor allem aus folgenden Gründen im Ergebnis nicht zu überzeugen:

Zwar ist der Vorwurf einer gewissen Banalisierung der Grundrechte durch die grundrechtliche Einbeziehung auch objektiv bedeutungsloser Tätigkeiten kaum von der Hand zu weisen, aber dennoch ist der von *Grimm* geforderte[473] wertende Vergleich mit den in den speziellen Freiheitsrechten thematisierten Bereichen persönlicher Entfaltungsfreiheit nicht stichhaltig. Die speziell benannten Handlungsfreiheiten mögen zwar abstrakt und typischerweise einen erhöhten Persönlichkeitsbezug aufweisen und sind nach den geschichtlichen Erfahrungen gerade deshalb für besonders schützenswert gegenüber staatlichen Eingriffen erachtet worden. Gleichwohl wird auch bei ihnen der Grad der individuellen Relevanz oder Bedeutung für die Persönlichkeitsentfaltung nicht als Maßstab für die Beurteilung herangezogen, ob einem Verhalten von vornherein der Grundrechtsschutz abzusprechen ist. Vielmehr schützen auch die speziellen Freiheitsrechte nicht durchweg „wertvolle“ oder „wichtige“ Betätigungen, sondern durchaus banale, wenngleich vom Grundgesetz ausdrücklich thematisierte Verhaltensweisen.[474] Wenn etwa Art. 5 Abs. 1 GG jedem das Recht einräumt, seine Meinung frei zu äußern, ohne zwischen verschiedenen Grundrechtsberechtigten und Meinungsinhalten zu differenzieren, so fällt jede Meinungsäußerung eines jeden Menschen in den Schutzbereich des Art. 5 Abs. 1 GG. Ob die Meinungsäußerung für eine Persönlichkeitsentfaltung von gewisser oder gesteigerter Bedeutung ist, ist rechtlich zunächst unerheblich. Der tatbestandliche Grundrechtsschutz des Art. 5 Abs. 1 GG gilt unabhängig davon, „ob die Äußerung rational oder emotional, begründet oder grundlos ist und ob sie von anderen für nützlich oder schädlich, wertvoll oder wertlos gehalten wird“.[475] Ebensowenig, um ein weiteres Beispiel anzuführen, wird auch das Grundrecht der Versammlungsfreiheit des Art. 8 Abs. 1 GG in seiner

---

[472] BVerfGE 6, 32 (37 f.): „Wird (...) in Art. 2 Abs. 1 GG (...) die allgemeine Handlungsfreiheit gewährleistet, die (...) nur an die verfassungsmäßige Ordnung gebunden ist, so kann unter diesem Begriff nur die allgemeine Rechtsordnung verstanden werden...“. *Duttge*, Der Begriff der Zwangsmaßnahme im Strafprozeßrecht, S. 153, wirft dem BVerfG - mit Bezugnahme auf *Scholz*, AöR 100 (1975), 80 (87) - daher einen Zirkelschluß vor.

[473] BVerfGE 80, 137 (165).

[474] Darauf weist *Degenhart*, JuS 1990,161 (163), hin. Ihm folgend *Röthel*, Grundrechte in der mobilen Gesellschaft, S. 156 f.

[475] BVerfGE 93, 266 (289); vgl. bereits BVerfGE 30, 336 (347); BVerfGE 33,1 (14); BVerfGE 61, 1 (7); siehe auch *Grigoleit/Kersten*, DVBl. 1996, 596 (598), die zutreffend darauf hinseisen, daß verfassungsrechtlich keinerlei Kriterien zur Verfügung stehen, "wesentliche" und "unwesentliche" Meinungen voneinander abzugrenzen..

tatbestandlichen Geltung von einer wertenden Beurteilung des Versammlungsthemas nach Gesellschafts- oder Persönlichkeitsbezug abhängig gemacht, jedenfalls dann, wenn man mit der inzwischen überwiegenden Meinung einen weiten Versammlungsbegriff zugrunde legt.[476] Sofern die an eine „Versammlung" im Sinne des Art. 8 Abs. 1 GG grundsätzlich zu stellenden Anforderungen erfüllt sind, insbesondere eine gewisse innere Bindung bzw. ein gemeinsamer Zweck der Teilnehmer besteht, werden auch thematisch „banale" und für die Persönlichkeitsentfaltung (scheinbar) unwichtige Veranstaltungen vom Schutzbereich der Versammlungsfreiheit erfaßt. Obwohl – abstrakt gesehen – die Versammlungsfreiheit als Kommunikationsgrundrecht eine elementare Voraussetzung für eine Persönlichkeitsentfaltung darstellt[477], ist also der Inhalt des gemeinsamen Zwecks der Teilnehmer für die Annahme einer Versammlung und die Einbeziehung in den Schutzbereich des Art. 8 Abs. 1 GG rechtlich irrelevant.[478] Schließlich, um ein letztes Beispiel zu nennen, gilt das durch Art. 9 Abs. 1 GG geschützte Grundrecht auf Vereinigungsfreiheit unabhängig vom Vereinszweck, der thematisch grundsätzlich nicht limitiert ist.[479]

Wenn es allein um die Beurteilung des individuellen Interesses des Handelnden geht, sollte daher bei der Bestimmung des Schutzbereichs des Art. 2 Abs. 1 GG nicht nach dem Persönlichkeitswert des in Rede stehenden Verhaltens differenziert werden.[480] Der Sache nach ist es nämlich unmöglich, objektive Maßstäbe zur Bewertung von persönlichkeitserheblichen Verhaltensweisen heranzuziehen und mit diesen Werturteilen zugleich solche Betätigungen aus dem Schutzbereich von vornherein auszugrenzen, die nach Ansicht des Bewertenden keinerlei persönlichkeitsstiftende Bedeutung haben.[481] So bieten die Kriterien der gewissen oder gesteigerten Relevanz für die Persönlichkeitsentfaltung keinen rechtlich faßbaren Maßstab, führen vielmehr zu „schwierigen Abgrenzungsproblemen".[482] Wie soll konkret – und erst recht abstrakt – be-

---

476 Im Gegensatz dazu beinhaltet ein enger Versammlungsbegriff lediglich Veranstal-tungen, bei denen politische/öffentliche Angelegenheiten erörtert werden. Den Unterschied mit zahlreichen Nachweisen aus Schrifttum und Rechtsprechung zeigt anschaulich *Deutelmoser*, NVwZ 1999, 240 ff., auf.

477 *Schulze-Fielitz*, in: Dreier, GG, Bd. I, Art. 8, Rn. 15.

478 *Gusy*, in: v. Mangoldt/Klein/Starck, GG, Bd. 1, Art. 8, Rn. 17; vgl. auch BVerfGE 69, 315 (343); 87, 399 (406).

479 *Bauer*, in: Dreier, GG, Bd.1, Art. 9, Rn. 42.

480 So *Degenhart*, JuS 1990, 161 (163); *Lindner*, NJW 1998, 1208 (1209) spricht daher auch ausdrücklich von einer Interessensdefinitionskompetenz auf Seiten des Bürgers, mit der ein „freiheitsrechtliches Differenzierungsverbot" auf Seiten des Staates korreliert; kritisch dazu hingegen *Siekmann/Duttge*, Staatsrecht I, Rn. 830 f.

481 *Murswiek*, in: Sachs, GG, Art.2, Rn. 49, vgl. auch *Burgi*, ZG 1994, 341 (355).

482 BVerfGE 80, 137 (154); auch *Duttge*, NJW 1997, 3353 (3355), der für ein engeres Schutzbereichsverständnis plädiert, räumt dies ein, verweist aber zugleich zu Recht auf eine prägnante Forderung von *Isensee*, HdbStR V, § 111, Rn. 53: „... (Es) verbietet sich

stimmt werden, was jeweils von gewisser oder gesteigerter Relevanz für den jeweiligen Grundrechtsträger für die Entfaltung der Persönlichkeit ist? Eine interpretatorische Reduktion des Schutzbereichs des Art. 2 Abs. 1 GG allein aufgrund einer wertenden Betrachtung des hinter der menschlichen Betätigung stehenden Interesses, setzt sich den Vorwurf aus, daß sie ein „richtiges" Grundrechtsverständnis vorschreibt.[483] „Persönlichkeit" impliziert Selbstbestimmung, die sich aber einer Interessensbewertung im Schutzbereich verschließt.[484] Der Begriff der Persönlichkeit kann also nicht auf bestimmte anspruchsvolle Tätigkeiten reduziert werden. Vielmehr können auch rational nicht nachvollziehbare Entscheidungen und Handlungsweisen Ausdruck der jeweiligen Persönlichkeit sein.[485] Der Wortlaut des Art. 2 Abs. 1 GG stützt bei genauer Betrachtung dieses Verständnis, da er eben nicht von der freien Entfaltung *der* Persönlichkeit, sondern von der Entfaltung *seiner* Persönlichkeit spricht. „Damit kommt es also auf die eigene Persönlichkeitsauffassung, auf die Auffassung jedes einzelnen Menschen von seinen letzten Zielen an."[486]

Um ein „banales", aber hoffentlich anschauliches Beispiel aufzugreifen:
Das Interesse, Tauben zu füttern, läßt sich nicht abstrakt aus dem Recht der Persönlichkeitsentfaltung ausgrenzen. Mag es für jemanden, der beiläufig auf der Kölner Domplatte Brotkrumen fallenläßt, auch von untergeordneter Bedeutung sein und daher kaum schutzwürdig erscheinen, so kann es für einen anderen, der in seiner Freizeit Tauben züchtet, als Ausdruck seiner Tierliebe[487] von gewisser oder sogar erheblicher Relevanz sein. Gezeigte und gelebte Tierliebe ist kein banales menschliches Interesse, dem man von vornherein und generell jeglichen Grundrechtsschutz versagen darf. Die Abgrenzung könnte daher nur kasuistisch erfolgen. Der Schutzbereich des Art. 2 Abs. 1 GG würde unbestimmt und hinge vom jeweiligen Einzelfall ab. Jedenfalls kann der Satz, „Das Füttern von Tauben genießt keinen Grundrechtsschutz!", nicht Ausdruck einer abstrakten, generellen Schutzbereichsausgrenzung sein. Denn wenn es nicht gelingt, eine abstrakte Aussage zu treffen, die der konkreten und vielfältigen Rechtswirklichkeit hinreichend entspricht, dann ist es insbesondere nach rechtsstaatlichen Gesichtspunkten dogmatisch verfehlt, Schutzbereichsgrenzen anzuerkennen, die sich einer am Einzelfall orientierten Verhältnismäßigkeitsprüfung verschließen.

---

der Grenzenlosigkeitsschluß, von der Schwierigkeit, eine Grenze zu erkennen, auf das Nichtvorhandensein der Grenze zu folgern."

483 So *Schnapp*, NJW 1998, 960; vgl. *dens.* JZ 1985, 857 (861 f.).

484 *Erichsen*, HdbStR VI, § 152, Rn. 20 f., m.w.N; ebenso *Murswiek*, in: Sachs, GG, Art. 2, Rn. 49: „Selbstbestimmung über das zur eigenen Selbstverwirklichung Relevante".

485 *Burgi*, ZG 1994, 341 ff. (358).

486 So die Konsequenz von *Bleckmann*, Staatsrecht II, § 22, Rn. 9; ähnlich *Epping*, Die Außenwirtschaftsfreiheit, S. 25.

487 Über die Tierliebe stellt das BVerfG den Persönlichkeitsbezug her, vgl. BVerfGE 54, 143 (146).

Differenzierungen bei der Interessensbewertung sind aber nur auf der Schutzbereichsebene ausgeschlossen. Die Bedeutung des Handelns für den Grundrechtsträger ist selbstverständlich im Zusammenhang mit der Beschränkung der Grundrechte nach Maßgabe der verfassungsrechtlichen Vorbehalts- und Schranken-Schranken-Regelungen zu berücksichtigen.[488] Insbesondere sind bei der Verhältnismäßigkeitsprüfung im engeren Sinne die widerstreitenden Interessen abzuwägen und dabei die individuelle Bedeutung des jeweiligen Handelns für den Grundrechtsträger wertend zu beurteilen. Die Abwehr von staatlichen Einwirkungen auf banale Betätigungen wird wegen der evidenten Eingriffsrechtfertigung oftmals unbegründet sein. Auch ein weites Tatbestandsverständnis führt im Ergebnis damit regelmäßig nicht zu einem „Grundrecht auf" das jeweils (vermeintlich) banale Verhalten. Methodisch ist diese Vorgehensweise jedoch vorzugswürdiger als diejenige, die die tatbestandliche Einschlägigkeit des Art. 2 Abs. 1 GG vom objektiv nicht faßbaren Kriterium der „Banalität" abhängig macht. Daher ist der Auffassung des BVerfG in seinen Entscheidungen zum Taubenfüttern und zuletzt zum Reiten im Walde zuzustimmen. Mögen diese Betätigungen auch nicht als sonderlich schützenswert erscheinen, so dürfen sie dennoch nicht als von vornherein überhaupt nicht schützenswert angesehen werden.[489] Wie weit der Schutz im Ergebnis reicht, hängt von den Umständen des Einzelfalls ab und muß auf der Schrankenebene unter Beachtung des Verhältnismäßigkeitsgebots beantwortet werden.

Schließlich ist auf einen weiteren Aspekt hinzuweisen, der in der Diskussion um die sachliche Weite des Art. 2 Abs. 1 GG selten zur Sprache kommt, weil er bei der Auslegung der „freien Entfaltung der Persönlichkeit" selbst kein unmittelbares Argument bietet, nämlich der Grundrechtsschutz von Ausländern. Auf sie hätte eine enges Schutzbereichsverständnis von Art. 2 Abs. 1 GG die „frappierendste Auswirkung"[490], jedenfalls dann, wenn man der allgemeinen Handlungsfreiheit mit der h.M. nicht nur in sachlicher, sondern auch in persönlicher Hinsicht eine Auffangfunktion zuspricht.[491] Danach kommt auch Nichtdeutschen mit der Möglichkeit der Verfassungsbeschwerde gesicherter Grundrechtsschutz zu, wenn sie sich thematisch im Schutzbereich derjenigen Freiheitsrechte bewegen, die Deutschen vorbehalten sind.[492] Die für Nichtdeut-

---

488 *Hochhuth*, JZ 2002, 743 (747 f.), der zu Recht darauf hinweist, daß auch ein weites Schutzbereichsverständnis im Ergebnis nicht auf eine Wertung der Freiheitsbetätigung verzichten kann, nämlich dann, wenn sie Drittinteressen oder das objektive Recht berührt.

489 BVerfGE 54, 143 (146); 80, 137 (153 ff.).

490 So treffend *Pieroth*, AöR 115 (1990), 33 (41).

491 Siehe nur *Jarass*, in: ders./Pieroth, GG, Art. 2, Rn. 10; *Lerche*, HdbStR V, § 121, Rn. 14; *Zacharias*, Staatsrecht I, S. 19 f.; BVerfGE 35, 382 (399); 78, 179 (196 f.).

492 A.A. *Erichsen*, HdbStR Bd. VI, § 152, Rn. 48 f.; *Hailbronner*, NJW 1983, 2105 (2110 ff.), die beide - jedenfalls systematisch stichhaltig - die Auffassung vertreten, daß die speziellen Freiheitsgrundrechte auch in persönlicher Hinsicht abschließende Normierungen darstellen und daher eine Auffangfunktion des Art. 2 Abs. 1 GG die grundgesetzliche Diffe-

sche wichtige Auffangfunktion des Art. 2 Abs. 1 GG würde erheblich an Bedeutung verlieren, wenn dessen Schutzbereich in der dargestellten Weise thematisch reduziert werden würde.
Die Problematik soll hier nicht weiter vertieft werden. Deutlich wird nur, daß die Interpretation des Art. 2 Abs. 1 GG nicht nur eine Frage der Grundrechtsdogmatik mit verfassungsprozessualen Folgen ist, sondern zuweilen auch rechtspolitische Themen berührt.

d) Ergebnis: Thematische Offenheit des Art. 2 Abs. 1 GG, aber kein zwingender Grenzenlosigkeitsschluß

Durch die im „Elfes-Urteil" vorgenommene weite Auslegung des Art. 2 Abs. 1 GG wird das Grundrecht auf freie Entfaltung der Persönlichkeit im Hinblick auf den Schutz aktiven Handelns des Einzelnen konturenlos.[493] Sie führt zu einem „Verlust an Tatbestandlichkeit".[494] Dennoch ist sie im Vergleich zu angebotenen Alternativvorschlägen vorzugswürdig.
Trotz der aufgezeigten, aber wohl kaum vermeidbaren Schwächen ist der Rechtsprechung und dem ihr überwiegend folgenden Schrifttum im Ergebnis jedenfalls insofern zustimmen, als Art. 2 Abs. 1 GG ein thematisch offenes Grundrecht ist. Grundsätzlich schützt Art. 2 Abs. 1 GG damit (zunächst) alle Bereiche der Persönlichkeit(sentfaltung), die nicht vom Schutzbereich eines speziellen Freiheitsrechts erfaßt werden.[495]

---

renzierung von Deutschen- und Jedermannsgrundrechten unterlaufen würde, von der eine negative Regelungswirkung für den Grundrechtsschutz von Ausländern ausginge.

[493] Das stellt auch *Degenhart*, JuS 1990, 160 (162), ausdrücklich fest, der dem weiten Verständnis folgt.

[494] So *Burgi*, ZG 1994, 341 (347), vgl. auch *Hochhuth*, JZ 2002, 743 (745), der die besondere Struktur einer allgemeinen Handlungsfreiheit hervorhebt: „Ein Begriff, der 'alles' umfassen soll, taugt als solcher nicht viel. Er schließt nichts mehr aus, also definiert er auch nichts."

[495] Obwohl dies der h.M. und der Ansicht des BVerfG entspricht, kommt die Auffangfunktion des Art. 2 Abs. 1 GG in der Praxis nicht immer zum Tragen. Auch das BVerfG folgt der von ihm im Elfes-Urteil (BVerfGE 6, 32 [36 ff.] eindeutig befürworteten umfassenden Auffangfunktion des Art. 2 Abs. 1 GG nicht immer. So grenzt es manchmal Verhaltensweisen bereits aus dem Schutzbereich eines speziellen Freiheitsrechts aus, nimmt dann aber keinen Rückgriff auf die allgemeine Handlungsfreiheit. Das zeigt sich beispielsweise im Zusammenhang mit der Meinungsfreiheit: Unwahre Tatsachenbehauptungen werden nicht in den Schutzbereich des Art. 5 Abs. 1 S.1 GG aufgenommen, aber auch nicht von Art. 2 Abs. 1 GG erfaßt, vgl. BVerfGE 54, 208 (219 ff.); 61, 1 (7 ff.). Das gilt auch für den noch zu besprechenden Fall des „Sprayers von Zürich", BVerfG, NJW 1984, 1293 f., dessen Verhalten nicht im Schutzbereich des Art. 5 Abs. 3 Satz 1 GG angesiedelt und auch nicht subsidiär der allgemeinen Handlungsfreiheit zugeordnet wird. Vgl. dazu kritisch *Anger*, Islam in der Schule, S. 119 ff. Vgl. zum ganzen auch *Krebs*, Vorbehalt des Gesetzes und Grundrechte, S. 38 f., der ebenfalls die Auffassung vertritt, daß die Auffangfunktion des Art. 2 Abs. 1 GG dann nicht greift, soweit spezielle Freiheitsrechte thematisch einschlägig sind. Das Postulat des lückenlosen Freiheitsschutzes sei damit widerlegt.

Dies ist nicht zuletzt auch deshalb angezeigt, weil das Grundgesetz für alle unbenannten und unbekannten Entfaltungsmöglichkeiten und Schutzbedürftigkeiten der Bürger offen sein muß.[496]

Aus diesem weiten Verständnis folgt jedoch zumindest an dieser Stelle noch nicht die Feststellung, daß nach dem Grundgesetz jedes erdenkliche menschliche Verhalten Grundrechtsschutz genießt, daß also der von der Verfassung garantierte Freiheitsschutz eine Wiederholung naturrechtlicher Freiheitspositionen darstellt.[497] Wäre dem so, wäre auch die Frage nach allgemeinen schutzbereichsimmanenten Grenzen beantwortet: Es gäbe sie nicht. Ob die Grundrechte jedoch tatsächlich zumindest prima facie einen lückenlosen Grundrechtsschutz vermitteln, läßt sich im Rahmen der hier dargelegten Auseinandersetzung nicht abschließend beantworten, muß vielmehr auf einer noch anderen dogmatischen und argumentativen Ebene entschieden werden. Nur so viel steht hier fest:
Entgegen der Persönlichkeitskerntheorie und vergleichsweisen Ansätzen lassen sich Schutzbereichsgrenzen nicht allein aus einer wertenden Betrachtung des hinter dem Handeln stehenden Interesses herleiten.[498] Damit ist aber noch nichts über Ansätze gesagt, die sich mit der Frage auseinandersetzen, wie sich die Form des Handelns auf den Grundrechtsschutz auswirkt, wenn sie aus der individuellen Sphäre heraustritt und dabei Dritt- und Gemeinwohlbezüge aufweist.
Aus dem hier befürworteten thematisch offenen Schutzbereichsverständnis des Art. 2 Abs. 1 GG folgt also keineswegs zwingend ein pauschaler Freiheitsstatus in dem Sinne, daß jedes erdenkliche menschliche Verhalten ausnahmslos und schlechthin grundrechtlichen Schutz – sei es auch nur prima facie – verdient. Denn ob z.B. unfriedliche oder rechtsmißbräuchliche Verhaltensweisen von den Grundrechten tatbestandlich erfaßt werden, läßt sich noch nicht im Zuge einer Streitentscheidung zwischen den an die Persönlichkeitskerntheorie angelehnten Auffassungen und dem Schutz einer allgemeinen Handlungsfreiheit abschließend klären. Denn hier ging es nur darum, welches Gewicht menschliches Verhalten für die Persönlichkeitsentfaltung aufweisen muß. Die Frage nach der Existenz allgemeiner schutzbereichsimmanenter Grenzen, die für jedes Freiheitsgrundrecht gelten[499], ist damit aber noch nicht geklärt.

---

[496] *Bethge*, DVBl. 1989, 841 (844).

[497] So aber *von Arnauld*, Die Freiheitsrechte und ihre Schranken, S. 50.

[498] Ähnlich *Kube*, JuS 2003, 111 (112).

[499] Die Betonung, daß es um die Suche nach allgemeinen Grundrechtsgrenzen geht, macht deshalb Sinn, weil sich die Problematik nicht allein mit Weite der Schutzbereiche spezieller Freiheitsrechte bewältigen ließe. Denn dann wäre immer noch Art. 2 Abs. 1 GG einschlägig ; es käme lediglich zu einer Verschiebung der Abwägungsproblematik weg von den Spezialgrundrechten hin zur „allgemeinen Handlungsfreiheit“. Vgl. dazu auch *Huhmann*, Die verfassungsrechtliche Dimension des Bankgeheimnisses, S. 80, der daraus

6. Teil: Die weite Tatbestandstheorie

Unterschiede im Tatbestandsverständnis zeigen sich nicht allein bei der inhaltlich-thematischen Reichweite des Art. 2 Abs. 1 GG. Vor allem in der Frage der Existenz von Grundrechtsbegrenzungen außerhalb des Grundrechtstatbestandes gehen die enge und die weite Tatbestandstheorie von gegensätzlichen methodischen und dogmatischen Prämissen aus. Es ist erforderlich, sie deutlich zu machen, um den Unterschied zwischen verfassungsimmanenten Schranken und schutzbereichsimmanenten Grenzen der Freiheitsgrundrechte zu verstehen. Daraus ergeben sich zugleich wichtige Argumente für und gegen eine Schutzbereichslösung. Zunächst wird die weite Tatbestandstheorie analysiert, die durch ihre stringenten Aussagen eine grundlegende Darstellung ermöglicht. Von *der* „engen Tatbestandstheorie" dagegen kann im Grunde nicht gesprochen werden, da es eine Vielzahl von Ansätzen für ein engeres Verständnis der Grundrechtstatbestände gibt, die sich in der Begründung und in den Voraussetzungen im einzelnen unterscheiden.

I. Das Verständnis der weiten Tatbestandstheorie und ihr Verhältnis zu schutzbereichsimmanenten Grenzen

1. Die allgemeinen Prämissen und Aussagen

Die Lehre vom weiten Verständnis der grundrechtlichen Schutzbereiche (weite Tatbestandstheorie)[500] plädiert für einen – jedenfalls abwehrrechtlich – lückenlosen Grundrechtsschutz. Um dies zu erreichen, geht sie von der Prämisse aus, daß der Schutzbereich eines Grundrechts sein Sachthema vollständig abdeckt, ohne auf etwaige Kollisionen mit anderen verfassungsrechtlichen oder ethischen Normen Rücksicht zu nehmen.[501] Kollidierende Belange Dritter oder der Allgemeinheit sind erst in der Abwägung mit dem jeweils betroffenen Schutzgut auf der Schrankenebene von Relevanz.[502] Damit wird tatsächlich jedwedes menschliche Verhalten in den Schutzbereich der Grundrechte ein-

---

aber den m.E. nicht zwingenden Schluß einer weiten Auslegung der speziellen Freiheitsrechte zieht.

[500] Protagonistisch insbesondere *Alexy*, Theorie der Grundrechte, S. 278 ff.; unter vielen anderen im Ergebnis auch *Schwabe*, Probleme der Grundrechtsdogmatik, S. 33 f., 154; *Höfling*, Offene Grundrechtsinterpretation, S. 175 ff.; *Laker*, Ziviler Ungehorsam, S. 240 ff.; *Lübbe-Wolff*, Die Grundrechte als Eingriffsabwehrrechte, S. 87 ff.; *Kluge*, ZRP 1992, 141 (142); aus der jüngeren grundrechtsdogmatischen Literatur, jeweils m.w.N.: *Von Arnauld*, Die Freiheitsrechte und ihre Schranken, S. 64 ff., 84 ff.; *Huhmann*, Die verfassungsrechtliche Dimension des Bankgeheimnisses, S. 80 f.; *Borowski*, Grundrechte als Prinzipien, S. 2044 ff.; *Winkler*, Kollisionen verfassungsrechtlicher Schutznormen, S. 184 ff.; *Eckhoff*, Der Grundrechtseingriff, S. 17 ff.

[501] So die prägnante Zusammenfassung von *Isensee*, HdbStR V, § 111, Rn. 172.

[502] *Alexy*, Theorie der Grundrechte, S. 290 ff.; ebenso u.a. *Dreier*, in: ders., GG, Bd. I, Vorb., Rn. 120, m.w.N.; *Höfling*, Offene Grundrechtsinterpretation, S. 176 ff.; *ders.*, Jura 1994, 169 (170 f.); *Sternberg-Lieben*, Jura 1995, 299 (300).

bezogen, und zwar nicht nur thematisch, sondern auch unabhängig von dem jeweiligen Mittel und der Wirkung der Betätigung. Folglich genießen auch strafbare, evident rechtsmißbräuchliche oder gemeinschädliche Verhalten (zunächst) grundrechtlichen Schutz. Denn nach *Alexy* läßt eine weite Tatbestandstheorie alles und schon das, für dessen Schutz das jeweilige Prinzip spricht, in den Schutzbereich fallen, auch wenn der zu beurteilende Lebenssachverhalt noch weitere Eigenschaften aufweist, die dem Grundrechtsschutz entgegenstehen.[503]

Angesichts der rhetorischen Argumente, die von den Vertretern enger Tatbestandsmodelle vorgetragen werden, besteht aber Anlaß zu folgendem Hinweis: Auch die weite Tatbestandstheorie postuliert im Ergebnis selbstverständlich kein „Grundrecht auf Töten, auf Stehlen und Hehlen".[504] Vielmehr handelt es sich (nur) um ein „Prima-facie-Recht" zu tun und zu lassen, was man will. Dieses Recht beinhaltet einen vom Schutzbereich erfaßten „potentiellen" Grundrechtsschutz, entspricht aber nicht dem effektiven Garantiebereich.[505] Es erstarkt erst in einer Gesamtschau von Schutzbereich und Schranken zu einem „definitorischen Recht"[506] im Einzelfall, wenn keine hinreichenden Gegengründe vorliegen, die im Wege der Abwägung eine Beschränkung der prinzipiellen Freiheitsvermutung rechtfertigen können[507], sei es durch eine gesetzgeberische Schranke oder einen exekutiven Eingriffsakt. Die Freiheit ist also nur zunächst, d.h. vor jeder wertenden Abwägung als Regelfall geschützt. Sie kann aber auch nach der weiten Tatbestandstheorie im Interesse eines friedlichen Zusammenlebens der Menschen wirksam beschränkt werden. Denn auch für ihre Anhänger ist es selbstverständlich, daß die Grundrechte keinen effektiven Schutz für gemeinschädlichen Freiheitsgebrauch nach freiem Belieben bieten.[508] Im Verständnis der weiten Tatbestandstheorie hat also der Schutzbereich eines Grundrechts einen rein instrumentellen Charakter. Er erfaßt alle Rechtsgüter, deren Beeinträchtigung einer Rechtfertigung bedarf.

---

503 *Alexy*, aaO., S. 291.

504 So der Vorwurf von *Starck*, in: v. Mangoldt/Klein/Starck, GG, Bd. 1, Art. 1, Rn. 279; *ders.*, JuS 1981, 237 (246), der grundsätzlich zwar auch für ein weites Tatbestandsverständnis eintritt, jedoch offensichtlich sozialschädliche Handlungen von vornherein aus dem grundrechtlich geschützten Bereich herausnehmen will. Dazu näher unten **11. Teil, I.**

505 *Schwabe*, Probleme der Grundrechtsdogmatik, S. 152; kritisch zum Begriff des „potentiellen Grundrechtsschutzes" hingegen *Mayen*, Der grundrechtliche Informationsanspruch des Forschers gegenüber dem Staat, S. 117 f., da auch im grundrechtlichen Schutzbereich die Grundrechte spezifische aktuelle, nicht nur potentielle Schutzwirkungen entfalten.

506 Näher zum Gegensatz von potentiellem und definitivem Grundrechtsschutz vgl. vor allem *Alexy*, Theorie der Grundrechte, S. 87 ff., S. 278 ff., 296 f.; ähnlich als pronouncierte Vertreterin der weiten Tatbestandstheorie *Lübbe-Wolff*, Die Grundrechte als Eingriffsabwehrrechte, S. 100.

507 Vgl. *Höfling*, Offene Grundrechtsinterpretation, S. 177; *Mayen*, Der Informationsanspruch des Forschers gegenüber dem Staat, S. 119.

508 *Lübbe-Wolff*, Die Grundrechte als Eingriffsabwehrrechte, S. 87.

Die Beeinträchtigung eines vom Schutzbereich erfaßten Verhaltens oder einer Position ist aber noch keine Beeinträchtigung des einschlägigen Grundrechts.[509]

Das dogmatische Fundament des weiten Tatbestandsverständnisses ist die Prinzipientheorie. Die Zusammenhänge hat vor allem *Alexy* eindrucksvoll aufgezeigt. Er versteht die Grundrechtsnormen prima facie (auch) als Prinzipien[510], die Optimierungsgebote darstellen.[511] Als solche „gebieten [sie], daß etwas in einem relativ auf die rechtlichen und tatsächlichen Möglichkeiten möglichst hohen Maße realisiert wird".[512] Aufgrund des Prinzipiencharakters der Grundrechtsnormen müsse die Grundrechtsprüfung damit immer auf eine Güterabwägung am Maßstab des Verhältnismäßigkeitsgrundsatzes hinauslaufen. Den Staat trifft insofern quasi die Beweislast, er steht immer unter Rechtfertigungszwang.[513] Das führt zu den Grundsätzen der weiten Tatbestandstheorie: Sämtliche der Freiheitsbetätigung entgegenstehenden Belange werden hiernach auf der Schrankenebene abgehandelt, mögen die gegen den grundrechtlichen Schutz sprechenden Gründe noch so stark und evident sein.[514] Wertungen, die sich aus der Pflicht zur Rücksichtnahme auf die Rechtsgüter anderer sowie bestimmten Werten der staatlichen Gemeinschaft ergeben, werden auf der Schutzbereichsebene für unzulässig erachtet.[515] Die Schutzbereiche der Freiheitsrechte stehen somit quasi für den „Urzustand" des Menschen, dessen Gemeinschaftsgebundenheit komme immer erst auf der Schrankenebene zur Geltung.[516] So verstanden, ist „der Schutzbereich der Grundrechte die Summe der von den Einzelgrundrechten jeweils benannten natürlichen oder rechtlich vorgeformten Lebenssachverhalten, deren Umfang vor jeder abwägenden Beschränkung durch Auslegung der jeweils betroffenen Grundrechtssätze zu ermitteln ist".[517] Dem Grundrechtsschutz vorausliegende schutzbereichsimmanente Grenzen werden folglich generell abgelehnt.[518] Für

---

[509] *Koch*, Der Grundrechtsschutz des Drittbetroffenen, S. 109.

[510] *Alexy*, Theorie der Grundrechte, S. 251 ff.; zum allgemeinen theoretischen Unterschied zwischen Regeln und Prinzipien *ders.*, aaO., S. 71 ff.

[511] *Alexy*, aaO., S. 75 f.; kritisch insofern der ihm ansonsten folgende *Borowski*, Grundrechte als Prinzipien, S. 76 ff: Prinzipien ließen sich nicht als Optimierungsgebote definieren. Denn Optimierungsgebote wiesen Eigenschaften auf, die gerade charakteristisch für Regeln seien, nämlich u.a. strikt und vollständig erfüllt zu werden. Dagegen seien Prinzipien graduell erfüllbar. Ebenfalls kritisch zum Verständnis der Verfassungsnormen als Optimierungsgebote *Bumke*, Der Grundrechtsvorbehalt, S. 163 ff.

[512] *Alexy*, Theorie der Grundrechte, S. 75; *ders.*, Der Staat 29 (1990), 49 (54).

[513] Vgl. dazu nur *Winkler*, Kollisionen verfassungsrechtlicher Schutznormen, S. 181 ff.

[514] *Alexy*, Theorie der Grundrechte, S. 290.

[515] So *von Arnauld*, Die Freiheitsrechte und ihre Schranken, S. 79.

[516] *Alexy*, Theorie der Grundrechte, S. 250; *von Arnauld*, aaO., S. 22.

[517] So prägnant Eckhoff, Der Grundrechtseingriff, S. 18 f.

[518] Siehe *von Arnauld*, Die Freiheitsrechte und ihre Schranken, S. 78 ff., m.w.N.; gegen allgemeine Grundrechtsgrenzen auch *Bumke*, Der Grundrechtsvorbehalt, S. 155 ff.; mit Blick auf Art. 4 Abs. 1 GG ebenfalls ablehnend *Müller-Volbehr*, DÖV 1995, 301 (307 f.).

die Ausnahmslosigkeit dieses Verständnisses steht der Begriff weite Tatbestandstheorie.

2. Konsequenz: Grundrechte Dritter als Eingriffsrechtfertigung

Diese allgemeinen Grundsätze gelten auch explizit für alle Fälle, in denen Handlungsweisen rechtswidrige Übergriffe in fremde Rechtssphären darstellen, die also im Zusammenhang mit dem Neminem-laedere-Gebot stehen.
Ganz im Sinne der oben genannten Prämissen lehnt es die grundrechtsdogmatische Literatur also mittlerweile[519] überwiegend[520] ab, drittschädigende Handlungen bereits aus dem Schutzbereich des jeweiligen Grundrechts auszuklammern.[521] Inhalt und Reichweite der grundrechtlichen Schutzgüter werden danach unabhängig davon bestimmt, ob die zu beurteilende Verhaltensweise die ebenfalls von Grundrechten geschützte Sphäre Dritter beeinträchtigt.[522] Die Grundrechte Dritter könnten also im Zuge der staatlichen Konfliktschlichtung (nur) Grundrechtsbeschränkungen legitimieren, nicht aber bereits Schutzbereichsbegrenzungen[523] und sind damit den geschriebenen Gesetzesvorbehalten zumindest strukturell im wesentlichen vergleichbar.[524] Zwar gibt es auch innerhalb dieser Meinung Ansätze, die zumindest offensichtlich sozialschädlichem Verhalten den grundrechtlichen Schutz absprechen wollen.[525] Durchsetzen konnten sie sich bei den Verfechtern eines ausnahmslos weit ge-

---

519 Während in früheren Jahren die Vorstellung schutzbereichsimmanenter Grenzen größere Zustimmung erfahren hat, vgl. *van Nieuwland*, Theorie der immanenten Grundrechtsschranken, S. 4 f. Ausführlich dazu unten **9. Teil**.

520 Gleichwohl gibt es immer noch Stimmen in der Literatur zur Grundrechtsdogmatik, die mit erheblicher Überzeugungskraft dafür eintreten, kollidierende Grundrechtsgüter entweder generell als ungeschriebene Schutzbereichsbegrenzung zu begreifen (dazu unten **10. Teil**) oder einzelne schutzbereichsimmanente Grenzen anzuerkenn (dazu unten **11. Teil**).

521 Vgl. auch insoweit vor allem *Alexy*, Theorie der Grundrechte, S. 278 ff., 290 ff.; ihm im Grundsatz folgend u.a. *Höfling*, Offene Grundrechtsinterpretation, S. 175 ff.; *ders.* Jura 1994, 169 (171); *von Arnauld*, Die Freiheitsrechte und ihre Schranken, S. 84 ff.; *Bumke*, Der Grundrechtsvorbehalt, S. 155 ff.; *Terwiesche*, Die Begrenzung der Grundrechte durch objektives Verfassungsrecht, S. 52 ff.; siehe auch *Lübbe-Wolff*, Die Grundrechte als Eingriffabwehrrechte, S. 87 ff., m.w.N., *Sachs*, in: Stern, Staatsrecht; Bd. III/2, S. 525 ff.; *ders.*, JuS 1995, 984 (985 f.).

522 Vgl. *Lege*, DVBl. 1999, 569 (571).

523 Unter vielen *Jarass*, in: ders./Pieroth, GG, Vorb. Vor Art. 1, Rn. 45; *Starck*, in: v. Mangoldt/Klein/Starck, GG, Bd. 1, Art. 1 Abs. 3, Rn. 176; *Dreier*, in: ders., GG, Bd. I, Vorb., Rn. 120; vgl. auch *Scholz*, JZ 1981, 561 (566); *Gersdorf*, DÖV 1990, 514 (515); *Huster*, ZRP 1993, 326 (327); vgl. auch die oben in Fn. 500 genannten Autoren.

524 *Jarass*, AöR 120 (1995), 345 (372).

525 *Starck*, in: v. Mangoldt/Klein/Starck, GG, Bd. 1, Art. 1, Rn. 279; *ders.*, JuS 1981, 237 (246); ähnlich auch *Huster*, Rechte und Ziele, 89. Zur Frage der Sozialschädlichkeit als schutzbereichsimmanente Grundrechtsgrenze näher unten **11. Teil, I.**

faßten Schutzbereichsverständnisses jedoch nicht.[526] Vielmehr sollen die Intensität und die Folgen des Übergriffs in die grundrechtlich geschützten Interessen eines Dritten ganz im Sinne der allgemeinen Prämissen (noch) nicht auf der Tatbestandsebene thematisiert werden, selbst wenn das Ergebnis des Abwägungsvorgangs evident ist.[527]
Um es einfach zu sagen: Nach dieser Auffassung lassen sich mit den Rechten anderer unter keinen Umständen schutzbereichsimmanente Grenzen in dem hier verstandenen Sinne begründen. Das Neminem-laedere-Gebot stellt nur einen Abwägungsfaktor bei der Beurteilung staatlicher Beschränkungen dar.

3. Argumente der weiten Tatbestandstheorie und ihre Einwände gegen enge Tatbestandsmodelle

Die Vertreter einer weiten Tatbestandstheorie nehmen für sich in Anspruch, durch die Abarbeitung der gegenläufigen Interessen auf den nacheinander geschalteten Stufen von Schutzbereich und definitivem Garantiebereich für ein höheres Maß „an Disziplinierung und Kontrollierbarkeit des Subsumtionsprozesses“ zu sorgen.[528] Nur durch die klare und strikte Trennung von individualbegünstigenden Aspekten auf der Tatbestandsebene einerseits und entgegenstehenden Rechten und Interessen auf der Schrankenebene andererseits sei eine sachadäquate und differenzierte Berücksichtigung kollidierender Belange bei der verfassungsrechtlichen Einzelfallösung gewährleistet.[529] Der Ausschluß effektiven Grundrechtsschutzes müsse stets auf eine Gegenüberstellung dieser Interessen bzw. – in anderen Worten – auf das „Spiel von Grund und Gegengrund“[530] beruhen.[531] Das heißt nichts anderes, als daß das Ergebnis stets in einer am Verhältnismäßigkeitsgrundsatz ausgerichteten Abwägung gefunden werden müsse.[532]
Enge Tatbestandsmodelle setzen sich nach dieser Auffassung dagegen dem grundsätzlichen Vorwurf aus, den verfassungsrechtlichen Schutz vor Zugriffen des Staates unnötig zu verkürzen. Wer nämlich die verschiedenen Argumentationsstufen der Grundrechtsprüfung verwische, beeinträchtige die Transparenz des Subsumtionsvorgangs und arbeite mit „vorgeblich abwägungsfreien

---

[526] Ablehnend *Alexy*, Theorie der Grundrechte, S. 289 f.; *Höfling*, Jura 1994, 169 (171); *Eckhoff*, Der Grundrechtseingriff, S. 17 f.; ausführlich *Koch*, Der Grundrechtsschutz des Drittbetroffenen, S. 105 ff.

[527] So auch *Sternberg-Lieben*, Jura 1995, 299 (300).

[528] *Höfling*, Offene Grundrechtsinterpretation, S. 173 ff.; ebenso *Kloepfer*, Festgabe BVerfG, Bd. 2, 1976, S. 405 (406); *Huster*, Rechte und Ziele, S. 88 f.; *Winkler*, Kollisionen verfassungsrechtlicher Schutznormen, S. 182.

[529] So *Höfling*, aaO., S. 175.

[530] *Alexy*, Theorie der Grundrechte, S. 289.

[531] *Alexy*, aaO., S. 290 f., 295 f.

[532] So *Höfling*, Offene Grundrechtsinterpretation, S. 180, *ders.*, Jura 1994, 169 (171); zur dieser „Abwägungsdogmatik“ siehe auch *Kloepfer*, Festgabe BVerfG, Bd. 2, 1976, S. 405 (406 f.).

Kriterien".[533] Die freiheitssichernde Funktion des abgestuften Eingriffs-Schranken-Modells werde bei einer „Schutzbereichslösung" gemindert.[534] Bezeichnend für die weite Tatbestandstheorie ist also, daß sie in jedem Fall die Grundrechte als Prüfungsmaßstab für staatliches Handeln heranziehen möchte, um nicht nur dem rechtsstaatlichen Gebot der Meßbarkeit und Begründbarkeit staatlicher Entscheidungen gerecht zu werden, sondern um auch die Rechtssphäre des Menschen prozedural abzusichern.[535]

4. Reaktion auf die (naheliegenden) Einwände gegen die weite Tatbestandstheorie

a) Der Redlichkeitseinwand

Der weiten Tatbestandstheorie wird zum Teil vorgehalten, sie sei unredlich, da sie falsche Erwartungen erwecke, indem sie den grundrechtlichen Schutz von vornherein zu weit fasse.[536]
Ein ausnahmslos weites Schutzbereichsverständnis überdehne die Grundrechte zu sehr und verlange immer auch dann eine verfassungsrechtliche Rechtfertigung, wo sie evident ist, so daß „ihre Maßstäbe zu kleiner, billigen Münze verkämen".[537] Manche Stimmen gehen sogar soweit, dem Ansatz eine „groteske, das Rechtsbewußtsein zersetzende" Vorstellung von Grundrechten anzulasten.[538]

Dieser vordergründigen Kritik halten die Verfechter einer weiten Tatbestandstheorie vielfach entgegen, daß der Unterschied zwischen Prima-facie-Recht und definitivem Recht bzw. Schutzbereich und effektivem Garantiebereich nicht hinreichend beachtet werde.[539] Insofern müsse man die weite Tatbestandstheorie vor allem als Konstruktionstheorie verstehen, die sich mit der

---

[533] *Höfling*, aaO., S. 177; ähnlich *Winkler*, Kollisionen verfassungsrechtlicher Schutznormen, S. 182.

[534] *Winkler*, Kollisionen verfassungsrechtlicher Schutznormen, S. 180; *Sternberg-Lieben*, Jura 1995, 299 (300), m.w.N.

[535] Von *Arnauld*, Die Freiheitsrechte und ihre Schranken, S. 81, 88 f.; *Lübbe-Wolff*, Die Grundrechte als Eingriffsabwehrrechte, S. 99 f.; näher zur Bedeutung des staatlichen Begründungszwangs *Winkler*, Kollisionen verfassungsrechtlicher Schutznormen, S. 182 f.

[536] Dieses Argument richtet sich im Grunde schon gegen die Außentheorie, vgl. bereits *Jellinek*, DRZ 1946, 4, der es für sinnlos hält, „daß der erste Satz eines Grundrechtsartikels feierlich ein Recht verbriefe, wenn ein zweiter Satz Einschränkungen durch Gesetz zulasse"; vgl. auch *Fechner*, Die soziologische Grenze der Grundrechte, S. 1 ff.; siehe auch *Isensee*, Wer definiert die Freiheitsrechte ?, S. 31; *ders.*, HdbStR V, § 111, Rn. 174; zum „Redlichkeitseinwand" siehe auch *Dickert*, Naturwissenschaften und Forschungsfreiheit, S. 233 f.

[537] *Pieroth/Schlink*, Grundrechte, Rn. 228.

[538] *Starck*, JuS 1981, 242 (245 f.); ähnlich kritisch *Burmeister*, FS Stern, 1997, S. 835 (840 in Fn. 15).

[539] Vgl. hierzu die sehr gute Darstellung von *Mayen*, Der grundrechtliche Informationsanspruch des Forschers gegenüber dem Staat, S. 170 f.

Strukturierung der Freiheitsrechtsordnung und der Prüfung von Grundrechtsfällen befaßt.[540] Mit der Zuordnung zum Schutzbereich eines Grundrechts sei noch keine Bewertung des betreffenden Verhaltens als „schutzwürdig" verbunden.[541] Ein Prima-facie-Recht verspreche nichts, sondern gebe nur den Anspruch auf ein zutreffendes Abwägungsergebnis.[542] Es sei aus der Sicht des auch an einer Begründung interessierten Bürgers unredlicher, die Grundrechtsrelevanz von bestimmten Handlungen bereits von vornherein zu versagen, als sie zunächst vom Schutzbereich als erfaßt zu erachten und sie erst aufgrund entgegenstehender Rechte Dritter oder der Allgemeinheit auf der Schrankenstufe zu verbieten.[543] Zudem helfe das Abstellen auf die Evidenz nicht weiter, da das unklare Kriterium der „Eindeutigkeit" den zu lösenden Konflikt nur verschleiere.[544]

b) Der Vorwurf der Anspruchsinflation

Eng einher mit dem Redlichkeitseinwand geht der Vorwurf, daß die weite Tatbestandstheorie alles zu einem Grundrechtsfall mache und dadurch die Zahl von Grundrechtskollisionen und Grundrechtskonkurrenzen steige. Sie führe tendenziell zu einer „Vergrundrechtlichung des ganzen Rechts", was die Gefahr einer Überlastung des BVerfG und eine Veränderung des staatlichen Kompetenzgefüges in sich berge.[545]

Die Zunahme von Grundrechtsfällen wird von den Vertretern der weiten Tatbestandstheorie nicht geleugnet, aber auch nicht negativ bewertet.[546] Im Gegenteil: Hinter der Verminderung von Grundrechtskonkurrenzen und -kollisionen auf der Grundlage eines engen Tatbestandsverständnisses würden sich nicht offengelegte Wertungen verbergen, die nicht nachvollziehbar und kontrollierbar seien.[547] Zudem könne dem Vorwurf der Anspruchsinflation mit der Unterscheidung von potentiellen und aktuellen Grundrechtsfällen begegnet werden. Während in einem potentiellen Grundrechtsfall die einfachrechtliche Lösung des Konflikts evident grundrechtsgemäß ist, ist sie im aktuellen Grundrechtsfall eben zweifelhaft und verlangt eine eingehende spezifisch grundrechtliche Argumentation.[548] Da die dazwischenliegende Grenze jedoch flie-

---

540 Von *Arnauld*, Die Freiheitsrechte und ihre Schranken, S. 40.

541 *Murswiek*, in: Sachs, GG, Art. 2, Rn 53: die Tatbestandsmäßigkeit des Art. 2 Abs. 1 GG sei „notwendig wertneutral".

542 So *Borowski*, Grundrechte als Prinzipien, S. 197.

543 *Alexy*, Theorie der Grundrechte, S. 294; *Höfling*, Offene Grundrechtsinterpretation, S. 184; *von Arnauld*, Die Freiheitsrechte und ihre Schranken, S. 40.

544 *Mayen*, Der Informationsanspruch des Forschers gegenüber dem Staat, S. 172 f.; siehe auch *Kudlich*, JZ 2003, 127 (128).

545 *Starck*, JuS 1981, 242 (246).

546 Siehe *Alexy*, Theorie der Grundrechte, S. 294 f.; *Höfling*, Offene Grundrechtsinterpretation, S. 184; *Borowski*, Grundrechte als Prinzipien, S. 206 f.

547 *Höfling*, ebenda.; ebenso *von Arnauld*, Die Freiheitsrechte und ihre Schranken, S. 87.

548 *Alexy*, aaO., S. 295 f.; in enger Anlehnung vgl. auch *Borowski*, Grundrechte als Prinzipien, S. 198, 206.

ßend sei, eine Gewißheit über den Grundrechtsschutz bzw. Nicht-Schutz also nicht bestehe, müsse zumindest die Möglichkeit der Abwägung widerstreitender Belange von Grundrechtsträgern offengehalten werden, um eine Anwendung vorgeblich abwägungsfreier Kriterien zu verhindern.[549] In (nur) potentiellen Grundrechtsfällen sei eine Abwägung denkbar, aber gänzlich überflüssig.[550] Auch wenn in Fällen eindeutigen Vorrangs von Drittinteressen das Ergebnis unstreitig ist, bliebe es dennoch das einer Abwägung; nur fielen hier Abwägungsvorgang und -ergebnis zusammen.[551] Ein enges Tatbestandsverständnis erhielte sich seine Überzeugungskraft also nur in den evidenten Fällen, in denen klar ist, daß das Verhalten der Bürger keinen Grundrechtsschutz genießen kann. In Zweifelsfällen sei es aber „kaum von Nutzen"[552] oder mit anderen Worten von *Alexy*: „Kein Fall darf durch eine enge Tatbestandstheorie daran gehindert werden, ein aktueller Grundrechtsfall zu werden."[553]

Einer etwaigen Überlastung des BVerfG als Folge der weiten Tatbestandstheorie wird entgegengehalten, daß verfassungsprozessual hinreichende Möglichkeiten bestünden, evidenten – im Verständnis der weiten Lehre also nur potentiellen – (Grundrechts-)Fällen den Weg zu einer näheren verfassungsrechtlichen Überprüfung zu versagen.
In der Tat hat das Fünfte Änderungsgesetz zum BVerfGG[554] eine verfahrensrechtliche Entlastung des BVerfG bewirkt. Eine Kammer – aus drei Verfassungsrichtern bestehend – entscheidet durch Beschluß zunächst über die Annahme einer Verfassungsbeschwerde, § 93 a BVerfGG. Sie erfolgt nur dann, wenn der Verfassungsbeschwerde „grundsätzliche verfassungsrechtliche Bedeutung" zukommt (§ 93 a Abs. 2 lit a BVerfGG) oder wenn die Verfassungsbeschwerde zur Durchsetzung von Grundrechten oder grundrechtsgleichen Rechten „angezeigt" ist (§ 93 a Abs. 2 lit. b BVerfGG). Damit ist dem Gericht ein Beurteilungsspielraum eröffnet, der es ermöglicht, von vornherein offensichtlich aussichtslose Verfahren abzulehnen. Im Fall einer einstimmigen Ablehnung der Annahme einer Verfassungsbeschwerde bedarf der Beschluß nach § 93 d Abs. 1 Satz 3 BVerfGG keiner Begründung und ist zudem unanfechtbar, vgl. § 93 d Abs. 1 Satz 2 BVerfGG.

---

549 *Alexy*, aaO., S. 295.
550 *Alexy*, aaO., S. 295.
551 *Sternberg-Lieben*, Jura 1995, 299 (300); ähnlich *Hochhuth*, JZ 2002, 743 (751): Die Evidenz des Ergebnisses mache nicht die Konstruktion der Grundrechtsprüfung überflüssig, sondern nur ihre Darlegung.
552 *Alexy*, Theorie der Grundrechte, S. 296; *Höfling*, Offene Grundrechtsinterpretation, S. 183, der ebenfalls für die Praktikabilität einer juristischen Theorie ihre dogmatische Leistungsfähigkeit in Zweifelsfällen hervorhebt.
553 *Alexy*, aaO., S. 297; ähnlich *Borowski*, Grundrechte als Prinzipien, S. 206
554 5. Gesetz zur Änderung des Gesetzes über das BVerfG vom 2.8.1993, BGBl. I, 1442.

II. Die Vorzüge und Schwächen der weiten Tatbestandstheorie

Die weite Tatbestandstheorie stellt klare Regeln für die Prüfung eines Grundrechtsfalls auf. Allein das jeweilige Sachthema bestimmt die Einschlägigkeit und den Umfang des Schutzbereichs. Schutzbereichsgrenzen werden nur durch die Begrifflichkeiten des grundrechtlichen Schutzgutes definiert. Der Grundrechtsausübung zuwiderlaufende Gemeinwohl- oder Individualgüter werden ausschließlich auf der Schrankenebene abgehandelt. Damit ist die klare Trennung von Schutzbereich und Schranke gewährleistet. Zugleich führt das im Einzelfall dazu, daß die rechtsstaatlichen Sicherheitsvorkehrungen bei Grundrechtseingriffen, wie das Verhältnismäßigkeitsprinzip oder das Bestimmtheitsgebot, stets zum Tragen kommen. Als Konstruktionstheorie bietet das weite Tatbestandsverständnis somit erhebliche Vorzüge. Wie die oben angesprochenen Einwände aber bereits angedeutet haben, ist zu hinterfragen, ob dieser Theorie uneingeschränkt gefolgt werden kann. Dabei müssen ihre tragenden Eckpunkte in Frage gestellt werden.

1. Das Regel-Ausnahme-Prinzip im mehrseitigen Grundrechtsfall

Auch wenn die weite Tatbestandstheorie ein stringentes Konstruktionsmodell darstellt, so verliert sie dennoch an Überzeugungskraft, sobald die den Grundrechtskollisionen zugrunde liegenden Konstellationen[555] mit in den Blick rücken.

Wie *Gellermann*[556] überzeugend aufzeigt, läßt sich die auf den „normalen" Grundrechtsfall im dipoligen Verhältnis Staat-Bürger zugeschnittene Dogmatik des Abwehrrechts argumentativ nur schwer auf die Lösung von Grundrechtskollisionen übertragen. Wenn es um die Abwehr staatlicher Eingriffe geht, hat das Regel-Ausnahme-Modell seine rechtsstaatliche Berechtigung. Der Gebrauch der Freiheit ist der Regelfall, die hoheitliche Zurückdrängung muß die an strengen Maßstäben zu messende rechtfertigungsbedürftige Ausnahme sein. Das damit umschriebene Verteilungsprinzip[557] gerät jedoch ins Wanken, wenn die in Frage stehende Verhaltensweise eines Grundrechtsträgers auf die grundrechtlich geschützten Interessen anderer trifft. Vor dem Hintergrund des grundgesetzlichen Freiheitsverständnisses, das geprägt ist durch die Wechselbezüglichkeit von individueller Autonomie und sozialen Bindungen[558], muß die auf Interessen und Rechte anderer Rücksicht nehmende Freiheitsbetätigung als der Regelfall angesehen werden. Denn die Rechtsordnung verbietet grundsätzlich die Verletzung der Rechtsgüter anderer. Vom grundrechtlich gedachten Regelfall kann daher nicht mehr gesprochen werden, wenn der Freiheitsgebrauch massive Beeinträchtigungen des geschützten Bereichs der

---

[555] Zu den verschiedenen Fallgruppen der Grundrechtskollisionen vgl. *Lepa*, DVBl. 1972, 159 (166 f.).

[556] Grundrechte im einfachgesetzlichen Gewande, S. 218 f.; vgl. auch *Hellermann*, Die sogenannte negative Seite der Freiheitsrechte, S. 100.

[557] Zurückgehend auf *C. Schmitt*, Verfassungslehre, S. 126 f.

[558] Dazu näher unten **8. Teil, III.**

Mitmenschen mit sich bringt. Das Zurückdrängen auf das verträgliche Maß läßt sich dann auch nicht als eine unter besonderem Rechtfertigungszwang stehende Ausnahme begreifen.[559] Aus der Sicht der weiten Tatbestandstheorie ist das aber notwendig, um die konstruktiven Vorzüge ihrer Prämissen stets zur Geltung zu bringen.

2. Das grundsätzliche Problem der Abwägungsmethode

Die Vertreter der weiten Tatbestandsthorie sehen den entscheidenden Vorzug ihres Ansatzes darin, daß er die erforderlichen Wertungen stets als mögliches Ergebnis einer Abwägung rekonstruiert. In der Überzeugung, daß das Verfahren der Abwägung das höchste Maß an Begründungsrationalität gewährleiste, werden daher die Grundrechtstatbestände soweit wie möglich gefaßt.[560] Die mit der weiten Tatbestandstheorie verbundene Abwägungsdogmatik sei methodisch geeignet, die erforderlichen Wertungen sichtbar zu machen.[561] Jedenfalls sei sie besser geeignet als die Modelle des engen Tatbestandsverständnisses, die nur mit vorgeblich abwägungsfreien Evidenzkriterien argumentierten.[562]

Dagegen gibt es eine kaum zu überschauende Vielzahl von Stimmen, die der Abwägungsmethode zu Recht kritisch gegenüberstehen.[563]
Das grundsätzliche Problem der Güterabwägung besteht nämlich darin, daß ein aus Gründen der Praktikabilität gewünschtes Ergebnis gewonnen werden kann, nachdem es zuvor bereits in die Abwägung hineingelegt wurde.[564] Die in die Abwägung einfließenden Gesichtspunkte sind im wesentlichen von der Intuition und von dem Vorverständnis der abwägenden Instanz, also des Richters, abhängig. Die Argumentation, die das Abwägungsergebnis begründen soll, ist fast unvermeidbar subjektiv gefärbt.[565] Damit sind die Entscheidungs-

---

[559] *Gellermann*, Grundrechte im einfachgesetzlichen Gewande, S. 218.

[560] Stellvertretend für viele *Borowski*, Grundrechte als Prinzipien, S. 208; zur Rationalität von Abwägungsmodellen *Alexy*, Theorie der Grundrechte, S. 143 ff.

[561] U.a. *Alexy*, Theorie der Grundrechte, S. 289 f., 297 f.; *Höfling*, Offene Grundrechtsinterpretation, S. 181, 184; *Kloepfer*, Festgabe BVerfG, Bd. 2, 1976, S. 405 (406 f.).

[562] *Mayen*, Der grundrechtliche Informationsanspruch des Forschers gegenüber dem Staat, S. 172; *Alexy*, Theorie der Grundrechte, S. 290: „Grundrechtliche Urteile sind nur dann richtig, wenn sie das Ergebnis einer zutreffenden Abwägung sein können. Werden sie abwägungsfrei begründet, so hängt ihre Richtigkeit davon ab, ob das abwägungsfrei begründete Ergebnis auch das Ergebnis einer zutreffenden Abwägung sein kann."

[563] Bzgl. des Mangels an Nachvollziehbarkeit der Abwägung grundlegend *Leisner*, Der Abwägungsstaat, S. 117 ff.; siehe auch *Ossenbühl*, Hdb. der Grundrechte, Bd. I, § 15, Rn. 28: Die Güterabwägung ist ein „Rechtsfindungsvorgang ohne Maßstäbe". Kritisch bereits zuvor *ders.*, Der Staat 10 (1971), 53 (74 ff.);

[564] *Van Nieuwland*, Theorie der immanenten Grundrechtsschranken, S. 116.

[565] Statt vieler *Isensee*, HdbStR V, § 111, Rn. 175, der zudem den unmittelbaren Zusammenhang zwischen der Abwägungsmethode und der weiten Tatebestandstheorie verdeutlicht. Siehe auch *Schlink*, EuGRZ 1984, 457 (462); *Pieroth/Schlink*, Grundrechte, Rn. 293.

maßstäbe innerhalb der Güterabwägung in erheblichem Maße auf „Faktoren eines richterlichen Dezisionismus" gegründet.[566] Es besteht die Gefahr, daß das BVerfG die Bewertungen des Gesetzgebers kontrolliert und dabei mit politischer Anmaßung dessen Abwägungen durch eigene ersetzt.[567] Abwägung kann die Gesetzesgebundenheit des Richters unterlaufen[568] und zu einer problematischen Machtverschiebung im Gefüge der Staatsfunktionen führen. Jedenfalls ist mit der Abwägungsdogmatik die Gefahr von willkürlichen Entscheidungen nicht von der Hand zu weisen.
Zugleich bestehen im Hinblick auf das im Rechtsstaatsprinzip fundierte Gebot der Rechtssicherheit Bedenken an einer unbegrenzten Güterabwägung.[569] Die Rechtssicherheit gebietet nämlich, daß für den Bürger staatliche Eingriffel vorhersehbar sein müssen und er sein Handeln dementsprechend ausrichten kann.[570] Das ist aber kaum möglich, wenn seine Rechte stets bei jeder (vermeintlichen) Kollisionen in eine Güterabwägung eingestellt werden, jedenfalls solange nicht, wie es keine klare Konstanten innerhalb einer Abwägung gibt. Zwar ist theoretisch denkbar, daß sich die Einzelfallentscheidungen zu einem System von abstrakten Vorrangrelationen entwickeln können, das zur Rechtssicherheit führen würde.[571] Die verfassungsrechtliche Praxis im Umgang mit den verfassungsimmanenten Schranken hat bisher aber das Gegenteil bewiesen. Aus den stark kasuistischen Einzellösungen lassen sich weder verallgemeinerungsfähige Ergebnisse noch rational nachvollziehbare, abwägungslenkende Kriterien ablesen. Generalisierende Lösungsansätze sind nicht auszumachen.[572] Es entsteht vielmehr der Eindruck, mit Rechtsgüterabwägungen lasse sich jedes Ergebnis begründen.[573] Wegen Fehlens gesicherter Strukturprinzipien ist der Ausgang des Abwägungsvorgangs kaum kalkulierbar.[574] Da-

---

566 *Stern*, Staatsrecht, Bd. III/2, S. 620; vgl. auch *Bethge*, HdbStR VI, § 137, Rn. 28; zu den Einwänden gegen richterliche Abwägung vgl. auch *W. Enderlein*, Abwägung in Recht und Moral, S. 344 ff.

567 Dazu *Schlink*, FS 50 Jahre BVerfG, Bd. 2, 2001, S. 445 (461 f.).

568 *Leisner*, NJW 1997, 636 (638); *Mahrenholz/Böckenförde*, abw. Meinung, BVerfGE 63, 57 (63), ebenfalls im Hinblick auf die judikative Einzelfallabwägung: „Das anwendbare Recht hat dann seinen Sitz nicht mehr in der Verfassung, sondern im Abwägungsspruch des Richters."

569 *Klein*, Der Staat 10 (1971), 145 (154); *Herzog*, in: Maunz/Dürig, GG, 1992, Art. 5 I, II, Rn. 260; *Oeter*, AöR 119 (1994), 529 (541); *Muckel*, FS Schiedermair, 2001, S. 347 (352); *Ossenbühl*, DVBl. 1995, 904 (908 f.); anschaulich *Leisner*, NJW 1997, 636 (638): „Von Rechtssicherheit darf nicht mehr die Rede sein, wo kein Anwalt wissen kann, wie ein Richter gewichten, wo er die Waage aufhängen wird."

570 BVerfGE 45, 142 (167).

571 So meint *Borowski*, Grundrechte als Prinzipien, S. 97, die Bedenken gegen die Abwägung ausräumen zu können.

572 Mögliche „Leitlinien der Abwägung" zeigt *Bamberger*, Verfassungswerte als Schranken vorbehaltloser Freiheitsgrundrechte, S. 64 ff., auf.

573 *Dickert*, Naturwissenschaften und Forschungsfreiheit, S. 237, m.w.N und Beispielen aus der Rechtsprechung.

574 *Herdegen*, Gewissensfreiheit und Normativität des positiven Rechts, S. 280.

durch kann der Bürger die rechtlichen Folgen seines Handelns nur schwer einschätzen.[575] Wegen der Irrationalität und fehlenden Vorhersehbarkeit sollte die Abwägung daher für den Juristen immer nur ein „Notbehelf"[576] bzw. „ultima ratio" [577] sein.
Daher ist die Forderung berechtigt, nach Wegen zu suchen, die zu einer Abkehr von einer rein einzelfallbezogenen Interessensabwägung hin zu einer abstrakten Güterabwägung mit verallgemeinernden Vorgaben führen könnten.

Allein der Verhältnismäßigkeitsgrundsatz als Mittel der Güterabwägung kann dieser Forderung nicht gerecht werden. Er liefert eine Maxime, aber insgesamt keine sicheren Maßstäbe. Zwar beinhaltet er mit den ersten beiden Teilgrundsätzen der Geeignetheit und Erforderlichkeit Kriterien, die weitgehend abwägungsfrei zu bestimmen sind.[578] Gegenstand der Angemessenheitsprüfung (Verhältnismäßigkeitsprüfung i.e.S.) ist aber eine Abwägung. Und darauf läuft es oft hinaus, wenn man über den Vorrang zwischen zwei kollidierenden Gütern entscheiden soll. Der Verhältnismäßigkeitsgrundsatz ist daher kein operationables Kriterium für die Güterabwägung. Er stellt insoweit nur eine Leerformel dar, die mit Zurückhaltung angewendet werden sollte.[579] Auch ansonsten lassen sich aus der Verfassung keine Abwägungskriterien entnehmen, sie sind vielmehr „grosso modo als Verfassungsrichterrecht anzusehen"[580].

Bei allen Bedenken gegen die Abwägungsmethodik ist ihr jedoch zuzugestehen, daß sie methodisch dazu geeignet ist, sachgerechte Ergebnisse zu erzielen.[581] Darüber hinaus läßt sie sich auch gar nicht gänzlich aufgeben. In vielen Bereichen ist sie sogar unausweichlich. Der Verfassung läßt sich für die in den einzelnen Grundrechtsnormen enthaltenen Werte grundsätzlich keine bestimmte Wert(rang)ordnung entnehmen, aufgrund derer sich bereits abstrakt eine Vorrangentscheidung treffen und eine Grundrechtskollision stets einfach lösen ließe.[582] Zudem verlangt der Rechtsstaat nicht nur Rechtssicherheit, sondern auch Einzelfallgerechtigkeit. Dies erfordert in vielen Fällen eine

---

[575] *Muckel*, FS Schiedermair, 2001, S. 347 (352); die mangelnde Vorhersehbarkeit der Abwägungsdogmatik betont auch *Wahl*, Freiburger Universitätsblätter 1987, 19 (29), er sieht in ihr eine „Sackgasse der Grundrechtsdogmatik"; vgl. auch *Isensee*, in: Recht in Deutschland und Korea, Bd. V, 1985, 51 (64 f.).
[576] *Rüfner*, Der Staat 7 (1968), 41 (58).
[577] *Leisner*, NJW 1997, 636 (639).
[578] Dazu *Schlink*, FS 50 Jahre BVerfG, Bd. 2, 2001, S. 445 (458); ähnliches Problembewußtsein zeigt *Brohm*, FS Stein, 2002, S. 3 (13).
[579] *Ossenbühl*, Jura 1997, 617 (619 f.); *ders.* kritisch zur Güterabwägung bereits NJW 1976, 2100 (2107).
[580] So *Stern*, Staatsrecht, Bd. III/2, S. 650.
[581] Das räumt auch *Muckel*, FS Schiedermair, 2001, S. 347 (350), ein.
[582] So auch *Ossenbühl*, DVBl. 1995, 904 (907); *Diederichsen*, Jura 1997, 57 (60); *Hellermann*, Die sogenannte negative Seite der Freiheitsrechte, S. 103, m.w.N.

konkret-individuelle Überprüfung der Kollisionslage und staatlicher Eingriffe anhand des Übermaßverbotes, auch wenn sie durch eine abstrakt-generelle Rechtsgüterabwägung auf gesetzlicher Ebene determiniert ist.[583] Als Modus der Rechtsfindung ist eine Abwägung oftmals unausweichlich.[584] Wegen der aufgezeigten Unwägbarkeiten sollte aber dennoch das Ziel sein, der Verfassung zumindest (vereinzelt) solche Wertentscheidungen zu entnehmen, die entweder zu einer abwägungsfreien Lösung von Grundrechtskonflikten führen oder abstrakte Abwägungen ermöglichen, mit Hilfe derer in einer der Rechtssicherheit dienlichen Weise verallgemeinerungsfähige Ergebnisse erzielt werden können. Bevor eine künstlich geschaffene Spannungslage dem Abwägungsprozeß unterworfen wird, sollte sich die Rechtsfindung zuvor um eine sachgerechte Ausschöpfung und Umreißung des grundrechtlichen Schutzbereichs bemühen, auch wenn die Abwägung mit ihrem weiten Entscheidungsspielraum der bequemere Weg zu sein scheint. Ein möglicher Ansatz könnte dabei die Annahme schutzbereichsimmanenter Grenzen sein, also die bereits tatbestandliche Ausgrenzung bestimmter Verhaltensweisen. Ob und unter welchen Voraussetzungen das legitim ist, soll die weitere Untersuchung zeigen. Jedenfalls sollte das Ziel sein: Nicht mehr Abwägung als unbedingt nötig.[585]

Die weite Tatbestandstheorie unterstellt dagegen, daß es keine Alternativen zu der Abwägungsmethodik gibt bzw. sie als Mittel zur Lösung von Grundrechtskollisionen „die rationalste Methode ist, die gegenwärtig zur Verfügung steht."[586] Gerade das aber wird hier in Frage gestellt.

3. Stellungnahme: Fragwürdigkeit eines ausnahmslos weiten Tatbestandsverständnisses der Grundrechte

Zwar kann hier noch keine abschließende Stellungnahme über die „Richtigkeit" oder Vorzugswürdigkeit der weiten Tatbestandstheorie erfolgen. Sie ist erst möglich, wenn man die Alternativvorschläge der verschiedenen engen Tatbestandsmodelle durchleuchtet und diese mit den Schwächen und Vorzügen des weiten Tatbestandsverständnisses verglichen hat.

Aus den eben erörterten Kritikpunkten und der Reaktion der weiten Tatbestandstheorie darauf lassen sich im Hinblick auf die Untersuchung und der Frage nach der Existenz schutzbereichsimmanenter Grundrechtsgrenzen aber zumindest schon folgende Schlußfolgerungen ziehen, die die weiteren Zielvorgaben der Arbeit kennzeichnen mögen:

Die dogmatischen Unterschiede zwischen der weiten und einer engen Tatbestandstheorie schlagen sich prozessual nicht derart nieder, daß daraus ein gravierender Unterschied im Hinblick auf die Belastung des BVerfG folgt. Zum

---

583 *Terwiesche*, Begrenzung der Grundrechte durch objektives Verfassungsrecht, S. 238.
584 *Gassner*, NJW 1998, 119.
585 So *Isensee*, HdbStR V, § 111, Rn. 175.
586 So *Borowski*, Grundrechte als Prinzipien, S. 198.

einen wird nur ein wirklichkeitsfremder Bürger, um das Extrembeispiel nochmals aufzugreifen, sein (vermeintliches) Grundrecht auf künstlerisch motivierte Tötung eines anderen einklagen. Zum anderen gibt es, wie gezeigt, hinreichende verfahrensrechtliche Möglichkeiten, daß sich das Gericht in der Sache nicht mit „grotesken" Verfassungsbeschwerden auseinandersetzen muß. Ähnlich wie bei der Auslegung des Art. 2 Abs. 1 GG bietet diese Überlegung somit keine tragfähige Argumentationsgrundlage in der Auseinandersetzung um eine enges oder weites Tatbestandsverständnis.
Der Umfang des Schutzbereichs hat aber nicht nur im Rahmen einer Verfassungsbeschwerde, sondern bei jeder Abwehrklage vor den Verwaltungsgerichten gewisse prozessuale Auswirkungen. Da nach der weiten Tatbestandstheorie jedwede Verhaltensweise vom grundrechtlichen Schutzbereich als erfaßt anzusehen und stets eine Abwägung im Einzelfall vorzunehmen ist, kommt für sie eine Rechtsverletzung immer in Betracht. Denn als Folge ihrer Prämissen ist der Bürger stets in seinen Grundrechten „betroffen", sobald sich eine staatliche Maßnahme gegen ihn richtet. Ganz in diesem Sinne verhält sich die sog. „Adressatentheorie"[587], der zur Folge ein Grundrechtsträger als Adressat eines belastenden Verwaltungsakts immer klagebefugt im Wege einer Anfechtungsklage ist, da jedenfalls eine Verletzung seines Grundrechts aus Art. 2 Abs. 1 GG nicht von vornherein offensichtlich und nach jeder Betrachtungsweise ausgeschlossen erscheint.[588] Demnach bedarf die Klagebefugnis in diesen Fällen keiner besonderen Überprüfung. Konsequenterweise müßte demzufolge das Verbot eines künstlerisch motivierten Mordes ebenfalls einer materiellen Prüfung unterzogen werden, obwohl eindeutig ist, daß keine Rechtsverletzung vorliegt. Mit anderen Worten: Diese Handlung wird als einklagbares Recht behandelt, das keine seriöse Chance hat, sich in irgendeinem Einzelfall zu verwirklichen. Das schon macht deutlich, daß die weite Tatbestandstheorie über ihr konstruktives Anliegen hinaus materiell-rechtliche Aussagen beinhaltet, die nicht überzeugen können.

Es ist natürlich richtig, daß sich eine juristische Theorie in Zweifelsfällen bewähren muß, ansonsten taugt sie nichts.[589] Losgelöst von einem rein dogmatischen Anliegen gewinnt eine „Theorie" aber auch dadurch an Überzeugungskraft, daß sie in der Lage ist, die evidenten Fälle verständlich zu lösen. Das soll nicht heißen, daß die weite Tatbestandstheorie unverständlich ist. Im Gegenteil: Ihre oben dargestellten Prämissen sind klar und methodisch stringent. Man kann sich jedoch daran stoßen, daß die Vertreter einer weiten Tatbestandstheorie so vehement an der Ausnahmslosigkeit ihre Grundsätze festhalten wollen. Ausnahmslos sollen die gegen den Grundrechtsschutz spre-

---

[587] Sie ist keine „Theorie", sondern die logische Konsequenz der weiten Auslegung des Art. 2 Abs. 1 GG seit dem Elfes-Urteil, BVerfGE 6, 32 ff.
[588] *Hufen*, VerwProzR, § 14, Rn. 77.
[589] So *Alexy*, Theorie der Grundrechte, S. 296, als Einwand gegen eine enge Tatbestandstheorie.

chenden Gesichtspunkte immer erst eine Frage der Schrankenziehung sein. Das erweckt den Eindruck, daß es nicht nur eine vorstaatliche, natürliche Freiheit, sondern auch ein solches Freiheits*recht* gibt. Die in den Grundrechten angelegten Freiheiten sind aber „verrechtlicht" und damit eben nicht mehr vorstaatlich.[590] Aufgrund dessen erscheint die weite Tatbestandstheorie zumindest fragwürdig. Daß es, abgesehen von den engen Fällen der strafrechtlichen Rechtfertigung, auf der Grundlage einer rechtsstaatlichen Verfassung kein Grundrecht auf vorsätzliche Tötung eines anderen Menschen gibt, egal aus welchen Motiven, ist banal und unstreitig. Begreift man die weite Tatbestandstheorie nur als Konstruktionstheorie und versteht man den Unterschied zwischen Prima-facie-Recht und definitivem Recht, kann man ihr selbstverständlich nicht das Gegenteilige unterstellen. Dennoch gehen mit einer Konstruktionstheorie auch immer materiell-rechtliche Aussagen einher.[591] Das oben genannte Beispiel der Klagebefugnis hat dies bestätigt. Insofern ist es bedenklich, wenn sich ein Mörder oder Totschläger, sei es auch nur „zunächst", auf ein Grundrecht berufen kann, weil er vom „Schutzbereich" der Grundrechte, zumindest von Art. 2 Abs. 1 GG erfaßt wird. Sein Handeln wird damit in den Gegenstandsbereich von Freiheit im Rechtssinne einbezogen und die Qualität als Befugnis erst und nur durch normatives Verbot genommen.[592] Mag eine Konstruktionsmethode auch nicht das Rechtsbewußtsein zersetzen, so rückt bei einer ausnahmslosen Anerkennung eines weiten Tatbestandsverständnisses zumindest der Begriff „Schutz" im Kontext des grundrechtlichen Schutzes in ein fragwürdiges Licht. Es überzeugt nämlich nicht, einen potentiellen Freiheitsschutz zu postulieren, auch wenn es undenkbar ist, daß dieser im Geltungsbereich unserer Verfassung in irgendeinem Einzelfall zu einem definitiven Recht erstarkt. Daher erscheint es sinnvoll, dogmatisch zwischen staatlichen Maßnahmen zu unterscheiden, die auf eine Zurückweisung des Individuums in die Grenzen grundrechtsgeschützter Freiheit abzielen, und solchen, die als Eingriffe in die Grundrechtssphäre eine Schmälerung des Rechts- und Schutzgehaltes von Freiheitsrechten bewirken.[593] Dieser Unterschied läßt sich

---

590 Zum Freiheitsverständnis des Grundgesetzes siehe unten **8. Teil, III.**

591 Siehe *Mayen*, Der grundrechtliche Informationsanspruch des Forschers gegenüber dem Staat, S. 117 f.

592 Im Zusammenhang mit der anerkannten Regel, daß alles erlaubt ist, was nicht ausdrücklich verboten ist (vgl. BVerfGE 6, 32 [36 ff.]), ließe sich die provokante Frage aufwerfen, ob es denn überhaupt ein normatives Verbot z.B. eines künstlerisch motivierten Mordes gibt. Die §§ 211, 212 StGB stellen ihn - wie jeden anderen motivierten Mord - unter Strafe, sprechen aber im Grunde nicht das Verbot aus, sondern legen es lediglich zugrunde. Das Verbot selbst ist quasi eine Selbstverständlichkeit unserer Rechts- und Wertordnung, ohne daß es einer ausdrücklichen gesetzlichen Regelung bedarf. Diese Selbstverständlichkeit kommt verfassungsrechtlich durch das Schutzgebot des Art. 2 Abs. 2 Satz 1 i.V.m. Art. 1 Abs. 1 GG und durch Art. 102 GG – Verbot der Todesstrafe – zum Ausdruck. Art. 102 GG ist ein „Bekenntnis zum grundsätzlichen Wert des Menschenlebens" (so BVerfGE 18, 112 [117]).

593 Vgl. dazu *Burmeister*, FS Kriele, 1997, S. 85 (102 ff.).

nach der weiten Tatbestandstheorie aber eben nicht treffen bzw. wird von ihr nicht anerkannt.

Es mag nun wiederum unredlich erscheinen, eine Theorie mit einem nicht praxisrelevanten, nach dem Rechtsgefühl eindeutigen Extrembeispiel in Frage zu stellen. Dabei soll und wird es aber nicht bleiben. Es sollte damit lediglich verdeutlicht werden, daß es angebracht erscheint, nach Alternativen zu einem ausnahmslos weiten Tatbestandsverständnis zu suchen. Dabei muß zugleich das Ziel sein, bei der Begründung schutzbereichsimmanenter Grenzen über Evidenzappelle hinauszugelangen, die rechtlich besser fundiert sind als ein „Das kann doch nicht sein".[594] Denn ein enges Tatbestandsverständnis allein mit im Ergebnis evidenten Fällen zu rechtfertigen, führt zu keinem grundlegendem Gegenentwurf zur weiten Tatbestandstheorie bzw. zum Kollisionslösungsmodell des BVerfG.[595] Es bringt keinen wesentlichen Vorteil, eine Lösung zu entwickeln, die nur in der Lage ist, evidente Fälle aus dem Schutzbereich der Grundrechte auszuscheiden und lediglich hier die subjektiv gefärbte Abwägungsmethode zu vermeiden.[596] Der Vorwurf, daß Vertreter einer engen Tatbestandstheorie vordergründig mit offensichtlichen Fällen argumentieren, um ihr Verständnis aufrechtzuerhalten, ist nicht unbegründet.[597] Es gilt daher, nicht mit der Selbstverständlichkeit des Ergebnisses zu argumentieren, sondern nach Kriterien zu suchen, die das Ergebnis über den Einzelfall hinaus selbstverständlich machen. Dies gelingt, das sei vorweggenommen, vielen Ansätzen für ein enges Tatbestandsverständnis nicht.

Das insofern berechtigte Anliegen einer engen Tatbestandstheorie erkennen auch ihre Kritiker an.
Interessanterweise räumt *Alexy* als Protagonist der weiten Tatbestandstheorie ein, daß ein enges Tatbestandsverständnis dann einiges für sich hätte, wenn offensichtlich wäre, daß grundrechtlicher Schutz definitiv besteht oder nicht.[598] Bei evidentem „Nicht-Schutz", im Verständnis der weiten Tatbestandstheorie also ein „potentieller Grundrechtsfall", könnte die Tatbestandsmäßigkeit verneint werden, während die Lösung der aktuellen Grundrechtsfälle über die Schranken erfolgen könnte. Dieser Ansatz wird im Ergebnis nur deshalb ver-

---

[594] So die Formulierung von *Lerche*, in: Rechtsfragen der Gentechnologie, S. 88 (91).

[595] Die weite Tatbestandstheorie ist das dogmatische Fundament zur Lehre der verfassungsimmanenten Schranken, wie sie das BVerfG versteht. Näher dazu unten **7. Teil, I 2**.

[596] So gegenüber den Ausführungen *Isensees* kritisch *Roth*, Faktische Eingriffe in Freiheit und Eigentum, S. 193 Fn. 194; überzeugend auch *Mayen*, Der grundrechtliche Informationsanspruch des Forschers gegenüber dem Staat, S. 171 f.

[597] So *Hochhuth*, JZ 2002, 743 (751 Fn. 91), in einer kritischen Stellungnahme zu *Isensse*, HdbStR V, § 111, Rn. 175 ff; vgl. auch *Eckhoff*, Der Grundrechtseingriff, S. 17, bzgl. der Beispiele *von Müller*.

[598] *Alexy*, Theorie der Grundrechte, S. 295; ähnlich *Höfling*, Offene Grundrechtsinterpretation, S. 183.

worfen, weil die Grenze zwischen beiden von vornherein nie zweifelsfrei bestimmt werden könne.[599]
Weiterhin geht *Alexy* selbst davon aus, daß in „potentiellen Grundrechtsfällen" eine Begründung für den „Nicht-Schutz" gänzlich überflüssig sei.[600] Auch er scheint also von Fällen des evidenten „Nicht-Schutzes" auszugehen. Wenn der von der weiten Tatbestandstheorie geforderte Begründungszwang in diesen entfällt, dann fragt sich, warum nicht zumindest einige Verhaltensweisen außerhalb des grundrechtlichen Schutzbereichs gestellt werden können. Insofern stellt sich die Aufgabe, nach abstrakten Kriterien zu suchen, die die Evidenz dieser Fälle begründen, ohne Gefahr zu laufen, daß es im Einzelfall zu einer unzulässigen Grundrechtsbeschneidung kommt. Wenn das gelingt, dann muß ein „potentieller Grundrechtsfall" nicht als Grundrechtsfall behandelt werden. Dem zumindest intuitiv berechtigten Vorwurf der Inflation von Grundrechtsfällen könnte so begegnet werden.

Nicht nachvollziehbar ist, warum den unterschiedlichen engen Tatbestandsmodellen vorgeworfen wird, sie müßten die Ausgrenzungen bestimmter Verhaltensweisen aus dem Schutzbereich nicht begründen. Selbstverständlich müßte der Richter darlegen, warum der Betroffene sich von (vornherein) nicht auf ein Grundrecht berufen kann und deshalb keine (Grundrechts-) Verletzung in Betracht kommt. Verzichtet wird lediglich auf die Abwägung im Einzelfall. Eine rationale Begründung aufgrund allgemein geltender Kriterien, die auch jeweils den Einzelfall erfaßt, ist damit aber nicht ausgeschlossen. Der den engen Tatbestandstheorien gemachte Vorwurf des Begründungsdefizits ist nicht haltbar.

Weiterhin wird in der Diskussion um die Weite des Grundrechtstatbestandes zuweilen außer acht gelassen, daß ein etwaiger Schutzbereichsausschluß nur für die konkrete Verhaltensweise, also für die Rechtsverletzung als solche gelten würde, nicht aber für ihre zwangsweise Unterbindung und Sanktionierung.[601] Um das an einem Beispiel einer geschriebenen Grundrechtsgrenze zu verdeutlichen: Der Schutzbereich des Art. 8 Abs. 1 GG ist nur eröffnet, wenn die Versammlung friedlich und ohne Waffen stattfindet. Teilnehmer einer bewaffneten oder unfriedlichen Versammlung können sich nach ganz herrschender Meinung bereits tatbestandlich nicht auf den Schutz des Art. 8 Abs. 1 GG berufen.[602] Versammlungsrechtliche Maßnahmen, wie Auflösung oder Verbot einer unfriedlichen Versammlung, stellen damit keinen Grundrechtseingriff in Art. 8 Abs. 1 GG dar. Dennoch müssen sie wegen des Vorbehalts des Geset-

---

599 *Alexy*, aaO., S. 295.

600 *Alexy*, aaO., S. 298, der dafür ein „Rationalitätspostulat, nämlich das, das sagt, daß das nicht Bezweifelte und Konsentierte keiner Begründung bedarf", ins Felde führt.

601 *Isensee*, HdbStR V, § 111, Rn. 181.

602 BVerfGE 69, 315 (360); *Dietel/Gintzel/Kniesel*, Demonstrations- und Versammlungsrecht, § 1 Rn. 137; a.A. *Alexy*, Theorie der Grundrechte, S. 259 f.

zes auf eine formell-gesetzliche Ermächtigungsgrundlage gestützt werden. Nur der Grundrechtsschutz aus Art. 8 Abs. 1 GG entfällt. Werden die exekutiven Maßnahmen zwangsweise durchgesetzt und sind damit Einwirkungen etwa auf die körperliche Unversehrtheit oder die Freiheit der Versammlungsteilnehmer verbunden, sind die individuellen Grundrechte jedes Einzelnen aus Art. 2 Abs. 2 Satz 1 und 2 GG selbstverständlich zu beachten. Für die Zwangsmaßnahme bleiben also der grundrechtliche Prüfungsmaßstab und der abwehrrechtliche Schutz erhalten.[603]

Die dargelegten Argumente, die gegen ein (ausnahmslos) weites Tatbestandsverständnis sprechen, ändern nichts daran, daß bei der Annahme schutzbereichsimmanenter Grenzen Zurückhaltung geboten ist.[604] Zum einen deshalb, weil sie sich mit dem System der geschriebenen Grundrechtsbegrenzungen vereinbaren lassen müssen. Zudem beendet das Ausgrenzen bestimmter Verhaltensweisen aus dem Schutzbereich die verfassungsrechtliche Subsumtion bereits auf der ersten Stufe. Weitere Begründungslasten ergeben sich nicht. Denn zur Schrankenprüfung kommt man nicht mehr. Die unter dem Begriff „Schranken-Schranken" zusammengefaßten rechtsstaatlichen Schutz- und Sicherungsmechanismen (Verhältnismäßigkeitsgrundsatz, Bestimmtheit, Art. 19 Abs. 1 und Abs. 2 GG) entfallen.[605] Das exekutive Vorgehen gegen grundrechtlich nicht erfaßte Verhaltensweisen muß, sofern es nicht um die zwangsweise Durchsetzung geht, nicht mehr am Maßstab der Grundrechte gerechtfertigt werden, da es keinen Grundrechtseingriff darstellt. Es besteht die Gefahr einer rechtsstaatlich bedenklichen Reduzierung grundrechtlichen Schutzes.[606] Gleichwohl bedeutet das nicht, daß der Bürger rechtlich schutzlos gestellt wäre. Er genießt, auch wenn er sich außerhalb des Schutzbereichs bewegt, die aus dem Rechtstaatsprinzip resultierenden grundrechtsunabhängigen, objektivrechtlichen Schutzvorkehrungen.[607] Wegen des Grundsatzes der Gesetzmäßigkeit der Verwaltung ist die Verwaltung auch im Falle des Vorgehens gegen grundrechtlich nicht geschütztes Verhalten an das einfache Gesetz gebunden[608]; der Vorbehalt des Gesetzes gilt auch bei evidenter Illegitimität.[609]

---

[603] *Isensee*, HdbStR V, § 111, Rn. 181; *ders.*, FS Sendler, 1991, S. 39 (42).

[604] *Muckel*, Religiöse Freiheit und staatliche Letztentscheidung, S. 199, mit Verweis auf u.a. *Kloepfer*, JZ 1986, 205 (209).

[605] Daher kritisch gegen eine enge Tatbestandstheorie *Höfling*, Jura 1994, 169 (171); *ders.*, JZ 1995, 26 (31 f.).

[606] Zu allem sehr anschaulich mit Blick auf die Religionsfreiheit *Müller-Volbehr*, DÖV 1995, 301 (307 f.), der auf „grundrechtsimmanente Schranken" ganz verzichten möchte.

[607] *Isensee*, HdbStR V, § 111, Rn. 179.

[608] Da gilt sogar bei einer Verwirkung der Grundrechte im Sinne von Art. 18 GG, vgl. *Brenner*, DÖV 1995, 60 (63).

[609] So *Isensee*, FS Sendler, 1991, S. 39 (42).

III. Zusammenfassung und Ausblick

Zusammenfassend ist damit der Weg zu einer vermittelnden Lösung beschrieben:

Aspekte, die bereits für eine Schutzbereichslösung sprechen könnten, müssen sich stets daran messen lassen, ob sie nicht zu einer rechtsstaatlich bedenklichen Reduzierung grundrechtlichen Freiheitsschutzes führen. Im Zweifel jedenfalls muß ganz im Sinne der weiten Tatbestandstheorie gelten: Lieber ein Grundrechtsfall zu viel als einer zu wenig! Das sollte die Grundrechtsdogmatik aber nicht von dem Versuch befreien, und darin besteht der Unterschied zu den Prämissen der weiten Tatbestandstheorie, Kriterien zu finden, die die Zweifel von vornherein beseitigen können und die nicht im Widerspruch zum Vorrang der normativen Verfassung stehen.

7. Teil: Ungeschriebene Grundrechtsbegrenzungen in der Rechtsprechung – betrachtet im Kontext der Tatbestandstheorien

Nachdem die dogmatischen Grundlagen dargelegt wurden, soll im folgenden der Frage nachgegangen werden, wie die Rechtsprechungspraxis die Notwendigkeit ungeschriebener Grundrechtsbegrenzungen umsetzt und wie sie dabei aus dem Blickwinkel der Tatbestandstheorien methodisch vorgeht.

I. Übersicht über die Begrenzungsmethodik der Rechtsprechung

1. Die Kernaussagen des Abwägungs- bzw. Kollisionsmodells des BVerfG

Bereits in der Einleitung wurde das Modell des BVerfG zur Begrenzung vorbehaltloser Grundrechte im Kern vorgestellt, dessen fundamentale Grundlagen erstmals in der Kriegsdienstverweigerungsentscheidung im Jahre 1970[610] entwickelt worden und seitdem ständige Rechtsprechung sind:
Verfahrensgegenstand war der Konflikt zwischen der Wehrpflicht und dem Grundrecht auf Kriegsdienstverweigerung. Im Mittelpunkt stand konkret die Frage, ob Soldaten, deren Anerkennung als Kriegsdienstverweigerer noch nicht rechtskräftig festgestellt war, disziplinarisch bestraft werden können, wenn sie das Tragen von Waffen verweigern. Das BVerfG hat das bejaht, weil der „Funktionsfähigkeit der Bundeswehr“ höhere Bedeutung als der Gewissensentscheidung beigemessen wurde.[611]

Um der Notwendigkeit der Begrenzung auch der vorbehaltlos garantierten Grundrechte gerecht zu werden, läßt das Gericht gewisse ungeschriebene Begrenzungen zu. Aus der Vorbehaltlosigkeit folgert es zunächst, daß ihre Grenzen „nur von der Verfassung selbst“, d.h. „allein durch andere Bestimmungen des Grundgesetzes“ festgelegt werden können.[612] Die darauf aufbauende zentrale Aussage des bis heute von der Rechtsprechung vertretenen Lösungsmodells ist: „Nur kollidierende Grundrechte Dritter und andere mit Verfassungsrang ausgestattete Rechtswerte sind mit Rücksicht auf die Einheit der Verfassung und die von ihr geschützte gesamte Wertordnung ausnahmsweise imstande, auch uneinschränkbare Grundrechte in einzelnen Beziehungen zu

---

610 BVerfGE 28, 243.

611 BVerfGE 28, 243 (261 ff.); zur Argumentation des BVerfG in diesem Fall vgl. die kritische Analyse von *van Nieuwland*, Theorie der immanenten Grundrechtsschranken, S. 111 ff., der insbesondere die Begründung für die konkrete Vorrangentscheidung für unzulänglich hält (aaO., S 114 ff.); ebenso *Mis-Paulußen*, Begrenzung vorbehaltlos gewährleisteter Grundrechte, S. 18 ff.

612 BVerfGE 30, 173 (193); 44, 37 (50); etwas präziser BVerfGE 81, 278 (293): „anhand einzelner Grundgesetzbestimmungen“.

begrenzen".[613] Methodisch umgesetzt werden diese Vorgaben in der Regel durch eine Güterabwägung, durch die festgestellt werden soll, welches der sich gegenüber stehenden Rechtsgüter bzw. welche Verfassungsbestimmung für den konkreten Einzelfall das höhere Gewicht hat, wobei die schwächere Norm nur soweit wie nötig zurückgedrängt werden soll.[614] Dabei dient der Grundsatz der Verhältnismäßigkeit als Mittel der Konfliktlösung[615], die auf die Herstellung praktischer Konkordanz gerichtet ist.[616] Durch eine fallbezogene Abwägung soll also ein verhältnismäßiger Ausgleich der gegenläufigen, gleichermaßen verfassungsrechtlich geschützten Interessen mit dem Ziel ihrer Optimierung gefunden werden, so daß sie für alle Beteiligten möglichst weitgehend wirksam bleiben.[617]

Die Güterabwägungslehre (oder auch „Kollisionstheorie"[618]) hat trotz ihrer noch aufzuzeigenden Schwächen und Unklarheiten sowohl in der Rechtsprechungspraxis als auch in der Lehre Anerkennung gefunden[619] und wird nur ganz vereinzelt gänzlich abgelehnt.[620] Die vorherrschende Akzeptanz bezieht sich zunächst auf das grundlegende Postulat, daß sich Begrenzungen vorbehaltloser Grundrechte nur aus der Verfassung bestimmen lassen. Die Gründe dafür sind naheliegend: Wäre der Verfassungsgeber der Auffassung gewesen, das Grundrecht solle durch einfaches Gesetzesrecht begrenzbar sein, hätte er

---

[613] St. Rspr. seit BVerfGE 28, 243 (261) - Kriegsdienstverweigerungsentscheidung; grundlegend auch BVerfGE 30, 173 (193,195) – „Mephisto-Entscheidung"; vgl. aus jüngerer Zeit BVerfGE 77, 240 (253); 81, 278 (292); 81, 298 (307); 83, 130 (139); 94, 268 (284);im „Kopftuch-Urteil", NJW 2003, 3111 (3112), betrachtet das BVerfG „Grundrechte Dritter sowie Gemeinschaftswerte von Verfassungsrang" als kollidierendes Verfassungsrecht; vgl. auch BVerfG, NJW 2004, 47 f. – Verbot des sogenannten Kalifatstaats; ausführliche Analysen einschlägiger Entscheidungen bei *Mis-Paulußen*, Begrenzung vorbehaltlos gewährleisteter Grundrechte, S. 77 ff. und bei *Pecher*, Verfassungsimmanente Schranken von Grundrechten, S. 171 ff.

[614] BVerfGE 28, 243 (261); 30, 173 (195); 47, 327 (370); 81, 278 (292 f.); weitere Rechtsprechungsnachweise und -analysen zur Güterabwägung finden sich bei *H. Schneider*, Die Güterabwägung des BVerfG bei Grundrechtskonflikten, S. 43 ff. und bei *Stern*, Staatsrecht, Bd. III/2, S. 819 ff.

[615] BVerfGE 41, 29 (50 f.); 47, 327 (370); 83, 130 (143); dagegen hat es in der „Mephisto-Entscheidung" die Anwendung des Verhältnismäßigkeitsgrundsatzes abgelehnt, vgl. BVerfGE 30, 173 (199); *Mis-Paulußen*, Begrenzung vorbehaltlos gewährleisteter Grundrechte, S. 35 ff. Näher dazu unten **II. 5**.

[616] Zur „praktischen Konkordanz" siehe *Hesse*, Verfassungsrecht, Rn. 317 ff. mit Nachweisen aus der Rspr.: u.a. BVerfGE 91, 1 (21 ff.); auch das BVerwG beruft sich zur Konfliktlösung auf diesen Topoi, siehe nur BVerwGE 94, 82 (83) und BVerwGE 105, 73 (86).

[617] BVerfGE 97, 169 (176); so (mittlerweile) ebenfalls das BVerwG, vgl. z.B. nur BVerwGE 87, 37 (45 f.).

[618] Begriff nach *Bumke*, Der Grundrechtsvorbehalt, S. 157 und öfter.

[619] Siehe die umfangreichen Nachweise aus Rechtsprechung und Lehre bei *Bamberger*, Verfassungswerte als Schranken vorbehaltloser Grundrechte, S. 2 f. mit Fn. 5 u. 6 und bei *Vlachopoulos*, Kunstfreiheit und Jugendschutz, S. 140 mit Fn. 318 u. 319.

[620] *Bamberger*, Der Staat 39 (2000), 355 ff.

das normtextlich vorbehaltlos garantierte Grundrecht unter einen (einfachen oder qualifizierten) Gesetzesvorbehalt gestellt. Da Grundrechte Rechtspositionen von Verfassungsrang sind, können sie auch nur durch gleichrangige Normen oder Rechtsgüter auf Verfassungsebene begrenzt werden, d.h. unmittelbar durch die Verfassung selbst oder aufgrund einer verfassungsrechtlichen Ermächtigung.[621] Der Vorrang der Verfassung verbietet die Begrenzung durch einfaches Gesetzesrecht[622], es sei denn, es konkretisiert einen der Verfassung zugrunde liegenden Wert. Der Kreis der verfassungsrechtlich legitimen Gesetzgebungsziele ist damit theoretisch wesentlich kleiner als bei Grundrechten, die auf der Grundlage eines Gesetzesvorbehalts durch Güter und Interessen des einfachen Rechts beschränkt werden können. Zugleich bedeutet dieser Lösungsweg eine Abkehr von allen Immanenzlehren, die keine hinreichende Verankerung im Grundgesetz finden.[623]

2. Kollidierendes Verfassungsrecht als Eingriffsrechtfertigung für „verfassungsimmanente Schranken" der Grundrechte

Mit der oben zitierten Kernaussage wird zwar die inhaltliche Komponente der Begrenzungsmöglichkeiten beschrieben, es läßt sich jedoch daraus nicht entnehmen, ob kollidierendes Verfassungsrecht konstruktiv die Schutzbereiche der (vorbehaltlosen) Grundrechte begrenzt oder aber als Rechtfertigung eines Grundrechtseingriffs erst auf der Schrankenebene zum Tragen kommt. Aus in einschlägigen Urteilen aus früheren Jahren ist nicht immer ersichtlich, ob das BVerfG sein Modell konstruktiv als Schutzbereichsrestriktion oder als Beschränkung von Grundrechten versteht.[624] Das hängt nicht nur damit zusammen, daß das BVerfG im Bereich der Grundrechtsbegrenzung begriffliche Stringenz vermissen ließ, insbesondere in seiner Diktion zwischen „Beschränkung" und „Begrenzung" schwankte.[625] Auch inhaltlich war lange Zeit keine einheitliche Linie auszumachen.[626] Tendenziell ist jedoch erkennbar, daß das BVerfG den Fall der Kollision von Grundrechten mit Gemeinschaftsgütern oder mit der Funktionsfähigkeit staatlicher Einrichtungen in Form der beschriebenen Kollisionslösung nach Maßgabe der Rechtfertigung von Grundrechtseingriffen

---

621 So *Misera-Lang*, Einschränkbarkeit vorbehaltloser Grundrechte, S. 313, m.w.N.

622 *Sachs*, GG, Vor Art. 1, Rn. 120; in diesem Sinne u.a. auch BVerfGE 77, 240 (256) - Herrnburger Bericht: „Strafbestimmungen als einfaches Recht [können] Grundrechte nicht außer Kraft setzen (...)."; dazu im Widerspruch steht aber die „Gesundbeterentscheidung", BVerfGE 32, 98 ff., die so zu verstehen ist, als könne die Gewissensfreiheit des Art. 4 Abs. 1 GG durch § 330 c StGB beschränkt werden; siehe näher dazu *Mis-Paulußen*, Begrenzung vorbehaltlos gewährleisteter Grundrechte, S. 43 ff.

623 Zu den früheren Immanenzlehren näher unten **9. Teil**.

624 Siehe auch die Einschätzung von *Winkler*, Kollisionen verfassungsrechtlicher Schutznormen, S. 176.

625 Vgl. dazu *Misera-Lang*, Einschränkbarkeit vorbehaltloser Grundrechte, S. 178; mit einzelnen Nachweisen aus der Rspr. vgl auch *Pecher*, Verfassungsimmanente Schranken von Grundrechten, S. 131 ff.

626 *Lübbe-Wolff*, Grundrechte als Eingriffsabwehrrechte, S. 92; *Pieroth/Schlink*, Grundrechte, Rn. 328.

beurteilt, das Problem strukturell also auf der Schrankenebene abhandelt.[627] Insgesamt dürfte das BVerfG mittlerweile insofern eher von einer weiten Tatbestandskonzeption ausgehen[628], da es grundsätzlich kollidierendes Verfassungsrecht als Ermächtigung des Gesetzgebers zur Einschränkung der grundrechtlichen Schutzgüter ansieht.[629]

Winkler[630] sieht insbesondere im sog. „Fangschaltungs-Beschluß" des BVerfG[631] eine klare Absage an Schutzbereichslösungen. In der Tat hat sich das Gericht – hier im Geltungsbereich des Art. 10 Abs. 1 GG – dezidiert gegen schutzbereichsimmanente Grundrechtsgrenzen ausgesprochen.[632] Grundrechtliche Schutzbereiche ließen sich nicht nach Eingriffsnotwendigkeiten zuschneiden. Die Möglichkeit von Grundrechtsmißbräuchen könne ein rechtfertigender Grund für Grundrechtsbeschränkungen, nicht aber für Schutzbereichsbegrenzungen sein.
Damit bewegt sich das BVerfG auf der Linie der weiten Tatbestandstheorie.[633]

3. Beispiele für die Tendenz des BVerfG zu einer engen Tatbestandstheorie

Wenngleich die oben genannten Ausführungen des BVerfG tendenziell einem weiten Tatbestandsverständnis zuzuordnen sind, erscheint es fraglich, ob dem „Fangschaltungs-Beschluß" eine klare Präferenz auch für die Fälle kollidierender Grundrechte zu entnehmen ist. Denn dort ging es um die Sicherung der Funktionsfähigkeit einer staatlichen Einrichtung, der Deutschen Bundespost. Nicht erkennbar ist, ob das BVerfG damit jegliche Wertungen auf der Schutzbereichsebene auch dann verwirft, wenn es um den Widerstreit von individuellen Interessen und Rechten von Grundrechtsträgern geht. In diesem Sinne gibt es in der Rechtsprechung des BVerfG nämlich auch Ansätze, die dem Verständnis einer engen Tatbestandstheorie näherstehen.

---

[627] Siehe dazu *Pieroth*, AöR 114 (1989), 422 (425 ff., 442 ff.).

[628] Vgl. die eingehende Analyse bei *Lübbe-Wolff*, Grundrechte als Eingriffsabwehrrechte, S. 92 ff. (98); siehe auch *Winkler*, Kollisionen verfassungsrechtlicher Schutznormen, S. 36.

[629] Zur „Ermächtigungsfunktion" kollidierender Grundrechte siehe *Jarass*, AöR 110 (1985), 363 (383); *Sachs*, JuS 1995, 984 (988 f.).

[630] *Winkler*, Kollisionen verfassungsrechtlicher Schutznormen, S. 176.

[631] BVerfGE 85, 386, es ging hier um die Verfassungsmäßigkeit und Grundrechtsgebundenheit von Fangschaltungen der Deutschen Bundespost.

[632] BVerfGE 85, 386 (397 f.).

[633] Auch andere Aussagen des BVerfG bestätigen dies. So hält es den Schutzbereich der Kunstfreiheit ungeachtet der Existenz kollidierender Belange grundsätzlich für eröffnet, vgl. BVerfGE 77, 240 (252 ff.); BVerfG, DVBl. 1990, 480 (482); das gilt auch im Konfliktfall von Meinungsfreiheit und Ehrenschutz: dazu sehr klar BVerfGE 85, 1 (14); siehe auch BVerfG, NJW 2002, 3767; auch in jüngeren Entscheidungen zu Art. 12 GG fordert die Rechtsprechung, daß der Schutz der Berufsfreiheit nicht durch eine voreilige Begrenzung auf der Schutzbereichsebene relativiert werden dürfe, siehe zu staatlichen Spielbanken BVerfGE 102, 197 (213 f.); BVerwGE 96, 302 (306 ff., insb. 308).

In seiner Frühzeit sprachen Formulierungen des BVerfG sogar dafür, daß es einer innentheoretischen Konzeption folgt. So wurde das Grundrecht auf Freiheit der Person aus Art. 2 Abs. 2, 104 Abs. 1 GG als von vornherein durch die gesetzmäßige richterliche Entscheidung über eine Freiheitsentziehung begrenzt angesehen.[634] Des weiteren bestehe das Grundrecht auf Entfaltung der Persönlichkeit (Art. 2 Abs. 1 GG) „von vornherein nur, soweit sie nicht die Rechte anderer verletzt und nicht gegen die verfassungsmäßige Ordnung oder das Sittengesetz verstößt."[635] Das BVerfG meinte sogar, der Verfassungsgeber habe im Hinblick auf die gesetzgeberische Befugnis, das „Nähere zu regeln", „eher an eine näheren Bestimmung der Grenzen von innen her, d.h. der im Wesen des Grundrechts selbst angelegten Grenzen, gedacht als an Beschränkungen, durch die der Gesetzgeber über den sachlichen Gehalt des Grundrechts selbst verfügen, nämlich seinen natürlichen, sich aus rationaler Sinnerschließung ergebenden Geltungsbereich von außen her einengen würde."[636]
Auch noch später sprach das BVerfG beispielsweise davon, daß vorbehaltlosen Grundrechten „eine immanente Schranke innewohnt"[637] oder von einem aus anderen Verfassungsnormen abgeleiteten „verfassungssystematischen, den Gewährleistungsbereich (...) begrenzenden Hindernis".[638] Es machte sich damit Formulierungen der Innentheorie zu eigen.

Davon ist das BVerfG deutlich abgerückt. Seiner Rechtsprechung liegt mittlerweile eindeutig und grundsätzlich das Modell der Außentheorie zugrunde, also die methodische Unterscheidung von Schutzbereich und Schranke, sowie eine bestimmte Abfolge der Tatbestands- und Schrankenprüfung.[639] Allerdings werden in der Rechtsprechung des BVerfG und des BVerwG nicht selten die Kategorien von Schutzbereich, Eingriff und verfassungsrechtlicher Rechtfertigung des Eingriffs (Schranke) in dogmatisch angreifbarer Weise miteinander vermengt.[640] Die Prüfungsabfolge ist dann fast nicht mehr nachvollziehbar mit der

---

634 BVerfGE 1, 418 (420).
635 BVerfGE 4, 7 (15).
636 BVerfGE 7, 377 (404).
637 BVerfGE 39, 334 (367).
638 BVerfGE 33, 23 (31).
639 Anschaulich BVerfGE 32, 54 (72): Es „ist zunächst die materielle Substanz des Grundrechts zu ermitteln; erst danach sind unter Beachtung der grundsätzlichen Freiheitsvermutung und des Verfassungsgrundsatzes der Verhältnismäßigkeit und Zumutbarkeit die rechtsstaatlich vertretbaren Schranken zu fixieren."
640 Siehe dazu beispielsweise die kritischen Analysen von *Murswiek*, NVwZ 2003, 1 ff. und von *Huber*, JZ 2003, 290 ff. im Hinblick auf zwei Entscheidungen des BVerfG zur staatlichen Informationspolitik der Bundesregierung (BVerfG, NJW 2002, 2621 - Warnung vor Glykolwein; NJW 2002, 2626 - Warnung vor Jugendsekten); vgl. die massive Kritik von Schoch, DVBl. 1991, 667 ff., an einem Urteil des BVerwG (DVBl. 1991, 699 ff.) ebenfalls zu staatlichen Warnungen; Abweichungen von den methodischen Grundsätzen in der älteren Rechtsprechung belegt *Kloepfer*, Festgabe BVerfG, Bd. 2, 1976, S. 405 (408 ff.).

Gefahr, daß grundrechtssichernde Mechanismen, wie der Vorbehalt des Gesetzes, ihrer Funktion beraubt werden.[641]

Auf der Basis einer Außentheorie enthält sich das BVerfG gleichwohl nicht jeder Wertung schon auf der Tatbestandsseite, wie es die weite Tatbestandstheorie fordert. Insbesondere im Konfliktfall von zwei Grundrechtsträgern, für die jeweils grundrechtlicher Schutz zu streiten scheint, sind Äußerungen des BVerfG auch dahingehend zu verstehen, daß es kollidierendes Verfassungsrecht, hier die Grundrechte anderer, als ungeschriebene schutzbereichsimmanente Grundrechtsgrenze ansieht.[642] Es gibt Entscheidungen, die vermuten lassen, daß das Gericht apriorische Grundrechtsgrenzen nicht ausschließt. So lassen sich verschiedene, nicht abschließende Beispiele[643] anführen, die verdeutlichen, daß es einzelne Verhaltensweisen von vornherein aus dem Schutzbereich des jeweiligen Grundrechts ausgrenzt mit dem Bestreben, Grundrechtskollisionen gar nicht erst entstehen zu lassen. Dies geschieht konstruktiv dadurch, daß der grundrechtliche Schutzbereich durch wertende Gesichtspunkte thematisch eingegrenzt wird, die vor allem aus der Gemeinschaftsgebundenheit und der Außenwirkung der Freiheitsbetätigung resultieren und damit auf den Grundgedanken des „neminem laedere“ rückführbar sind.[644]

So macht das BVerfG die Schutzbereichsebene zum Ort wertender Eingrenzungen, etwa, wenn bewußt unwahren Tatsachenbehauptungen der Schutz des Art. 5 Abs. 1 Satz 1 GG von vornherein versagt wird, um den Anschein zu vermeiden, das Grundgesetz könne Lügen als schutzwürdig ansehen.[645] Ebenso fällt nach der Rechtsprechung des BVerfG die rechtswidrige Beschaffung von Informationen nicht in den Schutzbereich des Grundrechts auf freie Meinungsäußerung oder der Pressefreiheit, wohingegen die Verbreitung

---

641 Das gilt z.B. im Bereich staatlicher Informationspolitik; näher dazun unten **II 3 b**.

642 *Gellermann*, Grundrechte im einfachgesetzlichen Gewande, S. 209; *Langer*, JuS 1993, 203 (205 f.), wobei es genau genommen terminologisch verfehlt ist, „kollidierendes Verfassungsrecht“ als Schutzbereichsgrenze zu begreifen. Das Ausgrenzen eines Verhaltens oder einer Position aus dem Schutzbereich führt ja gerade dazu, daß diese mit anderen Verfassungsgütern nicht mehr kollidieren können.

643 Zu weiteren Beispielen siehe *Stern*, Staatsrecht, Bd. III/2, S. 644 f.

644 So auch *Schwarz*, BayVBl. 2003, 326 (327 f.).

645 Siehe BVerfGE 54, 208 (219); 61, 1 (7 ff.); 82, 43 (51); 85, 1 (15); 90, 241 (247, 254); kritisch dazu als ein Befürworter der weiten Tatbestandstheorie *von Arnauld*, Staatsrecht, S. 153 f.; *Lübbe-Wolff*, Grundrechte als Eingriffsabwehrrechte, S. 92, sieht diesen Fall nicht als eine Schutzbereichsverkürzung aufgrund allgemeiner Erwägungen, sondern um eine semantisch begründete Wortlautinterpretation, d.h.: Wer bewußt unwahre Tatsachen aufstellt, äußere damit nicht seine „Meinung“. Das hat sicher etwas Zutreffendes. Gleichwohl beinhaltet diese Wortlautinterpretation auch allgemein wertende Gesichtspunkte, die der weiten Tatbestandstheorie auf der Ebene des Schutzbereichs fremd sein dürften.

rechtswidrig erlangter Informationen den Schutz des Art. 5 Abs. 1 GG genießt[646].

Einen wertenden Ansatz verfolgt das BVerfG auch, wenn es unter dem Begriff des „Berufes" i.S.d. Art. 12 Abs. 1 GG nur grundsätzlich erlaubte Tätigkeiten versteht.[647]

Weiterhin wird zwar ein Boykottaufruf grundsätzlich vom Schutzbereich der Meinungsfreiheit aus Art. 5 Abs. 1 GG als geschützt angesehen. Das gilt aber nicht, wenn er „nicht nur auf geistige Argumente gestützt wird, sich also auf die Überzeugungskraft von Darlegungen, Erklärungen und Erwägungen beschränkt, sondern darüber hinaus sich solcher Mittel bedient, die den Angesprochenen die Möglichkeit nehmen, ihre Entscheidungen in voller innerer Freiheit und ohne wirtschaftlichen Druck zu treffen".[648]

Dem Aspekt eines Ausschlusses mißbräuchlicher Grundrechtsausübung trägt das BVerfG vereinzelt auch in der Auslegung des Art. 4 Abs. 1 GG, also bereits auf der tatbestandlichen Ebene Rechnung. Es versagt den Grundrechtsschutz, ohne auf eine ausdrückliche einfachgesetzliche Ermächtigung Rückgriff zu nehmen. Deutlich wird das in einer frühen Entscheidung zur Glaubensabwerbung: Zwar erstrecke sich die Glaubensfreiheit sowohl auf die Werbung für den eigenen Glauben als auch auf die Abwerbung von einem fremden Glauben. Wer aber „demjenigen, der sich von seinem Glauben lösen soll, unter Ausnutzung der besonderen Verhältnisse des Strafvollzugs hierfür Genußmittel verspricht und gewährt, genießt nicht den Schutz des Art. 4 Abs. 1 GG".[649] Die mißbräuchliche Freiheitsausübung wurde hier von vornherein als nicht vom Schutzbereich erfaßt angesehen. Eine allgemeine Regel für die Handhabung von „Grundrechtsmißbräuchen" hat sich aus der Entscheidung für die weitere Rechtsprechung des BVerfG allerdings nicht ergeben.[650] Es lassen sich nur vereinzelte Beispiele anführen: So steht in einem vergleichbaren Kontext des Grundrechtsmißbrauchs eine Entscheidung des BVerfG zum Grundrecht auf Asyl. Als Methode des bereits tatbestandlichen Ausschlusses ist es auch hier zu werten, wenn es davon ausgeht, daß das Asylgrundrecht des (damaligen) Art. 16 Abs. 1 Satz 2 GG nach seinem Gewährleistungsinhalt

---

646 BVerfGE 66, 116 (137 f.).

647 Vgl. BVerfGE 7, 377 (397), BVerfGE 68, 272 (281); wobei das Erfordernis des Erlaubtsein eng auszulegen ist, weil andernfalls der Gesetzgeber in der Hand hätte, die Berufsfreiheit durch Schaffung von Verbotsnormen auszuhöhlen, vgl. BVerwGE 22, 286 (288). Demzufolge sind nur solche Tätigkeiten nicht erlaubt, die allgemein als gemeinschädlich angesehen werden, siehe BVerwG, DVBl. 1995, 47 (48). Näher dazu unten **9. Teil, V. 3.**

648 So BVerfGE 25, 256 (264).

649 BVerfGE 12, 1 (4 f.).

650 So auch die Einschätzung von *Lübbe-Wolff*, Die Grundrechte als Eingriffsabwehrrechte, S. 94.

eine politische Verfolgung, die durch selbst geschaffene Nachfluchttatbestände hervorgerufen wird, grundsätzlich nicht umfasse.[651]

Als weiteres Beispiel für eine Schutzbereichslösung und für die Existenz ungeschriebener Grundrechtsgrenzen wird vielfach der bereits erwähnte „Sprayer-Beschluß" des BVerfG zum Verhältnis von Kunstfreiheit und Eigentumsrechten anderer genannt. Danach erstrecke sich die Reichweite der Kunstfreiheit „von vornherein nicht auf die eigenmächtige Inanspruchnahme oder Beeinträchtigung fremden Eigentums zum Zwecke der künstlerischen Entfaltung (sei es im Werk- oder Wirkbereich der Kunst)."[652]

Die Beispiele sind zur Charakterisierung der Rechtsprechung nicht verallgemeinerungsfähig; zumindest lassen sie kein einheitliches Lösungsmodell erkennen. Sie verdeutlichen aber, daß das BVerfG nicht immer die gegen den Grundrechtsschutz sprechenden Gesichtspunkte als Rechtfertigungsgrund für eine Grundrechtsreduzierung auf der Schrankenebene abhandelt, sondern manchen Verhaltensweisen von vornherein den grundrechtlichen Schutz versagt. Es zeigt sich also gegenüber schutzbereichsimmanenten Grenzen nicht grundsätzlich verschlossen und läßt eine wertende Betrachtung auf der Tatbestandsseite der Grundrechte zu.

II. Die Akzeptanz des Kollisionsmodells, seine Schwächen und offenen Fragen

Das auf Abwägungen abzielende Kollisionsmodell des BVerfG zur Einschränkung vorbehaltloser Grundrechte hat sich sowohl in der judikativen Praxis[653] als auch in großen Teilen der Literatur[654] weitgehend durchgesetzt.[655]
In ihm wird der einzige Ansatz gesehen, der im Gegensatz zu den verschiedenen Immanenzlehren dem Vorrang der Verfassung gerecht werde und die Bindungswirkung des Art. 1 Abs. 3 GG beachte. Zudem liege ein methodischer Vorzug in dem umfassenden Anwendungsbereich des Modells, der eine Möglichkeit biete, für die gesamte Begrenzungsproblematik eine strukturell einheitliche Lösung zu finden und Begrenzungen von Grundrechtsverbürgun-

---

[651] BVerfGE 74, 51 (57).
[652] BVerfG (Vorprüfungsausschuß), NJW 1984, 1293.
[653] Vgl. aus verschiedenen Gerichtsbarkeiten nur BVerwGE 90, 112 (120); 91, 223 (224); BVerwG, NJW 2001, 1365 (1366); BSGE 61, 159 (165); BGHZ 84, 237 (238); BGHSt 37, 55 (62), OVG NW, NWVBl. 1994, 144 (146).
[654] Vgl. etwa *Dreier*, in: ders., GG, Bd. I, Vorb., Rn. 139; *Jarass*, in: ders./Pieroth, GG, Vorb. Vor Art.1, Rn. 45 ff.; *von Münch*, in: ders./Kunig, Grundgesetz, Bd. 1, Vorb. Art. 1-19, Rn. 56 ff.; *Starck*, in: Maunz/Klein/Starck, Grundgesetz, Art. 1 Abs. 3, Rn. 176; *Vlachopoulos*, Kunstfreiheit und Jugendschutz, S. 140, jeweils , m.w.N
[655] *Sachs*, in: Stern, Staatsrecht, Bd. III/2, S. 551, m.w.N. aus Rechtsprechung und Schrifttum in Fn. 297.

gen jeder Art zu begründen. Das Abwägungsmodell biete überdies die Gewähr rechtsstaatlich unbedenklicher Ergebnisse.[656]

Das praktizierte Konzept des kollidierenden Verfassungsrechts sieht sich trotz der grundsätzlichen Akzeptanz einigen Vorwürfen ausgesetzt.
Vor einer näheren Auseinandersetzung mit diesem Modell, sollte man sich nochmals vor Augen führen, daß es einen methodisch und dogmatisch anderen Anknüpfungspunkt hat als eine Begrenzungslösung, die mit schutzbereichsimmanenten Grenzen argumentiert. Wie schon der Name zum Ausdruck bringt, geht der Lösungsansatz des BVerfG von *kollidierenden* Rechtsgütern aus. Die Lösung von Grundrechtskollisionen setzt demzufolge logisch zwingend voraus, daß die entgegenstehenden Interessen jedenfalls zunächst grundrechtlichen Schutz genießen, also von dem Schutzbereich eines Grundrechts erfaßt sind. Andernfalls ließe sich gar nicht von einer Kollision sprechen. Das hier skizzierte Modell erfaßt somit gar nicht die Frage, ob es stets zu einer Kollision kommen muß; es setzt sie vielmehr voraus.
Dem Anwendungsbereich der Kollisionstheorie liegt immer ein weites Tatbestandsverständnis zugrunde. Die weite Tatbestandstheorie ist quasi ihr grundrechtstheoretisches Fundament. Zwangsläufig beinhaltet die Kollisionstheorie daher auch keine Kriterien, die es ermöglichen oder rechtfertigen können, bestimmte Verhaltensweisen von *vornherein* den grundrechtlichen Schutz zu versagen. Anders ausgedrückt: Die Möglichkeit allgemeiner schutzbereichsimmanenter Grenzen liegt den „verfassungsimmanenten Schranken" gleichsam gedanklich voraus. Gerade im Hinblick auf die vorbehaltlosen Grundrechte sollte der Weg zu einer restriktiveren Auslegung ihrer Schutzbereiche durch die Anerkennung immanenter Grenzen nicht von vornherein ausgeschlossen sein. Andernfalls wird die Kollision mit anderen Grundrechten und Verfassungswerten zur Regel, was zur Notwendigkeit weitreichender Beschränkungen führen muß. Das wiederum stellt aber den vorbehaltlosen Charakter dieser Grundrechte in Frage.[657]

Mutmaßlich ist die Kollisionstheorie aus diesem Grund nicht der einzige Lösungsweg, den das BVerfG zur Begründung (ungeschriebener) Grundrechtsbegrenzungen verfolgt. Die oben genannten Beispiel haben das gezeigt. Man mag das als Indiz dafür werten, daß die Kollisionslösung konstruktiv nicht immer der sachgerechte Ansatz ist.

Aus der folgenden Auseinandersetzung mit dem beschriebenen Modell des BVerfG lassen sich noch keine unmittelbaren Schlußfolgerungen für die Exis-

---

656 *Sachs*, in: Stern, aaO., S. 551 (571 f.); *von Arnauld*, Die Freiheitsrechte und ihre Schranken, S. 124.

657 Vgl. *Muckel*, Religiöse Freiheit und staatliche Letztentscheidung, S. 256 f.; ähnlich *Misera-Lang*, Beschränkbarkeit vorbehaltloser Grundrechte, S. 235 f.: „Die Schutzbereiche vorbehaltloser Grundrechte müssen also nicht nur präzise, sondern zusätzlich eher restriktiv ausgelegt werden."

tenz schutzbereichsimmanenter Grundrechtsgrenzen ziehen. Gleichwohl zeigt sich, daß das Kollisionsmodell in einigen elementaren Fragen noch keine abschließende Klärung gefunden hat, obwohl es seit langem und ständig angewandt wird. Das überrascht nicht nur, sondern ist der Anreiz, nach Alternativen bzw. Ergänzungen zu suchen.

1. Der Umfang der kollisionsfähigen und begrenzungstauglichen (Verfassungs-) Güter

Problematisch am Lösungsmodell des BVerfG ist vor allem, daß nicht ersichtlich ist, mit welchen Verfassungsbestimmungen Grundrechtsbegrenzungen legitimiert werden können.

a) Allgemeine Handlungsfreiheit als kollidierendes Grundrecht?

Nach der Rechtsprechung des BVerfG sind „kollidierende Grundrechte Dritter" imstande, (vorbehaltlose) Grundrechte zu begrenzen. Dagegen ist im Grundsatz nichts einzuwenden. Wenig Beachtung findet aber die Überlegung, daß durch das weite Verständnis des Art. 2 Abs. 1 GG[658], dessen Grundrechtscharakter anerkannt ist, sämtliche indviduellen Rechte und Belange auf Verfassungsebene gehoben werden können.[659] Mögen sich die (nur) von der allgemeinen Handlungsfreiheit geschützten Interessen in einer Einzelfallabwägung auch nicht durchsetzen, vermitteln sie dennoch eine – zumindest potentiell – extensive Beschränkbarkeit von (vorbehaltlosen) Grundrechten. Praktisch läuft damit die Begrenzungsformel des BVerfG auf einen einfachen Gesetzesvorbehalt hinaus.[660] Genau das aber möchte das BVerfG eigentlich ausschließen. Um an einer Kernaussage seines Modells festhalten zu können, müßte das BVerfG also klarstellen, daß allein von Art. 2 Abs. 1 GG geschützte Rechte bzw. Interessen nicht geeignet sind, die anderen Grundrechte zu begrenzen[661], obwohl die allgemeine Handlungsfreiheit als Grundrecht Bestandteil der materiellen Verfassung ist. Eine solche Klarstellung ist in der Judikatur bis heute nicht ersichtlich.[662]

b) Die Begrenzung durch sonstige Rechtsgüter mit Verfassungsrang

Was über die kollidierenden Grundrechte hinaus alles zum „Rechtswert" erklärt werden kann und wie ein Rechtswert „Verfassungsrang" erlangt, läßt sich weder dem Grundgesetz noch der allgemein gehaltenen Formel des BVerfG entnehmen und kann nur von diesem selbst von Fall zu Fall verbindlich ent-

---

658 Zur thematischen Offenheit des Art. 2 Abs. 1 GG siehe oben **5. Teil, II.**

659 Das Problem erkennt *Kluge*, ZRP 1992, 141 (144); vgl. auch *Pecher*, Verfassungsimmanente Schranken von Grundrechten, S. 194 f.

660 Ähnlich *Pecher*, aaO., S. 195; vgl. auch *Misera-Lang*, Einschränkbarkeit vorbehaltloser Freiheitsgrundrechte, S. 345.

661 In diesem Sinne *Grigoleit/Kersten*, DVBl. 1996, 596 (603); *Misera-Lang*, aaO., S. 345 f.

662 Siehe aber *Kluge*, ZRP 1992, 141 (144 f.) zu BVerwGE 68, 62 (68): Bei der Frage der Lärmbelästigung durch Glockenläuten hat das BVerwG nicht auf die allgemeine Handlungsfreiheit als verfassungsimmanente Schranke abgestellt.

schieden werden.[663] Im Ausgangspunkt sieht das BVerfG ausdrücklich „Verfassungsbestimmungen aller Art" als potentiell begrenzungstauglich an.[664] Es besteht damit die Gefahr, daß Verfassungsbestimmungen herangezogen werden, die in ihrer primären Rechtswirkung nicht auf eine Grundrechtsbegrenzung ausgerichtet sind. Wenn eine Eingriffslegitimation benötigt wird, läßt sich über eine weite Auslegung von Grundgesetznormen vieles zu einem „Rechtswert mit Verfassungsrang" hochstilisieren.[665] Die vom BVerfG in seiner maßgeblichen Begrenzungsformel geforderte Unterscheidung zwischen Verfassungsrecht und einfachem Gesetzesrecht wird eingeebnet, und der Ausnahmecharakter der vorbehaltlosen Grundrechte geht verloren.[666] Letztlich sieht sich die Methodik des BVerfG auch hier dem Vorwurf ausgesetzt, daß sie den vielfach kritisierten Gemeinschaftsvorbehalt des BVerwG nur in einer anderer Argumentationsfigur wieder aufleben läßt.[667] Denn tatsächlich läßt sich regelmäßig immer ein Weg finden, das einfach-gesetzlich geschützte Rechtsgut in die Verfassungsebene hineinzuprojizieren.[668] Daher überrascht es nicht, daß sich das BVerfG im Auffinden kollidierender Verfassungsgüter bei Bedarf „außerordentlich erfindungsreich" gezeigt hat.[669] Um nur exemplarisch einige von der Rechtsprechung als begrenzungstauglich anerkannte Verfassungswerte zu nennen[670]: Die Funktionsfähigkeit der militärischen Landesverteidigung[671], das Schulwesen und der staatliche Erziehungsauftrag[672], der Jugendschutz[673], der Umweltschutz[674], der Tierschutz[675] und Staatssymbole wie die

---

663 So die zutreffende Einschätzung von *W. Schmidt*, AöR 106 (1981), 497 (498).

664 BVerfGE 81, 278 (292), ebenso unter Bezugnahme das BVerwG, vgl. nur NJW 1999, 304.

665 So unter vielen *Wendt*, AöR 104 (1979), 414 (433); *Schwabe*, Probleme der Grundrechtsdogmatik, S. 308.

666 *Misera-Lang*, Einschränkbarkeit vorbehaltloser Grundrechte, S. 315, die zu Recht darauf hinweist, daß sich die Ausgangsthese des BVerfG dadurch selbst ad absurdum führt; vgl. auch *Sacksofsky*, NJW 2003, 3297 (32300).

667 *Böckenförde*, Der Staat 42 (2003), 165 (173); *Bamberger*, Verfassungswerte als Schranken vorbehaltloser Freiheitsgrundrechte, S. 122: „Verfassungsvorbehalt als verkappter Gemeinschaftsvorbehalt".

668 Vgl. die massive Kritik von *Kriele*, HdbStR V, § 110, Rn. 69 ff., der im übrigen die Begrenzungsformel des BVerfG als ein obiter dictum interpretiert, aaO., Rn. 70, vgl. auch *dens.*, JA 1984, 629 (631, 634).

669 *Brohm*, FS Stein, 2002, S. 3; zum „begrenzungstauglichen Verfassungsrecht" siehe auch *Terwiesche*, Die Begrenzung der Grundrechte durch objektives Verfassungsrecht, S. 139 ff.

670 Eine umfangreiche Aufzählung der vom BVerfG herangezogenen „Verfassungswerte" bietet - jeweils mit umfangreichen Nachweisen – *Bamberger*, Verfassungswerte als Schranken vorbehaltloser Freiheitsgrundrechte, S. 27 ff.

671 BVerfGE 28, 36 (47); 28, 243 (261); 32, 40 (46); 48, 127 (159 ff.); 69, 1 (21).

672 BVerfGE 24, 119 (135); 52, 223 (246 f.); 93, 1 (21).

673 BVerfGE 30, 336 (347 f.); 77, 346 (356); 79, 51 (63); 83, 130 (144 f.).

674 BVerwG, NJW 1995, 2648 f.; NJW 1996, 1163.

675 OVG Hamburg, NVwZ 1994, 592 (594); VGH Kassel, NJW 1994, 1608 (1609).

Bundesflagge[676] und die Nationalhymne.[677] Dagegen sieht selbst das BVerfG etwa das Sozialstaatsprinzip als zu komplexen und abstrakten Verfassungswert an, dem keine unmittelbar grundrechtsbeschränkenden Aussagen zu entnehmen ist.[678] Ein geschlossenes System liegt der Heranziehung oder Ablehnung von Verfassungswerten als verfassungsimmanente Grundrechtsschranken jedenfalls nicht zugrunde.

In diesem Zusammenhang erscheint es vor allem bedenklich, wenn das BVerfG mitunter auch grundgesetzlichen Kompetenz- und Organisationsbestimmungen grundrechtsbegrenzende Wirkung beimißt.[679] Dieser Ansatz findet zwar gewissen Rückhalt in der staatsrechtlichen Literatur. So hat *Ehmke* die grundrechtsbegrenzende Funktion von Kompetenzvorschriften mit der Einheit der Verfassung zu begründen versucht. Kompetenznormen hätten eine doppelten Bedeutung: Sie regelten nicht nur die Zuständigkeitsverteilung zwischen Bund und Ländern, sondern beinhalteten auch gegenüber den Bürgern Kompetenzen zur Erfüllung von Aufgaben und die zu ihrer Durchführung erforderliche Gewalt.[680]

Gegen diese Überlegungen sind vielfach und zu Recht Bedenken geäußert worden.[681] Die Differenzierung der Schrankenvorbehalte in den verschiedenen Grundrechten würde unterlaufen, und die vorbehaltlos gewährleisteten Grundrechte würden praktisch einem einfachen Gesetzesvorbehalt unterstellt.[682] Der besondere Schutz, den sie vermitteln, ginge damit verloren.[683]
Der Vorwurf beruht darauf, daß Kompetenzbestimmungen in der Regel ungeeignet sind, aus ihnen Begrenzungsaussagen gegenüber grundrechtlichen

---

[676] BVerfGE 81, 278 (293 f.).
[677] BVerfGE 81, 298 (308).
[678] BVerfGE 59, 231 (263). Ähnliches dürfte angesichts seiner Komplexität für den Umweltschutz gelten, vgl. *Murswiek*, NVwZ 1996, 222 (229).
[679] So bereits in der ersten einschlägigen Entscheidung zur Einschränkbarkeit vorbehaltloser Grundrechte durch kollidierendes Verfassungsrecht, BVerfGE 28, 243: hier wurde über einschlägige Kompetenz- und Organisationsvorschriften, Art. 12 a Abs. 1, Art. 73 Nr. 1 und Art. 87 a Abs. 1 S. 1 GG, der Funktionsfähigkeit der Bundeswehr Verfassungsrang zugesprochen; bestätigt durch BVerfGE 32, 40 (46); siehe u.a. auch BVerfGE 53, 30 (56), wo der Kompetenztitel des Art. 74 Abs. 1 Nr. 11 a GG zur Nutzung der Kernenergie GG als Positivierung eines Verfassungsguts gewertet wird; vgl. auch BVerfGE 77, 170 (221) bzgl. der Herleitung des Verfassungsguts „Landesverteidigung".
[680] *Ehmke*, VVDStRL 20 (1963), 53 (89 f.).
[681] Siehe insbesondere das Sondervotum von *Mahrenholz/ Böckenförde*, BVerfGE 69, 1, 57 (59 ff., 65 ff.), vgl. auch *Sachs*, in: ders., GG, Vor. Art. 1 GG, Rn. 132 f.; *Pieroth*, AöR 114 (1989), 422 (445 ff.); *Pecher*, Verfassungsimmanente Schranken von Grundrechten, S. 199 ff.; sehr gehaltvoll *Selk*, JuS 1990, 895 ff., jeweils mit weiteren Nachweisen und Analysen zahlreicher Rechtsprechungsfälle.
[682] *Schnapp/Dudda*, NWVBl. 1992, 375 (378); *Misera-Lang*, Beschränkbarkeit vorbehaltloser Grundrechte, S. 323, m.w.N.
[683] So auch *Brohm*, FS Stein, 2002, S. 3 (12); *Schütz*, JuS 1996, 498 (501).

Freiheitsverbürgungen herzuleiten, auch wenn durch sie „eine grundsätzliche Anerkennung des darin behandelten Gegenstands durch die Verfassung selbst“ zum Ausdruck kommen mag.[684] Die Art. 73 ff. GG sind die Konsequenz des föderalistischen Staatsaufbaus der Bundesrepublik Deutschland und begründen zunächst lediglich die Zuständigkeiten für unterschiedliche Materien staatlichen Handelns. Eine Aussage über den verfassungsrechtlichen Stellenwert der jeweils angesprochenen Materie beinhalten sie im Regelfall jedoch nicht.[685] Zwar ist nicht schlechterdings allen Kompetenz- und Organisationsvorschriften eine über die Zuweisung von Kompetenzen und Zuständigkeiten hinausgehende Rechtswirkung abzusprechen.[686] Entscheidend muß aber sein, ob in den einzelnen Bestimmungen eine Eignung zur Grundrechtsbegrenzung hinreichend zum Ausdruck kommt. Voraussetzung dafür ist, daß ihnen durch Auslegung zweifelsfrei entnommen werden kann, daß die Verfassung den Schutz eines bestimmten Gutes erstrebt, mit der Wahrnehmung der jeweiligen Kompetenz also notwendig eine Grundrechtsbegrenzung einhergeht.[687] Bei Grundrechtsbegrenzungen zur Durchsetzung ausschließlich staatsbezogener, d.h. nicht grundrechtsorientierter Verfassungswerte wird das zuweilen generell verneint und darin ein Verfassungsverstoß gegen den Normgehalt des Art. 1 Abs. 3 GG gesehen.[688] Denn Art. 1 Abs. 3 GG binde nicht nur den Gesetzgeber an die Grundrechte, sondern verbiete auch eine Grundrechtsbegrenzung durch nicht-grundrechtliche, wenngleich verfassungs-

---

684 BVerfGE 53, 30 (56).

685 *Sachs*, Verfassungsrecht II, A 9, Rn. 38, mit dem anschaulichen Beispiel der bundesgesetzlichen Kompetenz für den Tierschutz nach Art. 74 Abs. 1 Nr. 20 GG. Allein aus ihr sei noch keine Einschränkungsmöglichkeit für die Wissenschaftsfreiheit ableitbar, zumal der Tierschutz nicht weniger bedeutsam sei, hätte man ihn der Gesetzgebungskompetenz der Länder unterworfen. Vgl. im Ergebnis genauso VGH Kassel, NJW 1994, 1608; etwas anderes ergibt sich mittlerweile freilich aus Art. 20 a GG (Gesetz zur Änderung des Grundgesetzes vom 26.07.2002 - BGBl. I, S. 2862), der den Tierschutz zum Staatsziel macht und damit zum Verfassungsgut erklärt; vgl. dazu *Ogorek*, ZfTS 2002, 163 (171 mit Fn. 36) und *Hain/Unruh*, DÖV 2003, 147 f.

686 *Sachs*, aaO., A 9, Rn. 39, der aufgrund einer verfassungsrechtlichen Gesamtbetrachtung die Funktionsfähigkeit der Bundeswehr durchaus als begrenzungstauglich ansieht; *Misera-Lang*, Einschränkbarkeit vorbehaltloser Grundrechte, S. 325 f., spricht den Kompetenznormen prinzipiell „Widerspruchspotential gegenüber der Ausübung von (vorbehaltlosen) Grundrechten“ zu; vgl. zu einzelnen Kompetenznormen *Bleckmann*, DÖV 1983, 129 ff.; mit kritische Erwiderung von *Menzel*, DÖV 1983, 805 ff..

687 *Sachs*, JuS 1965, 984 (987); *Muckel*, NJW 2000, 689 (691), näher dazu auch *Terwiesche*, Die Begrenzung der Grundrechte durch objektives Verfassungsrecht, S. 178 ff.; auch das BVerwG hat dies im Hinblick auf Grundrechtsbegrenzung aufgrund der verfassungsrechtlichen Aufgabenstellung der Bundesregierung erkannt, siehe BVerwGE 90, 112 (125).

688 *Bamberger*, Verfassungswerte als Schranken vorbehaltloser Freiheitsrechte, S. 138 ff.; *ders.*, Der Staat 39 (2000), 355 (364 ff.), der dem immanenten Verfassungsvorbehalt der Rechtsprechung daher eine Absage erteilt und nur kollidierende Grundrechte anderer als Schutzbereichsgrenze ansieht, vgl. aaO., 372 ff. Näher dazu auch unten **10. Teil II**.

rechtliche Prinzipien, da ihnen gegenüber den Grundrechten kein normativ beschränkender Gehalt zukomme.[689]

Die Vorbehalte und Einwände sind berechtigt: Würde man alles, was im Grundgesetz erwähnt ist, als Verfassungsgut und damit als potentielle Einschränkungsmöglichkeit von Grundrechten begreifen, wäre die Eingriffsrechtfertigung durch kollidierendes Verfassungsrecht billig zu haben.[690] Von einer ausnahmsweisen Begrenzung, wie es das BVerfG selbst fordert, kann keine Rede mehr sein.
Richtig ist vielmehr, daß nicht jedes Verfassungswort auch für einen Verfassungswert steht.[691] Andernfalls bestünde unsere Verfassung aus einer unüberschaubaren Vielzahl von Kollisionsgütern, die immer zueinander in eine Abwägung gestellt werden könnten. Sie würde damit ihren rational aufklärbaren Gehalt verlieren und wäre „praktisch normativ leer".[692]
Gemessen an den eigenen Vorgaben wird die Rechtsprechung in diesem Zusammenhang erst recht fragwürdig und inkonsequent, wenn sie sogar Staatssymbole, die im Grundgesetz noch nicht einmal Erwähnung gefunden haben, wie die Nationalhymne, als Beschränkungsmöglichkeit für Grundrechte betrachtet.[693] Mit einer Begrenzung von vorbehaltlosen Grundrechten ohne normativen Anknüpfungspunkt im Grundgesetz verläßt das BVerfG den Boden seiner eigenen Prämissen. Es hätte hier konsequenterweise klar stellen müssen, daß auch ungeschriebenes Verfassungsrecht potentiell geeignet ist, Grundrechte zu begrenzen. Zudem läßt sich erwägen, ob nicht auch Materien der Landesverfassungen begrenzungstauglich sein können, der vom BVerfG postulierte Vorbehalt des Grundgesetzes vielmehr also ein Vorbehalt der materiellen Verfassung des Gesamtstaates sein müßte.[694]

Das BVerfG ist in einigen Entscheidungen von seiner Auffassung abgerückt, daß potentiell alle Verfassungswerte mit vorbehaltlos gewährleisteten Grundrechten abgewogen werden können. So hat es in Bezug auf Einfuhrverbote für verfassungsfeindliche Filme festgestellt, die Kunstfreiheitsgarantie sei nur durch „andere oberste Grundwerte der Verfassung" begrenzt.[695] Das ist qualitativ etwas anderes als „Rechtswerte mit Verfassungsrang" und reduziert die

---

689 *Bamberger*, aaO., 369.

690 *Pieroth/Schlink*, Grundrechte, Rn. 328; ähnlich *van Nieuwland*, Theorie der immanenten Grundrechtsschranken, S. 126 f.; *Mahrenholz/Böckenförde*, abw. Meinung, BVerfGE 69, 1, 57 (64).

691 So zu Recht *von Arnauld*, Die Freiheitsrechte und ihre Schranken, S. 119.

692 So eindringlich *Wahl*, Freiburger Universitätsblätter 1987, 19 (25).

693 BVerfGE 81, 298 (307 f.) - hier wurde der strafrechtliche Schutz des Staatssymbols „Nationalhymne" als Einschränkung der Kunstfreiheit gerechtfertigt. Kritisch dazu u.a. *Sachs*, JuS 1995, 984 (986), *Gusy*, JZ 1990, 640 f. und *Bamberger*, Verfassungswerte als Schranken vorbehaltloser Freiheitsrechte, S. 128 ff., m.w.N.

694 Dafür plädiert *Isensee*, FS Leisner, 1999, S. 359 (389 f.).

695 BVerfGE 33, 52 (70 f.).

begrenzungstauglichen Güter. Erläutert oder begründet hat das Gericht diese Reduzierung nicht[696] und inzwischen davon auch wieder Abstand genommen. Ausdrücklich hat das BVerfG die berechtigte Kritik erst in jüngerer Zeit aufgegriffen und hält selbstkritisch eine restriktivere Haltung bei der Annahme begrenzender Verfassungsgehalte für geboten. Entgegen seiner früheren Rechtsprechung[697] betont es nunmehr, daß allgemeinste, formelhafte Prinzipien, wie der „Schutz der Verfassung" oder die „Funktionsfähigkeit der (Straf-)Rechtspflege", nicht die Grundlage für Grundrechtsbegrenzungen sein können. Geboten sei vielmehr, anhand einzelner Grundrechtsbestimmungen die konkret verfassungsrechtlich geschützten Rechtsgüter festzustellen, die bei realistischer Einschätzung der Tatumstände dem grundrechtlich geschützten Interesse entgegenstehen, und diese in Konkordanz zum jeweiligen Grundrecht zu bringen.[698]

Gleichwohl erscheint eine noch deutlichere Präzisierung des kollidierenden Verfassungsrechts dringend geboten, um insbesondere den vom BVerfG selbst postulierten besonderen Voraussetzungen für eine Beschränkung der vorbehaltlosen Grundrechte gerecht zu werden. Andernfalls drohen diese zum bloßen Abwägungsmaterial zu verkümmern.[699]

2. Der Anwendungsbereich der Kollisionstheorie – Die Bedeutung verfassungsimmanenter Schranken bei Grundrechten mit Gesetzesvorbehalt

Die Grundsätze des Modells des kollidierenden Verfassungsrechts sind vom BVerfG für die vorbehaltlos garantierten Grundrechte entwickelt worden. Hier liegt der wichtigste Anwendungsbereich der verfassungsimmanenten Schranken. Es stellt sich aber die Frage, ob sie auch als Begründung für Begrenzungen von Grundrechten herangezogen werden können, die mit einem (einfachen oder qualifizierten) Gesetzesvorbehalt versehen sind. Eine eindeutige Antwort auf diese Frage ist bis heute nicht gefunden worden.

Für eine Anwendung auch auf diese Grundrechte scheint in erster Linie zu sprechen, daß andernfalls die vorbehaltlos gewährleisteten Grundrechte stär-

---

696 Zu Recht kritisch daher *Lerche*, BayVBl. 1974, 177 (180 f.); in BVerfGE 81, 278 (292 f.) findet sich ein Bezugnahme auf das Urteil. Das Gericht spricht sich im Falle einer Kollision mit obersten Grundwerte der Verfassung für ein Zurücktreten des Grundrechts hinter dem kollidierenden Verfassungsgut aus, in „weniger extremen Situationen" plädiert es dagegen für eine einzelfallbezogene Abwägung. Kritisch dazu *Terwiesche*, Die Begrenzung der Grundrechte durch objektives Verfassungsrecht, S. 231 ff. und auch *Mis-Paulußen*, Begrenzung vorbehaltlos gewährleisteter Grundrechte, S. 91.

697 BVerfGE 33, 23 (32 f.); 44, 353 (373 f.); 51, 324 (343 ff.); 53, 152 (158 f.).

698 BVerfGE 77, 240 (2. Leitsatz, 255), ebenso BVerfGE 81, 278 (292).

699 So zutreffend *Misera-Lang*, Beschränkbarkeit vorbehaltloser Grundrechte, S. 316, die sich im folgenden um eine solche Präzisierung der kollisionstauglichen Verfassungsinhalte bemüht, im Ergebnis, aaO., S. 336, aber feststellt, daß der Kreis von Grundgesetzbestimmungen, die sich inhaltlich als potentiell kollisions- und begrenzungstauglich gegenüber (vorbehaltlosen) Grundrechten erweisen, nahezu unbegrenzt sei.

ker eingeschränkt werden könnten als die einem Gesetzesvorbehalt unterworfenen Grundrechte[700], insbesondere wenn man die ausufernde Heranziehung kollidierenden Verfassungsrechts bedenkt.

Auch die Rechtsprechung geht daher davon aus, daß die aus kollidierendem Verfassungsrecht hergeleiteten verfassungsimmanenten Schranken (erst recht) auch bei Grundrechten mit Gesetzesvorbehalt zum Tragen kommen.[701]

Dagegen gibt es Stimmen in der Literatur, die in den Gesetzesvorbehalten quasi abschließende Regelungen sehen, die eine darüber hinausgehende Beschränkung aufgrund verfassungsimmanenter Schranken verdrängen.[702] Dabei wird mit einem Umkehrschluß aus den expliziten Vorbehaltsregelungen argumentiert. Der Verfassungsgeber habe mitunter die Kollisionsgefahren und die Eingriffsnotwendigkeit erkannt. Reagiert habe er darauf mit Gesetzesvorbehalten. Eines Rückgriffs auf kollidierendes Verfassungsrecht bedürfe es hier daher nicht.[703] So wird insbesondere die Zulässigkeit dieses Vorgehens bei Grundrechten mit qualifiziertem Gesetzesvorbehalt in Frage gestellt und die Gefahr gesehen, daß der Wortlaut der Verfassung und die spezifischen Anforderungen dieser Vorbehalte durch einen Rückgriff auf kollidierendes Verfassungsrecht überspielt werden könnten.[704] Zudem wird bei Grundrechtsnormen mit qualifizierten Gesetzesvorbehalten dem Zusatz „nur" , wie etwa bei Art. 13 Abs. 3 GG, eine abschließende Bedeutung dahingehend beigemessen, daß hier Einschränkungen tatsächlich nur durch Gesetz (oder aufgrund eines Gesetzes) möglich seien.[705]
Diese Auffassungen können einige überzeugende Argumente ins Feld führen. Insbesondere ist nicht die Gefahr von der Hand zu weisen, daß die unterschiedslose Anwendung der verfassungsimmanten Schranken auf alle Freiheitsgrundrechte die Schrankensystematik des Grundgesetzes in Frage stellt und die differenzierten Anforderungen an die verschiedenen Gesetzesvorbe-

---

700 *Jarass*, in: ders./Pieroth, GG, Vorb. vor Art. 1, Rn. 47;, gegen diesen „Erst-recht-Schluß" *Bamberger*, Verfassungswerte als Schranken vorbehaltloser Grundrechte, S. 109.

701 Vgl. BVerfGE 41, 205 (217 f.); 53, 257 (295 f.); BVerfGE 66, 116 (136) zu Art. 5 Abs. 1 GG; BVerfGE 72, 122 (137) zu Art. 2 Abs. 1 GG; BVerfGE 73, 301 (315) zu Art. 12 GG; siehe auch BVerwGE 83, 358 (365); 87, 37 (45 f.).

702 So etwa *Wülfing*, Grundrechtliche Gesetzesvorbehalte und Grundrechtsschranken, S. 62 f.; *Bamberger*, Verfassungswerte als Schranken vorbehaltloser Freiheitsgrundrechte, S. 107 ff.; *Bethge*, in: Sachs, GG, Art. 5, Rn. 176; umfangreich zu der Problematik auch *Sachs*, in: Stern: Staatsrecht, Bd. III/2, S. 522 ff.

703 So *Pieroth/Schlink*, Grundrechte, Rn. 331; nicht ganz so klar, aber im Ergebnis wohl ähnlich *Schoch*, DVBl. 1991, 667 (671).

704 *Waechter*, Der Staat 30 (1991), 19 (23 f.); *Epping*, Grundrechte, Rn. 77; siehe auch *Huster*, NJW 1996, 487 (489 f.), der im Bereich von Art. 5 Abs. 1 GG dazu tendiert, die Schrankenregelung des Art. 5 Abs. 2 GG mit Blick auf das Erfordernis der „allgemeinen Gesetze" als abschließend zu betrachten.

705 *Sachs*, in: Stern, Staatsrecht, Bd. III/2, S. 523 f.; gegen dieses Argument *von Arnauld*, Die Freiheitsrechte und ihre Schranken, S. 130 f.

halte nivellieren könnte.[706] Auf der anderen Seite sind diese Auffassungen im Ergebnis deshalb problematisch, weil sie dazu führen würden, daß vorbehaltlose Grundrechte stärker relativiert werden könnten als solche, die einen Gesetzesvorbehalt enthalten.[707]
Zudem läßt sich auf den Charakter und die Begründung der verfassungsimmanenten Schranken abstellen. Bei ihnen geht es nicht um eine auf das jeweilige Thema der Grundrechtsverbürgung gerichtete Begrenzung, sondern um eine, die den individuellen Freiheitsbereich insgesamt und damit alle Freiheitsrechte betrifft.[708] Zudem ist nicht einzusehen, warum die Schutzverpflichtung des Staates gegenüber durch Dritte gefährdete Grundrechte seiner Bürger eine Ausnahmen erfahren soll, nur weil die betroffenen Grundrechte keine Erwähnung in einem qualifizierten Gesetzesvorbehalt des Grundrechts gefunden haben, auf das sich der Angreifer beruft.[709]
Verfassungsimmanente Schranken gelten daher auch für unter Gesetzesvorbehalt stehende Grundrechte.[710]
Davon zu unterscheiden ist jedoch die Frage des Anwendungsvorrangs. Soweit die ausdrücklichen, geschriebenen Begrenzungsmöglichkeiten reichen, sollten sie den (ungeschriebenen) verfassungsimmanenten Schranken vorgehen. Wo die Gesetzesvorbehalte jedoch inhaltlich enden, dürfte die Begrenzungsmöglichkeit aufgrund anderer Verfassungswerte zulässig sein.[711] Das dürfte auch deshalb richtig sein, weil der Verfassungsgeber nicht alle kollidierenden Schutzgebote vorhersehen konnte.[712] Dann kann aber nicht aus den geschriebenen Gesetzesvorbehalten auf die fehlende Berechtigung einer Anwendung von verfassungsimmanenten Schranken geschlossen werden.[713] Aus diesem Grund spricht einiges dafür, Grundrechte mit spezifischen Gesetzesvorbehalten wie vorbehaltlose Grundrechte zu behandeln, wenn die geschriebenen Vorbehalte neu auftretende öffentliche Interessen nicht erfassen.[714] Dabei ist die inhaltliche Verdrängungswirkung der qualifizierten Gesetzesvorbehalte eingedenk der Intention und der zu hinterfragenden Weitsichtig-

---

706 *Muckel*, FS Schiedermair, 2001, S. 347 (350).
707 *Jarass*, in: ders./Pieroth, GG, Vorb. vor Art. 1, Rn. 47.
708 Siehe *Gellermann*, Grundrechte im einfachgesetzlichen Gewande, S. 227 f., m.w.N., der allerdings davon ausgeht, daß sich kollidierende Grundrechte bereits auf der Tatbestandsebene auswirken und deshalb der gesetzgeberischen Schrankenziehung aufgrund von Gesetzesvorbehalte vorgingen. Zum Ansatz der Schutzbereichsbegrenzung durch kollidierende Verfassungsgüter näher unten **10. Teil**.
709 So wohl auch zu verstehen *Misera-Lang*, Beschränkbarkeit vorbehaltloser Grundrechte, S. 306.
710 So auch *Böckenförde*, Der Staat 42 (2003), 165 (170); *Groß*, DÖV 1992, 981 (986).
711 Siehe zu diesem Problem die überzeugende und differenzierte Darstellung von *von Arnauld*, Die Freiheitsrechte und ihre Schranken, S.128 ff.; ebenfalls vom „Grundsatz der Subsidiarität" ausgehend *van Nieuwland*, Theorie der immanenten Grundrechtsschranken, S. 138.
712 *Lerche*, HdbStR V, § 122, Rn. 14; *Bleckmann*, Staatsrecht II, § 12, Rn. 77.
713 *Von Arnauld*, Die Freiheitsrechte und ihren Schranken, S. 131 f.
714 *Bleckmann*, Staatsrecht II, § 12, Rn. 77.

keit des Verfassungsgebers genau zu bestimmen. Zudem darf der Rückgriff auf verfassungsimmanente Schranken nicht zur einer Umgehung der formalen Kriterien eines (qualifizierten) Gesetzesvorbehalts führen.[715]

Eine abschließende Stellungnahme soll hier nicht erfolgen. Wiederum zeigt sich aber, daß die Kollisionstheorie und die Lehre von den verfassungsimmanenten Schranken nach wie vor in ganz grundlegenden Punkten zur Diskussion steht.

3. Der Vorbehalt des Gesetzes bei kollidierendem Verfassungsrecht

Begreift man wie die Rechtsprechung kollidierendes Verfassungsrecht als Möglichkeit, die Beschränkung von tatbestandlich geschütztem Verhalten zu rechtfertigen, wirft das die Frage auf, auf was sich die Rechtfertigung stützen muß. Ergibt sie sich aus der Verfassung selbst oder muß und kann sie erst durch ein Gesetz erfolgen, das seinerseits durch kollidierendes Verfassungsrecht gerechtfertigt ist? Damit im Zusammenhang steht zwangsläufig die Frage, wer die Kompetenz zur Konkretisierung immanenter Schranken hat: Nur der Gesetzgeber oder auch die Verwaltung und Rechtsprechung?

a) Die Konkretisierung verfassungsimmanenter Schranken – konstitutive oder deklaratorische Wirkung?

Die Beantwortung der Fragen ist zum einen angesichts des Charakters der vorbehaltlosen Grundrechte und zum anderen mit Blick auf die Begründung und den Ursprung der „verfassungsimmanenten Schranken" nicht eindeutig.
Die Vorbehaltlosigkeit einiger Grundrechte läßt womöglich die Schlußfolgerung zu, daß die Verfassung, im Gegensatz zu den Grundrechten mit Gesetzesvorbehalt, die staatliche Gewalt, insbesondere den Gesetzgeber, eben nicht zu Grundrechtseingriffen in diese Grundrechte ermächtigt.[716] Damit wäre es dem Gesetzgeber verwehrt, eine konstitutive Grundrechtsschranke in Form eines Grundrechtseingriffs zu errichten. Im Umkehrschluß würde er im Regelungsbereich vorbehaltloser Grundrechte vielmehr nur deklaratorisch tätig.[717]
Dem entspricht die vielfach vertretene Auffassung und ist eine Kernaussage des Kollisionsmodells des BVerfG, daß sich die Begrenzungsfunktion dieser „Schranken" aus der Verfassung selbst ergibt. Infolgedessen könnte die ein anderes Verfassungsgut verletzende Freiheitsbetätigung schon unmittelbar wegen dieser Verletzung unzulässig sein und nicht erst durch einen besonderen staatlichen Akt.[718] Auch das könnte für die Annahme sprechen, daß das

---

[715] *Von Arnauld*, aaO., S. 132 f., der aufgrund dessen dem Vorbehalt der „allgemeinen Gesetzen" des Art. 5 Abs. 2 GG ebenfalls eine verdrängende Wirkung zuspricht, weil sie das „auch-formale Kriterium" beinhalteten, sich nicht gegen eine spezifische Meinung richten zu dürfen.

[716] *Hoffmann*, NJW 1985, 237 (242 f.); *Kriele*, JA 1984, 629 (636, 637).

[717] Vgl. nur die Übersicht von *Wipfelder*, BayVBl. 1981, 417 ff.; zu diesem Problemkreis auch *Misera-Lang*, Beschränkbarkeit vorbehaltloser Grundrechte, S. 282 ff.

[718] *Von Arnauld*, Die Freiheitsrechte und ihre Schranken, S. 126.

„Nachzeichnen“[719] der der individuellen Freiheit immanenten Begrenzungen durch Mittel des einfachen Rechts keine Konstituierung einer Grundrechtsschranke in Gestalt eines Grundrechtseingriffs darstellt[720], der Gesetzgeber vielmehr eine seit jeher in der Verfassung bereits enthaltene Grundrechtsbegrenzung lediglich deklaratorisch feststellt.[721] Er schränke die Freiheit nicht ein, weil er nichts regele, was nicht auch ohne das Gesetz gelte.[722] Diese gesetzgeberische Tätigkeit ließe sich daher scheinbar auch eher als ein Akt der Rechtsfindung als einer der Rechtsgestaltung auffassen[723], was gegen die Geltung des Vorbehalts des Gesetzes sprechen könnte.[724] Zudem könnte für eine unmittelbare Begrenzung durch kollidierendes Verfassungsrecht ein argumentum a minore ad maius vorgebracht werden. Wenn Grundrechte schon durch Normen unterhalb der Verfassung begrenzt werden können, müßte dies erst recht durch das Verfassungsrecht selbst möglich sein.[725]

Zu bedenken ist aber folgendes, das nicht nur die obigen Mutmaßungen widerlegt, sondern auch die theoretischen Prämissen des Kollisionsmodells ein Stück weit in Frage stellt und zugleich deutlich macht, daß die überkommene Vorstellung von den „verfassungsimmanenten Schranken“ überholt ist.[726]
Auch vorbehaltlose Grundrechte sind herkömmlichen gesetzgeberischen Einschränkungen in Gestalt von Grundrechtseingriffen zugänglich. Der allgemeine Vorbehalt des Gesetzes und damit die Notwendigkeit einer gesetzlichen Eingriffsgrundlage hat auch hier seine Geltung.[727]
Denn die Notwendigkeit einer einfachgesetzlichen Eingriffsrechtfertigung läßt sich mit einem anderen „Erst-Recht-Schluß“ begründen: Er basiert auf der Überzeugung, daß vorbehaltlos garantierte Grundrechte keinesfalls einen geringeren Schutz als Grundrechte mit Vorbehalt gewähren können. Wenn es schon zur Einschränkung von Grundrechten mit Gesetzesvorbehalt eines formell und materiell rechtmäßigen Gesetzes bedarf, muß dies (erst recht) auch für die vorbehaltlosen Grundrechte gelten, um bei ihnen die Anforderung an die Legitimierung staatlicher Eingriffe nicht geringer zu veranschlagen.[728]

---

[719] Begriff nach *Isensee*, HdbStR V, § 111, Rn. 70.

[720] BVerfGE 44, 37 (49); siehe auch *Maunz/Zipellius*, Deutsches Staatsrecht, S. 149, wobei bei ihnen nicht klar ist, was konkret unter „immanenten Schranken“ zu verstehen ist.

[721] *Hesse*, Verfassungsrecht, Rn. 312; *Isensee*, HdbStR V, § 111, Rn. 56, 60; *Schramm*, Staatsrecht II, S. 39 f.; siehe auch BVerwG, DVBl. 1988, 1028.

[722] *Bachoff*, in: Bettermann u.a. (Hrsg), Die Grundrechte, Band III/1, 1958, S. 155 (208); vgl. auch *Kriele*, JA 1984, 629 (637).

[723] So kann man BVerwGE 82, 76 (81) verstehen.

[724] Vgl. zum Ganzen *Böckenförde*, Der Staat 42 (2003), 165 (169).

[725] Dazu *Terwiesche*, Die Begrenzung der Grundrechte durch objektives Verfassungsrecht, S. 106 f.

[726] So auch *Sacksofsky*, NJW 2003, 3297 (3300), in einer Analyse des Kopftuch-Urteils des BVerfG (NJW 2003, 3111).

[727] *Misera-Lang*, Beschränkbarkeit vorbehaltloser Grundrechte, S. 293 f., m.w.N.

[728] *Pieroth/Schlink*, Grundrechte, Rn. 333; *Waechter*, Der Staat 30 (1991), 19 (22 f.); *Schoch*, DVBl. 1991, 667 (672); *Rottmann*, EuGRZ 1985, 277 (290); *Muckel*, Religiöse

Diese Schlußfolgerung hat deshalb ihre Berechtigung, weil die gesetzgeberische Konkretisierung der verfassungsimmanenten Schranken im Ergebnis doch der konstitutiven Schrankensetzung auf der Grundlage der Gesetzesvorbehalte aus folgenden Gründen ähnelt:
Die Lösung von Interessenkollisionen bei der Freiheitsausübung privater Grundrechtsträger bewegt sich regelmäßig nicht oder nicht alleine auf der Ebene des Verfassungsrechts. Weil die Grundrechte nach mittlerweile gefestigter Überzeugung eben keine unmittelbare Drittwirkung entfalten, kann sich die Auflösung eines Konflikts sich widersprechender Freiheitsbetätigungen in der Regel nicht aus den Grundrechten selbst ergeben. Das ist regelmäßig vielmehr die Aufgabe des einfachen Gesetzgebers.[729]
Auf den ersten Blick befremdet insofern aus grundrechtsdogmatischer Sicht auch die Formulierung der maßgeblichen Begrenzungsformel des BVerfG, wonach „kollidierende Grundrechte Dritter" den vorbehaltlosen Grundrechten Schranken setzen können, scheint sie doch eine unmittelbare Drittwirkung der Grundrechte zum Ausdruck zu bringen.
Wenn es heißt, daß sich die immanenten Schranken aus der Verfassung selbst ergeben (müssen), kann insofern damit nur gemeint sein, daß sie in der Verfassung angelegt sein müssen.[730] Erst der einfache Gesetzgeber bringt diese Begrenzungen zu Tage, wenn er sie nachzeichnet und konkretisiert.[731] Er begründet die Begrenzung nur nicht originär.[732]
Zu bedenken ist nämlich, daß die Fülle von möglichen Kollisionsfällen groß und vielfältig ist. Zudem sind die jeweiligen Grenzen, die sich durch das Aufeinandertreffen konkurrierender grundrechtsgeschützter Freiheitsrechte oder anderer Werte mit Verfassungsrang ergeben, „oft flüssig und nur schwer auszumachen".[733] Allein mit der Verfassung lassen sich diese Grenzen nicht aufzeigen, zumal sich aus dem Grundgesetz abstrakt keine verbindliche Rang-

---

Freiheit und staatliche Letztentscheidung, S. 273; in der Sache ebenso das BVerfG im Kopftuchurteil, siehe NJW 2003, 3111 (3116): Der Gesetzgeber habe die verfassungsimmanenten Schranken der vorbehaltlosen Grundrechte zu bestimmen und konkretisieren.

729 Siehe nur *Muckel*, NJW 2000, 689 (691).

730 So im „Kruzifix-Beschluß" das BverfG, vgl. NJW 1995, 2477 (2479); vgl. auch *Gellermann*, Grundrechte im einfach gesetzlichen Gewande, S. 211 f..

731 Vgl. *Isensee*, Diskussionsbeitrag, in: Essener Gespräche zum Thema Staat und Kirche 19 (1985), 143: Die Schranken (der Religionsfreiheit) liegen in der Verfassung selbst; sie stellen aber kein verfassungsunmittelbares Verbot dar, sondern müssen vom Gesetzgeber nach Maßgabe des Vorbehalt des Gesetzes ausgesprochen werden.

732 *Dreier*, in: ders., GG, Bd. 1, Vorb., Rn. 141; *Isensee*, FS Leisner, 1999, S. 359 (390): „Wenn auch die Markierung der verfassungsimmanenten Schranken der Idee nach Verfassungsinterpretation ist, so kommt sie nicht aus ohne schöpferische Zutat des Interpreten, der den Ausgleich der Normenkollisionen herzustellen und damit Rechtssicherheit zu ermöglichen hat."

733 So BVerfGE 47, 46 (80), ähnlich BVerfGE 83, 130 (142) und BVerfG, NJW 2003, 3111 (3116).

ordnung aller Verfassungswerte ergibt.[734] Was insbesondere die Kollision von Grundrechten angeht, kennt die Verfassung, abgesehen von den „absoluten“ Garantien in Art. 1 Abs. 1, Art. 19 Abs. 2 und Art. 79 Abs. 3 GG, grundsätzlich keine feste Wertehierarchie zwischen den einzelnen Freiheitsrechten, aufgrund derer die Kollisionen zwischen zwei Grundrechtsträgern im Einzelfall von vornherein ausschließen oder verbindlich aufgelöst werden könnte.[735] Die Annahme einer abstrakten Wertrangordnung ist auch deshalb ausgeschlossen, weil es *das* Gewicht eines Verfassungsguts nicht gibt. Vielmehr sind die Umstände des Einzelfalls entscheidend dafür, wie ein Rechtsgut jeweils zu gewichten ist.[736] Insbesondere sind die Versuche, aus den unterschiedlichen Gesetzesvorbehalten der Grundrechte Rückschlüsse auf ihren jeweiligen Rang innerhalb der Verfassungsordnung zu ziehen[737], nicht tragfähig und nicht zu begründen. Sie lassen sich mit einfachen Beispielen widerlegen.[738] Vor allem kommt den vorbehaltlosen Grundrechten nach zutreffender Auffassung nicht allein aufgrund ihrer normtextlich schrankenlosen Gewährleistung per se ein besonders hohes Gewicht oder eine zumindest indiziell abstrakte Höherwertigkeit zu.[739] Die Systematik des Grundrechtsteils des Grundgesetzes geht vielmehr von einer prinzipiellen Gleichrangigkeit der Freiheitsverbürgungen aus.[740] Demzufolge bietet das Grundgesetz für die Abschichtung der miteinander in Konflikt stehenden Freiheitsrechte kein abstrakt-generelles Lösungsmuster an.

Vielmehr liegen dem zu schaffenden Ausgleich zwischen den konfligierenden Verfassungsgütern meist mannigfaltige Wertungen zugrunde, die der einfache Gesetzgeber zu treffen hat. Dabei wird man ihm in der Regel gewisse Gestal-

---

[734] *Sachs*, in: Stern, Staatsrecht, Bd. III/2, S. 562.

[735] *Ossenbühl*, NJW 1976, 2100 (2107);*Walter*, AöR 106 (1981), S. 497 (511); *Schwacke*, Grundrechtliche Spannungslagen, S. 88; *Wülfing*, Grundrechtliche Gesetzesvorbehalte und Grundrechtschranken, S. 87 f.; *Bamberger*, Der Staat 39 (2000), 355 (375).

[736] So zutreffend *Vlachopoulos*, Kunstfreiheit und Jugendschutz, S. 152; vgl. allgemein zum Problem einer abstrakten Rangbeziehung zwischen den in Konflikt stehenden Normen *W. Enderlein*, Abwägung in Recht und Moral, S. 101 ff.

[737] So z.B. *Blaesing*, Grundrechtskollisionen, S.143 ff.; *Jansen*, Der Staat 36 (1997), 27 (48 ff.).

[738] Vgl. *Rüfner*, Festgabe BVerfG, Bd. 2, 1976, S. 453 (462 f.); *Liesegang*, JuS 1976, 420 (423)

[739] Vgl. BVerfGE 81, 278 (293); *Dreier*, in: ders., GG, Bd. I, Vorb., Rn. 141; *Bamberger*, Der Staat 39 (2000), 355 (375); *Misera-Lang*, Einschränkbarkeit vorbehaltloser Grundrechte, S. 61, m.w.N.; *Bethge*, Zur Problematik von Grundrechtskollisionen, S. 258, m.w.N.; a.A. *Wendt*, AöR 104 (1979), 414 (438); *Scholler*, FS Kriele, 1997, S. 321 (337); *Jansen*, Der Staat 36 (1997), S. 27 (51); für eine Wertrangordnung zwischen den Grundrechten aufgrund der Abstufung der grundrechtlichen Gesetzesvorbehalte ebenfalls *Berg*, Konkurrenzen schrankendivergenter Freiheitsrechte, S. 109 ff.

[740] Siehe *Murswiek*, Die staatliche Verantwortung für die Risiken der Technik, S. 168, m. w. N.; *Scheuner*, DÖV 1971, 505 (509).

tungsspielräume zugestehen müssen.[741] Anders ausgedrückt: Das „Ob“ der Begrenzung durch „verfassungsimmanente Schranken“ ergibt sich aus der Verfassung, über das „Wie“ der Kollisionslösung entscheidet das einfache Gesetz. Dem „Nachzeichnen“ dieser Schranken ist also eine konstitutive Wirkung zu zusprechen.[742]

Das Erfordernis einer gesetzlichen Grundlage läßt sich in vielen Fällen auch mit dem rechtsstaatlich und demokratisch fundierten Gebot begründen, daß der parlamentarische Gesetzgeber wesentliche normative Entscheidungen, insbesondere im Bereich der Grundrechtsausübung selbst zu treffen hat („Wesentlichkeitstheorie“[743]).[744] Gerade weil die verfassungsimmanenten Schranken die Beschneidung grundrechtlicher Freiheitssphären rechtfertigen sollen und dies zumeist das Ergebnis einer wertenden Abwägung zwischen den kollidierenden Verfassungsgütern ist, obliegt diese staatliche Aufgabe dem parlamentarischen Gesetzgeber.[745] Aus Gründen der Gewaltenteilung und der gebotenen Voraussehbarkeit staatlichen Handelns kann der herzustellende Ausgleich zwischen den widerstreitenden Verfassungsgütern grundsätzlich nicht in der Kompetenz der Exekutiven liegen.
Von den Voraussetzungen und vom Wesen her ähneln die verfassungsimmanenten Schranken nach dem Gesagtem formal den verfassungs*unmittelbaren* Schranken, ihre Wirkung entfalten sie materiell aber ähnlich wie verfassungs*mittelbare* Schranken, die im Zuge der Gesetzesvorbehalte errichtet werden.[746]

All das steht im grundsätzlichen Einklang mit der Rechtsprechungspraxis: Auch nach ihrer Auffassung setzt die Eingriffsrechtfertigung durch kollidierendes Verfassungsrecht prinzipiell voraus, daß die in der Verfassung angelegten (verfassungsimmanenten) Schranken durch ein hinreichend bestimmtes einfaches Gesetz konkretisiert und nachvollzogen werden[747]; insbesondere sei es eine vorrangige Aufgabe bzw. Pflicht der Gesetzgebung, die kollidierenden

---

741 Nachhaltig bestätigt wird das durch das Kopftuch-Urteil des BVerfG, wenn es dort heißt, NJW 2003, 3111 (3114), daß bei der Frage eines Kopftuchverbots für Lehrer „die einzelnen Länder zu verschiedenen Regelungen kommen können“.

742 *Von Arnauld*, Die Freiheitsrechte und ihre Schranken, S. 126 f.

743 *Sachs*, Verfassungsrecht II, A 9, Rn. 13.

744 BVerfGE 49, 89 (126 f.); 53, 30 (56); 88, 103 (116); *Misera-Lang*, Beschränkbarkeit vorbehaltloser Grundrechte, S. 384 f.

745 *Britz*, Der Staat 42 (2003), 34 (36), m.w.N.

746 So *von Arnauld*, Die Freiheitsrechte und ihre Schranken, S. 69, 126.

747 BVerfGE 41, 29 (50); 47, 46 (80); 57, 70 (99); 83, 130 (142 f.); entscheidungserheblich im „Kopftuch-Urteil“, BVerfG, NJW 2003, 3111 (3112), hier war die Verfassungsbeschwerde gerade deshalb begründet, weil es an der gesetzlichen Konkretisierung einer verfassungsimmanenten Schranke fehlte; zur Geltung des Vorbehalts des Gesetzes vgl. auch BVerwGE 90, 112 (122).

Grundrechtspositionen der Bürger zum Ausgleich zu bringen.[748] Der rechtsstaatliche Vorbehalt des Gesetzes gilt also auch hier.

Die der Grundrechtsausübung entgegenstehenden Verfassungsgüter übernehmen damit grundsätzlich eine ähnliche Ermächtigungsfunktion wie die geschriebenen Gesetzesvorbehalte[749], lediglich mit der besonderen Maßgabe, daß sie nur Einschränkungen erlauben, die den Schutz von Rechtsgütern mit Verfassungsrang beinhalten und nicht den Schutz (nur) unterverfassungsrechtlicher Interessen.[750] Auch daraus folgt: Wenn die Möglichkeit einer generell-abstrakten Regelung besteht, ist, ähnlich wie beim Gesetzesvorbehalt, für die Rechtsgüterabwägung und die Konkretisierung von verfassungsimmanenten Schranken im Grundsatz originär der demokratisch legitimierte Gesetzgeber zuständig[751], nicht die Exekutive oder die Judikative. Auch wenn die Auflösung der Kollisionen oftmals eines exekutiven Umsetzungsaktes bedarf, der sich auf den konkreten Einzelfall bezieht, so muß dennoch ein Gesetz die wesentlichen Vorgaben zur Konfliktschlichtung geben. Zusammenfassend läßt sich also sagen, daß verfassungsimmanente Schranken der Grundrechte zwar den (fehlenden) Gesetzesvorbehalt, nicht aber den Vorbehalt des Gesetzes ersetzen können.[752]
So stringent ist die Rechtsprechung aber nicht immer. Das BVerfG hat eine Begrenzung von Grundrechten mit Gesetzesvorbehalt ausdrücklich auch schon unmittelbar durch Verfassungsrecht als zulässig erachtet.[753] Das scheint dafür zu sprechen, daß die Verwaltung ohne oder jenseits einer gesetzlichen Eingriffsermächtigung in ein solches Grundrecht eingreifen darf[754]

---

[748] BVerfGE 57, 295 (320 f.).

[749] Das hat in der Literatur den Vorwurf hervorgerufen, daß für vorbehaltlose Grundrechte der Sache nach doch ein einfacher bzw. qualifizierter Gesetzesvorbehalt geschaffen würde, den das GG für diese Grundrechte gerade nicht vorgesehen habe, vgl. *Schwabe*, Probleme der Grundrechtsdogmatik, S. 308.

[750] *Sachs*, Verfassungsrecht II, A 9, Rn. 44 spricht daher von qualifizierten „Quasi-Gesetzesvorbehalten"; zur Ermächtigungsfunktion kollidierender Verfassungsnormen vgl. auch *dens.*, JuS 1995, 984 (989), m.w.N; die strukturelle Ähnlichkeit zu Gesetzesvorbehalten betont auch Jarass, AöR 120 (1995), 345 (372).

[751] Siehe z.B. BVerfGE 49, 24 (64); 83, 130 (142 f.); 93, 1 (22); 94, 268 (284 f.); dazu auch *Jarass*, AöR 110 (1985), 363 (385).

[752] So zutreffend *von Münch*, Staatsrecht II, Rn. 273.

[753] BVerfGE 66, 116 (136) bzgl. der Beschränkbarkeit der Pressefreiheit des Art. 5 Abs. 1 GG: „Schranken können sich aus den in Art. 5 Abs. 2 GG genannten Gesetzen, aber auch unmittelbar aus der Verfassung selbst ergeben."; ähnlich auch BVerfGE 67, 213 (228) („Anachronistischer Zug"): „Hingegen kann auch die Kunstfreiheit Grenzen unmittelbar in anderen Bestimmung der Verfassung finden, die ein in der Verfassungsordnung ebenfalls wesentliches Rechtsgut schützen."

[754] Die Bezugnahme in BverfGE 66, 116 (136) auf BVerfGE 44, 37 (49 f.) spricht andererseits jedoch dafür, daß das BVerfG bei Grundrechtsbegrenzungen durch kollidierendes Verfassungsrecht den Grundsatz des Vorbehalt des Gesetzes nicht außer acht läßt. Denn in der bezuggenommenen Entscheidung ging es davon aus, daß der Gesetzgeber Begrenzungen der Verfassung ausgestalten muß.

und dies nicht auf den einen Fall beschränkt bleibt, in dem sie explizit und unmittelbar auf eine Eingriffsbefugnis der Verfassung bauen kann (Art. 13 Abs. 7 Var. 1 GG).[755]

Die praktischen Probleme sind nicht so groß, wie man vielleicht vermuten könnte. In vielen Bereichen des Rechts hat der Gesetzgeber bereits normative Vorgaben zur Lösung von Grundrechtskollisionen geschaffen, insbesondere im Privatrecht.[756] Wenn es notwendig ist, dürfte auch für die Exekutive in den meisten Fällen eine gesetzliche Eingriffsberechtigung vorliegen; im Zweifel wird sich das zuständige Exekutivorgan auf eine ordnungsrechtliche Generalklausel stützen können.[757]
Gleichwohl sind aber auch Fälle denkbar, in denen dem zuständigen Exekutivorgan keine normative Ermächtigung des einfachen Rechts zur Verfügung steht.

b) Insbesondere: Der Vorbehalt des Gesetzes bei staatlicher Informationstätigkeit

In diesem Zusammenhang ist in einem speziellen Bereich eine Konstruktion der Rechtsprechung zu erwähnen, mit der die Notwendigkeit einer gesetzlichen Ermächtigungsgrundlage preisgegeben wird und ein Exekutivorgan ohne eine solche in grundrechtlich geschützte Positionen eingreifen darf. Die Rede ist von der Rechtmäßigkeit staatlicher Informationstätigkeit, genauer von Warnungen bzw. Empfehlungen der Bundesregierung, die eine zumindest mittelbare Grundrechtsbeeinträchtigung nach sich ziehen.[758] Erinnert sei z.B. an die bekannten Fälle der Warnung vor Jugendsekten oder vor bestimmten Lebensmitteln.[759] Die darauf folgenden Reaktionen wirken sich nachteilig auf die Interessen der namentlich genannten Sekten bzw. der Hersteller aus. Sie haben verminderten Zufluß oder einen Mitgliederschwund bzw. rückläufige Absatzzahlen zu befürchten. Eine Beeinträchtigung ihrer Interessen ist nicht von der Hand zu weisen.
Dieser oder ähnliche Sachverhalte werden vor allem im Zusammenhang mit der Problematik des „mittelbaren" oder „faktischen" Grundrechtseingriffs thematisiert. Das soll hier vordergründig nicht im Mittelpunkt stehen. Vielmehr interessiert, welche Geltung der Vorbehalt des Gesetzes bei Beeinträchtigungen dieser Art hat.
Analysiert man die Rechtsprechung im Bereich der regierungsamtlichen Informationspolitik genauer, fällt auf, daß sie die Frage der Rechtmäßigkeit

---

[755] Zu dieser unmittelbaren Eingriffskompetenz näher *Terwiesche*, Die Begrenzung der Grundrechte durch objektives Verfassungsrecht, S. 222 f., m.w.N.
[756] Mit anschaulichen Beispielen *Muckel*, Religiöse Freiheit und staatliche Letztentscheidung, S. 271.
[757] *Isensee*, HdbStR V, § 111, Rn. 161.
[758] Zur gesamten Problematik siehe *R. Schmidt*, Staatliches Informationshandeln und Grundrechtseingriff, 2004.
[759] Zu zahlreichen Rechtsfällen aus der Praxis vgl. *Schmidt*, aaO., S. 68 ff.

staatlichen Handelns entweder schon bei der Prüfung der Schutzbereichsberührung thematisiert oder aber die klare Unterscheidung von Eingriff und Eingriffsrechtfertigung aufgibt, so daß die Bedeutung des Vorbehalts des Gesetzes in den Hintergrund tritt.[760] Weder das BVerwG[761] noch das BVerfG[762] halten eine besondere formell-gesetzliche Ermächtigungsgrundlage für hoheitlich-öffentliche Warnungen der Regierung für erforderlich, die sich nur faktisch-mittelbar auswirken. Die rechtliche Grundlage für ein derartiges Tätigwerden der Bundesregierung sei unmittelbar im Grundgesetz statuiert.[763] Aufgrund der verfassungsrechtlichen Aufgabenstellung und Gemeinwohlverantwortung sei die Bundesregierung, so meint das BVerwG, nicht nur zur Beobachtung, Vorsorge und Lenkung in besonderen gesellschaftlichen Teilbereichen verpflichtet, sondern auch gehalten, diese Tätigkeit gegenüber dem Parlament und der Öffentlichkeit darzustellen.[764] Ohne es ausdrücklich anzusprechen, geht das BVerwG hier wohl von staatlichen Schutzpflichten aus. Die regierungsamtliche Informationstätigkeit wird aus Art. 65 GG hergeleitet.[765] Der Aufgabe der Information und Aufklärung der Öffentlichkeit korrespondiere eine funktionsbedingte Kompetenz zur Öffentlichkeitsarbeit. Das schließe ein, Empfehlungen und Warnungen auch dann öffentlich auszusprechen, wenn damit zugleich in Grundrechte derjenigen, deren Tätigkeit von der Bundesregierung als Gefahr für die Allgemeinheit betrachtet wird, eingegriffen werde. Das BVerfG hat diesen Ansatz 11 Jahre später ohne substantielle Abstriche bestätigt. Letztlich reiche für das regierungsamtliche Informationshandeln die ungeschriebene Funktion „Staatsleitung" aus.[766] Der Vorbehalt des Gesetzes verlange im Bereich der staatlichen Informationspolitik keine über die Aufgabenzuweisung hinausgehende gesetzliche Ermächtigung.[767] Eine Ausnahme gelte nur, soweit sich die Maßnahme nach ihrer Zielsetzung und Wirkung als Ersatz für eine staatliche Maßnahme darstelle, die als Grundrechtseingriff im herkömmlichen Sinne zu verstehen sei.

---

[760] Zur neueren Rechtsprechung des BVerfG zu regierungsamtlichen Warnungen sehr verständlich *Murswiek*, NVwZ 2003, S. 1 ff. (2 f.).

[761] BVerwGE 82, 76 (79 ff.); BVerwGE 87, 37 (51); BVerwG NJW 1991, 1170 ff.; BVerwG, DVBl. 1992, 1038 (1041).

[762] BVerfG, NJW 2002, 2626 (2629); ebenso bereits BVerfG, NJW 1989, 3269 (3270)

[763] Das BVerfG, NJW 1989, 3269 (3270), spricht von einer „unmittelbaren verfassungsrechtlichen Legitimation"; zustimmend *Schürmann*, Öffentlichkeitsarbeit der Bundesregierung, S. 293.

[764] BVerwGE 82, 76 (80 f.); BVerwG, NJW 1991, 1770 f.

[765] BVerwG, NJW 1991, 1170 (1172).

[766] BVerfG, NJW 2002, 2621 (2623) („Glykol"); ebenso NJW 2002, 2626 (2629) („Sekte"); kritisch dazu *Huber*, JZ 2003, 290 (295 f.).

[767] BVerfG, NJW 2002, 2626 (2630); BVerfG, NJW 1989, 3269 (3270); BVerwG, NJW 1989, 2272 (2273 f.). Was in der Diskussion zum Teil außer acht gelassen wird ist der Umstand, daß die Rechtsprechung zwischen regierungsamtlichen und behördlichen Warnungen unterscheidet. Bei einer Warnung durch eine Behörde hält sie eine ausdrückliche gesetzliche Grundlage für erforderlich, siehe BVerwG , NJW 1996, 3161, bzgl. der behördlichen Veröffentlichung eines Warentests.

Die Rechtsprechung schließt also von der Aufgabe auf die (Eingriffs)befugnis. Weil es aber in Anlehnung an eine im Polizeirecht gewonnene und gefestigte „Binsenweisheit"[768] bedenklich ist, eine (grundrechtsneutrale) Aufgabenzuweisungsnorm zugleich als eine (grundrechtsspezifische) Befugnisnorm zu begreifen, sind die Argumentation und der Begründungsweg der Rechtsprechung, nicht das Ergebnis, vielfach auf heftige Kritik gestoßen.[769] Der eingeschlagene Weg sei eine „juristische Todsünde"[770]. Es ist rechtsstaatlich in der Tat höchst bedenklich, wenn die Rechtsprechung mitunter meint, allein aus der verfassungsunmittelbaren Aufgabe der „Staatsleitung" eine verfassungsimmanente Befugnis zur Einschränkung von Grundrechten herleiten zu können.[771] Damit werden unter Berufung auf einen quasi „allgemeinen Regierungsvorbehalt" sowohl das Vorbehaltsprinzip als auch die Grundsätze der Figur des kollidierenden Verfassungsrechts ausgeblendet[772]; auf kollidierende Verfassungsgüter, die die Grundrechtsbeschränkung womöglich rechtfertigen könnten, wird gar nicht mehr abgestellt. Es läßt sich daher sagen, daß die Argumentation der Rechtsprechung „einen Nerv herkömmlichen Rechtsstaatsverständnisses" trifft[773] und „die überkommene Grundrechtsdogmatik für einen wichtigen Bereich staatlichen Handelns über den Haufen" geworfen hat.[774] Im übrigen ist zweifelhaft, wie sich aus Art. 65 GG die Aufgabe der Staatsleitung herauslesen läßt, wird hier doch eher die Organisation als die Funktion der Regierung geregelt.[775]

Vielmehr gilt folgendes: Das Grundgesetz kennt nur eine einheitliche grundrechtsgebundene vollziehende Gewalt (Art. 1 Abs. 3 GG, Art. 20 Abs. 3 GG), zu der auch die Regierung gehört.[776] Daher gilt der Vorbehalt des Gesetzes ebenfalls für die öffentliche Informationstätigkeit der Bundesregierung. Der Gesetzgeber muß also auch hier grundsätzlich die Abwägung kollidierender Rechtswerte vornehmen, selbst wenn die Exekutive staatliche Schutzpflichten erfüllen will. Auch diese bedürfen zur rechtlichen Vollziehung regelmäßig der Vermittlung und Konkretisierung durch das (einfache) Gesetz. Sie ermöglichen

---

768 So *Schoch*, DVBl. 1991, 667 (672), m.w.N

769 Unter vielen *Meyn*, JuS 1990, 630 (633); *Gröschner*, JZ 1991, 628 ff.; *Schoch*, DVBl. 1991, 667 (672 f.); *Muckel*, JA 1995, 343 (347 f.); *Jeand'Heur/Cremer*, JuS 2000, 991 (995); *Manssen*, Grundrechte, Rn. 130 ff.; *Höfling*, FS Rüfner, 2003, S. 329 (332 ff.); weitere Nachweise bei *Dreier*, Die Verwaltung 36 (2003), 105 (131, Fn. 170).

770 So *Huber*, JZ 2003, 290 (295).

771 Davon scheint das BVerwGE 87, 37 (46 ff.) in der Tat auszugehen; das BVerfG, NJW 2002, 2626 (2629), bestätigt das. Siehe dazu die auch die eingehende Kritik von *Hesse*, JZ 1991, 744 ff.

772 *Murswiek*, NVwZ 2003, 1 (7).

773 So *Heintzen*, VerwArch 81 (1990), 532 (549).

774 So *Huber*, JZ 2003, 290 (291).

775 *Lege*, DVBl. 1999, 569 (575).

776 *Jarass*, in: ders./Pieroth, GG, Art. 1, Rn. 23.

grundsätzlich nicht den unmittelbaren Zugriff auf die Verfassung[777] bzw. begrenzen nicht aus sich heraus von vornherein den grundrechtlichen Freiheitsbereich des „Angreifers".[778] Zutreffend stellt *Isensee* im Hinblick auf die Schutzpflichten fest: „Die grundrechtliche Legitimität ersetzt nicht ihre Legalität".[779] Mit dem rechtsstaatlichen Gebot der Rechtssicherheit wäre es unvereinbar, wenn die Exekutive mit „immanenten Schranken" der Grundrechte ihre Entbindung von dem Vorbehalt des Gesetzes begründen könnte.

Daher ist es rechtsstaatlich auch verständlich und begrüßenswert, wenn in speziellen Bereichen der Gesetzgeber Vorschriften erlassen hat, die den genauen Inhalt von Warnungen oder Informationen regeln.[780] So hat der deutsche Gesetzgeber aufgrund einer Richtlinie des Europäischen Rates über die allgemeine Produktsicherheit[781] mit Wirkung zum 01.08.1997 das Gesetz zur Regelung der Sicherheitsanforderungen an Produkte und zum Schutz der CE-Kennzeichnung („Produktsicherheitsgesetz") erlassen. Regelungsinhalt des Gesetzes ist u.a. die behördliche Informationstätigkeit zur Aufklärung der Öffentlichkeit über Gefahren, die von bestimmten Produkten ausgehen. Dabei wurde explizit eine Ermächtigungsgrundlage für Produktwarnungen geschaffen (§ 8 i.V.m. § 7 Abs. 3 ProdSG). Das ist aus den genannten Gründen der richtige und rechtsstaatlich unbedenkliche Weg. Er wird in Bezug auf Produktwarnungen zu einer wesentlichen Änderung der bisher unsicheren Rechtslage führen.

Werden dagegen allein grundgesetzliche Bestimmungen über die Aufgaben der Bundesregierung als Ermächtigungsgrundlage für solche Warnungen herangezogen, dann bleibt es zu unbestimmt, zu welchen Zwecken, unter welchen Voraussetzungen und mit welchem Inhalt sie in die Öffentlichkeit getragen werden können.

Nur in seltenen (Not-)Fällen läßt sich darüber diskutieren, daß verfassungsrechtlich begründete Schutzpflichten ausnahmsweise nicht gesetzesmediatisiert sind.[782] So ist ein unmittelbarer Schutzauftrag für alle staatlichen Organe unmißverständlich aus Art.1 Abs. 1 Satz 2 GG zu entnehmen. Wegen der Un-

---

777 *Krings*, Grund und Grenzen grundrechtlicher Schutzansprüche, S. 284 f., m.w.N.; *Dreier*, Die Verwaltung 36 (2003), 105 (132); *Wahl/Masing*, JZ 1990, 553 (557 ff.); *Isensee*, Das Grundrecht auf Sicherheit, S. 44, hat hierfür den Begriff „gesetzesmediatisiert" geprägt.

778 *Dietlein*, Die Lehre von den grundrechtlichen Schutzpflichten, S. 67 f., m. w. N.

779 *Isensee*, Das Grundrecht auf Sicherheit, S. 43.

780 *Terwiesche*, Die Begrenzung der Grundrechte durch objektives Verfassungsrecht, S. 128, der als Beispiele u.a. § 16 Abs. 2 S. 2 BVerfSchG und §§ 39 a-e ArzneimittelG nennt.

781 Richtlinie 92/59/EWG vom 29.6.1992, ABl. EG Nr. L 228, S. 24.

782 Vgl. *Isensee*, HdbStR V, § 111, Rn. 161 mit Verweis auf den „Schleyer-Beschluß" des BVerfG, wo es die Möglichkeit eines unmittelbaren Rückgriffs auf eine Schutzpflicht auch für die Exekutive andeutet, siehe BVerfGE 46, 160 (164 f.).

antastbarkeit und Absolutheit der Menschenwürde stellt ihre Berührung zugleich eine Verletzung dar. Sie muß nicht erst durch den Gesetzgeber konkretisiert werden. Zu ihrem Schutz sind wegen Art. 1 Abs. 3 GG unmittelbar auch die Exekutivorgane verpflichtet. Daher können sie ausnahmsweise ohne einfach-gesetzliche Grundlage legitimiert sein, in Grundrechte anderer einzugreifen[783], um der Verpflichtung zum Schutz der Menschenwürde gerecht zu werden.[784]
Auch in anderen Grundrechtsbereichen ist es vorstellbar, daß bei der Umsetzung der Schutzpflicht der staatliche Gestaltungsspielraum unter besonderen Umständen auf Null reduziert ist.[785] Ähnlich wie im Zusammenhang mit Art. 1 Abs. 1 Satz 2 GG kann dann die Exekutive zu einem bedingungsslosen, bestimmten Einschreiten verpflichtet sein, auch wenn keine oder keine ausreichende gesetzliche Eingriffsrechtfertigung zur Verfügung steht. Das muß gleichermaßen für Eingriffe in Grundrechte mit Gesetzesvorbehalt als auch in vorbehaltlose Grundrechte gelten.
Um ein Beispiel aus der Rechtsprechung aufzugreifen: Bei drohenden Gesundheitsgefahren durch den Verzehr giftiger Lebensmittel, wie etwa im Glykolfall, dürften staatliche Warnungen auch ohne gesetzliche Grundlage zulässig sein. In diesen Fällen verdichtet sich die Schutzpflicht aus Art. 2 Abs. 2 Satz 1 GG zu bestimmten Maßnahmen, ohne daß sie noch der Konkretisierung des Gesetzgebers bedürften bzw. dessen eigenes Tätigwerden abzuwarten ist. Hier auf dem Erfordernis des Vorbehalts des Gesetzes zu bestehen, würde den praktischen Erfordernissen nicht gerecht. Im Hinblick auf die drohenden Gefahren läßt sich in solchen Fällen eine exekutive Eilbefugnis begründen.[786] Die allgemeine Kompetenzordnung muß davon aber unberührt bleiben[787], was heißt, daß auch hier nur das zuständige Exekutivorgan tätig werden darf.

Auf den zuletzt dargelegten Aspekt der staatlichen Schutzpflicht hat die Rechtsprechung ihren Standpunkt aber nicht gestützt. Vielmehr hat der Argumentationsweg der Judikatur zu regierungsamtlichen Warnungen zu einem

---

[783] Wobei die Frage noch zu klären sein wird, ob es sich überhaupt um einen Grundrechtseingriff handelt, wenn die Exekutive die Verletzung der Menschenwürde durch einen Dritten unterbindet. Die Menschenwürde könnte wegen ihres absoluten Charakters eine schutzbereichsimmanente Grenze für jedes Handeln des Dritten darstellen. Dazu ausführlich unten **11. Teil, III. 1**.

[784] *Von Arnauld*, Die Freiheitsrechte und ihre Schranken, S. 164. Die Grenze zur Legitimation ist aber da erreicht, wo der Schutz wiederum nur durch den Eingriff in die Menschenwürde eines anderen erreicht werden kann. Zu dem hiermit im Zusammenhang stehenden Problem staatlicher Folter siehe unten **11. Teil, III 1. a. cc**.

[785] Siehe BVerfGE 77, 170 (215).

[786] So *von Arnauld*, Die Freiheitsrechte und ihre Schranken, S. 165.

[787] *Isensee*, HdbStR V, § 111, Rn. 90.

„bereichsspezifischen Sonderrecht“[788] geführt, das sich mit elementaren Grundsätzen der Verfassungsdogmatik nur schwer in Einklang bringen läßt.

c) Fazit

Mit Blick auf die eingangs aufgeworfenen Fragen ist zusammenfassend festzuhalten, daß die Begrenzung individueller Freiheitsrechte aufgrund kollidierenden Verfassungsrechts grundsätzlich auf eine gesetzliche Grundlage rückführbar sein muß. Der Vorbehalt des Gesetzes verlangt also auch bei der Konkretisierung von verfassungsimmanenten Schranken Geltung. Nur ausnahmsweise und in besonderen Fällen legitimiert kollidierendes Verfassungsrecht die Exekutive unmittelbar.

Davon zu unterscheiden ist wiederum die Frage, ob es neben den vorstehend untersuchten „verfassungsimmanenten Schranken“ auf der Ebene der Rechtfertigung von Grundrechtseingriffen auch „schutzbereichsimmanente Grenzen“ der Grundrechte auf Tatbestandsebene gibt.[789]

4. Die mitunter bestehende Unmöglichkeit eines „schonenden Ausgleichs“

Das Modell des BVerfG ist in einer seiner weiteren Prämissen angreifbar. Es verfolgt das Ziel der Herstellung praktischer Konkordanz, also den Versuch eines möglichst schonenden Ausgleichs der widerstreitenden verfassungsrechtlich geschützten Interessen ohne eine Position völlig preiszugeben.[790] Die Konkordanz schließt in der Regel das einseitige Zurücktreten eines Rechtsgutes aufgrund einer am Vorrang orientierten Güterabwägung aus.[791]
Dieses Verfahren läßt sich jedoch in manchen Fällen gar nicht durchführen, zielt jedenfalls nicht immer auf einen schonenden Ausgleich ab.[792] Das erkennt zuweilen auch das BVerfG an. Als Beispiel lassen sich die Urteile des Verfassungsgerichts zum Schwangerschaftsabbruch anführen.[793] Ein Schwangerschaftsabbruch bedeutet zwangsläufig die Vernichtung des ungeborenen Lebens. Insofern hat das BVerfG selbst zutreffend festgestellt, daß im Konfliktfall entweder nur vollständig zugunsten des Selbstbestimmungsrechts der Schwangeren oder vollständig zugunsten des Lebensrechts des Nasciturus entschieden werden kann. Eine Alternative, die beiden Grundrechtsträgern ihre grundrechtlich geschützte Position beläßt, gibt es nicht.[794] Es kommt zu einer „Paralysierung des Abwägungsvorgangs“, da das Lebensrecht des Nasciturus gar nicht mit dem Selbstbestimmungsrecht der Schwangeren abgewo-

---

[788] So *Dreier*, Die Verwaltung 36 (2003), 105 (136).
[789] Dazu unten **11. Teil**.
[790] *Hesse*, Verfassungsrecht, Rn. 318.
[791] *H. Schneider*, Die Güterabwägung des BVerfG bei Grundrechtskonflikten, S. 203.
[792] Siehe die kritische Einschätzung von *Bumke*, Der Grundrechtsvorbehalt, S. 159 mit Fn. 616.
[793] Vgl. *von Münch*, Staatsrecht II, Rn. 228.
[794] BVerfGE 88, 203 (255).

gen wird[795], es ihm vielmehr bereits eine tatbestandliche Grenze zieht.[796] Um ein weiteres Beispiel anzuführen: Auch im Bereich des grundrechtsgeschützten Asyls kann das Ziel einer etwaigen Konfliktlösung nicht die Herstellung praktischer Konkordanz sein. Man kann das Asylrecht nicht in einzelnen Beziehungen mit anderen Verfassungsgütern beschränken. Entweder gewährt der Staat Asyl oder nicht; dazwischen gibt es nichts.[797]

In anderen Konstellationen ist im Grunde klar, daß ein Rechtsgut den unbedingten Vorrang vor einem anderen genießt, das deshalb vollständig zurücktreten muß.[798] So unterzieht man, um das Beispiel erneut zu bemühen, den künstlerisch motivierten Totschlag auf der Theaterbühne nicht wirklich einer Abwägung zwischen der vermeintlichen Kunstfreiheit des Täters und dem Lebensrecht des Opfers. Die Position des Künstlers wird vollständig zurückgedrängt, die Suche nach einem „schonenden Ausgleich" steht gar nicht in Rede. Die völlige Preisgabe einer Rechtsposition bzw. eines Interesses, sieht man es als grundrechtlich geschützt an, läßt sich mit dem Auslegungsgrundsatz der praktischen Konkordanz nicht mehr erklären.[799] Zugleich gerät man unter diesem Aspekt in gewissen Begründungsnotstand, wenn zu erklären ist, warum der Wesengehaltsgarantie des Art. 19 Abs. 2 GG hier keine Bedeutung zukommt.

Diese Argumente richten sich nicht in erster Linie gegen die Kollisionslösung des BVerfG, sondern grundsätzlich gegen eine ausnahmslos weite Tatbestandstheorie. Denn wie gezeigt, gehen ihre Vertreter davon aus, daß sämtliche Kollisionen auf der Schrankenebene abgehandelt werden müssen. Selbst betonen sie aber, daß diese Konstruktion der Konfliktlösung die grundsätzliche Gegenseitigkeit des Beschränkungsvorgangs beinhaltet, daß also jeweils beide kollidierenden Verfassungsgüter in ihrer juristischen Wirkkraft ein Stück weit zurücktreten müssen.[800] Ein unbegrenzt bzw. ausnahmslos weites Schutzbereichsverständnis wird daher der grundrechtlichen Systematik nicht immer gerecht.[801] Vielmehr zeigt sich, daß es sinnvoll erscheint, nicht nur nach Kriterien zu suchen, die eine bestehende Grundrechtskollision auflösen können, sondern auch über Ansätze nachzudenken, die bereits den Grundrechtstatbestand begrenzen, so daß es gar nicht erst zur Kollision kommt.

---

795 So die zutreffende Analyse von *Jeand`Heur*, JZ 1995, 161 (164).
796 *Muckel*, FS Schiedermair, 2001, S. 347 (349).
797 Ähnlich *Schnapp*, NJW 1976, 493.
798 So überzeugend *Mannsen*, Staatsrecht I, Grundrechtsdogmatik, Rn. 260, der die Überlegungen mit anschaulichen Beispielen füllt, mögen sie auch wieder „Extrembeispiele" darstellen.
799 So *Kluth*, GA f. Strafrecht 1998, 547 (555) am Beispiel der Abtreibung.
800 *Winkler*, Kollisionen verfassungsrechtlicher Schutznormen, S. 36.
801 So ausdrücklich *Mannsen*, Staatsrecht I, Grundrechtsdogmatik, 1995, Rn. 261.

5. Die problematische Anwendung des Verhältnismäßigkeitsprinzips

Sowohl die Rechtsprechung auf der Grundlage ihres Abwägungsmodells als auch die überwiegende Auffassung in der Wissenschaft gehen im Zuge ihres weiten Tatbestandsverständnisses davon aus, daß die mit konfliktschlichtenden staatlichen Aktivitäten verbundenen Freiheitsminderungen aus der Sicht der Beteiligten als Eingriffsakte angesehen werden müßten, die dem gleichen Rechtfertigungszwang unterliegen wie eine von außen herangetragene Grundrechtsschranke. Damit wird das Verhältnismäßigkeitsprinzip zum inhaltlichen Maßstab der Konfliktlösung herangezogen, um die konfligierenden Verfassungsgüter in einen nach beiden Seiten hin möglichst schonenden Ausgleich miteinander zu bringen.[802] Dabei hat die Rechtsprechung bisher nie klar zwischen den beiden Fallkonstellationen unterschieden, die der Bestimmung der verfassungsimmanenten Schranken zugrunde liegen. Denn es mag durchaus einen Unterschied machen, ob es sich um eine Begrenzung der Freiheitsbetätigung aufgrund „Grundrechte anderer" oder aber um eine solche handelt, die wegen „anderer mit Verfassungsrang ausgestatteter Rechtswerte" erfolgt. Während sich im letzteren Fall der Konflikt im typisch abwehrrechtlichen, vertikalen Verhältnis des Bürgers zum Staat bewegt, bei der die Verhältnismäßigkeitsprüfung klare Bezugspunkte hat[803], geht es bei der ersten Alternative um die horizontale Beziehung der Bürger zueinander.[804] Da zwischen ihnen nach gefestigter Auffassung die Grundrechte nicht unmittelbar gelten, können ihre Grundrechte im Grunde auch nicht kollidieren. Was vielmehr normativ kollidiert, sind die sich widersprechenden Schutzpflichten, die dem Staat gegenüber beiden Grundrechtsträgern obliegen.[805] Angesprochen ist damit die Lehre von den staatlichen bzw. grundrechtlichen Schutzpflichten, auf die in den hier relevanten Punkten nur Bezug genommen werden soll.[806]

Problematisch und fraglich ist in diesem Zusammenhang, ob und gegebenenfalls wie das Übermaßverbot mit seinen Teilaspekten der Geeignetheit, Erforderlichkeit und Verhältnismäßigkeit im engeren Sinne anzuwenden ist, wenn der Staat das Verhältnis unter den Privaten einrichtet und nicht vordergründig in die Rechte eines Privaten eingreift.[807]

---

802 *Scholz*, Verfassungsfragen zum Schutz des Nichtrauchers, DB 1979, Beilage Nr.10, 1 ff. (18); *Loschelder*, ZBR 1977, 337 ff. (347 f.).

803 Zu einer „sauberen", geradezu lehrbuchhaften Verhältnismäßigkeitsprüfung vgl. exemplarisch BVerfGE 67, 157 (173) („G 10 – Beschluß").

804 *Huster*, Rechte und Ziele, S. 91; *Bethge*, Grundrechtskollisionen, S. 257 f.

805 *Britz*, Der Staat 42 (2003), 35 (56 f.).

806 Zum Verhältnis von den Schutzpflichten und der Drittwirkung der Grundrechte siehe *Ruffert*, Vorrang der Verfassung und Eigenständigkeit des Privatrechts, S. 252 f. und *Szczekalla*, Die sogenannten grundrechtlichen Schutzpflichten im deutschen und europäischen Recht, S. 248 ff. u. 435 ff.; zum Problem der Begründung der Schutzpflichten allein aus der abwehrrechtlichen Funktion der Grundrechte vgl. *Dietlein*, Die Lehre von den grundrechtlichen Schutzpflichten, S. 34 ff.

807 Vgl. *Suhr*, JZ 1980, 166 (169), der am Beispiel des Passivrauchens sehr anschaulich macht, wie schwer die einzelnen Prüfungsstufen in ihrem eigentlichen Verständnis zu

Selbst das BVerfG hat – zumindest einmal – die Anwendung des Verhältnismäßigkeitsgrundsatzes im Konflikt zwischen rechtlich gleichgeordneten Grundrechtsträgern in Frage gestellt. In der bekannten Mephistoentscheidung ging es davon aus, daß in Fällen zivilrechtlicher Ansprüche der Verhältnismäßigkeitsgrundsatz nicht Überprüfungsmaßstab der verfassungsgerichtlichen Entscheidung könne; Gegenstand der Kontrolle seien nur Bedeutung und Umfang der Grundrechte.[808] Dabei griff das Gericht die oben angesprochene Unterschiede der beiden Fallkonstellationen ebenfalls explizit auf und stellte fest, daß bei der Beurteilung zivilrechtlicher Ansprüche der Bürger untereinander „(...) diejenigen Erfordernisse, die von Verfassungs wegen im Verhältnis des Bürgers zum Staat bei Eingriffen in die Freiheitssphäre des Einzelnen zu beachten sind, auch nicht entsprechend herangezogen werden ... (können)". Diese Auffassung des Verfassungsgerichts ist allerdings eine Ausnahme in seiner Judikatur. Denn sowohl bereits vor[809] als auch nach[810] der Mephistoentscheidung ist der Verhältnismäßigkeitsgrundsatz, insbesondere das Gebot der Angemessenheit als ein tragendes Mittel zur Lösung echter Grundrechtskollisionen und zur Überprüfung auch zivilrechtlicher Urteile angesehen worden.[811] Wird das Verhältnismäßigkeitsprinzip angewandt, muß zumindest klar sein, daß bei echten Grundrechtskollisionen die Verhältnismäßigkeitsprüfung zu modifizieren ist, weil es sich nicht um die klassische Verhältnismäßigkeit handeln kann, wenn die gegenläufigen Belange privater Grundrechtsträger abzuwägen sind.[812] Anders als beim Eingriff im „Staat-Bürger-Verhältnis", bei dem der Zweck und das Ziel des Eingriffs klar vorgeben sind, fehlt es an einem klaren Bezugspunkt, sobald kollidierende Grundrechte miteinander in Ausgleich zu bringen sind und der Verhältnismäßigkeitsgrundsatz nach beiden Seiten zu beachten ist.[813] Ohne einen solchen Bezugspunkt helfen die rational kontrollierbaren Kriterien der Geeignetheit und Erforderlichkeit[814] zunächst nicht weiter, weil nicht klar ist, wozu die Maßnahme geeignet und erforderlich sein soll, wenn erst noch der schonendste Ausgleich gefunden werden muß. Daher stellt *Hager* zutreffend fest: „Nur wenn ein Ziel feststeht, hat etwa die Frage, ob die grundrechtliche Sphäre intensiver beschränkt wird, als das gerade er-

---

durchlaufen sind; ähnlich *Wegmann*, BayVBl. 1990, 673 (679). Nach *Bumke*, Der Grundrechtsvorbehalt, S. 167 f., verträgt sich das Kollisionsmodell des BVerfG nicht mit der Vorstellung von Grundrechten als Abwehrrechte.

808 BVerfGE 30, 173 (197, 199).

809 Z.B. BVerfGE 7, 198 (212, 215); 7, 230 (237); 14, 263 (283 f.).

810 Z.B. BVerfGE 32, 311 (318); 35, 202 (221, 226, 232); 83, 130 (143).

811 Dazu auch *Mis-Paulußen*, Begrenzung vorbehaltlos gewährleisteter Grundrechte, S. 35 ff.

812 *Böckenförde*, Der Staat 29 (1990), 1 (20 f.); *Ossenbühl*, DVBl. 1995, 904 (906 f.); ähnlich auch *Hesse*, Verfassungsrecht, Rn. 72; *Rüfner*, HdbStR V, § 117, Rn. 70; vgl. im Zusammenhang mit dem Verhältnis von Über- und Untermaßverbot *Dietlein*, ZG 1995, 131 (136 ff.).

813 Vgl. *Misera-Lang*, Beschränkbarkeit vorbehaltloser Grundrechte, S. 390 f.

814 *Schlink*, EuGRZ 1984, 457 (462).

forderlich ist, einen Sinn."[815] Die Prüfung konzentriert sich damit auf eine Angemessenheitsprüfung, die sich aber auch von der klassischen Verhältnismäßigkeit im engeren Sinne unterscheidet. Denn es geht hier nicht um die Beurteilung des Verhältnisses von den Folgen des Eingriffs und den von ihm verfolgten Zweck, sondern darum, den Ausgleich und die Vereinbarkeit gegenläufiger Interessen zu erreichen.[816]

So erklärt sich letztlich, daß das BVerfG die Kollisionsfälle nicht einer vollen Verhältnismäßigkeitsprüfung unterwirft, sondern eine (bloße) „Abwägung aller Umstände des Einzelfalls" verlangt[817], ohne abwägungsleitende Gesichtspunkte erkennen zu lassen. Ob das der in Art. 1 Abs. 3 GG statuierten Bindung aller staatlichen Gewalt an die Grundrechte als unmittelbares Recht noch gerecht wird, erscheint zumindest fragwürdig.

6. Die Notwendigkeit und das Problem der Güterabwägung im Einzelfall

Das vom BVerfG praktizierte Kollisionsmodell führt zu einer am Einzelfall orientierten Güterabwägung.[818]

Das grundsätzliche Problem der Abwägungsmethodik wurde bereits im Zusammenhang mit den Prämissen der weiten Tatbestandstheorie ausführlich erörtert.[819] Darauf soll hier verwiesen werden. Zusammenfassend gilt also auch hier: Abwägung sollte, soweit es geht, kein Allheilmittel zur Lösung von Verfassungskonflikten sein. Der Abwägungsvorgang entbehrt rationaler und verbindlicher Maßstäbe.[820] Der Verhältnismäßigkeitsgrundsatz gibt zwar klare Vorgaben für die Prüfungsabfolge, läuft aber bei der Prüfung der Verhältnismäßigkeit im engeren Sinne stets Gefahr, anfällig für subjektiven Urteile und vor allem Vorurteile des Prüfenden zu sein.[821] Die Abwägungsprozedur ist mit dem Risiko verbunden, daß die Funktionentrennung zwischen Gesetzgebung und Rechtsprechung unterminiert wird.[822] Darüber hinaus kann sie zu einem Verlust an Rechtssicherheit führen. Wegen der Unkalkulierbarkeit der Abwägungsergebnisse kann der einzelne nur schwer einschätzen, wann und wie weit sein Handeln die Rechte und Interessen seiner Mitmenschen oder Allge-

---

815 *Hager*, AcP 1996, 167 (182); vgl. *dens.*, Jura 2000, 187 (189).

816 *Böckenförde*, Der Staat 29 (1990), 1 (20 f.).

817 U.a. BVerfGE 30, 173 (195); 59, 231 (261 ff.); 67, 213 (228).

818 Siehe dazu insgesamt die empirsche Studie von *H. Schneider*, Die Güterabwägung des BVerfG bei Grundrechtskonflikten, 1979.

819 Siehe dazu oben **6. Teil, II. 2.**

820 Statt vieler *Muckel*, FS Schiedermair, 2001, S. 347 (351) mit zahlreichen weiteren Nachweisen.

821 *Schlink*, EuGRZ 1984, 457 (462).

822 Vgl. *Herzog*, in: Maunz/Dürig, GG, 1992, Art. 5 I, II, Rn. 260, der zu Recht feststellt, daß durch die Güterabwägung im Einzelfall dem Richter eine Macht eingeräumt wird, „die er bei der bloßen Gesetzesauslegung nie und nimmer hätte".

meinwohlbelange zulässigerweise beeinträchtigen darf. Auch die Rechtsprechung arbeitet nicht mit fest umrissenen Kriterien, die das Abwägungsergebnis prognostierzierbar machen. Man hat erst recht nicht den Eindruck, daß das BVerfG seinem selbst gesetzten Maßstab Rechnung trägt, die Einzelfallabwägung durch Grundsätze zu ersetzen, die „die Entscheidung des Einzelfalls normativ zu leiten imstande sind".[823]
Die Güterabwägung im Einzelfall stellt letztlich eine unbestimmte Klausel zur Begrenzung vorbehaltloser Grundrechte dar, was das BVerfG gerade ausschließen wollte.[824]

Abwägungen im Einzelfall lassen sich nicht vermeiden; sie spielen bei der Rechtsanwendung und -findung eine wichtige Rolle. Abwägungen sollten aber zugunsten der Rechtssicherheit soweit vermieden werden, wie die Einzelfallgerechtigkeit nicht darunter leidet. Dies muß der Maßstab für die Existenz schutzbereichsimmanenter Grenzen sein, aufgrund derer die Unsicherheiten der Abwägung womöglich reduziert werden können.

7. Der unterschiedliche Anknüpfungspunkt für den Abwägungsvorgang

Über diese grundsätzlichen Bedenken hinaus, fallen bei der Abwägungsmethodik des BVerfG im Zusammenhang mit dem Modell der verfassungsimmanenten Schranken weitere Unklarheiten auf, die sie mitunter konturenlos erscheinen lassen.
So macht vor allem *Sachs*[825] auf einen Umstand aufmerksam, der bei der Anwendung der Figur des kollidierenden Verfassungsrechts einer grundsätzlichen Klärung bedarf, die von der Judikatur jedoch noch nicht erfolgt ist.
Während einerseits die aus der Sicht der Rechtsprechung notwendige Abwägung zwischen den kollidierenden Rechtsgütern manchmal auf der abstrakten Ebene zur Überprüfung der Verfassungsmäßigkeit des einschlägigen (einfachen) Gesetzes vorgenommen wird[826] („normbezogenes Modell"[827]), nimmt das BVerfG anderseits – wie in der berühmten Mephistoentscheidung[828] – zur Überprüfung von (gerichtlichen) Entscheidungen die Abwägung ausschließlich

823 So BVerfGE, 66, 116 (138).
824 So ausdrücklich im „Mephisto-Beschluß", BVerfGE 30, 173 (175); kritisch daher *Muckel*, Religiöse Freiheit und staatliche Letztentscheidung, S. 201.
825 *Sachs*, Verfassungsrecht II, A 9, 40 ff.; noch ausführlicher *ders.*, in: Stern, Staatsrecht, Bd. III/2, S. 563 ff.
826 So im Kriegsdienstverweigerungsfall die einschlägigen Normen des Soldatengesetzes, BVerfGE 28, 243 (261).
827 *Sachs*, in: Stern, Staatsrecht, Bd. III/2, S. 563.
828 BVerfGE 30, 173: hier ging es um den Grundrechtskonflikt zwischen der Kunstfreiheit des Verlegers und dem (postmortalen) allgemeinen Persönlichkeitsrecht des in einem Roman von Klaus Mann poträtierten Gustav Gründgens.

einzelfallbetrachtend auf der konkreten Rechtsanwendungsebene vor mit dem Ziel der Herstellung praktischer Konkordanz der widerstreitenden Verfassungsgüter („einzelentscheidungsbezogenes Modell“[829]).[830] Die Verfassungsmäßigkeit des kollisionslösenden und einschränkenden Gesetzes – im „Mephisto-Beschluß“ § 823 Abs. 1 BGB als quasi-negatorischer Unterlassungsanspruch – wird abstrakt damit gar nicht in Frage gestellt, sondern gleichsam unterstellt, solange die Anwendungsergebnisse im Einzelfall das eingeschränkte Grundrecht nicht unzulässig beschneiden. Das mag damit zusammenhängen, daß es sich bei § 823 BGB um ein allgemeines Gesetz handelt, dessen Verfassungsmäßigkeit „an sich“ nicht in Frage steht. Widersprüchlich wird die Entscheidung im Mephistofall zum einen dadurch, daß zwar mit der gängigen Formel gearbeitet wird, wonach vorbehaltlos gewährleistete Grundrechte nur durch die Verfassung selbst begrenzt werden können, dann aber mit der einfachgesetzlichen Norm des § 823 Abs. 1 BGB die Einschränkung der vorbehaltlos garantierten Kunstfreiheit begründet wird, ohne ausdrücklich auf Verfassungsgüter selbst abzustellen.[831] Das BVerfG nimmt seine eigene Formel mitunter nur scheinbar ernst.[832] Eingedenk der mittelbaren Drittwirkung der Grundrechte hätte es zum anderen nahegelegen, zu erörtern, warum nicht bereits das einfache Gesetz den Konfliktfall abschließend löst, so daß es möglicherweise gar keiner Anwendung der verfassungsgerichtlichen Formel des kollidierenden Verfassungsrechts mehr bedarf. Das BVerfG tut dies nicht.[833]

Schließlich verfolgt das BVerfG ein „gemischtes Modell“, in dem es beide vorgenannten Konzeptionen miteinander verbindet und Abwägungen auf beiden Ebenen vornimmt.[834]

Allgemein läßt sich sagen, daß sich die Verhältnismäßigkeitsprüfung nicht auf das Gesetz als eingreifendes Mittel bezieht, sondern auf eine hoheitliche Einzelfallmaßnahme, in der Regel eine gerichtliche Entscheidung. Insofern besteht nicht nur ein erheblicher Unterschied zu Grundrechten mit Gesetzesvorbehalten, bei denen sich bereits die abstrakt-generelle Einschränkung durch Gesetz stets am Verhältnismäßigkeitsprinzip messen lassen muß. Es wirft zudem die Frage nach der Zuständigkeit für die zur Grundrechtsbegrenzung führende Abwägung und die Herstellung praktischer Konkordanz auf. Das BVerfG hat diese Frage nicht eindeutig beantwortet, weil es die unterschiedlichen Abwägungsebenen nicht klar trennt.[835]

---

[829] *Sachs*, in: Stern, Staatsrecht, Bd. III/2, S. 564.

[830] BVerfGE 30, 173 (193 ff.)

[831] Kritisch zu der „Mephisto-Entscheidung“ daher *Sachs*, aaO., S. 565, ebenso *Mis-Paulußen*, Begrenzung vorbehaltlos gewährleisteter Grundrechte, S. 33.

[832] *Kriele*, JA 1984, 629 (630 f.).

[833] *Mis-Paulußen*, Begrenzung vorbehaltlos gewährleisteter Grundrechte, S. 25 f.

[834] *Sachs*, in: Stern, Staatsrecht, Bd. III/2, S. 566 mit Nachweisen aus der Rechtsprechung.

[835] Näher dazu *Sachs*, aaO., S. 567 f.

III. Zusammenfassende Kritik

Die Lehre von den „verfassungsimmanenten Schranken" aufgrund kollidierenden Verfassungsrechts bietet fraglos eine Möglichkeit, die gesamte Begrenzungsproblematik einheitlich zu lösen und zu sachgerechten Ergebnissen zu kommen. Die Offenheit des Konzepts ermöglicht es, auf jeden Einzelfall zu reagieren. In der praktischen Umsetzung und ihrer dogmatischen Absicherung sind aber immer noch einige Fragen offen. Es handelt sich dabei nicht lediglich um Detailpunkte.[836]

Dogmatisch steht sie im Lager der weiten Tatbestandstheorie, da für ihre Anwendung eine Kollision des Grundrechts mit einem anderen Verfassungsgut Voraussetzung ist und sie das kollidierende Verfassungsgut als Eingriffsrechtfertigung auf der Schrankenebene behandelt. Damit ist die tatbestandliche Einschlägigkeit eines Grundrechts denk- und begriffslogisch notwendig.

In manchen Punkten ist die Kollisionstheorie mit ihrem unmittelbaren Verfassungsvorbehalt konturen- und kriterienlos. Das Modell lebt von der Annahme lösungsbedürftige Konflikte, in das ein Grundrecht mit anderen Verfassungsgütern gerät. Ihm liegt damit eine Grundrechtskonzeption zugrunde, die auf der Idee beruht, daß Grundrechte in ihrer Anwendung abwägungsfähig und stets abwägungsbedürftig sind. Es bietet demzufolge keine Kriterien dafür, wie möglicherweise der Konflikt vermieden werden kann, bevor er einer unsicheren, subjektiv gefärbten Einzelfallabwägung unterzogen wird. Es ist auch nicht ersichtlich, unter welchen Voraussetzungen überhaupt von einer Kollisionslage auszugehen ist, die durch eine Güterabwägung aufgelöst werden müßte. Weiterhin ungeklärt ist, welche Verfassungsinhalte mit einer Grundrechtsbetätigung abzuwägen und zur Grundrechtsbegrenzung geeignet sind. Die Rechtsprechungspraxis zeigt, daß von einer ausnahmsweisen Begrenzung, wie es das BVerfG für vorbehaltlose Grundrechte selbst gefordert hat, keine Rede mehr sein kann. Der Verhältnismäßigkeitsgrundsatz eignet sich beim Ausgleich widerstreitender grundrechtlicher Interessen nur bedingt als abwägungsleitendes Kriterium, weil er letztlich selbst zumeist auf eine Interessensabwägung hinausläuft. Mit dem Postulat der praktischen Konkordanz läßt sich nicht in allen Fällen arbeiten. Die bestehenden Zweifel, ob in allen Fällen ein unvermeidlicher Normwiderspruch vorliegt, der sich nicht bereits durch eine Auslegung der jeweiligen Gewährleistungssätze verhindern läßt, vermag das hier vorgestellte Lösungsmodell nicht auszuräumen. Im Ergebnis läßt sich daher festhalten, daß die Güterabwägungslehre zur Hervorbringung der verfassungsimmanenten Schranken der Grundrechte als alleiniges Modell der Begrenzungsproblematik nicht überzeugt. Daher überrascht es auch nicht, daß das Verfassungsgericht selber gezwungen scheint, die eigenen Vorgaben teilweise zu unterlaufen. Die Frage nach Alternativen oder Ergänzungen bleibt gestellt.

---

[836] So aber *Sachs*, aaO., S. 571.

8. Teil: Ungeschriebene Grundrechtsbegrenzungen im Lichte von grundrechtsbezogenen Auslegungsregeln

In der Diskussion um ungeschriebene Grundrechtsbegrenzungen wird oft mit grundrechtsbezogenen Auslegungsregeln argumentiert. Auch das BVerfG arbeitet im Kontext seines Begrenzungsmodells mit verschiedenen Topoi. Möglicherweise lassen sich aus ihnen Rückschlüsse auf die Berechtigung des soeben vorgezeichneten Lösungswegs ziehen. Sie werden daher unter dem Gesichtspunkt beleuchtet, ob ihnen eine grundsätzliche Aussagekraft in der Auseinandersetzung zwischen der weiten und der engen Tatbestandstheorie und damit zwischen der „Kollisions-“ und einer „Schutzbereichslösung“ zukommen kann.

I. Einheit der Verfassung und Wertordnung des Grundgesetzes

Als Grundlagen der Konfliktlösung rekurriert das BVerfG meist nebeneinander auf die „Einheit der Verfassung“[837] und die „Wertordnung“ des Grundgesetzes.[838] Auch andere Gerichtszweige[839] und Teile der Staatsrechtslehre[840] ziehen den Grundsatz der Einheit der Verfassung bei der Begrenzung vorbehaltloser Grundrechte heran. Die „Einheit der Verfassung“ ist unbestritten ein Prinzip, das bei der Auslegung des Grundgesetzes zu berücksichtigen ist.[841] Es gebietet, Verfassungsnormen in ihrer Gesamtheit zu sehen und so zu interpretieren, daß Widersprüche zu anderen Verfassungsnormen vermieden werden.[842] Mehr als diese Zielvorgabe besagt das Prinzip im allgemeinen und im Hinblick auf die Begrenzung von Grundrechten aber nicht.[843] Insbesondere beinhaltet es keine Maßstäbe dafür, wie Normkonflikte aufgelöst werden sollen, sondern verlangt nur, daß sie aufgelöst werden müssen. Der Weg der Konfliktlösung oder Vorgaben für den konkreten Vorrang einzelner Verfassungsbestimmungen vor anderen läßt sich aus der „Einheit der Verfassung“ ebensowenig entnehmen wie bestimmte Ausgleichsregeln.[844] Daher ist es verfehlt, wenn das BVerfG im Hinblick auf die Begrenzung vorbehaltloser Grundrechte dieses Prinzip zuweilen nicht als das Ziel, sondern als ein Mittel der

---

[837] BVerfGE 28, 243 (261); 33, 23 (29); 44, 37 (49 f.); 52, 223 (246 f.).

[838] BVerfGE 30, 173 (193); 32, 98 (108); 33, 23 (29); 47, 327 (369).

[839] Siehe nur BVerwGE 49, 202 (208 f.); BSGE 61, 158 (165).

[840] *Krebs*, Vorbehalt des Gesetzes und Grundrechte, S. 116; *Schlink*, EuGRZ 1984, 457 (464); *Erichsen*, Jura 1992, 142 (143, 144).

[841] *Sachs*, in: Stern, Staatsrecht, Bd. III/2, S. 560, *Rüfner*, Festgabe BVerfG, Bd. 2, 1976, S. 453 (466); BVerfGE 19, 206 (220): „vornehmstes Interpretationsprinzip“.

[842] *Hesse*, Verfassungsrecht, Rn. 71; *van Nieuwland*, Therorie der immanenten Grundrechtsschranken, S 126; vgl. auch schon BVerfGE 1, 32 f.

[843] Vgl. *W. Schmidt*, AöR 106 (1981), 497 (498 f.).

[844] Abweichende Meinung von *Mahrenholz/Böckenförde*, BVerfGE 69, 1, 57 (62 f.); ebenso *Bamberger*, Der Staat 39 (2000), 355 (371); *Sachs*, GG, Vor Art. 1, Rn. 123.

Konfliktlösung behandelt.[845] Das wird zu Recht kritisiert.[846] Denn aus den genannten Gründen ist die „Einheit der Verfassung" ein recht inhaltsleerer, konstitutiv bedeutungsloser Topos, der lediglich eine „rechtslogische Notwendigkeit"[847] anspricht, aber insbesondere keinen Aufschluß darüber gibt, welche Verfassungswerte, -güter oder -normen zur Begrenzung der Grundrechte tauglich sein sollen.[848] Jedenfalls lassen sich aus ihm keine Maßstäbe und keine konstruktiven Vorgaben für die Begrenzung (vorbehaltloser) Grundrechte herleiten.[849]

Das gilt im Ergebnis auch für die „Wertordnung" des Grundgesetzes. Auch sie wird meist als Maßstab für die Lösung bestehender Normkonflikte, früher zuweilen sogar unmittelbar als schutzbereichsimmanente Grenze vorbehaltloser Grundrechte herangezogen[850], obwohl sie diese Funktion gar nicht erfüllen kann. Der Begriff bezeichnet die Gesamtheit verfassungsrechtlicher Gehalte des Grundgesetzes aus der Sicht des Wertdenkens, was aber für die Konfliktlösung nicht weiterführt. Mögen die Grundrechte auch eine Wertordnung verkörpern[851], eine bestimmte Wertrangordnung, aufgrund dessen sich bereits abstrakt eine Vorrangentscheidung zwischen Verfassungswerten treffen ließe, ist ihnen nicht zu entnehmen.[852] Das gilt auch für die grundrechtlichen Normen untereinander[853], wenn man von einem anzunehmenden Höchstrang der Menschenwürde absieht.[854] Wegen der Abstufungen der Gesetzesvorbehalte sind die gesetzgeberischen Eingriffsbefugnissen unterschiedlich ausgestaltet. Daraus ist nach ganz überwiegender Auffassung aber keine bestimmte Rangordnung innerhalb der Grundrechte ableitbar. Insbesondere kommt den vorbehaltlosen Grundrechten nicht per se eine höhere Wertigkeit zu. Dem Wertsystem des Grundgesetzes korrespondiert also keine bestimmte Werthierar-

---

[845] Siehe BVerfGE 30, 173 (193); ähnlich BVerfGE 32, 98 (108) und BVerfGE 47, 327 (369), wobei „Einheit dieses Wertsystems" mit „Einheit der Verfassung" gleich zu setzen ist.

[846] *Sachs*, in: Stern, Staatsrecht, Bd. III/2, S. 560 f.; *Miß-Paulusen*, Zur Frage der Begrenzung vorbehaltlos gewährleisteter Grundrechte, S. 27 f.

[847] *Sachs*, in: Stern, Staatsrecht, Bd. III/2, S. 560; siehe auch *Müller/Christensen*, Juristische Methodik, Rn. 383 ff.

[848] *Misera-Lang*, Einschränkbarkeit vorbehaltloser Grundrechte, S. 338 f. , m.w.N

[849] Siehe zum Ganzen und im Ergebnis ebenso *Terwiesche*, Die Begrenzung der Grundrechte durch objektives Verfassungsrecht, S. 65 ff.

[850] BVerfGE 12, 1 (4): „Jedenfalls kann sich auf die Glaubensfreiheit nicht berufen, wer die Schranken übertritt, die die allgemeine Wertordnung des Grundgesetzes errichtet hat."

[851] Vgl. dazu *Schapp*, JZ 1998, 913 ff.

[852] Vgl. nur *Sachs*, in: Stern, Staatsrecht, Bd. III/2, S. 562; *Bethge*, Zur Problematik von Grundrechtrechtskollisionen, S. 268 f. Siehe hierzu und zum folgenden bereits oben **6. Teil, II. 2.** und **7. Teil, II. 6**.

[853] Zur Gleichwertigkeit der Freiheitsrechte siehe *Kirchhof*, HdbStR IX, § 221, Rn. 102 ff.

[854] Vgl. BVerfGE 75, 269 (380), wo dem durch Art. 1 Abs. 1 GG geschützten Kern menschlicher Ehre der abstrakte Vorrang vor der Kunstfreiheit eingeräumt wird. Zur Menschenwürde als schutzbereichsimmanente Schranke siehe unten **11. Teil, III 1**.

chie.[855] Der Begriff der verfassungsrechtlichen Wertordnung ist daher ebenfalls zu konturlos ist, um ihn für die Frage nach der „richtigen" Methode der Begrenzung (vorbehaltloser) Grundrechte fruchtbar zu machen.[856]

II. „In dubio pro libertate"

Ebensowenig lassen sich Schlußfolgerungen für den methodischen Lösungsweg von Grundrechtsbegrenzungen aus dem Grundsatz „in dubio pro libertate"[857] ziehen. Gleichwohl wird die Maxime auch in dem dogmatischen Streit um den Gewährleistungsumfang der Grundrechte argumentativ eingebunden. Vor allem Vertreter der weiten Tatbestandstheorie stellen eine Beziehung zwischen der Forderung „im Zweifel für die Freiheit" und ihrem Grundrechtsverständnis her.[858]

Die Maxime ist in ihrer Aussage derart allgemein und pauschal, daß nicht klar sein kann, was sie inhaltlich im einzelnen postuliert.[859] Ganz allgemein fordert sie, daß sich der Staat bei einem Tätigwerden im grundrechtsrelevanten Bereich im Zweifel für die Freiheit des Grundrechtsträgers entscheiden muß.[860] Daneben wird mit ihr eine Beweislastverteilung begründet. Bei der Gesetzgebung in einem freiheitlichen Rechtsstaat habe derjenige die zwingende Notwendigkeit eines Gesetzes darzulegen, der eine Freiheitseinschränkung des einzelnen zugunsten der Sicherheit eines anderen vornehmen will.[861] Das Freiheitsprinzip habe also Vorrang, sofern der Gesetzgeber nicht ausreichende Gründe vorweisen kann, die eine Freiheitsbegrenzung rechtfertigen können.[862]

Das aber sind Aussagen, die gegenüber grundsätzlichen Prinzipien eines Rechtsstaats keinen eigenständigen Gehalt aufweisen. Es ist geradezu selbstverständlich und ergibt sich aus der Bindungskraft des Art. 1 Abs. 3 GG, daß der Staat, will er grundrechtlich geschützte Freiheiten beschneiden, dies

---

855 Eingehend *Misera-Lang*, Einschränkbarkeit vorbehaltloser Grundrechte, S. 58 ff., mit umfangreichen Nachweisen.

856 So auch das Ergebnis von *Miß-Paulusen*, Zur Frage der Begrenzung vorbehaltlos gewährleisteter Grundrechte, S. 30.

857 Grundlegend der gleichnamige Beitrag von *P. Schneider*, FS Deutscher Juristentag, Bd. II, 1960, S. 263 ff.; zuvor bereits mit Blick auf die Auslegung des Art. 12 Abs. 1 GG *Uber*, Freiheit des Berufs, 1957, S. 27 f. und S. 220; weitere Nachweise bei *von Arnauld*, Die Freiheitsrechte und ihre Schranken, S. 272 mit Fn. 3.

858 *Alexy*, Theorie der Grundrechte, S. 517 f., der „den prima facie-Vorrang des Prinzips der rechtlichen Freiheit" quasi als Folgerung des Grundsatzes „in dubio pro libertate" ansieht; insgesamt sehr gehaltvoll *von Arnauld*, Die Freiheitsrechte und ihre Schranken, S. 272 ff., der mit der Maxime nicht eine weites Tatbestandsverständnis rechtfertigt, sondern ihre Relevanz auf Grundlage dieses Verständnisses überprüft, siehe aaO., S. 273 f.; *Huhmann*, Die verfassungsrechtliche Dimension des Bankgeheimnisses, S. 90 ff.

859 Vgl. *Ossenbühl*, DÖV 1965, 649 (657 f. mit Fn. 112); *Schwabe*, Probleme der Grundrechtsdogmatik, S. 62.

860 *Von Arnauld*, Die Freiheitsrechte und ihre Schranken, S. 273.

861 *Maihofer*, Bitburger Gespräche 1974-1976, S. 147 (150).

862 *Denninger*, AK-GG, vor Art. 1, Rn. 13.

nicht grundlos machen kann und zudem sein Handeln begründen muß. Andernfalls läuft er Gefahr, willkürlich zu handeln.
Insofern werden aber alle rechtlich relevanten Aspekte, die sich aus der Freiheitsvermutung ergeben könnten, hinreichend vom Verhältnismäßigkeitsprinzip mit seinen Kriterien der Erforderlichkeit und Angemessenheit erfaßt. Dieses ist mit seinem Strukturmerkmalen besser rationalisierbar als mit einer diffusen Formel der Freiheitsvermutung.[863] Sie ist damit überflüssig. Bei Eingriffen in die Freiheitssphäre der Bürger hat der Staat das mildeste Mittel zur Verfolgung des angestrebten Ziels einzusetzen, das zudem nicht außer Verhältnis zum Freiheitsinteresse stehen darf. In dieser Abwägung der Verhältnismäßigkeitsprüfung ist aber ein genereller Vorrang zugunsten der Freiheit verfassungsrechtlich nicht begründbar. Denn das ließe sich mit dem Grundsatz der Einheit der Verfassung kaum in Einklang bringen.[864] Gelte eine allgemeine Vermutung für die Freiheit auch in Bezug auf die Rechtsetzung, würde dies zu einer „bedenklichen Beschneidung originärer legislatorischer Kompetenzen" führen.[865]
Auch in Bereichen der Rechtsanwendung, d.h. für Entscheidungen der Exekutive und Judikative, können aus der In-dubio-Maxime keine über das Übermaßverbot hinausgehende Forderungen hergeleitet werden.[866]

„In dubio pro libertate" erinnert an den im Strafprozeßrecht anerkannten Grundsatz „in dubio pro reo". Ihm zufolge dürfen Zweifel bei der Tatsachenfeststellung nicht zu Lasten des Angeklagten gehen. Die Anwendung der verfassungsrechtlichen Formel „in dubio pro libertate" knüpft aber nicht an eine unsichere Tatsachenlage an, sondern an Normkonflikte.[867] Aufgrund dieses Unterschieds erscheint schon der Sinn von Begriffen wie „Vermutung" oder „Zweifel" fragwürdig.[868] Gleichwohl wird der Grundsatz in seiner weiteren Funktion als eine allgemeine Auslegungsregel zur Lösung von Normkonflikten verstanden, die bei mehreren „gleichwertigen" Deutungsmöglichkeiten zum Tragen kommen könnte.[869]

---

863 *Von Arnauld*, Die Freiheitsrechte und ihre Schranken, S. 278 f.
864 Vgl. nur *Liesegang*, JuS 1976, 420 (423).
865 So *von Arnauld*, aaO., S. 281.
866 Näher auch hierzu *von Arnauld*, aaO., S. 281 f.
867 Wenn *P. Schneider*, FS Deutscher Juristentag, Bd. II, 1960, S. 263 (290), aus der Maxime auch folgert, daß eine Freiheitsbeschränkung nur dort zulässig ist, wo die entsprechenden tatsächlichen Voraussetzungen zweifelsfrei erwiesen sind, so ist dies unhaltbar. Andernfalls wären die Rechtmäßigkeitsvoraussetzungen etwa im Gefahrenabwehrrecht viel zu streng. Die anerkannte, weil notwendige, Figur des „Gefahrerforschungseingriffs" z.B. wäre in Frage gestellt.
868 *Ehmke* VVDStRL 20 (1963), 53 (87).
869 So *Ossenbühl*, DÖV 1965, 649 (658); siehe auch *Bleckmann*, Staatsrecht II, § 8, Rn. 38; von vornherein ablehnend *Hesse*, Verfassungsrecht, Rn. 72.

Als Auslegungsregel ist die in dubio-pro-libertate-Maxime aber rechtlich nicht anerkannt[870] und stößt zum Teil auf vehemente Ablehnung.[871] Das BVerfG fordert zwar, daß eine Grundrechtsnorm in der Weise auszulegen ist, daß sie eine größtmögliche Wirksamkeit entfaltet.[872] Ein noch weiter gefaßter Grundsatz[873], wie die Auslegung „in dubio pro libertate" im Sinne einer allgemeinen Freiheitsvermutung, hat bislang aber keinen Eingang in die Verfassungsrechtsprechung gefunden.[874]

Zu diesen allgemeinen Einwänden kommt ein weiterer, weitgehend unumstrittener hinzu, der für die Lösung von echten Grundrechtskollisionen und die Frage der Begrenzung von Freiheitsrechten aufgrund entgegenstehender Rechte anderer entscheidend ist: Die Berechtigung einer Maxime „in dubio pro libertate" läßt sich überhaupt nur im Bürger-Staat-Verhältnis diskutieren. Sie ist jedenfalls dann wertlos, wenn es um den Ausgleich im Gleichordnungsverhältnis zwischen den Bürgern geht. Der Gesetzgeber muß hier zwischen den Freiheiten seiner Bürger vermitteln, für die beide der Grundsatz „in dubio pro libertate" sprechen müßte. Als Auslegungsregel hilft hier der Grundsatz nicht weiter[875]; er manövriert den Staat gewissermaßen in eine „Sackgasse". Denn mit der Sicherung der Freiheit des einen Bürgers gehen oftmals Freiheitsreduzierungen des anderen Bürger einher. Es käme hier insofern erneut zu einer Kollision, nämlich zu der zwischen der Freiheitsvermutung des einen und der des anderen Grundrechtsträgers. Der Staat steht mitunter vor der Frage, für wessen Freiheit er sich entscheidet. Wendet man den Grundsatz im Konfliktfall zweier Grundrechtsträger zu einseitig zugunsten einer Partei an, bestünde die Gefahr, daß sich der Grundsatz geradezu ins Gegenteilige verkehrt.[876] Die

---

[870] BVerwGE 42, 79 (83); *Von Münch*, in: ders./Kunig, GG, Bd. 1, Vorb. Art. 1-19, Rn. 51; *Stern*, Staatsrecht, Bd. III/2, S. 133 f.

[871] Siehe nur *Kriele*, HdbStR V, § 110, Rn. 2.

[872] BVerfGE 6, 55 (72); 32, 54 (71); 43, 154 (167); dieses „Effektivitätsgebot" ist rückführbar auf *Thoma*, in: Nipperdey (Hrsg.): Die Grundrechte und Grundpflichten in der Reichsverfassung, Band I, 1929, S. 1 (9); kritisch und ablehnend *Terwiesche*, Die Begrenzung der Grundrechte durch objektives Verfassungsrecht, S. 61 ff.

[873] *Bleckmann*, Staatsrecht II, § 8, Rn. 38, setzt die Maximen gleich; ähnlich *Eckhoff*, Der Grundrechtseingriff, S. 162.

[874] Obwohl das BVerfG zuweilen selbst von einer „grundsätzlichen" oder „allgemeinen Freiheitsvermutung" spricht., vgl. aus früherer Zeit BVerfGE 13, 97 (105); 17, 306 (313 f.); 32, 54 (72). Es unterstreicht damit aber im Grunde nur die Rechtfertigungsbedürftigkeit staatlicher Eingriffe im Grundrechtsbereich am Maßstab der Verhältnismäßigkeit. In jüngerer Zeit, vgl. BVerfGE 54, 129 (139), 82, 236 (260), betont es mit der Freiheitsvermutung nur die besondere Bedeutung des jeweiligen Freiheitsrechts. Vgl. dazu auch die Einschätzung von *Stern*, Staatsrecht, Bd. III/2, S. 1653.

[875] *Schwabe*, Probleme der Grundrechtsdogmatik, S. 63 f.; *Isensee*, in: Recht in Deutschland und Korea, Bd. V, 1985, S. 51 (68).

[876] Ähnlich *Bethge*, Zur Problematik von Grundrechtskollisionen, S. 257 f.

Formel der Freiheitsvermutung kann demnach jedenfalls nicht für den sprechen, dessen Freiheit auf die Freiheit eines anderen stößt.[877]

Zusammenfassend bleibt festzuhalten, daß der Grundsatz „in dubio pro libertate" für die Lösung konkreter Problemstellungen im Spannungsverhältnis von individueller Freiheit und ihren Begrenzungen zu allgemein und rechtlich nicht zu handhaben ist.[878] Er läßt sich nur verfassungstheoretisch, nicht aber verfassungsrechtlich begründen[879] und ist letztlich eher ein Gesichtspunkt in (rechts-)politischen Diskussionen.[880] Mit dieser Maxime ist keine Vermutung für ein enges oder weites Tatbestandsverständnis begründbar.[881] Ihre Anwendung setzt „Freiheit" voraus und kann demzufolge nichts zu der Frage beitragen, was grundrechtlich geschützte Freiheit überhaupt ist. Bevor man mit einer vagen Vermutung „im Zweifel für die Freiheit" argumentiert, sollte in einem Schritt zuvor nach Kriterien gesucht werden, die die Zweifel begründet ausräumen können. Würde eine weite Tatbestandstheorie auf die In-dubio-Maxime rekurrieren, käme damit nur zum Ausdruck, daß sie auf die Suche nach solchen Kriterien verzichtet, die es ermöglichen, bereits auf der Tatbestandsebene zwischen Freiheit und Nicht-Freiheit zu unterscheiden. Das ist zwar nach ihren Prämissen konsequent, vermag aber in dieser Grundsätzlichkeit nicht zu überzeugen.

III. Freiheitsverständnis und Menschenbild des Grundgesetzes

Unabhängig von den bereits genannten Einwänden gegen die Maxime „in dubio pro libertate" müßte ihr eine grundsätzliche Frage vorangestellt werden. Soll im Zweifel für die Freiheit entschieden werden, so muß geklärt sein, welche Freiheit das Grundgesetz überhaupt schützen will. Möglicherweise lassen sich aus dem Freiheitsverständnis und dem damit zusammenhängenden „Menschenbild des Grundgesetzes"[882] dogmatische Schlußfolgerungen auf die Konstruktion und den Umfang von ungeschriebenen Grundrechtsbegrenzungen ziehen.
Dabei wird sich zeigen, daß Basis für die Unterschiede der engen und weiten Tatbestandstheorien zwar nicht eine gegensätzliche Bewertung, aber doch eine unterschiedliche Akzentuierung des grundrechtlichen Freiheitsverständnisses ist.

---

[877] *Isensee*, Grundrecht auf Sicherheit, S. 47; *ders.*, AcP 1993, 619 (628); *Preu*, JZ 1991, 265 (268); ebenso *v. Arnauld*, Die Freiheitsrechte und ihre Schranken, S. 279; *Alexy*, Theorie der Grundrechte, S. 517.

[878] *Ossenbühl*, DÖV 1965, 649 (657, Fn. 112).

[879] *Winkler*, Kollisionen verfassungsrechtlicher Schutznormen, S. 181.

[880] *Keller*, Die Kritik, Korrektur und Interpretation des Gesetzeswortlauts, S. 279.

[881] So auch *Pieroth/Schlink*, Grundrechte, Rn. 230.

[882] Vgl. dazu *Huber*, Jura 1998, S. 505 ff.

1. Freiheit und Freiheitsrecht

Nicht immer deutlich wird in der Diskussion um das „richtige" Freiheitsverständnis der Unterschied zwischen (menschlicher) Freiheit und (normativem) Freiheitsrecht.[883] Zwar läßt sich den Freiheitsrechten ein bestimmter Freiheitsbegriff zugrunde legen. Aber selbst wenn man dabei von einer ungebundenen Freiheit, d.h. von einer „Beliebigkeit des Verhaltenkönnens" ausgeht[884], ist die Frage nach Funktion und Grenzen der Freiheitsrechte als Abwehrrechte, also der konkrete (rechtliche) Schutz für das jeweilige Verhalten noch nicht beantwortet.[885]

Was „Freiheit" – gewissermaßen an sich – ausmacht, ließe sich nur – wenn überhaupt – in einem weitreichenden ideengeschichtlichen und rechtsphilosophischen Exkurs erklären. Der Versuch soll gar nicht unternommen werden, geht es doch hier um das Freiheitsverständnis des Grundgesetzes, also um eine Freiheit im Rechtssinne.

Insofern ist es aber nur schwer möglich, von *dem* Freiheitsverständnis oder von *dem* Menschenbild des Grundgesetzes zu sprechen. Das Grundgesetz zeichnet im Grunde gar kein eigenes Bild vom Menschen, sondern es gibt Raum für ganz unterschiedliche Menschenbilder.[886] Als eine Frage der Verfassungsauslegung ist das Menschenbild zudem abhängig vom jeweiligen Interpreten und dessen Vorverständnis. Es besteht die Gefahr, daß er dem Grundgesetz ein explizit nicht enthaltenes Freiheits- oder Menschenbild unterstellt, um damit Argumente für dogmatische Schlußfolgerungen vorbringen zu können.[887] Zudem läßt sich die grundrechtliche Freiheit nicht auf einen Aspekt reduzieren. Daher sind die unterschiedlichen Grundrechtstheorien für sich alleine jeweils unzulänglich.

Gleichwohl überrascht es nicht, daß Vertreter unterschiedlicher Tatbestandsverständnisse jeweils mit dem grundrechtlichen Freiheitsbegriff oder dem

---

883 Siehe hierzu *A. Enderlein*, Der Begriff der Freiheit als Tatbestandsmerkmal der Grundrechte, S. 98 ff.; vgl. auch *Steinbeiß-Winkelmann*, Grundrechtliche Freiheit und staatliche Freiheitsordnung, S. 24 ff,. anhand einer kritischer Auseinandersetzung mit *Grabitz*, Freiheit und Verfassungsrecht, 1976; siehe auch *Ipsen*, Staatsrecht II, Rn. 66 ff.; *Schwabe*, Probleme der Grundrechtsdogmatik, S. 9, 73; sehr anschaulich in einer Rezension zu *Häberles* „Wesengehaltgarantie" *Schnur*, DVBl. 1965, 489 (490).

884 *Stern*, Staatsrecht, Bd. III/1, S. 628

885 Zutreffend *Steinbeiß-Winkelmann*, Grundrechtliche Freiheit und staatliche Freiheitsordnung, S. 24, 36; *Schwabe*, Probleme der Grundrechtsdogmatik, S. 41: „Die Befugnis, etwas zu tun, beispielsweise, sich frei zu bewegen, ist nicht identisch mit dem Recht, von dem Staat ein Unterlassen jeglicher Beeinträchtigung der freien Bewegung zu verlangen."

886 So *Huber*, Jura 1998, 505 (511).

887 *Eckhoff*, Der Grundrechtseingriff, S.163; ähnlich zur Verfassungsauslegung im allgemeinen *Ossenbühl*, DÖV 1965, 649 (651) und zur Beliebigkeit von Grundrechtstheorien *Brugger*, JZ 1987, 633 , m.w.N; besonders kritisch zum Menschenbild der Verfassung *Ridder*, DuR 1979, 123 f.: es sei keines des Grundgesetzes, sondern das vom BVerfG gemachte.

Menschenbild des Grundgesetzes argumentieren, um ihre Auffassung zu untermauern. Auf der einen Seite also die weite Tatbestandstheorie, die der Schutzbereichsbestimmung einen begrenzungslosen Freiheitsbegriff zugrunde legt[888], und auf der anderen Seite ein engeres Verständnis, das ebenfalls die grundgesetzliche Freiheitskonzeption für eine „Schutzbereichslösung" ins Felde führt.[889]
Beide Auffassungen vermögen zu überzeugen, indem sie jeweils den für sie wesentlichen Aspekt der Freiheit hervorheben. Dadurch erscheinen ihre dogmatischen Prämissen weniger angreifbar.

2. Freiheit im Sinne des Grundgesetzes: Wechselbezüglichkeit von Autonomie und Gemeinschaftsgebundenheit

Differenzierter und ausgewogener erscheint in diesem Zusammenhang das Grundrechtsverständnis des BVerfG. Es hat deutlich gemacht, daß Freiheit im Rechtssinne und das Menschenbild des Grundgesetzes von zwei gegenläufigen Gesichtspunkten geprägt sind:[890] Einerseits die individuelle Autonomie und andererseits die sozialen Bezüge und Bindungen, die die Ausübung von Freiheit in einer Gemeinschaft zwangsläufig mit sich bringt. Diese beiden Gesichtspunkte der Wechselbezüglichkeit werden im unmittelbaren Zusammenhang erwähnt.[891] Der Aspekt der Gemeinschaftsgebundenheit wird insbesondere da betont, wo es gilt, die Begrenzungsnotwendigkeit vorbehaltlos garantierter Grundrechte zu begründen.[892]

Vor dem Hintergrund der leidvollen Erfahrung nur schwach verankerter Grundrechte in der Weimarer Republik, die dazu beitrugen, daß der Faschismus seinen Nährboden finden konnte, war nun entsprechend der Kernforderungen der Alliierten eine demokratische, bundes- und rechtsstaatliche Verfassung aus-

---

888 Stellvertretend *Lübbe-Wolff*, Die Grundrechte als Eingriffsabwehrrechte, S. 98: zum Schutzbereich zählt eine „nicht von vornherein begrenzte Freiheit des Beliebens". Vgl. auch *von Arnauld*, Die Freiheitsrechte und ihre Schranken, S. 64.

889 Siehe *Roth*, Faktische Eingriffe in Freiheit und Eigentum, S. 483 ff.; *Gellermann*, Grundrechte im einfachgesetzlichen Gewande, S. 217 f.

890 Zu folgendem vgl. auch die Einschätzung von *van Nieuwland*, Theorie der immanenten Grundrechtsschranken, S. 103 ff.

891 BVerfGE 12, 45 (51): „Das Grundgesetz ist eine wertgebundene Ordnung, die den Schutz von Freiheit und Menschenwürde als obersten Zweck allen Rechts anerkennt; sein Menschenbild ist nicht das des selbstherrlichen Individuums, sondern das der in der Gemeinschaft stehenden und ihr vielfältig verpflichteten Persönlichkeit."; siehe auch BVerfGE 30, 1 (20); 50, 290 (353).

892 Exemplarisch BVerfGE 32, 98 (107 f.): „Die Freiheitsverbürgung des Art. 4 Abs. 1 GG geht wie alle Grundrechte vom Menschenbild des Grundgesetzes aus, d.h. vom Menschen als eigenverantwortliche Persönlichkeit, die sich innerhalb der sozialen Gemeinschaft frei entfaltet. Diese vom Grundgesetz anerkannte Gemeinschaftsbindung des Individuums macht auch Grundrechte, die vorbehaltlos gewährleistet sind, gewissen äußersten Grenzziehungen zugänglich."

zuarbeiten, die vor allem individuelle Rechte und Freiheiten schützen sollte.[893] Die Forderung nach individueller Freiheitssicherung hat sich auch in der Rechtsprechung niedergeschlagen. Sowohl das BVerfG als auch der BGH stimmen darin überein, daß „Grundrechte in erster Linie dazu bestimmt [sind], die Freiheitssphäre des einzelnen vor Eingriffen der öffentlichen Gewalt zu sichern".[894] Diese Aussage entspricht dem Grundgedanken liberalen Freiheitsdenkens, wonach grundrechtliche Freiheitsgarantien zuvörderst den individuellen Freiheitsinteressen dienen.[895] Diese Garantien knüpfen an eine naturrechtliche Vorstellung von Freiheit an, was durch einen Blick in die Entstehungsgeschichte des Grundgesetzes Bestätigung findet:

Zu Beginn der Arbeit des Parlamentarischen Rates hatten schon die ersten Beiträge deutlich gemacht, daß über beinahe alle Parteien hinweg ein Konsens darüber bestand, die Freiheit des Menschen als naturrechtlich gegeben anzusehen.[896] Im Fachausschuß Grundsatzfragen wurde aber davor gewarnt, diesen naturrechtlichen Ursprung auch verfassungsrechtlich zu verankern, da die Herkunftsfrage primär philosophischer Natur sei. Ein dennoch gestellter Antrag von CDU, CSU und DP, die Menschen- und Freiheitsrechte als von Gott gegeben in das Grundgesetz aufzunehmen, wurde mit nur 11:10 Stimmen abgelehnt.[897] Somit ist der Parlamentarische Rat zwar von der naturrechtlichen Begründung der Freiheit ausgegangen, expressis verbis aufgenommen wurde dieser Ansatz jedoch nicht. Die Grundrechte sollten ihre Ausprägung aus der Zeit und mit ihr erfahren.[898]

Die umfassenden Freiheitsgarantien des Grundgesetzes, das Recht auf freie Entfaltung der Persönlichkeit (Art. 2 Abs. 1 GG) und vor allem der das ganze Verfassungsrecht prägende Grundsatz der Unantastbarkeit der Menschenwürde sind klare Anzeichen dafür, daß unserer Verfassungsordnung die Vorstellung vom Menschen als ein Wesen zugrunde liegt, das nicht nur in der Lage, sondern auch willens ist, über sich selbst zu bestimmen.[899] Jedem Menschen wird die Fähigkeit zugesprochen, seine individuellen Interessen erkennen und aus der Vielzahl möglicher Verhaltensweisen sich für diejenige ent-

---

893 *Mußgnug*, HdbStR I, § 8, Rn. 26.
894 BVerfGE 7, 198 (1. Leitsatz), vgl. auch BGHZ 63, 196 (198).
895 *Steinbeiß-Winkelmann*, Grundrechtliche Freiheit und staatliche Freiheitsordnung, S. 17 f., m.w.N
896 Für die SPD: Schmid, 2. Sitzung des Parlamentarischer Rat vom 8.9.1948, Stenographische Berichte, S. 13; CDU: *Süsterhenn*, ebenda, S. 21; DP: Seebohm, 3. Sitzung des Parlamentarischer Rat vom 9.9.1948, Stenographische Berichte, S. 46; Zentrum: *Brockmann*, ebenda, S. 55.
897 Parlamentarischer Rat, Verhandlungen des Hauptschusses, 42. Sitzung des Hauptauschusses vom 18.1.1949, S. 531.
898 Vgl. *von Mangoldt*, Schriftlicher Bericht zum Entwurf des GG (Drucksachen Nr. 850,854), S. 5.
899 BVerfGE 45, 187 (227 f.); *Bleckmann*, JZ 1988, 57 (58).

scheiden zu können, die seinen Interessen am besten entspricht. Die überragende Stellung der Grundrechte in unserem Verfassungssystem ist aber nicht die Ursache, sondern nur der Ausdruck dafür, daß wir der individuellen Freiheit eine so große Bedeutung beimessen. Denn der Inhalt der grundrechtlich geschützten Freiheit hat einen natürlichen Ursprung. Die Grundrechte beinhalten als Schutzgüter überwiegend menschliche Handlungsmöglichkeiten, die dem Menschen als solche eigen sind.[900] Daher gewährt die Verfassungsordnung den Bürgern die Freiheit auch nicht, sondern setzt sie als vor dem Staat gegeben voraus, d.h. sie wird nicht durch ihn konstituiert.[901] Daraus hat *Carl Schmitt* sein Verteilungsprinzip hergeleitet, wonach die individuelle Freiheitssphäre der Bürger als etwas dem Staat Vorausliegendes und als prinzipiell unbegrenzt angesehen wird, während die Befugnisse des Staates zu Eingriffen in diese Sphäre prinzipiell begrenzt seien.[902] Das BVerfG hat in einer früheren Entscheidung zu Art. 6 Abs. 1 GG diese Grundsätze als liberale „Leitidee" des Grundgesetzes ausdrücklichen bestätigt.[903] Im Grunde verbirgt sich hinter dem so formulierten Verteilungsprinzip nichts anderes als das Regel-Ausnahme-Prinzip von Freiheit und Freiheitsbegrenzung, das jede Rechtsordnung kennzeichnet.[904] In unserer Rechtsordnung des liberalen Rechtsstaats ist dies im Sinne der Formel entschieden worden, daß grundsätzlich alles erlaubt ist, was nicht verboten ist.[905] Ein Verbot muß aber nicht ausdrücklich in verfassungsrechtlichen oder einfachgesetzlichen Normen ausgesprochen sein. Es kann der Rechtsordnung auch wie selbstverständlich zugrunde liegen, wie das bereits erwähnte Verbot, einen anderen Menschen zu töten.

Nach Art. 1 Abs. 2 GG bekennt sich das Deutsche Volk zu den unverletzlichen und unveräußerlichen Menschenrechten als Grundlage jeder menschlichen Gemeinschaft. Natürliche Freiheit ist zudem die inhaltliche Basis für grundrechtliche Freiheit. Das Verteilungsprinzip darf jedoch nicht zu der Annahme auch unbegrenzbarer vorstaatlicher (Freiheits-)*Rechte* führen. Denn bisher wurde nur die eine, die individualistische Seite der (Freiheits-)Medaille beschrieben, also quasi die Freiheit eines isolierten Individuums betrachtet. Mag grundrechtliche Freiheit insofern in ihren Beweggründen und Erscheinungsformen grenzenlos sein, so sind es die Freiheitsrechte in Inhalt und Umfang nicht.[906]

---

[900] *Ipsen*, Staatsrecht II, Rn. 63, der in Anlehnung an *Jellinek* die Summe menschlicher Handlungsmöglichkeiten als „natürliche Freiheit" begreift.

[901] *Isensee*, Der Staat 20 (1981), 161 (162); *Böckenförde*, NJW 1974, 1529 (1530).

[902] *Schmitt*, Verfassungslehre, S. 126 f., 159; vgl. hierzu *W. Schmidt*, AöR 101, 24 (33 f.).

[903] BVerfGE 6, 55 (81): Die „klassischen Grundrechte" entsprechen „einer Leitidee unserer Verfassung, nämlich der grundsätzlichen Begrenztheit aller öffentlichen Gewalt in ihrer Einwirkungsmöglichkeit auf das freie Individuum."

[904] *Schwabe*, Probleme der Grundrechtsdogmatik, S. 61 f.; siehe auch *Steinbeiß-Winkelmann*, Grundrechtliche Freiheit und staatliche Freiheitsordnung, S. 36.

[905] So BVerfGE 84, 372 (380).

[906] *Steinbeiß-Winkelmann*, Grundrechtliche Freiheit und staatliche Freiheitsordnung, S. 52.

Denn auf der anderen Seite ist es unter soziologischem Blickwinkel ebenso selbstverständlich und unstreitig, daß es in einer Gesellschaft, die sich eine Rechtsordnung gibt, keine absolute Freiheit geben kann.[907] Hier ist der Mensch nicht eine ausschließlich sich selbst zur Rechenschaft verpflichtete Person. Er lebt nicht für sich allein, sondern als ein Teil eines hoch komplexen Beziehungsgefüges in Gemeinschaft mit anderen Menschen. Diese Gemeinschaft ist für ein geordnetes menschliches Zusammenleben auf eine funktionierende staatliche Ordnung angewiesen.[908] Das erfordert zum einen, daß sich die Mitglieder in die Gemeinschaft einfügen und es unterlassen, ihre Existenz und ihr Funktionieren zu gefährden. Zum anderen erfordert das gemeinschaftliche Miteinander, daß niemand Rechte für sich beansprucht, ohne zugleich die Rechte des ihm gleichwertig und gleichrangigen anderen anzuerkennen. Aus der sozialen Bindung läßt sich also eine „Nichtstörungspflicht" herleiten. In einer rechtlich geordneten Gesellschaft wird aus der natürlichen, vorstaatlichen Freiheit des Einzelnen, die sich in den Freiheitsrechten wiederfindet, eine „rechtlich gehegte", also eine „durch die Rechtsordnung begrenzte Freiheit".[909]

Daß die Persönlichkeit, die das Grundgesetz schützen möchte, eine sozial- und gemeinschaftsbezogene ist, hat auch in der Verfassung normativ Ausdruck gefunden: Schon in der Präambel steht, daß sich das Deutsche Volk das Grundgesetz „im Bewußtsein seiner Verantwortung vor Gott und den Menschen" gegeben hat.
Das Grundgesetz spricht in Art. 1 Abs. 2 GG explizit von einer „menschlichen Gemeinschaft".
Gem. Art. 14 Abs. 2 Satz 2 GG soll der Gebrauch des Eigentums zugleich dem Wohle der Allgemeinheit dienen.
Durch die Erwähnung der „Rechte anderer" als Schranke des Art. 2 Abs. 1 GG wird deutlich, daß grundrechtliche Freiheitsgewährleistungen keine Freiheit gegen den Mitmenschen verbürgen.[910] Das Grundgesetz setzt gewissermaßen voraus, daß der Mensch in Gemeinschaft mit anderen Menschen lebt.
Das in Art. 20 GG verankerter Sozialstaatsprinzip steht nicht nur einer rein individualistischen Sichtweise der Freiheitsgrundrechte entgegen[911], sondern bewahrt davor, um der Würde des Menschen willen seine sozialen Gemeinschaftsbindungen zu übersehen.

---

[907] Siehe zur soziologischen und philosophischen Grundlegung der Gemeinwohlbindung *Dickert*, Forschungfreiheit und Naturwissenschaften, S. 392 f.

[908] Siehe BVerfGE 81, 278 (292), vgl. auch *Kirchhof*, DVBl. 1999, 637 (640 f.)

[909] Klein, Die Grundrechte im demokratischen Staat, 1974, S. 62, *Schnur*, DVBl. 1965, 489 (490): „Sobald die Gemeinschaft entsteht, findet diese (scil.: natürliche) Freiheit ihr Ende: Indem sich die einzelnen zusammenschließen, geben sie die natürliche Freiheit auf."; vgl. dazu auch *Schwarz*, JZ 2000, 126 (127 f.); kritisch dagegen *Hochhuth* JZ 2002, 743 (748).

[910] *Dietlein*, Die Lehre von den grundrechtlichen Schutzpflichten, S. 81.

[911] *Scheuner*, DÖV 1971, 505 (506).

Für ein umfassendes Freiheitsverständnis prima facie, so wie es die weite Tatbestandstheorie postuliert, spricht insofern auch nicht zwingend die im Grundgesetz angelegte Menschenwürdekonzeption, auch wenn sie vor allem durch individuelle Eigenverantwortlichkeit und Selbstbestimmtheit geprägt wird.[912] Denn auch die Menschenwürde ist in das verfassungsrechtliche Ganze eingebunden, nimmt dabei nur eine herausragende Stellung ein. So ergibt sich ohne weiteres, daß die Menschen, denen die Menschenwürde ohne jede Ausnahme zukommt, auch die gleichen Rechte haben müssen. Art. 3 Abs. 1 GG ist daher eine selbstverständliche Konsequenz des Art. 1 Abs. 1 GG.[913] Diese Gleichheit erfordert die Wechselseitigkeit von Berechtigung und Verpflichtung.[914]

Nach alledem wächst die Überzeugung, daß die (normative) Freiheit im Sinn des Grundgesetzes nicht eine willkürliche, eine der menschlichen Würde zuwiderlaufende Freiheit des Stärkeren ist, die sich rücksichtslos über die Rechte anderer hinwegsetzen kann, sondern eine auf gegenseitige Achtung seiner Mitmenschen beruhende wertgeprägte Freiheit.[915] In dieser Interpretation des Freiheitsverständnisses findet sich das Neminem-laedere-Gebot also wie selbstverständlich wieder.

Die Bedeutung und Notwendigkeit einer funktionierenden staatlichen Ordnung hat ebenfalls im Grundgesetz ihren Niederschlag gefunden:

Auch wenn die Grundrechte in erster Linie die Freiheit des Individuums gegenüber dem Staat schützen sollen, so hat die Weimarer Republik gezeigt, daß es zu verhindern gilt, auch diejenigen unter Schutz zu stellen, deren Anliegen gerade die Beseitigung der staatlichen Ordnung ist. *Carlo Schmid* sagte daher, daß sich jener Deutsche nicht auf die Grundrechte berufen dürfen soll, „der von ihnen Gebrauch machen will zum Kampf gegen die Demokratie und die freiheitliche Grundordnung“[916]. So sieht Art. 18 GG die Möglichkeit der Grundrechtsverwirkung vor. Wenn andere Abhilfe nicht möglich ist, gewährt Art. 20 Abs. 4 GG jedem Deutschen ein Widerstandsrecht gegen diejenigen, die die staatliche Ordnung beseitigen wollen. Im ähnlichen Kontext steht Art. 21 Abs. 2 GG: Parteien, die die freiheitlich-demokratische Grundordnung beeinträchtigen oder beseitigen wollen, sind verfassungswidrig.

---

912 So aber *von Arnauld*, Die Freiheitsrechte und ihre Schranken, S. 64 , m.w.N

913 BVerfGE 5, 85 (205).

914 Vgl. *Wegmann*, BayBl. 1990, 673 (677); *Kriele*, JA 1984, 629 (636).

915 *Roth*, Faktische Eingriffe in Freiheit und Eigentum, S. 487 f., der vor allem daraus den Schluß zieht, daß die grundrechtliche Freiheit schon tatbestandlichen Grenzen unterliegt, dazu näher unten **10. Teil**; siehe auch *Brugger*, JZ 1987, 633 (637): Das verfassungsliberale Leitbild des Grundgesetzes wird auch durch eine verantwortliche Lebensführung charakterisiert, d.h. durch eine „Achtungsverpflichtung eines jeden Menschen für die Rechte anderer“; *Gellermann*, Grundrechte im einfachgesetzlichen Gewande, S. 216 f., m.w.N

916 *C. Schmid*, Parlamentarischer Rat, 2. Sitzung vom 8.9.1948, Stenographischer Bericht, S. 14.

Unsere Verfassung enthält also an zahlreichen Stellen materielle Inhalte, die sich, mögen sie auch unbestimmt sein, auf die Auslegung grundrechtlicher Freiheit auswirken müssen.

Um das Verhältnis des Einzelnen zur Gesellschaft zu beschreiben, kann zusammenfassend die Interpretation des BVerfG von dem im Grundgesetz angelegten Menschenbild überzeugen, so wie es im Investitionshilfe-Urteil formuliert wurde: Es „ist nicht das eines isolierten, souveränen Individuums: das Grundgesetz hat vielmehr die Spannung Individuum - Gemeinschaft im Sinne der Gemeinschaftsbezogenheit und Gemeinschaftsgebundenheit der Person entschieden, ohne dabei ihren Eigenwert anzutasten. Das ergibt sich insbesondere aus einer Gesamtsicht der Art. 1, 2, 12, 14, 15, 19 und 20 GG. Das heißt aber: der einzelne muß sich diejenigen Schranken seiner Handlungsfreiheit gefallen lassen, die der Gesetzgeber zur Pflege und Förderung des sozialen Zusammenlebens in den Grenzen des bei dem gegebenen Sachverhalt allgemein Zumutbaren zieht, vorausgesetzt, daß dabei die Eigenständigkeit der Person gewahrt bleibt."[917] Das BVerfG wählt gewissermaßen einen mittleren Weg zwischen einem reinen Individualismus des Liberalismus und einem überzogenen Kollektivismus.[918] Die absolute Freiheit der Person soll einerseits gewahrt werden, andererseits muß die Sicherheit des Staates und damit der Gemeinschaft gewährleistet sein. Eine Einschränkung der im Hobbes`schen Sinne grundsätzlich uneinschränkbaren Grundrechte kann damit nicht ausbleiben. Eine physisch-natürliche, unbegrenzte Freiheit des freien Beliebens, also ein „Recht auf alles"[919], liegt dem Grundgesetz nicht zugrunde, auch wenn sein Freiheitsbegriff inhaltlich offen ist.

3. Keine begründbaren Schlußfolgerungen für die dogmatische Konstruktion von ungeschriebenen Grundrechtsbegrenzungen

Welche Schlußfolgerungen aber lassen sich aus dem so gewonnenen Freiheitsbegriff des Grundgesetzes und seinem Menschenbild für den Streit um die Weite des Grundrechtstabestandes und die Existenz schutzbereichsimmanenter Grenzen ziehen?
Das im Grundgesetz angelegte Freiheitsverständnis und Menschenbild ist der Grund dafür, warum Freiheitsrechte, auch vorbehaltlos garantierte, in einer sozialen Rechtsgemeinschaft Begrenzungen unterliegen. Das ist unstreitig und konnte der Arbeit bereits als Ausgangsbefund zugrunde gelegt werden. Denn auch nach einer liberalen Konzeption sind grenzenlose Freiheitsgarantien undenkbar, wenn man die soziologischen Begebenheiten nicht völlig au-

---

917 Erstmals BVerfGE 4, 7 (15 f.); zu weiteren identischen oder ähnlichen Formulierungen im Sinne eines Vorbehalts der Sozialgemeinschaft siehe BVerfGE 24, 119 (144); 30, 173 (193); 32, 98 (107 f.); 47, 327 (369).

918 *Benda*, HdbVerfR I, § 6, Rn. 5.

919 *Hobbes*, Leviathan, ed. I. Fetscher, 1966, Kap. 14, S. 99.

ßer acht läßt.[920] Die liberale Grundrechtstheorie hat zweifelsfrei einen berechtigten Stellenwert, ist aber in Form des klassischen bürgerlichrechtsstaatlichen Verständnisses mit seinem rein egoistischen Freiheitsbegriff überkommen.[921] So gehen die Vertreter der weiten Tatbestandstheorie wie selbstverständlich auch davon aus, daß es nach dem Grundgesetz (im Ergebnis) keine individuelle Selbstherrlichkeit geben kann. *Von Arnauld* beispielsweise, ein expliziter Verfechter eines lückenlosen Prima-facie-Schutzes der Freiheitsgrundrechte, betont gleichfalls die Gemeinschaftsgebundenheit des in die Gesellschaft gestellten Individuums und die daraus resultierende Notwendigkeit der gegenseitigen Achtung der Rechte anderer.[922] Der im weiten Tatbestandsverständnis für die Schutzbereichsbestimmung maßgebliche Begriff der Freiheit als Beliebigkeit hat unmittelbar keine Bedeutung für die Frage, welches definitive Recht der Grundrechtsberechtigte im jeweiligen Einzelfall hat. Die weite Tatbestandstheorie ist also nicht als Stellungnahme zum Freiheitsverständnis des Grundgesetzes zu verstehen. Andernfalls wäre sie dogmatisch unhaltbar.[923] Sie kann nur als Konstruktionstheorie Geltung beanspruchen[924], die sich für den Erhalt eines liberalen Freiheitsverständnisses deshalb stark macht, weil sie meint, dadurch in einer Fallösung rationale und nachvollziehbare Ergebnisse zu gewährleisten. Um sie in ihrer Funktion als Konstruktionstheorie zu bewerten, trägt das materielle Freiheitsverständnis aber nichts bei.

Aus dem Freiheitsbegriff des Grundgesetzes getroffenen Überlegungen lassen sich letztlich weder Rückschlüsse für die Lösung praktischer Konfliktsituationen ziehen[925], noch läßt sich daraus unmittelbar die Frage beantworten, wie notwendige Grundrechtsbegrenzungen außerhalb von Gesetzesvorbehalten dogmatisch-konstruktiv zur Geltung kommen sollen. Der Streit der Tatbestandstheorien dreht sich nicht um das Problem, was Freiheit an sich ist, sondern wie sie rechtstechnisch zu konstruieren ist.[926] Im Ergebnis kann mit dem materiellen Freiheitsbegriff daher nicht ein enges oder weites Tatbestandsverständnis begründet werden. Wegen der nicht zu widerlegenden Gemeinschaftsbindung der Grundrechtsträger läßt sich jedenfalls aus dem Freiheitsverständnis nicht herleiten, daß grundrechtlich geschützte Freiheit tatbestand-

---

920 Wenn gesagt wird, daß die Grundrechte mit der klassischen liberalen Konzeption ein Recht auf freies Belieben begründen, so etwa *Bleckmann*, JZ 1988, 57, (58), dann kann sich das wiederum nur auf das isoliert betrachtete Individuum beziehen. Ein (definitives) Recht auf freies Belieben, also auf Willkür, fordert auch eine liberale Vorstellung nicht.

921 Dazu eingehend *Brugger*, JZ 1987, 633 (635 ff.)

922 *Von Arnauld*, Die Freiheitsrechte und ihre Schranken, S. 51; ähnlich *Lübbe-Wolff*, Die Grundrechte als Eingriffsabwehrrechte, S. 100: „Schrankenlose Willkür ist in der Tat nicht das substantielle Freiheitsideal, das sich in den Grundrechten verkörpert, und wird auch von niemanden dafür gehalten."

923 *Gellermann*, Grundrechte im einfachgesetzlichem Gewande, S. 216, m.w.N

924 Zum wichtigen Unterschied zwischen der weiten Tatbestandstheorie als Konstruktionstheorie und als normative Theorie siehe *Alexy*, Theorie der Grundrechte, S. 279.

925 *Benda*, HdbVerfR I, § 6, Rn. 5: „kein allgemeingültiges Rezept".

926 *Schlink*, EuGRZ 1984, 457 (467).

lich eine zunächst unbegrenzte Freiheit des Beliebens sein muß. Genauso wenig ist es aber rechtlich zwingend, aufgrund der Gemeinwohlbindung des Individuums und den seiner Freiheit entgegenstehenden Rechten anderer bereits eine tatbestandliche Restriktion seiner Grundrechtsausübung zu fordern. Die Vorzugswürdigkeit eines der beiden Ansätze kann sich nur aus der konkreten Bewertung ihrer jeweiligen Schwächen und Stärken ergeben.

Lediglich das Rechtsgefühl erweckt Unbehagen, der Schutzbereichsbestimmung und damit der Frage nach grundrechtlich verbürgten Freiheiten einen grenzenlosen Freiheitsbegriff zugrunde zu legen, der dogmatisch dazu zwingt, auch extreme gemeinschafts- oder drittschädigende Handlungen, sogar den vorsätzlichen Mord, in den grundrechtlich geschützten Bereich, wenn auch nur prima facie, einzubeziehen und ihnen erst die Befugnis durch ein normatives Verbot zu nehmen.[927]

IV. Zusammenfassung und Ergebnis

Sowohl allgemeine grundrechtsbezogene Auslegungsregeln als auch der Freiheitsbegriff des Grundgesetzes und sein Menschenbild bringen keine dogmatisch zwingenden Schlußfolgerungen für die „richtige" Konstruktion von ungeschriebenen Grundrechtsbegrenzungen hervor. Sie dienen nur als dogmatisch unverbindliche Argumentationsstützen für die Auffassung des jeweiligen Verfassungsinterpreten und zeichnen den verfolgten Lösungsweg vor, ohne ihn jedoch begründen zu können.

---

[927] Für *Burmeister*, FS Kriele, 1997, S. 85 (103 in Fn. 44) stellt genau das eine „bemerkenswerte Deformation sinnhafter juristischer Reflexion" dar.

9. Teil: Enge Tatbestandsmodelle in Gestalt allgemeiner Immanenzlehren

Überwiegend zeitlich vor dem erstmals vom BVerfG entwickelten Kollisionsmodell wurden verschiedene Versuche unternommen, ungeschriebene Grundrechtsbegrenzungen anders herzuleiten und zu konstruieren.[928] Es handelt sich überwiegend um allgemeine Lösungsansätze von unterschiedlicher Überzeugungskraft, die sich zum Teil argumentativ überschneiden. Auch wenn es nicht immer ganz deutlich wird, so haben diese Ansätze gemeinsam, daß sie den grundrechtlichen Schutzbereich von vornherein enger fassen, ihn also immanent begrenzen wollen. Sie sind daher als Versuche zur Begründung enger Tatbestandsmodelle zu verstehen.[929] Keine der folgenden Immanenzlehren konnte sich in der Wissenschaft und Praxis durchsetzen. Sie sind bereits vielfach einer kritischen Untersuchung unterzogen worden. Gleichwohl müssen die bedeutsamsten Lösungsvorschläge in einer Darstellung über den Unterschied zwischen schutzbereichsimmanenten Grenzen und verfassungsimmanenten Schranken der Freiheitsgrundrechte in gebotener Kürze Erwähnung finden. Dabei zeigt sich, wie schwer es ist, ein allgemeingültiges Begrenzungsmodell zu entwickeln, das zu dem des BVerfG eine Alternative darstellen könnte.

I. Der Gemeinschaftsvorbehalt in der früheren Rechtsprechung des BVerwG

1. Darstellung der Konzeption

Nach der früheren Rechtsprechung des BVerwG „gehört es zum Inbegriff aller Grundrechte, daß sie nicht in Anspruch genommen werden dürften, wenn dadurch die für den Bestand der Gemeinschaft notwendigen Rechtsgüter gefährdet werden."[930] Dieser verbreitet als „allgemeiner Gemeinschaftsvorbehalt"[931] bezeichnete Lösungsansatz wurde in einigen Entscheidungen des Gerichts noch um die Grundrechte Dritter erweitert.[932] Begründet wird er damit, daß jedes Grundrecht den Bestand der staatlichen Gemeinschaft voraussetze, durch die es gewährleistet werde.[933] Die für den Bestand der staatlichen Gemeinschaft notwendigen Rechtsgüter leitete das BVerwG zumeist nicht kon-

---

928 Einen nahezu abschließenden Überblick bietet *Sachs*, in: Stern, Staatsrecht, Bd. III/2, S. 528-550.

929 *Von Arnauld*, Die Freiheitsrecht und ihre Schranken, S. 68.

930 Früher st. Rspr. des BVerwG seit BVerwGE 1, 48 (52); siehe u.a. auch BVerwGE 1, 165 (168); 2, 85 (87); 3, 21 (24); 4, 95 (96); 5, 153 (158 f.); 7, 125 (139); 16, 241 (248).

931 Siehe nur *van Nieuwland*, Theorie der immanenten Grundrechtsschranken, S. 90 f.

932 BVerwGE 1, 92 (94); 1, 303 (307); 2, 345 (346); BVerwG, DVBl. 1967, 149 (152).

933 BVerwG 1, 48 (52); 2, 85 (87); 2, 89 (94); 4, 95 (96).

kret aus Verfassungsnormen ab, sondern setzte sie gewissermaßen als selbstverständlich voraus.[934]

Der Gemeinschaftsvorbehalt dürfte als eine allgemeine schutzbereichsimmanente Grenze der Grundrechte zu verstehen sein. Dafür sprechen einige Formulierungen des BVerwG. So ist im Zusammenhang mit dem allgemeinen Gemeinschaftsvorbehalt von den Grundrechten „innewohnenden Schranken“[935] bzw. den „immanenten Schranken“[936] die Rede. Weiterhin sei das Grundrecht „von vornherein durch die gebotene Rücksichtnahme auf die lebenswichtigen Interessen der Gemeinschaft beschränkt“.[937] Andererseits scheint das Gericht in manchen Entscheidungen den Gemeinschaftsvorbehalt im Zuge der Rechtfertigung eines Grundrechtseingriffs zu prüfen.[938] Man kann daher in Frage stellen, ob der Gemeinschaftsvorbehalt als Begrenzung des Schutzbereichs oder als Beschränkung der grundrechtlichen Gewährleistung zu verstehen ist.[939] Gleichwohl wird er gemeinhin unter den klassischen Immanenzlehren abgehandelt.

Die Konzeption des Gemeinschaftsvorbehalts ist von einigen Oberverwaltungsgerichten übernommen worden[940] und hat auch in der Literatur als ungeschriebener Schrankenvorbehalt Zustimmung erfahren.[941] Vom BVerfG dagegen hat er in Entscheidungen, die die Einschränkung von vorbehaltlosen Grundrechten betreffen, frühzeitig eine deutliche Absage erhalten. Ein vorbehaltloses Grundrecht dürfe nicht durch die allgemeine Rechtsordnung oder durch eine unbestimmte Klausel relativiert werden, solange kein verfassungsrechtlicher Ansatzpunkt für eine Gefährdung der für den Bestand der Gemeinschaft notwendigen Güter bestehe.[942] Das BVerwG hat daraufhin seine Auffassung zwar ausdrücklich aufgegeben.[943] Aber selbst in neueren Entscheidungen findet der Ansatz, wenn auch in anderen Worten, durchaus noch An-

---

[934] *Misera-Lang*, Einschränkbarkeit vorbehaltloser Grundrechte, S. 110 f., mit zahlreichen Nachweisen.

[935] BVerwG 2, 345 (346).

[936] BVerwG 2, 295 (300); 5, 153 (159); 7, 125 (139).

[937] BVerwG 3, 21 (26).

[938] BVerwG 4, 167 (171): Nachdem ein Eingriff in das geprüfte Grundrecht festgestellt worden ist, wie die Frage gestellt, „ob gerade dieser Eingriff zum Schutz eines gemeinschaftsbedingten Rechtsguts unabweisbar notwendig gewesen ist.“

[939] Siehe *Lübbe-Wolff*, Die Grundrechte als Eingriffsabwehrrechte, S. 90 f.

[940] Siehe OVG Lüneburg. DVBl. 1970, 930 (931), VGH Kassel, NJW 1970, 1340 (1341).

[941] *Bethge*, Zur Problematik von Grundrechtskollisionen, S. 265.

[942] BVerfGE 28, 243 (260 f.); vgl. auch BVerfGE 30, 173 (193); 32, 98 (107 f.); 33, 23 (29).

[943] Explizit z.B. in BVerwGE 49, 202 (203 f.), wo im Ergebnis dann aber doch wieder als begrenzungstaugliche Rechtswerte die Sicherheit des Staates sowie die Sicherheit der Allgemeinheit bzw. Bevölkerung ohne verfassungsrechtlichen Bezugspunkt bemüht werden (vgl. aaO., S. 208 f.).

klang.[944] Auch in wissenschaftlichen Abhandlungen ist der Begriff „Gemeinschaftsvorbehalt" nach wie vor geläufig.[945]

2. Kritik

Gegen einen generalklauselartigen Gemeinschaftsvorbehalt spricht vor allem, daß er zu unbestimmt ist und sich für ihn kein verfassungsrechtlicher Ansatz finden läßt.[946] Einer generellen Gemeinschaftsklausel läßt sich nicht entnehmen, welche Gemeinschaftsgüter konkret geschützt werden und unter welchen Voraussetzungen ihre Gefährdung die Begrenzung von Grundrechten rechtfertigt. Es besteht die Gefahr, daß die spezifischen Voraussetzungen, unter denen das Grundgesetz die Begrenzung von Grundrechten für zulässig erachtet, unterlaufen werden. Mag das Schrankenkonzept des Grundgesetzes auch schwerlich zu systematisieren sein, so verbietet sich dennoch eine völlige Mißachtung des Wortlauts der Verfassung. Das ist jedoch einem allgemeinen Gemeinschaftsvorbehalt vorzuwerfen, der zu einer „gänzlichen Schrankennivellierung" führt.[947]
Zudem ist der materielle Spielraum, der sich der Legislative und Judikative durch die vage Formel eines allgemeinen Gemeinschaftsvorbehalts bieten würde, zu groß und stellt die Grundrechte in bedenklicher Weise zu deren Disposition. Die Theorie vom Gemeinschaftsvorbehalt ist aus diesen Gründen nicht haltbar und ist ein Beispiel für die dogmatischen Schwächen aller Immanenzlehren.

II. Gemeinwohlvorbehalt

Ebensowenig gibt es eine allgemeine Gemeinwohlschranke der Grundrechtsausübung.
In der Rechtsprechung des BVerfG klingt ein Gemeinwohlvorbehalt als Grundrechtsbegrenzung im Grunde nur einmal an. Und zwar in der sogenannten „Radikalen-Entscheidung", nach der Art. 8 Abs. 1 GG und Art. 9 Abs. 1 GG eine „immanente Schranke" innewohnt: „Der Einzelne muß sich diejenigen Schranken seiner Handlungsfreiheit gefallen lassen, die der Gesetzgeber zur

---

[944] Siehe z.B. die Einschätzung von *Bamberger*, Der Staat 39 (2000), 355 (364) im Hinblick auf den „Theater-Beschluß" des BVerwG, NJW 1999, 304: Die dort zur Grundrechtsbegrenzung gebrauchte Formel „gegenseitige Rücksichtnahme" plus „funktionierende staatliche Ordnung" sei nichts anderes als ein beliebiger Vorbehalt zur Grundrechtsverkürzung nach Bedarf. Vgl. *dens.*, GewArch 1997, 359 f., bereits kritisch zum vorinstanzlichen Urteil des OVG Rheinland-Pfalz, NJW 1997, 1174 ff.

[945] *V. Mutius*, Jura 1984, 193 (201); *Erichsen*, Jura 1992, 142 (144).

[946] *Sachs*, in Stern, Staatsrecht, Bd. III/2, S. 531; ausführlich auch *Knies*, Schranken der Kunstfreiheit als verfassungsrechtliches Problem, S. 93 ff.; *van Nieuwland*, Theorie der immanenten Grundrechtsschranken, S. 96 f.; *Schnapp*, JuS 1978, 729 (732); *v. Pollern*, JuS 1977, 644 (647); *Vlachopulos*, Kunstfreiheit und Jugendschutz, S. 130, alle jeweils m.w.N.

[947] *Sachs*, Verfassungsrecht II, A 9, Rn. 28.

Pflege und Förderung des sozialen Zusammenlebens in den Grenzen des bei dem gegebenen Sachverhalt allgemein Zumutbaren zieht, vorausgesetzt daß dabei die Eigenständigkeit der Person gewahrt bleibt."[948] Was sich nach einer allgemeinen schutzbereichsimmanenten Grenze anhört, offenbart sich bei einer konkreten Analyse der Entscheidung lediglich als ein obiter dictum.[949] Hier gilt ähnliches wie für den Gemeinschaftsvorbehalt: Der Ansatz ist zu unbestimmt, er läßt den notwendigen verfassungsrechtlichen Anknüpfungspunkt vermissen und mißachtet die geschriebenen Begrenzungsvorbehalte des Grundgesetzes.

Ebensowenig vermögen die Ansätze zu überzeugen, die meinen, aus dem Sozialstaatsprinzip einen Gemeinwohlvorbehalt herleiten zu können, mit dem eine allgemeine Grundrechtsbegrenzung und „eine zusätzliche Eingriffslegitimation gegenüber Grundrechtspositionen der Bürger" begründet werden könne.[950] Sie widersprechen der gängigen Grundrechtsdogmatik und dem freiheitlichen Staatsverständnis.[951] Denn wenn auch der Gemeinwohlgedanke im Sozialstaatsprinzip verwurzelt ist, bedarf es zu einer grundrechtsbegrenzenden Funktion der Konkretisierung durch den einfachen Gesetzgeber.

III. Übertragung der Schrankentrias von Art. 2 Abs. 1 GG

Insbesondere in früherer Zeit ist nachhaltig ein Konzept zur Grundrechtsbegrenzung vertreten worden, das mit der Übertragung der Schrankentrias des Art. 2 Abs. 1 GG („Rechte anderer", „verfassungsmäßige Ordnung", „Sittengesetz") eine allgemeine immanente Begrenzung aller Grundrechte zu begründen versuchte.

Hinter dem gemeinsamen Anknüpfungspunkt der Schrankenleihe verbergen sich unterschiedliche dogmatische Konstruktionen und Begründungsansätze:[952]
Vor allem *Klein* plädierte für eine unmittelbare Anwendung der Schranken aus Art. 2 Abs. 1 GG auf alle Freiheitsrechte.[953] Begründet hat er dies mit der Überzeugung, daß Art. 2 Abs. 1 GG kein „selbständiges Grundrecht", sondern lediglich ein „Freiheitsrechtsleitsatz" mit der Funktion einer „Auslegungsregel"

---

948 BVerfGE 39, 334 (367).

949 Näher dazu *Misera-Lang*, Einschränkbarkeit vorbehaltloser Grundrechte, S. 118.

950 *Kittner*, in: AK-GG, 2. Auflage, Art. 20 Abs. 1 – 3 IV, Rn. 56.

951 So zutreffend *Bamberger*, Verfassungswerte als Schranken vorbehaltloser Freiheitsgrundrechte, S. 113.

952 Siehe die ausführliche und kritische Darstellung bei *van Nieuwland*, Theorie der immanenten Grundrechtsschranken, S. 15 ff.; näher auch *Miß-Paulußen*, Begrenzung vorbehaltlos gewährleisteter Grundrechte, S. 131 ff.

953 *Klein*, in: v. Mangoldt/Klein, GG, Bd. 1, 2. Auflage, Vorb. B XV 3 a-b (S.130 ff.), Art. 2, Anm. IV (S. 175 ff.).

sei.[954] Damit war für ihn der Weg geebnet, die Schrankentrias als einen „allgemeinen Gemeinschaftsvorbehalt“, als „unmittelbar und selbständig von Verfassungs wegen konstitutiv wirkende Schranken“ für alle Freiheitsrechte, also auch für die vorbehaltlosen Grundrechte zu begreifen.[955] Dieser Begründungsweg ist nicht haltbar. Mittlerweile ist unstreitig, daß Art. 2 Abs. 1 GG Grundrechtsqualität zukommt.[956]
Unter Anerkennung des Grundrechtscharakters des Art. 2 Abs. 1 GG trat eine andere Gruppe im Schrifttum ebenfalls für eine unmittelbare Geltung der Schrankentrias bei allen Freiheitsrechten ein.[957] Begründet wurde das im wesentlichen damit, daß Art. 2 Abs. 1 GG als „Muttergrundrecht“ der übrigen Freiheitsrechte anzusehen sei, das für alle Grundrechte eine einheitliche Begrenzungsnotwendigkeit zum Ausdruck bringe.
Eine weitere, insbesondere von *Dürig* vertretene Auffassung geht von einer mittelbaren Anwendung der Schrankentrias auf die nachfolgenden Freiheitsrechte aus.[958] Sie spricht Art. 2 Abs. 1 2. HS. GG einen doppelten Charakter zu. Neben der Bedeutung als Schranke für das eigenständige Grundrecht aus Art. 2 Abs. 1 1. HS GG habe die Schrankentrias daneben objektiv-rechtliche Bedeutung für alle Freiheitsrechte und wirke insofern als „Verfassungsvorbehalt zur Interpretation immanenter Grundrechtsschranken“.[959]
Der Ansatz wird auch in jüngerer Zeit mit etwas anderer Begründung wieder aufgegriffen. So will *Lücke* die spezifischen Schranken des allgemeinen Persönlichkeitsrechts analog auf die vorbehaltlos gewährleisteten Freiheitsrechte übertragen.[960]

Ein Rückgriff auf die Schrankentrias des Art. 2 Abs. 1 GG wird zu Recht von der Rechtsprechung[961] und überwiegend auch vom Schrifttum abgelehnt.[962] Diese Theorie hat im Vergleich zum allgemeinen Gemeinschaftsvorbehalt des BVerwG den Vorteil, daß sie Bezug auf eine ausdrückliche Begrenzungsaussage der Verfassung nehmen kann. Dennoch setzt sich eine unmittelbare oder mittelbare Übertragung der Schrankentrias des Art. 2 Abs. 1 GG als eine allgemeine schutzbereichsimmanente Begrenzung jedes Freiheitsrecht ebenfalls

---

954 *Klein*, aaO., Art. 2, Anm. III 5 b (S. 167).
955 *Klein*, aaO., Art. 2, Anm. IV (S. 176); so ähnlich auch *Haas*, DÖV 1954, 70 ff.; *Wertenbruch*, DVBl. 1958, 481 ff.
956 Das BVerfG hat Art. 2 Abs. 1 GG frühzeitig als Grundrecht verstanden, siehe BVerfGE 4, 7 ff.
957 U.a. *Scholissek*, NJW 1952, 561 (563); *Ipsen*, DVBl. 1956, 358 (362); *Krüger*, DVBl. 1950, 625 (627.).
958 *Dürig*, AöR 79 (1953/54), 57 (63 f.); *ders.*, in: Maunz/Dürig, GG, 1958, Art. 2 I, Rn. 69, 72; ähnlich *Bachof*, JZ 1957, 334 (337); *Bettermann*, Grenzen der Grundrechte, S. 9 ff.
959 *Dürig*, in Maunz/Dürig, GG, 1958, Art. 2 I Rn. 69 ff. (72).
960 *Lücke*, DÖV 2002, 93 ff.; ablehnend *Tiedemann*, DÖV 2003, 74 ff.
961 BVerfGE 30, 173 (192 f.); 36, 146 (161); 47, 327 (368).
962 U.v. *Kokott*, in: Sachs, GG, Art. 4, Rn. 116; *Kunig*, in: v. Münch/Kunig, Art. 2, Rn. 90; *Misera-Lang*, Einschränkbarkeit vorbehaltloser Grundrechte, S. 88 ff.

dem Vorwurf aus, die speziellen Gesetzesvorbehalte und die gesamte Schrankensystematik des Grundgesetzes zu nivellieren.[963] Durch die weite Interpretation der „verfassungsmäßigen Ordnung" im Sinne des Art. 2 Abs. 1 GG würde auch auf diese Weise ebenfalls ein allgemeiner Vorbehalt geschaffen, der mit der Spezialität der übrigen Freiheitsrechte gegenüber der allgemeinen Handlungsfreiheit und mit den spezifischen Voraussetzungen der abgestuften Gesetzesvorbehalte nicht zu vereinbaren ist.[964] Denn das Grundrecht aus Art. 2 Abs. 1 GG steht nicht über den nachfolgenden Grundrechten, sondern neben diesen.[965] Eine Schrankenleihe aus Art. 2 Abs. 1 GG stellt somit im Ergebnis kein tragfähiges Konzept für ungeschriebene Grundrechtsbegrenzungen dar.[966]

Gleichwohl enthält die Theorie jedenfalls insoweit einen unstreitig richtigen Kern, als sie den Rechten anderer grundrechtsbegrenzende Funktion zuspricht. Auch im Kollisionsmodell des BVerfG kommt den Grundrechten anderer die Bedeutung einer verfassungsimmanenten Schranke zu. Durch das weite Tatbestandsverständnis, insbesondere durch die extensive Auslegung des Schutzbereichs von Art. 2 Abs. 1 GG im Sinne einer allgemeinen Handlungsfreiheit[967], sind die Rechte anderer stets grundrechtlich rückführbar. Dieser Bestandteil der Schrankentrias GG wird also sehr wohl auch auf die anderen Freiheitsrechte übertragen, nur nicht in expliziter Anlehnung an die Norm des Art. 2 Abs. 1 GG, sondern als Definitionsbestandteil der verfassungsimmanenten Schranken. Wie und unter welchen Voraussetzungen die Rechte anderer ihre konstruktive Bedeutung als Begrenzung der Freiheitsausübung erlangen, ob sie insbesondere für eine „Schutzbereichslösung" fruchtbar gemacht werden können, wird später eingehend erörtert.[968]

IV. Grundrechtsmißbrauch als schutzbereichsimmanente Grenze ?

1. Die Mißbrauchslehre in der Grundrechtsdogmatik

Ein weiterer Ansatz für schutzbereichsimmanente Grenzen liegt im Ausschluß von Grundrechtsmißbräuchen. Der Grundrechtsmißbrauch hat in Art. 18 GG

---

963 *Doehring*, Staatsrecht, S. 285.

964 Siehe *Pieroth/Schlink*, Grundrechte, Rn. 317; daraus erklärt sich das Anliegen, die „verfassungsmäßige Ordnung" als Inbegriff elementarer Verfassungsgrundsätze zu interpretieren, so z.B. *von Erbel*, Inhalt und Auswirkungen der verfassungsrechtlichen Kunstfreiheitsgarantie, S. 120 f.; kritisch dazu *v. Pollern*, JuS 1977, 644 (646) und *Fehlau*, JuS 1993, 441 (445).

965 *Kunig*, in: v.Münch/Kunig, Bd. 1, Art.2, Rn.90.

966 Ebenso *Bamberger*, Verfassungswerte als Schranken vorbehaltloser Grundrechte, S. 105 f.

967 Dazu oben **5. Teil, II.**

968 Siehe unten **11. Teil, III.**

eine spezifische Regelung erfahren. Danach verwirkt derjenige seine Grundrechte, der sie zum Kampfe gegen die freiheitliche demokratische Grundordnung mißbraucht, was durch das BVerfG konstitutiv festgestellt sein muß. Über diese normativ Grundlegung hinaus haben in früheren Jahren viele Stimmen dafür plädiert, mißbräuchliches Verhalten generell aus dem Gewährleistungsumfang der Grundrechte auszugrenzen.[969]

2. Der Mißbrauchsgedanke in der Rechtsprechung des BVerfG

Dieser Gedanke findet vereinzelt auch Anklang in der Rechtsprechung des BVerfG. Es beruft sich zuweilen bei Grundrechtsprüfungen auf den „allgemeinen Rechtsgedanken", „daß die mißbräuchliche Ausübung eines Grundrechts von der Rechtsordnung nicht geschützt wird."[970] Ganz in diesem Sinne hatte das BVerfG in einer Entscheidung zur Glaubensabwerbung den Grundrechtsschutz bei mißbräuchlicher Ausübung verneint, ohne sich auf eine einfachgesetzliche Grundlage zu stützen. Ein Werben um die Loslösung vom Glauben sei dann nicht von Art. 4 Abs. 1 und 2 GG geschützt, wenn es unter Ausnutzung des besonderen Verhältnisses des Strafvollzugs und der Belohnung mit Genußmitteln geschehe. [971] Der Mißbrauchsgedanke führte hier also zu einer Schutzbereichslösung. Dieser Ansatz ist von der Rechtsprechung aber nicht weiter verfolgt worden. Es ist die einzige Entscheidung, in der dem Grundrechtsmißbrauch die Bedeutung einer allgemeinen schutzbereichsimmanenten Grenze beigemessen wurde. Das BVerfG stellte später vielmehr ausdrücklich fest, daß die Möglichkeit von Grundrechtsmißbräuchen ein rechtfertigender Grund für Grundrechtsbeschränkungen, nicht aber für Schutzbereichsbegrenzungen sein könne.[972]

3. Literatur: Grundrechtsmißbrauch als allgemeine Freiheitsgrenze

Vor allem *Gallwas* hat die im Zivilrecht anerkannte Mißbrauchslehre[973] aufgegriffen und für die Grundrechtsdogmatik zu konkretisieren versucht. Er sieht im Mißbrauchsgedanken einen methodisch vertretbaren Weg, „mißbräuchliche Grundrechtsausübungen ... vom Grundrechtsschutz auszunehmen..."[974] und hält sie für ein „Handeln ohne Recht".[975] Die Grundrechte stünden staatlichem

---

[969] Siehe die Nachweise bei *Sachs*, in: Stern, Staatsrecht, Bd. III/2, S. 544 in Fn. 255 und bei *Wülfing*, Grundrechtliche Gesetzesvorbehalte und Grundrechtsschranken, S. 64 in Fn. 74.

[970] So BVerfGE 24, 119 (147) im Zusammenhang mit der Prüfung des § 1747 Abs. 3 BGB a.F.

[971] BVerfG 12, 1 (4).

[972] BVerfGE 85, 386 (397).

[973] Siehe nur Soergel-Teichmann, BGB, § 242, Rn. 11 ff.

[974] *Gallwas*, Der Mißbrauch von Grundrechten, S. 17.

[975] *Gallwas*, aaO., S. 11, 99; vgl. *Schmitt Glaeser*, Mißbrauch und Verwirkung von Grundrechten im politischen Meinungskampf, S. 129, 133, 250: auch er plädiert bei mißbräuchlichem, d.h. nicht funktionsgerechten Gebrauch der Grundrechte für eine immanente Be-

Vorgehen nicht entgegen, soweit es sich gegen den Mißbrauch richtet.[976] Das läßt sich eigentlich nur so verstehen, als markiere der Grundrechtsmißbrauch eine schutzbereichsimmanente Grenze jedes Freiheitsgrundrechts.[977] Aber selbst nach dem Vorgesagten ist das auch bei *Gallwas* nicht eindeutig. Denn in einer späteren Abhandlung spricht er vom „allgemeinen Mißbrauchsvorbehalt", der „als ungeschriebene materiell-rechtliche Ermächtigung zu imperativen Beeinträchtigungen prinzipiell grundrechtlich geschützter Interessen ...(fungiert)".[978] Das ist eher als eine ungeschriebene, über die normierten Gesetzesvorbehalte hinausgehende Beschränkungsmöglichkeit, als ein bereits tatbestandlicher Ausschluß von mißbräuchlichen Verhaltensweisen zu begreifen.[979]

4. Stellungnahme: Untauglichkeit der Figur des Mißbrauchs zur Begründung einer allgemeinen Grenze der Grundrechtsausübung

Unabhängig davon, wie man den Grundrechtsmißbrauch konstruktiv zur Geltung bringen möchte, ist er als eigenständige grundrechtsdogmatische Figur überflüssig. Der Verfassungsgeber hat in Art. 18 GG und in anderen Regelungen des Grundgesetzes[980] bestimmte Mißbrauchstatbestände ausdrücklich normiert. Er war sich also des Problems mißbräuchlicher Grundrechtsbetätigung durchaus bewußt. Ein allgemeiner grundrechtsbezogener Mißbrauchsgedanken könnte die darin zum Ausdruck kommende Wertung unterlaufen, daß eine Grundrechtsverwirkung nur unter bestimmten, strengen Voraussetzungen in Betracht zu ziehen ist. Das gilt um so mehr, als die Verwirkung als Rechtsfolge des Grundrechtsmißbrauchs sich nicht von selbst ergibt, sondern gemäß Art. 18 Satz 2 GG der konstitutiven Feststellung des BVerfG bedarf. Gleiches gilt nach Art. 21 Abs. 2 GG für das Verbot einer politischen Partei. Ein Grundrechtsmißbrauch fällt daher erst dann aus dem Schutzbereich der Einzelgrundrechte heraus, wenn das BVerfG die Grundrechtsverwirkung ausgesprochen hat.[981] Mit anderen Worten: Vor dieser konstitutiven Feststellung gilt der Grundrechtsmißbrauch als legal.[982]

---

grenzung im Sinne eines apriorischen Tatbestandsausschlusses; ebenso *Brenner*, DÖV 1995, 60 (63).

[976] *Gallwas*, aaO., S. 99 f.

[977] Wenn auch nicht eindeutig, so wohl auch *Schmitt Glaeser*, Mißbrauch und Verwirkung von Grundrechten im politischen Meinungskampf, S. 129, S. 251; ebenso *Brenner*, DÖV 1995, 60 (63).

[978] *Gallwas*, Faktische Beeinträchtigungen im Bereich der Grundrechte, S. 86.

[979] So auch die Interpretation von *Roth*, Faktische Eingriffe in Freiheit und Eigentum, S. 483 mit Fn. 142.

[980] Auch Art. 5 Abs. 3 Satz 2 GG, 9 Abs. 2 GG und Art. 21 Abs. 2 GG bringen den Mißbrauchsgedanken zum Ausdruck.

[981] *Isensee*, HdbStR V, § 115, Rn. 195.

[982] So *Isensee*, DÖV 1982, 609 (613).

Auch wenn die Grundrechtsverwirkung nach Art. 18 GG in der Praxis weitgehend bedeutungslos ist[983], gibt es außerhalb dieser Norm aus den vorgenannten Gründen keinen (allgemeinen) Grundrechtsmißbrauch als eine Kategorie der Grundrechtsbegrenzung.[984]
Zwar erscheint es nicht von vornherein abwegig, daß auch andere als die in Art. 18 GG genannten Motive dazu führen können, ein Verhalten als rechtsmißbräuchlich aufzufassen. Um einen apriorischen Grundrechtsauschluß zu rechtfertigen, bedarf es aber Kriterien, die zu dieser Wertung führen. Der Grundrechtsmißbrauch ist das Ergebnis dieser Wertung. Er kann also selbst nicht das Kriterium sein, um dieses Ergebnis zu begründen. Das wäre ein argumentativer Zirkelschluß. Insofern liegt das weitere Problem des beschriebenen Ansatzes darin, daß er keine materiellen Kriterien beinhaltet, mit denen sich im Einzelfall bestimmen läßt, wo die Grenzen zwischen Grundrechtsgebrauch und -mißbrauch verläuft.[985] Nicht jede Grundrechtsausübung, die andere Rechtsgüter gefährdet, stellt einen Grundrechtsmißbrauch dar.[986] *Gallwass* definiert den Grundrechtsmißbrauch als „Realisierung des freiheitlichen Gehalts einer Grundrechtsformulierung zu Lasten eines am Grundrechtsverhältnis Beteiligten (andere Grundrechtsträger, Allgemeinheit oder Staat), sofern das jeweils verletzte Interesse durch eine höherrangige Verfassungsnorm, durch eine verfassungsrechtliche Grundidee oder durch einen überpositiven Rechtsgedanken objektiv erkennbar geschützt ist“[987]. Er konkretisiert das zwar durch drei „Mißbrauchstypen“.[988] Hinreichend klare Voraussetzungen, die die Annahme eines Mißbrauchs und eines apriorischen Grundrechtsausschlusses begründen, sind aber nicht zu erkennen. Dafür ist die Definition zu unbestimmt. Im Grunde umschreibt die Formel in abstrakter Weise nichts anderes als das Ergebnis eines Grundrechtsfalles, nämlich daß Freiheitsbetätigungen, die die Rechte anderer oder die Belange der Allgemeinheit unzulässig beeinträchtigen, vom Staat begrenzt werden können. Wie *Wülfing* zutreffend feststellt, wird damit nur auf die in der Verfassung normierten oder angelegten Freiheitsbegrenzungen hingewiesen, ohne etwas zu ihrem Auffinden beizutra-

---

983 Dazu *Ginthum*, Forum Recht 1999, 125 f.; *Brenner*, DÖV 1995, 60 f. Seit 1994 ist kein Verfahren bzgl. der Verwirkung von Grundrechten nach Art. 18 GG beim BVerfG anhängig; vgl. dazu die statistische Übersicht des BVerfG unter http://www.BVerfG.de/cgi-bin/link.pl?aufgaben .

984 So schon *Krüger*, DVBl. 1953, 97 (99); ebenso *von Kirchbach*, Wissenschaftsfreiheit und Arzneimittelkontrolle, S. 110; vgl. auch *Losch*, Wissenschaftsfreiheit, S. 205 f.

985 *Sachs*, in Stern, Staatsrecht, Bd. III/2, S. 545: diese Frage liegt jenseits des methodischen Ansatzes; *van Nieuwland*, Theorie der immanenten Grundrechtsschranken, S. 72 f.

986 *Vlachopoulos*, Kunstfreiheit und Jugendschutz, S. 129, mit Bezugnahme auf *Lerche*, Übermaß und Verfassungsrecht, S. 132: „Nicht jede Störung der Rechtssphäre anderer darf mit dem Unwerturteil des Mißbrauchs belegt werden.“

987 *Gallwas*, Der Mißbrauch von Grundrechten, S. 35 (*Hervorhebung im Original*).

988 Zu den Mißbrauchstypen, *Gallwas*, aaO., S. 38 ff. (Verletzung vorrangiger Interessen eines anderen Grundrechtsträgers), S. 66 ff. (Verletzung vorrangiger Interessen der Allgemeinheit); S. 87 ff (Verletzung schutzwürdiger Interessen der staatlichen Gewalt).

gen.[989] Die von *Gallwas* angesprochenen Mißbrauchstypen umschreiben Kollisionsfälle, die sich durch die speziellen Schrankenvorbehalte oder durch verfassungsimmanente Schranken lösen lassen.[990] Eine allgemeine Mißbrauchslehre zur Begründung und Konkretisierung von ungeschriebenen Grundrechtsbegrenzungen ist daher abzulehnen. In der Verfassung sind die Voraussetzungen und die Rechtsfolgen für mißbräuchliche Verhaltensweisen bereits abschließend geregelt.

Nichts zu tun mit der Überlegung der Grundrechtsbegrenzung aufgrund eines Mißbrauchsvorbehalts haben die Fälle, in denen die Berufung auf ein Grundrecht nur ein Vorwand ist, die tatbestandlichen Voraussetzungen der Grundrechtsnorm tatsächlich aber nicht erfüllt sind.[991] So bietet etwa Art. 4 Abs. 1, Abs. 2 GG einer Vereinigung von vornherein keinen Schutz, die für sich zwar Religions(ausübungs)freiheit in Anspruch nimmt, aber „in Wahrheit *ausschließlich* wirtschaftliche Interessen verfolgt".[992] Mag das ein „Mißbrauch" im allgemeinen Sprachverständnis sein, so scheitert der Grundrechtsschutz dennoch nicht aufgrund einer ungeschriebenen Grundrechtsbegrenzung, sondern allein deshalb, weil das Verhalten nicht unter die geschriebenen Schutzgüter subsumiert werden kann. Der Schutzbereich ist hier also von vornherein nicht betroffen.[993]

5. Ergebnis

Die Lehre vom „Grundrechtsmißbrauch" ist nicht geeignet, eine allgemeine schutzbereichsimmanente Grenze der Freiheitsausübung zu begründen.

V. Immanente Schutzbereichsbegrenzung aufgrund der „allgemeinen Gesetze" bzw. eines „allgemeinen Rechtsordnungsvorbehalts"

Eine weitere Konzeption der engen Tatbestandstheorie sieht in den „allgemeinen Gesetzen" eine Möglichkeit für die schutzbereichsimmanente Begrenzung der Grundrechte.[994]

---

989 *Wülfing*, Grundrechtliche Gesetzesvorbehalte und Grundrechtsschranken, S. 65.

990 *Muckel*, Religiöse Freiheit und staatliche Letztentscheidung, S. 205 f.

991 *Sachs*, in: Stern, Staatsrecht, Bd. III/2, S. 546; *Muckel*, Religiöse Freiheit und staatliche Letztentscheidung, S. 206; a.A. *Schmitt Glaeser*, Mißbrauch und Verwirkung von Grundrechten im politischen Meinungskampf, S. 149.

992 BVerwGE 90, 112 (118) (*Hervorhebung im Original*).

993 So auch *Grigoleit/Kersten*, DVBl. 1996, 596 (600).

994 U.a. *Scheuner*, DÖV 1971, 505 (510 f.); *Selmer*, DÖV 1971, 551 (558); *Schwäble*, Das Grundrechte der Versammlungsfreiheit (Art. 8 GG), S. 176 ff.; *Rüfner*, Festgabe BVerfG, Bd. 2, 1976, S. 453 (455 ff.); *Bettermann*, Grenzen der Grundrechte, S. 25 ff.

1. Darstellung der Auffassungen

Auch hinter diesem Ansatz verbergen sich unterschiedliche dogmatische Überzeugungen.

a) Konsequenz der innentheoretischen Konzeption *Häberles*

Unter Ablehnung des anerkannten Eingriffs-Schranken-Denkens geht *Häberle* auf der Basis der von ihm entwickelten institutionellen Grundrechtstheorie davon aus, daß die allgemeinen Gesetze immanente Grenzen der Grundrechte darstellen.[995] Er definiert sie als die Normen, „die von der Verfassung gegenüber dem betreffenden Grundrecht als gleich oder höherwertig ausgewiesen sind“[996]. Die Entscheidung über den Vorrang erfolgt durch eine Güterabwägung im Einzelfall. Daß diese Konzeption allgemeine Gesetze als schutzbereichsimmanante Grenzen begreift, ist die logische Konsequenz ihres innentheoretischen Ansatzes, der von der Identität von Recht und Freiheit ausgeht.[997] Dagegen bestehen aber grundsätzliche Bedenken, die bereits ausführlich dargelegt wurden. Auf sie sei an dieser Stelle verwiesen.[998]

b) Die „allgemeinen Gesetze“ als tatbestandlicher Vorbehalt der Grundrechtsausübung

Eine andere Auffassung basiert zwar auf der Außentheorie, d.h. auf einer mehrstufigen Grundrechtsprüfung, will aber ebenfalls all das aus dem Schutzbereich der Grundrechte ausgrenzen, was die „allgemeinen Gesetze“ verbieten. Dahinter steht die Überzeugung, daß sich die grundrechtlich geschützte Freiheit stets im Rahmen der allgemeinen Rechtsordnung zu bewegen hat und nicht dazu privilegiert, die sonst gültigen Freiheitsbegrenzungen zu unterlaufen.[999] Was also allgemein verboten ist, dürfe nicht durch die Berufung auf die Grundrechte zulässig werden.[1000] Konstruiert wird das auf der Basis einer engen Tatbestandstheorie. Es handelt sich also um eine Schutzbereichslösung. Am deutlichsten macht das *Rüfner*: „Die allgemeinen Gesetze, die bei jeder Grundrechtsausübung beachtet werden müssen, sind (...) solche Gesetze, die zur Ausübung des jeweils einschlägigen Grundrechts keinen Bezug haben und sie auch nicht einschränken, weil sie den Schutzbereich des - begrenzten ! - Grundrechts nicht berühren. Gegen diese unspezifischen allgemeinen Ge-

---

995 *Häberle*, Die Wesengehaltgarantie des Art. 19 Abs. 2 GG, S. 31 ff.

996 *Häberle*, aaO., S. 32.

997 Näher zu den „allgemeinen Gesetzen“ im Grundrechtsverständnis *Häberle*s siehe *van Nieuwland*, Theorie der immanenten Grundrechtsschranken, S. 53 ff. und seine Kritik, aaO., S. 62 ff.

998 Siehe oben **4. Teil, II. 2 a**.

999 So etwa mit Blick auf die Forschungsfreiheit *Lerche*, in: Rechtsfragen der Gentechnologie, S. 91 f.

1000 *Rüfner*, in: Festgabe BVerfG, Bd. 2, 1976, S. 453 (456 ff.); ähnlich mit Blick auf das Begriffsmerkmal der „erlaubten Tätigkeit“ zur Bestimmung des Schutzbereichs des Art. 12 Abs. 1 GG, *Pieroth/Schlink*, Grundrechte, Rn. 810 f., dazu näher unten unter **3**.

setze kann sich der Bürger nicht auf die Grundrechte berufen."[1001] So soll beispielsweise das Verbot einer Prozession wegen Seuchengefahr die Religionsfreiheit aus Art. 4 Abs. 1 GG schon tatbestandlich nicht berühren.[1002] Zwischen Grundrechten und den allgemeinen Gesetzen bestehe daher nur eine „Scheinkollision". *Rüfner* faßt auf diese Weise den funktionalen Schutzbereich der Grundrechte enger.[1003]

2. Stellungnahme: Keine Schutzbereichsbegrenzung durch die allgemeinen Gesetze

Fraglos lassen sich nicht alle Konflikte durch eine Güterabwägung auf der abstrakten Verfassungsebene lösen. Vielmehr müssen allgemeine Gesetze bzw. auf sie beruhende Vorschriften herangezogen werden, um die jeweiligen Konflikte beurteilen zu können und notwendige Maßnahmen zu treffen.

Bedenken bestehen aber gegen die Annahme einer generellen tatbestandlichen Begrenzungsfunktion der allgemeinen Gesetze. Dieser Ansatz ist vielfach auf Kritik gestoßen und wird zu Recht abgelehnt.[1004]

Die Konzeption steht im Widerspruch zum Verfassungswortlaut. Art. 5 Abs. 2 GG spricht von den „Schranken" u.a. der allgemeinen Gesetze. Die Verfassung selbst geht also davon aus, daß allgemeine Gesetze in den Schutzbereich der Freiheitsrechte aus Art. 5 Abs. 1 GG eingreifen. Sie müssen sich gegenüber dem jeweiligen Grundrecht rechtfertigen, stellen daher keine Grenze des Schutzbereichs dar.[1005] Das spricht gegen einen generellen tatbestandlichen Vorbehalt. *Rüfner*, der das ebenfalls erkennt, sucht den Ausweg darin, dem Vorbehalt der allgemeinen Gesetze eine „Doppelfunktion" zu zusprechen: Es handele sich nicht nur um einen speziellen Schrankenvorbehalt der Rechte aus Art. 5 Abs. 1 GG, sondern auch um einen Grundsatz, der für alle Freiheitsrechte gelte.[1006] Damit ebnet er zumindest formal den Weg zu seiner Lösung.

Wie andere Immanenzlehren ist der Ansatz problematisch, weil er die Gefahr einer unzulässigen Reduzierung der Grundrechte in sich birgt. Legt man die Vorstellungen *Rüfners* zu Grunde, ist nicht ersichtlich, wie sich der Bürger gegen ein verfassungswidriges Gesetz oder einen darauf beruhenden Exekutivakt grundrechtlich zu Wehr setzen kann. Das ist die Konsequenz aus der Unterstellung, ein allgemeines Gesetz tangiere nicht den Schutzbereich der

[1001] *Rüfner*, Festgabe BVerfG, Bd. 2, 1976, S. 453 (458).

[1002] *Rüfner*, aaO., S. 460, m.w.N.

[1003] Zum Zusammenhang von allgemeinen Gesetzen und funktionalem Schutzbereich vgl. *Schwerdtfeger*, Öffentliches Recht in der Fallbearbeitung, Rn. 482 f. mit Rn. 447.

[1004] Unter vielen *Schwabe*, Probleme der Grundrechtsdogmatik, S. 168 ff.; *Alexy*, Theorie der Grundrechte, S. 286 ff.; sehr überzeugend *von Arnauld*, Die Freiheitsrechte und ihre Schranken, S. 71 ff.

[1005] *Mayen*, Der grundrechtliche Informationsanspruch des Forschers gegenüber dem Staat, S. 168.

[1006] *Rüfner*, Festgabe BVerfG, Bd. 2, 1976, S. 453 (457), der zu den unspezifischen allgemeinen Gesetzen grundsätzlich auch die Grundrechte anderer zählt, aaO., S. 459.

Grundrechte. Das führt aber zu einer erheblichen Minderung der Garantie effektiven Rechtsschutzes nach Art. 19 Abs. 4 GG.
Unter „allgemeine Gesetze“ läßt sich vieles verstehen.[1007] Man kann sie wie *Rüfner* im Sinne der im Rahmen von Art. 5 Abs. 2 GG vertretenen Sonderrechtslehre als nicht speziell gegen grundrechtliche Schutzgüter gerichtete Regelungen definieren.[1008] Damit sind aber die überwiegende Anzahl von Gesetzesnormen als „allgemein“ zu qualifizieren.[1009] Wirken all diese Gesetze bereits als schutzbereichsimmanente Grenze, verlieren die unterschiedlich ausgestalteten Gesetzesvorbehalte der einzelnen Grundrechte ihre Bedeutung, das Schrankensystem würde auch mit dieser Konzeption nivelliert.[1010] Konsequenterweise müßten auch nach *Rüfners* Auffassung die allgemeinen Gesetze ebenfalls bei Freiheitsrechten gelten, die unter einem expliziten Schrankenvorbehalt stehen. Denn warum sollten nur die vorbehaltlos garantierten Grundrechte einem so weitgehenden tatbestandlichen Vorbehalt unterliegen, nicht aber unter Gesetzesvorbehalt stehende Grundrechte?

Die Auffassungs von *Rüfner* setzt sich einem weiteren Einwand aus:
Er geht davon aus, daß „die Einfügung in die allgemeine Rechtsordnung (...) für das Grundrecht dort (beginnt), wo es sachlich seine Grenzen hat.“[1011] Damit verlieren aber die allgemeinen Gesetze zur Bestimmung der grundrechtlichen Schutzbereichsgrenzen ihren eigenständigen Erkenntniswert. Wie *Alexy* zutreffend festgestellt hat, gerät die Argumentation *Rüfners* in einen Argumentationszirkel.[1012] Der Begriff der allgemeinen Gesetze wird nunmehr durch die Grenzen des Schutzbereichs bestimmt, die wiederum durch eben diese allgemeine Gesetze festgelegt werden sollen. Es kann also vom Schutzbereich auf die Allgemeinheit und umgekehrt von der Allgemeinheit auf den Schutzbereich geschlossen werden.[1013] Damit tragen aber die allgemeinen Gesetze nicht zu der Frage bei, wo diese Grenze des Schutzbereichs verläuft. Das gilt gleichfalls für den Fall, daß sich ein exekutives Handeln am Maßstab der Grundrechte prüfen lassen muß. Auch wenn ein Gesetz abstrakt nicht spezifisch auf eine Grundrechtsbetätigung abzielt, so kann es dennoch aufgrund seiner konkreten Anwendung einen unmittelbaren Grundrechtsbezug bekommen. Exekutivverfügungen auf Grundlage eines allgemeinen Gesetzes

---

[1007] Siehe dazu *Pieroth/Schlink*, Grundrechte, Rn. 586 ff.

[1008] Auch das BVerfG greift diesen Aspekt in seiner Definition von den allgemeinen Gesetzen als Schranke des Art. 5 Abs. 1 GG auf, vgl. BVerfGE 95, 220 (235 f.), kombiniert ihn aber mit einem Abwägungsvorrang des zu schützenden Rechtsguts gegenüber der Meinungsfreiheit.

[1009] *Schwabe*, Probleme der Grundrechtsdogmatik, S. 172.

[1010] *Von Arnauld*, Freiheitsrechte und ihre Schranken, S. 71, mit Bezugnahme auf *Sachs*, JuS 1995, 984 (986).

[1011] *Rüfner*, Festgabe BVerfG, Bd. 2, 1976, S. 453 (458).

[1012] *Alexy*, Theorie der Grundrechte, S. 288, ähnlich auch *Mayen*, Der Informationsanspruch des Forschers gegenüber dem Staat, S.169.

[1013] So *Alexy*, ebenda.

können nämlich sehr wohl Eingriffe in grundrechtlich geschützte Freiheit darstellen, auch wenn es der abstrakten Regelung nicht darum geht, auf spezifische Grundrechtsausübungen einzuwirken.[1014] So wird man die ordnungs- oder polizeirechtliche Generalklausel zu den „allgemeinen Gesetzen" rechnen dürfen, weil sie Eingriffsbefugnisse vermitteln, ohne zielgerichtet grundrechtlich geschützte Verhaltensweisen begrenzen zu wollen. Dennoch sind Einzelverfügungen der Behörden auf Grundlage dieser Ermächtigungsgrundlagen auch am Maßstab des jeweils einschlägigen Grundrechts zu überprüfen, was heißt, daß die grundrechtlichen Interessen mit möglichen Gegengründen in eine Abwägung gestellt werden müssen.[1015] Keiner wird den Grundrechtsschutz hier per se ernsthaft ausblenden wollen.

Nach alledem: Eine genereller tatbestandlicher Vorbehalt der allgemeinen Rechtsordnung in Gestalt der allgemeinen Gesetze liefe darauf hinaus, daß die Grundrechte nur nach Maßgabe der Gesetze gelten. Das ist weder mit der Regelung des Art. 1 Abs. 3 GG, die auch den Gesetzgeber der allgemeinen Rechtsordnung bindet, noch mit der Grundrechtskonzeption des Grundgesetzes zu vereinbaren. Das macht auch ein Blick in die Entstehungsgeschichte des Grundgesetzes deutlich.[1016] Auch Freiheitsbegrenzungen aufgrund der allgemeinen Rechtsordnung liegen den Grundrechten nicht selbstverständlich zu Grunde, sondern müssen grundsätzlich gegenüber dem im Einzelfall berührten Grundrecht gerechtfertigt werden. Das BVerfG hat aber mit Blick auf die Meinungsfreiheit zu Recht betont, daß die allgemeinen Gesetze in ihrer das Grundrecht beschränkenden Wirkung ihrerseits im Lichte der Bedeutung der Meinungsfreiheit interpretiert werden müssen.[1017]
Der hier vorgestellte Ansatz ist daher in seiner Begründung und in seiner Wirkung wie die vergleichbaren Gemeinwohlklauseln abzulehnen. Er bietet gegenüber dem Lösungsmodell des BVerfG keine Vorzüge.

3. Insbesondere: „Erlaubtheit" als Definitionsmerkmal des Berufes im Sinne des Art. 12 Abs. 1 GG?

Die Stellungnahme läßt sich auf alle Modelle erstrecken, die darauf abzielen, die einfache Rechtsordnung als umfassende Möglichkeit zur Grenzziehung grundrechtlicher Schutzbereiche zu begreifen. Mit der Grundrechtskonzeption des Grundgesetzes ist es grundsätzlich nicht zu vereinbaren, den Schutzbereich eines Grundrechts der Dispositions- und Definitionsmacht des einfachen Gesetzgebers zu überantworten.

[1014] Vgl. *Trute*, Forschung zwischen grundrechtlicher Freiheit und staatlicher Institutionalisierung, S. 152.

[1015] *Von Arnauld*, Die Freiheitsrechte und ihre Schranken, S. 74 f.

[1016] Eine allgemeine Schrankenklausel i.S.d. Art. 21 Abs. 3 HCHEnt ("Die Grundrechte sind, soweit sich aus ihrem Inhalt nichts anderes ergibt, im Rahmen der allgemeinen Rechtsordnung zu verstehen.") ist nach den Beratungen des Parlamentarischen Rates ganz bewußt nicht ins Grundgesetz aufgenommen worden; vgl. *Matz*, JöR 1 (1951), 176 f.

[1017] Grundlegend zu dieser sog. „Wechselwirkungslehre" BVerfGE 7, 198, (208 f.)

a) Die Auslegung des Merkmals

Genau diese Gefahr droht aber im Bereich des Art. 12 Abs. 1 GG, wenn das dortige Schutzgut „Beruf" definiert wird als jede erlaubte, auf gewisse Dauer angelegte Tätigkeit, die der Einzelne zur Schaffung und Erhaltung seiner Lebensgrundlage erwählt.[1018] Mitunter wird dieser tatbestandliche Vorbehalt des Erlaubtseins auch auf die Kunst- und Wissenschaftsfreiheit übertragen.[1019] (Miß-)versteht man „erlaubt" tatsächlich als Begriffsmerkmal, wären definitorisch alle einfachgesetzlich verbotenen Tätigkeiten von vornherein aus dem Schutzbereich der Berufsfreiheit ausgegrenzt.[1020] Das ist jedoch nach dem zuvor Gesagten unhaltbar: Das Verhältnis von grundrechtlicher Gewährleistung und einfachgesetzlicher Beschränkung würde unter Verstoß gegen Art. 1 Abs. 3 GG in sein Gegenteil verkehrt. Der Umfang des Schutzbereichs des Art. 12 Abs. 1 GG wäre zur Disposition des einfachen Gesetzgebers gestellt, ohne daß er grundrechtlichen Schutzmechanismen Beachtung schenken müßte.[1021] Das Grundrecht der Berufsfreiheit droht ausgehöhlt zu werden.

Während einzelne Fachgerichte[1022] und auch vereinzelt Stimmen in der Literatur[1023] anscheinend bereit sind, diese Konsequenz zu ziehen, ist das der Rechtsprechung des BVerfG nicht zu entnehmen. Vielmehr überprüft es berufliche Verbote am Maßstab des Art. 12 Abs. 1 GG und damit an den eingriffslegitimierenden Voraussetzungen der Stufentheorie.[1024] Der Definitionszusatz „erlaubte Tätigkeit" ist danach ein „funktionsloses Relikt".[1025] Aufgrund dessen verdient auch die Auffassung des BVerwG Beifall, das in seiner grundlegenden Entscheidung zur Ausübung der gewerbsmäßigen Astrologie ausführte, eine Erwerbstätigkeit könne „die Eigenschaft eines Berufes im Sinne des Art. 12 Abs. 1 GG nicht dadurch verlieren, daß sie durch einfaches Gesetz verboten und/oder für strafbar erklärt wird". Vielmehr sei allein dem Grundgesetz

---

[1018] BVerfGE 7, 377 (397), mit geringen sprachlichen Variationen und „erlaubte" teils mit, teils ohne Klammerzusatz ebenso BVerfGE 13, 97 (106); 14, 19 (22); 32, 311 (317); 48, 376 (388); 68, 272 (281); 78, 179 (193); 81, 70 (85). Dagegen fehlt das Additiv "erlaubt" in BVerfGE 50, 290 (362); aus der Literatur siehe *Schmidt-Bleibtreu*, in: ders./Klein, GG, Art. 12, Rn. 6 , m.w.N

[1019] *Pieroth/Schlink*, Grundrechte, Rn. 617, 626.

[1020] Siehe dazu *Lerche*, FS Fikentscher, 1998, S. 541 (544 f.)

[1021] U.v. ebenso *Breuer*, HdbStR VI, § 147, Rn. 43 f.; *Tettinger*, in: Sachs, GG, Art. 12 Rn. 36; *Wieland*, in: Dreier, GG, Bd. 1, Art. 12, Rn. 57; *Jarass*, in: ders./Pieroth, GG, Art. 12, Rn. 7; *Gassner*, NVwZ 1995, 449; sehr gehaltvoll *Suerbaum*, DVBl. 1999, 1690 ff.

[1022] So das BVerwG in seiner früheren Rechtsprechung, vgl. BVerwGE 2, 110 (111); 4, 294 (295 f.); wohl auch OVG Münster, NJW 1986, 2783.

[1023] *Uber*, Freiheit des Berufs, S. 99 f.; vorsichtiger *Leisner*, JuS 1962, 463 (464); *Schmidt-Bleibtreu*, in: ders./Klein, GG, Art. 12, Rn. 6, übergeht das Problem.

[1024] Siehe z.B. BVerfGE 32, 311 (317), wenn auch mit mißverständlichen Ausführungen zuvor, aaO., S. 316 f.; konkret dazu *Suerbaum*, DVBl. 1999, 1690 (1691); offengelassen in BVerfGE 98, 265 (297), wo der Grundrechtsschutz für Abtreibungen als Gegenstand der ärztlichen Erwerbstätigkeit jedenfalls deshalb bejaht wird, weil sie Bestandteil des Schutzkonzepts für das ungeborene Leben sei.

[1025] So *Berg*, GewArch 1977, 249 (254).

selbst zu entnehmen, welche Betätigungen außerhalb des Grundrechtsschutzes eines „Berufs" stünden.[1026] Den Gedanken hat das BVerwG später nochmals ausdrücklich aufgegriffen und bestätigt.[1027]
Trotz allem hat das BVerfG das Merkmal „erlaubt" bis heute nicht verabschiedet. Um Klarheit zu schaffen, sollte es als Definitionsmerkmal des „Berufs" im Sinne des Art. 12 Abs. 1 GG aufgeben werden. Andernfalls bliebe die Gefahr, durch eine begriffliche Festlegung doch wieder einen allgemeinen Rechtsordnungsvorbehalt in den Grundrechtstatbestand zu integrieren.[1028] Das ist aus den genannten Gründen abzulehnen.

b) Tatbestandlicher Grundrechtssausschluß von gemein- oder sozialschädlichen Erwerbstätigkeiten?

Allenfalls läßt sich darüber nachdenken, ob der Begriff der „erlaubten Tätigkeit" eine Funktion behält, wenn er restriktiv interpretiert wird. Unter dieser Maßgabe greifen einige Stimmen den Gedanken der Begrenzung durch allgemeine Gesetze auch im Anwendungsbereich des Art. 12 Abs. 1 GG auf. Aus dem Schutzbereich der Berufsfreiheit sollten solche Betätigungen ausgegrenzt werden, die allgemein verboten oder allgemein strafbar sind, also nicht im Zusammenhang mit einer beruflichen Wahrnehmung stehen.[1029] Gemeint sind solche Handlungen, die „schlechthin strafbar" sind, also „unabhängig davon, ob sie professionell und dauernd oder nur einmalig und amateurhaft vorgenommen werden".[1030] Diese Überlegung beruht auch auf der Vorstellung, daß Grundrechte nicht die Funktion haben, den Grundrechtsträger von den allgemeinen Bindungen der Rechtsordnung zu befreien. Die Nähe zu dem oben erörterten Ansatz von *Rüfner* ist offenkundig, so daß hier ähnliche Einwände gelten gemacht werden können. Mag ein Verbot abstrakt keinen spezifischen Bezug zur Berufsfreiheit haben, kann die konkrete Umsetzung des Verbots dennoch eine Einwirkung auf dieses Recht darstellen, so daß im Einzelfall der Prüfungsmaßstab des Art. 12 Abs. 1 GG Bestand haben sollte.

Eine andere Auslegungsvariante knüpft nicht explizit an die Allgemeinheit des einfachgesetzlichen Verbots an, sondern schlicht daran, ob die in Rede stehende Tätigkeit („schlechthin"[1031] oder „absolut"[1032]) gemeinschädlich[1033] bzw.

[1026] BVerwGE 22, 286 (288).
[1027] So für Sportwettenunternehmer, BVerwGE 96, 293 (296 f.) und Spielbanken, BVerwGE 96, 302 (308).
[1028] *Jarass*, in: ders./Pieroth, GG, Art. 12, Rn. 7.
[1029] *Scholz*, in: Maunz/Dürig, GG, 1981, Art. 12, Rn. 28: „Was allgemein verboten und strafbar ist, kann nicht rechtmäßig oder straffrei im Lichte der Berufsfreiheit sein."; ähnlich *Pieroth/Schlink*, Grundrechte, Rn. 810 f.; *Siekmann/Duttge*, Staatsrecht I, Rn. 579.
[1030] So *Pieroth/Schlink*, aaO., Rn. 811.
[1031] BVerwGE 22, 286 (289).
[1032] *Scholz*, in: Maunz/Dürig, GG, 1981, Art. 12, Rn. 27.
[1033] U.a. *Gubelt*, in: von Münch/Kunig, GG, Bd. 1, Art. 12, Rn. 9.

sozialschädlich[1034] ist. Auch dahinter steht das naheliegende Anliegen, z.B. dem Berufskiller, Autoschieber oder Zuhälter keinen grundrechtlichen Schutz, sei es auch nur zunächst, zu gewähren. Auch dieser restriktivere Ansatz wird vielfach abgelehnt[1035], weil er auf Begriffe aufbaut, die zu vage und wertoffen seien und nicht vor der „Gefahr definitorischer Mißbräuche" schütze.[1036] Darin liegt ein zutreffender Einwand, der an anderer Stelle noch eingehender untersucht wird.[1037] An einer anderen Stelle deshalb, weil der Gesichtspunkt der Sozialschädlichkeit eines Verhaltens noch grundlegender thematisiert wird als nur im Zusammenhang mit der hier bestrittenen Begrenzungsfunktion allgemeiner Gesetze.

Denn die Ausgrenzung sozialschädlicher Verhaltensweisen aus dem grundrechtlich geschützten Bereich knüpft nicht daran an, dem einfachen Gesetzgeber die Definition des Schutzbereichs zu überlassen, sondern an Wertungen, die der Verfassung womöglich selbstverständlich zugrunde liegen. Solche Wertungen sind aber nicht nur eine spezifische Frage des Gewährleistungsumfangs des Art. 12 Abs. 1 GG, sondern betreffen alle Freiheitsrechte. Daher wird der Aspekt gemeinschafts- oder sozialschädlichen Verhaltens nicht nur als negatives Begriffsmerkmal des Berufs im Sinne des Art. 12 Abs. 1 GG diskutiert, sondern auch als Kriterium für eine generelle schutzbereichsimmanente Grenze. Das macht deshalb Sinn, weil sich an einen definitorischen Ausschluß aus dem Schutzbereich der Berufsfreiheit zwei Fragen anschließen, deren Bezug zu der hier aufgeworfenen Problematik leider zu selten aufgezeigt wird: Erfährt die gemeinschädliche Erwerbstätigkeit zumindest Schutz von Art. 2 Abs. 1 GG oder verdient sie gar keinen Schutz? Ist der Ausländer, der schon personell nicht vom Schutzbereich des Art. 12 Abs. 1 GG erfaßt wird, auch vom Schutzbereich des Art. 2 Abs. 1 GG auszugrenzen, wenn er einer gemeinschädlichen Berufstätigkeit nachgeht? Wäre dem so, erführe das Postulat des lückenlosen Grundrechtsschutzes also Einschränkungen.

Die Frage ist also, ob die Gemein- bzw. Sozialschädlichkeit eines Verhaltens ein Kriterium darstellt, das über den Regelungsbereich des Art. 12 Abs. 1 GG die Funktion einer grundrechtsübergreifenden schutzbereichsimmanente Grenze der Freiheitsausübung zukommen kann.[1038]

4. Ergebnis

Grundrechtlich geschützte Freiheitsbetätigung muß sich in die allgemeine Rechtsordnung einfügen. Dennoch bestimmt die allgemeine Rechtsordnung

---

[1034] *Ipsen*, Staatsrecht II, Rn. 598, will „sozial unwertige Tätigkeiten" von vornherein den grundrechtlichen Schutz aus Art. 12 Abs. 1 GG versagen.

[1035] U.v. vgl. *Suerbaum* DVBl. 1999, 1690 (1694), m.w.N.; *Sachs*, Verfassungsrecht II, B 12,Rn. 5.

[1036] *Tettinger*, in: Sachs, GG, Art. 12, Rn. 37, der aber zumindest solche Tätigkeiten aus dem Schutzbereich ausklammert, denen das Menschenbild des Grundgesetzes evident entgegensteht.

[1037] Zum Grundrechtsausschluß sozialschädlicher Handlungen siehe unten **11. Tei, I.**

[1038] Dazu unten **11. Teil, I.**

nicht von vornherein den Gewährleistungsumfang der Grundrechte. Vielmehr muß sich die Anwendung der allgemeinen Gesetze im konkreten Fall am Maßstab der Grundrechte messen lassen. Die Grundrechte stehen daher nicht bereits tatbestandlich unter einem generellen Rechtsordnungsvorbehalt.

VI. *Müllers* „Normbereichsanalyse" zur Bestimmung des jeweiligen Gewährleistungsumfangs der Freiheitsrechte

Eine besondere Variante einer engen Tatbestandstheorie vertritt *Friedrich Müller*. Im Gegensatz zu den zuvor diskutierten Immanenzlehren knüpft er zur Begründung notwendiger Grundrechtsbegrenzungen nicht an Aspekte an, die außerhalb der jeweiligen Grundrechtsnorm ihre Wurzeln haben. Vielmehr will er die immanenten Grenzen der Grundrechte jeweils durch eine Normbereichsanalyse[1039], also anhand der geschriebenen Merkmale der Grundrechtstatbestände ermitteln.
Dahinter steht ebenfalls die Überzeugung, daß die Kollisionen zwischen den Rechten und Interessen verschiedener Grundrechtsträger nicht im Wege einer Güterabwägung gelöst werden sollten. Die Rechtsgüterabwägung enthielte keine leitenden normativen Anhaltspunkte in der Verfassung und inhaltliche Maßstäblichkeit. Sie führe daher zu einer nicht berechenbaren und kontrollierbaren Entscheidung.[1040]
Aus diesem Grunde lehnt *Müller* es auch ab, die Grundrechte im Interesse höherrangiger Gemeinschaftsgüter durch immanente Gemeinschaftsvorbehalte zu begrenzen.[1041] Die vorbehaltlose Garantie einiger Grundrechte dürfe nicht durch überpositive Erwägungen ersetzt werden.[1042] In sie dürfe also weder durch Gesetz noch aufgrund eines Gesetzes verkürzend eingegriffen werden.[1043]

Um der Problematik der Abwägung zu entgehen und um den divergierenden Schrankenvorbehalten im höheren Maße Rechnung zu tragen, versucht *Müller* den Grundrechtsschutz von vornherein durch eine einengende Bestimmung der jeweiligen Schutzbereiche der Grundrechte zu begrenzen.[1044] Denn seiner Meinung nach sei es nicht die primäre dogmatische Frage, wodurch ein

---

[1039] *Müller*, Normstruktur und Normativität, S. 201 ff.; *ders.*, Positivität der Grundrechte, S. 32 f., 56 f., 87 f.; *ders.*, Freiheit der Kunst als Problem der Grundrechtsdogmatik, S. 19, 56 f.
[1040] *Müller*, Die Positivität der Grundrechte, S. 20 f., 24; *ders.*, Normstruktur und Normativität, S. 208 f.
[1041] *Müller*, Die Positivität der Grundrechte, S. 13 f.
[1042] *Müller*, aaO., S. 55
[1043] *Müller*, aaO., S. 71.
[1044] *Müller*, aaO., S. 20, 23, 32, 78 und öfter; er selbst spricht von „Normbereich", und meint damit die sachlich-normative Reichweite, also den Geltungsgehalt der Grundrechte, der für jedes Grundrecht gesondert erarbeitet werden müsse. Näher zu dieser Umschreibung vgl. *Müller*, Normstruktur und Normativität, S. 80 f. Seine Vorstellung vom „Normbereich" entspricht dem gängigen Verständnis vom „Schutzbereich" der Grundrechte.

Grundrecht eingeschränkt werden kann, sondern wie weit sein aus der Analyse des Normbereichs zu bestimmender Geltungsgehalt reiche.[1045] Dadurch stellten sich einige als Grundrechtskollisionen behandelte Fälle als Scheinkollisionen heraus, die keine Grundrechtsfragen aufwerfen würden.

1. Das Kriterium der „sachspezifischen" Grundrechtsausübung

Müller tritt in der Weise für schutzbereichsimmanente Grenzen ein, daß nur „sachspezifische" bzw. „grundrechtsspezifische Aktionsformen"[1046] vom grundrechtlichem Schutz, in seiner Begriffswahl vom jeweiligen „Normbereich" erfaßt seien, nicht hingegen „unspezifische" Modalitäten der Grundrechtsausübung.[1047] Entscheidend für alle weiteren Überlegungen ist damit, was *Müller* mit „sachspezifischer Grundrechtsausübung" inhaltlich meint. Seiner Auffassung nach ist eine Ausübungsform nur dann spezifisch, wenn ihr nicht nachweisbar der sachliche Zusammenhang mit der (dogmatisch zu entwickelnden) Struktur des grundrechtlichen Normbereichs fehle.[1048] Dies sei dann der Fall, wenn die Aktionsform für die Grundrechtsausübung strukturell nicht notwendig sei[1049] oder es sich lediglich um „akzidentielle Umstände bei Gelegenheit einer Grundrechtsausübung" handele.[1050] Das strukturell Notwendige bestimmt er mit dem Kriterium der Austauschbarkeit. Der sachspezifische Zusammenhang bestehe dann nicht, wenn die in Rede stehende Aktionsform austauschbar ist. Hierfür reiche aus, „daß gleichwertige, austauschbare und insofern zwar in ihrem Nebeneinander, nicht aber in ihrem 'So-und-nicht-anders' spezifische Möglichkeiten aus dem Normbereich offenbleiben."[1051]

Veranschaulicht hat *Müller* sein enges Tatbestandsverständnis insbesondere am Grundrecht der Kunstfreiheit. Als Standardbeispiel nennt er den vielfach aufgegriffenen Fall des Malens auf der Straßenkreuzung. Das Malen werde zwar vom Normbereich des Art. 5 Abs. 3 Satz 1 GG erfaßt, nicht jedoch die Handlungsmodalität „auf der Straßenkreuzung". Diese sei nicht grundrechtsspezifisch, der Fall daher in Bezug auf die Kunstfreiheit kein Grundrechtsfall.[1052] Ein Gesetz, daß das Malen auf Straßenkreuzungen untersagt, ver-

---

[1045] So *Müller*, Die Positivität der Grundrechte, S.87.
[1046] *Müller*, aaO., S. 64.
[1047] *Müller*, aaO., S. 64, 73 f., 88, 93, 98; ebenso *ders.*, Freiheit der Kunst als Problem der Grundrechtsdogmatik, S. 39, 41, 59 und öfter.
[1048] *Müller*, Die Positivität der Grundrechte, S. 100.
[1049] *Müller*, aaO., S. 99.
[1050] *Müller*, aaO., S. 96, 99, 100 f.
[1051] *Müller*, aaO., S. 101, ähnlich bereits S. 73, 75; der Ansatz findet sich andeutungsweise u.a. auch bei *Berg*, Konkurrenzen schrankendivergenter Freiheitsrechte, S. 139, wenn einer bauordnungsrechtlich gefährlichen Versammlung entgegengehalten werden kann, daß sie ohne weiteres in einem anderen Raum stattfinden könnte. In diesem Fall würde ein staatliches Verbot kein Grundrechtseingriff darstellen, es sich ergo um kein grundrechtlich geschütztes Verhalten handeln.
[1052] *Müller*, JZ 1970, 87 (89), ders., Positivität der Grundrechte, S. 75.

kürze damit keine grundrechtsspezifisch geschützte Aktionsform. Denn die Betätigung falle lediglich in den Umkreis der Kunstfreiheit, könne jedoch nicht ihrem Normbereich zugeordnet werden.[1053] Entsprechendes gälte auch für einen Musiker, der nachts in einem hellhörigen Mietshaus Trompete spielt[1054] oder für den Mord auf der Bühne.[1055]

2. Stellungnahme: Untauglichkeit des Kriteriums „sachspezifische Aktionsform"

Müllers Bemühen, eine Alternative zur Abwägungsmethodik zu finden, ist begrüßenswert und hat seine Rechtfertigung in den aufgezeigten Schwächen, die jede Abwägung mit sich bringt. Es spricht auch nichts gegen sein Anliegen, den Umfang und die Grenzen grundrechtlich geschützter Verhaltensweisen und Zustände durch eine genaue Analyse des Geltungsbereichs der Grundrechtsnormen zu ermitteln.[1056] Dies ist die notwendige Methode, um Scheinkollisionen zu vermeiden. Insofern ist nichts gegen die Feststellung *Müllers* einzuwenden, der Diebstahl der für die Erstellung eines Kunstwerks notwendigen Materialien sei nicht vom Schutzbereich der Kunstfreiheit erfaßt.[1057] Die Frage, ob eine Verhaltensweise nur bei Gelegenheit der Grundrechtsausübung vorgenommen wird bzw. ob sie lediglich im Umkreis einer Grundrechtsverbürgung liegt, ist stets zu beantworten, bevor man mit ungeschriebenen Grundrechtsbegrenzungen argumentiert. In diesem Zusammenhang ist beispielsweise nur an die Diskussion zu erinnern, ob die Anreise zu einer Versammlung bereits vom Schutzbereich des Art. 8 Abs. 1 GG erfaßt wird.[1058] Insoweit enthalten die Überlegungen *Müllers* fraglos einen berechtigten Ansatz.

Wie er jedoch sein Anliegen dogmatisch umzusetzen versucht, ist im Ergebnis nicht haltbar. Die Einwände gegen die Theorie *Müllers* liegen auf der Hand und sind bereits vielfach vorgetragen worden.[1059] Der Maßstab für seine Normbereichsanalyse ist abzulehnen.[1060] Denn zum Selbstbestimmungsrecht des Grundrechtsträgers gehört es grundsätzlich zu entscheiden, wann, wo und auf welche Art und Weise er von seiner grundrechtlichen Freiheit Gebrauch

---

[1053] *Müller*, Freiheit der Kunst als Problem der Grundrechtsdogmatik, S. 56, 59, 60.

[1054] *Müller*, aaO., S. 124.

[1055] *Müller*, Positivität der Grundrechte, S. 53 f.

[1056] Insoweit noch zustimmend *Dickert*, Naturwissenschaften und Forschungsfreiheit, S. 245.

[1057] *Müller*, Positivität der Grundrechte, S. 56 f., 95; ihm soweit noch zustimmend *Koch*, Der Grundrechtsschutz des Drittbetroffenen, S. 90.

[1058] Bejahend BVerfGE 69, 315 (349); 84, 203 (209); vgl auch *Höfling*, in: Sachs, GG, Art. 8, Rn. 23 , m.w.N

[1059] Siehe unter vielen insbesondere *Alexy*, Theorie der Grundrechte, S.280 ff., der die Tatbestandstheorie von *Müller* wie viele für methodisch und dogmatisch untragbar hält; ebenso *Schwabe*, Probleme der Grundrechtsdogmatik, S. 155 ff. (159 f.); überzeugend auch die Stellungnahmen von *Misera-Lang*, Beschränkbarkeit vorbehaltloser Grundrechte, S. 256 ff.; *Vlachopoulus*, Kunstfreiheit und Jugendschutz, S. 124 ff. und *B. Schneider*, Die Freiheit der Baukunst, S. 147 ff., jeweils , m.w.N.

[1060] *Dickert*, Naturwissenschaften und Forschungsfreiheit, S. 245.

macht. Dieses Recht ist eine wesentliche grundrechtliche Position.[1061] Der Grundrechtsschutz würde dagegen leerlaufen, falls schon immer dann eine Handlung als von vornherein grundrechtlich irrelevant eingestuft wird, wenn es nur die Möglichkeit gibt, sie auf andere Art und Weise, an einem anderen Ort oder zu einer anderen Zeit vornehmen zu können.[1062] Fast immer läßt sich menschlichen Betätigungsformen der Einwand entgegensetzen, es gehe ebenso gut auch anders. Die gewählte Modalität dürfte sich nur selten als „strukturell notwendig" für Freiheitsausübung und damit als „grundrechtsspezifisch" erweisen.[1063] Die Konsequenz der Konzeption *Müllers* wäre somit, daß Verhaltensweisen von vornherein der grundrechtliche Schutz versagt werden könnte, obwohl sie andere Verfassungsgüter oder Gemeinschaftsbelange nicht beeinträchtigen und daher kein Grund für eine Freiheitsverkürzung besteht.[1064]

Um das bekannte Beispiel von Müller aufzugreifen: Natürlich kann und muß das Malen auf einer (befahrenen) Straßenkreuzung untersagt werden, weil den Grundrechten der Verkehrsteilnehmer und der Leichtigkeit des Straßenverkehrs Vorrang vor den Interessen des Künstlers zu geben ist. In diesem Fall muß sich der Künstler entgegenhalten lassen, daß er seine Kunst nur an einem anderen Ort herstellen und darstellen darf.
Was ist aber, wenn die Straßenkreuzung stillgelegt ist[1065] oder der Künstler an einem „autofreien Sonntag" tätig wird? Dann gibt es keinen Grund, der gegen diese Grundrechtsausübung spricht. Nach *Müllers* Theorie könnte man aber auch in diesen Fällen auf die Austauschbarkeit der Handlungsmodalität verweisen und dem Handelnden den grundrechtlichen Schutz verwehren. Damit besteht die von *Müller* offensichtlich verkannte Gefahr, daß Freiheitsbegrenzungen gerechtfertigt werden können, die in Ermangelung eines rechtfertigenden Grundes unzulässig wären, würde die jeweilige Verhaltensweise im Schutzbereich eines Grundrechts angesiedelt.[1066] Das Kriterium der Aus-

---

[1061] Vgl. nur *Alexy*, Theorie der Grundrechte, S. 284 f.; *Sachs*, in. Stern, Staatsrecht, Bd. III/2, S. 59; unter vielen anderen vgl. auch *Terwiesche*, Die Begrenzung der Grundrechte durch objektives Verfassungsrecht, S. 52; ebenso *Dickert*, Naturwissenschaften und Forschungsfreiheit, S. 246 Fn. 84, der aber zu Recht darauf hinweist, daß das nicht verwechselt werden darf mit einem nicht anerkannten Recht des Grundrechtsträgers, den Grundrechtsinhalt selbst zu bestimmen.Vgl. hierzu grundlegend *Isensee*, Wer definiert die Freiheitsrechte ?, 1980.

[1062] *Höfling*, Offene Grundrechtsinterpretation, S. 179; vgl. auch *Sachs*, in: Stern, Staatsrecht, Bd. III/2, S. 59, *Schwabe*, Probleme der Grundrechtsdogmatik, S. 159 f.

[1063] *Von Arnauld*, Die Freiheitsrechte und ihre Schranken, S. 76; *Schwabe*, Probleme der Grundrechtsdogmatik, S. 159.

[1064] So auch *Mädrich*, Forschungsfreiheit und Tierschutz, S. 66.

[1065] Das Beispiel führt *Schwabe* an, Probleme der Grundrechtsdogmatik, S. 161: „Es macht auch einen guten Teil der Würde und Autonomie des Menschen aus, daß er minder wichtige und austauschbare Modalitäten seines Tuns beliebig wählen kann."

[1066] *Schwabe*, Probleme der Grundrechtsdogmatik, S. 159 ff.; *Alexy*, Theorie der Grundrechte, S. 111 f., 284 ff.

tauschbarkeit ist zur Bestimmung des Sachspezifischen nach alledem ungeeignet.[1067]

Darüber hinaus besteht ein weiterer Einwand: Die Modalität des Handelns läßt sich oft gar nicht von der Grundrechtsverbürgung trennen. Zwischen dem „das" und dem „wie" einer Freiheitsbetätigung läßt sich keine zuverlässige Grenze ziehen.[1068] Für „Straßenkunst" ist es notwendig, daß sie auf der Straße stattfindet. Das macht gerade ihre kunstspezifische Eigenart aus.[1069] Malen auf einer Straßenkreuzung ist daher nicht nur eine Betätigung bei Gelegenheit der Ausübung der Kunstfreiheit, sie steht vielmehr im sachlichen Zusammenhang mit ihr.[1070]

Insgesamt vermag die Theorie *Müllers* methodisch nicht zu überzeugen. Ihm gelingt es nur scheinbar, die Problematik der Güterabwägung zu umgehen. Die Gefahr des Verlustes grundrechtlichen Schutzes ist wegen der Maßstabslosigkeit des „Sachspezifischen" zu groß. Im Grunde geht seine Theorie über alle anderen Immanenzlehren hinaus. Denn während jene zumeist an das Sozialschädliche eines Handelns anknüpfen wollen, würde *Müllers* Ansatz die Möglichkeit bieten, bereits „Nebensächliches" aus dem Schutzbereich der Grundrechte auszugrenzen.[1071] Das ist mit dem Freiheitsverständnis des Grundgesetzes nicht zu vereinbaren.

VII. Zusammenfassung und Ergebnis

Die hier vorgestellten, früheren Immanenzlehren stellen allesamt keine Alternative zum Kollisionsmodell des BVerfG zur Begrenzung vorbehaltloser Grundrechte dar. Sie tragen die Gefahr einer unzulässigen Beschneidung des grundrechtlichen Gewährleistungsumfangs in sich. Auf ihrer Grundlage könnte unter Mißachtung des Art. 1 Abs. 3 GG die Dispositionsmacht des einfachen Gesetzgebers über die Reichweite grundrechtlichen Schutzes zu groß werden. Zudem laufen sie auf eine Nivellierung des Systems der grundrechtlichen Schrankenvorbehalte hinaus. Keiner der Ansätze bietet ein in der Verfassung wurzelndes Kriterium an, mit dem sich abwägungsfrei eine angemessene Ein-

---

[1067] *Koch*, Der Grundrechtsschutz des Drittbetroffenen, S. 90 f.; *Dickert*, Naturwissenschaften und Forschungsfreiheit, S. 245; *Höfling*, Offene Grundrechtsinterpretation, S. 179; alle wohl in Anlehnung an *Alexy*, Theorie der Grundrechte, S. 284 f. und an *Schwabe*, aaO., S. 160.

[1068] *Schwabe*, Probleme der Grundrechtsdogmatik, S. 162.

[1069] A.A. *Müller*, Freiheit der Kunst als Problem der Grundrechtsdogmatik, S. 65: „keine spezifische Sachhaltigkeit künstlerischer Art".

[1070] *Terwiesche*, Die Begrenzung der Grundrechte durch objektives Verfassungsrecht, S. 51; konkret im Hinblick auf „Straßenkunst" vgl. auch BVerwGE 84, 71 (74): sie ist „auf das Medium der öffentlichen Straße und das dort sich aufhaltende Publikum spezifisch angewiesen."

[1071] *Schwabe*, Probleme der Grundrechtsdogmatik, S. 163.

grenzung der grundrechtlichen Schutzbereiche begründen läßt. Das ist aber Voraussetzung, um den Schwächen der zumeist auf eine Abwägung im Einzelfall ausgerichteten Rechtsprechungspraxis dogmatisch entgegentreten zu können.

10.Teil: Schutzbereichsbegrenzung durch kollidierendes Verfassungsrecht – ein grundlegendes Alternativmodell?

Während die vorwiegend früher vertretenen Immanenzlehren keine Alternative zum Begrenzungsmodell des BVerfG darstellen, kann das aber vielleicht eine Konzeption für sich in Anspruch nehmen, die kollidierende Verfassungsgüter nicht zu einer Beschränkung der Grundrechtsausübung, sondern zur Bestimmung der grundrechtlichen Schutzbereiche heranzieht.

I. Kollidierende Verfassungsgüter als Element der Schutzbereichsbestimmung

Kollidierendes Verfassungsrecht wird überwiegend als Eingriffsermächtigung des Gesetzgebers in grundrechtliche Schutzbereiche verstanden, also als Möglichkeit, den zunächst grundrechtlich geschützten Freiheiten eine Schranke zu ziehen. Diese Annahme beruht auf der dargestellten Konzeption der weiten Tatbestandstheorie, wonach auch drittbeeinträchtigende Verhaltensweisen unter allen Umständen die abwehrrechtlichen Sicherungen zugute kommen sollen.[1072] In diesem Sinne ist - wie gezeigt - grundsätzlich auch das Kollisionsmodell des BVerfG zu interpretieren.[1073]

Es gibt aber auch Stimmen, die kollidierenden Verfassungsgütern generell die Bedeutung einer unbenannten Schutzbereichsbegrenzung beimessen.[1074] Dem Schutzbereich eines Grundrechts sei nach Maßgabe des Ausgleichs kollidierender Verfassungsgüter im Wege praktischer Konkordanz Grenzen gezogen.[1075] Das führt vermeintlich zu der Annahme, daß diese Auffassung „verfassungsimmanente Schranken" wie schutzbereichsimmanente Grenzen behandelt, sich hier also ein sehr enges Tatbestandsverständnis offenbart.
Auch verschiedentliche Äußerungen der Rechtsprechung scheinen gelegentlich gleichfalls in diese Richtung zu weisen, so beispielsweise, wenn das BVerfG von einer „durch die Rücksichtnahme auf kollidierende Verfassungswerte notwendig werdende Grenzziehung oder Inhaltsbestimmung"[1076] oder

---

[1072] Dazu oben **6. Teil, I 2**.

[1073] Siehe oben **7. Teil, I. 2.**

[1074] *Hesse*, Verfassungsrecht, Rn. 72; *Isensee*, HdbStR V, § 111, Rn, 56; *Erichsen*, Jura 1992, 142 (144 f.); *ders*. VVDStRL 35 (1977), 171 (193); *Blaesing*, Grundrechtskollisionen, S. 134 f.; *Gellermann*, Grundrechte im einfachgesetzlichen Gewande, S. 207 ff. , m.w.N auf S. 209, Fn. 629; bzgl. Art. 4 GG wohl auch *Scholz*, NVwZ 1992, 1152 (1155).

[1075] So etwa *Hesse*, aaO., Rn. 72; *Erichsen*, Jura 1992, 142 (143 f.); auch der Rechtsprechung ist dieser Ansatz keineswegs fremd, vgl. z.B. BVerfG NJW 1997, 1176 (1177). „Die in diesem Grundrecht (scil.: Rundfunkfreiheit) enthaltene Programmgestaltungsfreiheit (...) ist schon bei der Abgrenzung der Schutzbereiche im Wege der praktischen Konkordanz im Verhältnis zum Grundrecht der Religionsfreiheit zur Geltung zu bringen."

[1076] So BVerfGE 47, 327 (369); oder noch deutlicher das BVerwG, wenn es, BVerwGE 87, 37 (45), meint, daß „bei der Bestimmung des Schutzbereichs einer Grundrechtsgewährleistung deren Einbettung in die Gesamtheit der Verfassungsbestimmungen zu berücksichtigen" sei.

von einem verfassungssystematischen, den grundrechtlichen Gewährleistungsbereich begrenzendem Hindernis spricht.[1077] Das erweckt zumindest den Anschein, daß auch die Verfassungsrechtsprechung eine bereits tatbestandliche Begrenzung durch entgegenstehende Verfassungswerte für möglich hält.[1078] Allerdings ist Vorsicht geboten, wenn man von der in der Rechtsprechung gebrauchten Terminologie mit Gewißheit auf das dahinter stehende dogmatische Verständnis schließen möchte. Dafür ist sie zu unklar und wenig stringent.

II. Kollidierende Grundrechte als Schutzbereichsgrenze

Hinter dem skizzierten Ansatz verbergen sich bei näherer Untersuchung verschiedene Auffassungen mit dogmatischen Differenzen, die insbesondere an die unterschiedlichen Spannungslagen anknüpfen. So wollen einige nur kollidierende Grundrechte anderer als eine bereits tatbestandlich angesiedelte Grenze grundrechtlich geschützter Freiheit ansehen, nicht aber sonstige Verfassungswerte.[1079] Ausgehend von der Überzeugung, daß die Freiheit des einen nur nach Maßgabe der Freiheit des anderen bestehe[1080], stünden (vorbehaltlose) Grundrechte bereits tatbestandlich unter einem Gegenseitigkeitsvorbehalt.[1081] *Bamberger* sieht wegen der Grundrechtsbindung gem. Art. 1 Abs. 3 GG darin sogar die einzige Begrenzungsmöglichkeit vorbehaltloser Grundrechte; sie seien keinen Schranken aufgrund von Gesetzesvorbehalten bzw. sonstigen Verfassungsgütern ausgesetzt. Nichtgrundrechtliche Prinzipien könnten mit grundrechtlichen Prinzipien überhaupt nicht kollidieren.[1082] Das Kollisionsmodell des BVerfG widerspreche, soweit es um die Beschränkung vorbehaltloser Grundrechte durch sonstige Verfassungswerte geht, dem Grundgesetz.[1083] Nur mit der von ihm vorgeschlagenen Konzeption sei die spezifische Eigenart von vorbehaltlosen Grundrechten gewahrt. Er will den Konflikt zwischen kollidierenden Grundrechtsschutzbereichen im Einzelfall ebenfalls nach dem Grundsatz der praktischen Konkordanz lösen.[1084]

Dies ist nur ein kurzer argumentativer Überblick. Ein Ansatz, der aus kollidierenden Grundrechten ungeschriebene Schutzbereichsgrenzen herleitet, ver-

---

[1077] So BVerfGE 33, 23 (31).

[1078] Siehe dazu mit Beispielen bereits oben **I. 3**.

[1079] *Bamberger*, Verfassungswerte als Schranken vorbehaltloser Freiheitsgrundrechte, S. 52 ff.; *ders.*, Der Staat 39 (2000), 355 (372 ff.), der die Begrenzungstauglichkeit sonstiger Verfassungswerte überhaupt verneint; *Roth*, Faktische Eingriffe in Freiheit und Eigentum, S. 481 ff. (483), betrachtet kollidierende Grundrechtsgüter als tatbestandliche Begrenzung, (sonstige) Verfassungsgüter dagegen als Möglichkeit der Eingriffsrechtfertigung auf der Schrankenebene.

[1080] *Bethge*, Zur Problematik von Grundrechtskollisionen, S. 256 , m.w.N; daran anknüpfend *Bamberger*, Verfassungswerte als Schranken vorbehaltloser Freiheitsgrundrechte, S. 53.

[1081] *Bamberger*, Verfassungswerte als Schranken vorbehaltloser Freiheitsgrundrechte, S. 53; *ders.*, Der Staat 39 (2000), 355 (372) , m.w.N

[1082] *Bamberger*, aaO., S. 355 (369, 376 f.).

[1083] *Bamberger*, aaO., 355 (369).

[1084] *Bamberger*, aaO., 355 (376).

dient aber eine erheblich tiefergehende Betrachtung, weisen doch gerade die (Grund)Rechte anderer den thematischen Bezug zum Neminem-laedere-Gebot auf. Die spezifische Spannungslage im Fall kollidierender Grundrechte, also bei „echten Grundrechtskollisionen"[1085], soll daher noch näher in den Blick genommen werden .

Die Vorstellung, daß sich die Auflösung von (echten) Grundrechtskollisionen bereits und stets auf Tatbestandsebene und nicht auf der Eingriffs-Schranken-Ebene vollzieht, beruht auf folgenden Gesichtspunkten, die in einer jüngeren grundrechtsdogmatischen Abhandlung vor allem *Gellermann*[1086] verständnisvoll und mit beachtlicher Überzeugungskraft in ein klareres Licht rückt:

Ausgangspunkt seiner Überlegungen ist die besondere grundrechtliche Konfliktlage bei echten Grundrechtskollisionen. Sie sei dadurch charakterisiert, daß sich zwei gleichberechtigte Rechtsträger gegenüber stehen, von denen keiner den prinzipiellen Vorrang seiner Position beanspruchen könne. Das spräche für die Annahme einer wechselseitigen Begrenzung schon der tatbestandlich geschützten Positionen.[1087]

In der Tat handelt es sich hier nicht um die klassische abwehrrechtliche Konstellation in der Beziehung Staat-Bürger, sondern um ein mehrseitiges Verhältnis, in dem neben dem Staat mehrere Bürger involviert sind, die miteinander unvereinbare Interessen verfolgen.[1088] Der materielle Konflikt besteht bei echten Grundrechtskollisionen zwischen den Grundrechtsträgern.[1089] Die staatsgerichteten Grundrechte können aufgrund ihrer fehlenden unmittelbaren Drittwirkung den Konflikt aber nicht lösen.[1090] Diese Aufgabe kommt vielmehr dem Staat zu, regelmäßig dem einfachen Gesetzgeber. Er muß zwischen den widerstreitenden Interessen vermitteln, sie zu einem schonenden Ausgleich bringen und so die jeweilige, in den Grundrechten bereits angelegte Begrenzung ans Licht führen. Das alles deckt sich noch mit wichtigen Grundannahmen des herkömmlichen Kollisionsmodells.[1091]

Der hier dargestellte Ansatz hebt nur die besondere Funktion hervor, die dem Staat in dieser Konstellation zukommt. Zur Lösung von echten Grundrechtskollisionen trete er gewissermaßen als „Schiedsrichter"[1092] bzw. „Moderator"[1093] zwischen verfassungsrechtlich geschützten Freiheitspositionen, hier

---

[1085] Zum Begriff *Stern*, Staatsrecht, Bd. III/2, S. 608.

[1086] *Gellermann*, Grundrechte im einfachgesetzlichen Gewande, S. 212 ff.

[1087] *Gellermann*, aaO., S. 212; *Roth*, Faktische Eingriffe in Freiheit und Eigentum, S. 485 f.

[1088] Zu diesem „mehrdimensionalen Freiheitsproblem" *Eckhoff*, Der Grundrechtseingriff, S. 287 ff.

[1089] *Roth*, Faktische Eingriffe in Freiheit und Eigentum, S. 485.

[1090] *Gellermann*, aaO., S. 213 f., m.w.N; siehe auch *Dietlein*, Die Lehre von den grundrechtlichen Schutzpflichten, S. 82 f.

[1091] Vgl. dazu oben **7. Tei, II 3**.

[1092] So BVerfGE 31, 194 (210); die schlichtende Funktion des Staates wird zudem betont von BVerfGE 61, 358 (374) und BVerfGE 84, 168 (181); *Eckhoff*, der Grundrechtseingriff, S. 287.

[1093] *Hain*, JZ 2002, 1036 (1039).

also zwischen den streitenden und sich jeweils auf Grundrechte berufenden Bürgern auf. Wenn er aber die Rolle übernimmt, die Freiheitsbetätigungen der Individuen zu koordinieren, dann seien – so die Schlußfolgerung – seine darauf gerichteten Maßnahmen intentional im Grunde eher ausgleichend oder einrichtend als eingreifend, so daß sich diese staatliche Maßnahme nicht nach dem klassischen Raster der Eingriffsabwehr und dessen Regel-Ausnahme-Prinzip beurteilen ließe.[1094] Als weiteres Argument für eine bereits tatbestandliche Begrenzung kollidierender Grundrechtsgüter rekurriert *Gellermann* auf das dem Grundgesetz zugrundeliegende Freiheitsverständnis, insbesondere auf den der Verfassung immanenten Rechtsgedanken, daß die Rechte des einen ihre Begrenzung in den Rechten der ihm gleichwertigen und gleichrangigen anderen finde.[1095] Die Verfassung gehe von einem friedlichen Miteinander der Bürger aus. Die Freiheitsgrundrechte würden gegen staatliche Interventionen schützen, aber nicht zur Fremdbestimmung über die Rechtsgüter der gleichgestellten Mitbürger ermächtigen.[1096] Auch daher seien konfliktschlichtende staatliche Entscheidungen nicht nach dem abwehrrechtlichen Schema zu bewerten, weil sie keine Grundrechtseingriffe darstellten. Nur eine solche Konstruktion stimme mit den Prämissen des Kollisionsmodells überein, das ja gerade davon ausgehe, daß sich insbesondere aus den Rechten anderer immanente Bindungen der Grundrechtsausübung ergeben, die zwar konkretisiert werden müssen, der Idee nach aber von vornherein vorhanden seien.[1097] Dagegen entspreche es nicht mehr mit den Grundannahmen des Modells überein, wenn die h.M. Grundrechte anderer als Ermächtigung zur Errichtung von Grundrechtsschranken begreift.

III. Analyse und Stellungnahme

Nähme man allein die vorgenannten Aussagen beim Wort, hätte man einen auf das Neminem-laedere-Gebot rückführbaren Ansatz, der im großen Umfang für schutzbereichsimmanente Grenzen im Begriffsverständnis der Untersuchung, also für den bereits tatbestandlichen Ausschluß bestimmter Verhaltensweisen eintritt. Charakteristisch für diese „Schutzbereichslösung“ wäre, daß sie den Schutzbereich eines Grundrechts nur vorbehaltlich entgegenstehender Verfassungsgüter bzw. Grundrechtsgüter als eröffnet ansieht. Die Folgerung wäre, daß ein menschliches Verhalten je nach den Umständen des Einzelfalls außerhalb des grundrechtlichen Schutzbereichs läge, wenn es mit anderen Verfassungsgütern kollidiert.[1098] Das wiederum hätte die Konsequenz, daß das Nachzeichnen der insofern in den Grundrechtsnormen bereits enthaltenen Begrenzungen nicht wie ein Grundrechtseingriff zu behandeln ist.

[1094] *Gellermann*, Grundrechte im einfachgesetzlichem Gewande, S. 214.
[1095] *Gellermann*, aaO., S. 216 f.; ähnlich *Roth*, Faktische Eingriffe in Freiheit und Eigentum, S. 486 f.
[1096] *Gellermann*, aaO., S. 217, m.w.N.
[1097] *Gellermann*, aaO., S. 219 f., 221.
[1098] *Terwiesche*, Die Begrenzung der Grundrechte durch objektives Verfassungsrecht, S. 46.

Folglich fiele der gesamte Bereich der freiheitssichernden „Schranken-Schranken" aus der Grundrechtsprüfung heraus.
Obwohl viele Annahmen dieser Konzeption, insbesondere das ihr zugrunde gelegte Freiheitsverständnis, überzeugen können, sind in methodischer Hinsicht einige Aspekt fragwürdig.
Pieroth/Schlink[1099] haben anhand des für die Figur des kollidierenden Verfassungsrechts prägenden Kriegstdienstverweigerungsfalls des BVerfG deutlich gemacht, daß mit der grundsätzlichen Behandlung kollidierender Verfassungsgüter als Schutzbereichsbegrenzung die Funktion der grundrechtlichen Gesetzesvorbehalte tendenziell in Frage gestellt wird. Wenn das in Rede stehende Verweigerungsrecht schon tatbestandlich ausgegrenzt wird, müßte seine Vorenthaltung auch nicht mehr daran überprüft werden, ob dies von der dem Gesetzgeber gem. Art. 4 Abs. 3 Satz 2 GG eingeräumten Ermächtigung gedeckt sei, das Nähere zu regeln. Denn der dort als entgegenstehendes Verfassungsgut verstandene ungestörte Dienstbetrieb der Bundeswehr würde, folgt man der oben genannten Auffassung, bereits den Schutzbereich der Gewissensfreiheit definieren. Eine Konzeption, die bereits den grundrechtlichen Schutzbereich durch kollidierendes Verfassungsrecht begrenzt, trägt mithin die Gefahr in sich, die Grundrechtsbindung des Art. 1 Abs. 3 GG zu unterlaufen und den Grundsatz, daß nicht die Freiheit des Bürgers gegenüber dem Staat, sondern dessen Eingriff in die Freiheit des Bürgers gerechtfertigt werden muß, ins Gegenteil zu verkehren.

Ob das im Ergebnis tatsächlich von der hier vorgestellten Konzeption gewollt ist, erscheint allerdings zweifelhaft. Zumindest wird diese Konsequenz von den Vertretern einer generell oder im Hinblick auf kollidierende Grundrechte postulierten Schutzbereichslösung bei genauerer Betrachtung überwiegend nicht gezogen.
Richtig ist zwar, daß die konfliktlösende Tätigkeit des Staates bei echten Grundrechtskollisionen entgegen der überwiegenden Auffassung von den Vertretern dieser Theorie ausdrücklich nicht als abwehrrechtlich relevanter Grundrechtseingriff begriffen wird.[1100] Neben der bereits genannten Begründung wird darüber hinaus vorgebracht, daß nur die Beschränkung von Grundrechten aufgrund eines Gesetzesvorbehalts zum Zweck einfachgesetzlich geschützter Rechtsgüter als Eingriff zu werten sei, nicht jedoch die Begrenzung durch kollidierende Verfassungsgüter.[1101]
Gleichwohl heißt das nicht, daß damit alle rechtsstaatlichen Freiheitssicherungen in Abrede gestellt werden. Denn auch die Vertreter dieser Auffassung unterziehen eine solche tatbestandliche Grenzziehung einer verfassungsrecht-

---

[1099] *Pieroth/Schlink*, Grundrechte, Rn. 321 ff.
[1100] *Gellermann*, Grundrechte im einfachgesetzlichen Gewande, S. 214, 218, 220, 226; *Roth*, Faktische Eingriffe und Freiheit und Eigentum, S. 483; *Maunz/Zippelius*, Deutsches Staatsrecht, S. 149 f.; *Isensee*, HdbStR V, § 111, Rn. 56.
[1101] *Erichsen*, Jura 1992, 142 (145 f.)

lichen bzw. grundrechtlichen Prüfung und wenden dabei auch den Verhältnismäßigkeitsgrundsatz an.[1102] Da er sich aus dem Wesen der Grundrechte selbst ergibt[1103], muß logischerweise zunächst ein Grundrecht vorhanden sein, aus dem sich dieses Prinzip herleiten läßt und dem das Handeln einer Person unterfällt.[1104] Kollidierende Grundrechtsgüter können demzufolge nicht grundsätzlich und stets eine von vornherein bestehende Grenze darstellen, die gewisse Betätigungen mit Drittbezug gleichsam apriorisch aus dem Schutzbereich ausgrenzt.[1105] Das betont auch *Gellermann* explizit: „Auch wenn kollidierende Grundrechte Dritter ihre begrenzende Wirkung demnach bereits auf der tatbestandlichen Ebene entfalten, bedeutet dies nicht, daß die Schutzgegenstände namentlich der vorbehaltlosen Grundrechte von vornherein nur soweit reichen, wie es die konfligierenden Gewährleistungen erlauben."[1106] Nur bei „schwerwiegenden und offensichtlich unzuträglichen Übergriffen in die Grundrechtssphäre Dritter"[1107] bzw. bei einem „über die grundrechtlichen Interessen anderer erkennbar rücksichtslos hinwegschreitenden Freiheitsgebrauch"[1108] sei ein solcher Ansatz tragfähig.
Jedenfalls die erste Aussage ist denk- und begriffslogisch zutreffend: Eine „(echte) Grundrechtskollision" setzt zwingend voraus, daß es sich um widerstreitende Rechtspositionen von Bürgern handelt, die jeweils von einem Grundrecht (zunächst) tatbestandlich erfaßt sind und daher noch nicht von vorn-herein außerhalb des grundrechtlichen Schutzbereichs liegen.[1109] Andernfalls wäre die Annahme einer grundrechtlichen Spannungslage eine bloße Unterstellung bzw. ein Scheinproblem, dessen Lösung quasi im nachhinein mit der kaum nachvollziehbaren Feststellung enden müßte, daß eine als Grundrechtskonflikt behandelte Situation überhaupt kein Grundrechtskonflikt war.[1110] Die hier im Schutzbereich angesiedelte Begrenzung durch kollidierende Grundrechtsgüter wirkt also nicht stets aus sich selbst heraus. Vielmehr wird sie regelmäßig erst durch eine Konkretisierung des einfachen Gesetzgebers

---

[1102] *Bamberger*, Der Staat 39 (2000), 355 (374); bei *Erichsen*, Jura 1992, 142 (144) zeigt sich das allein daran, daß er von einer „Grundrechtsverletzung bei verfassungswidriger Begrenzung des Schutzbereichs" spricht.

[1103] BVerfGE 19, 342 (349); 61, 126 (134); 65, 1 (44); 76, 1 (50 f.).

[1104] So *Terwiesche*, Die Begrenzung der Grundrechts durch objektives Verfassungsrecht, S. 48.

[1105] Anders ist aber wohl *Isensse*, HdbStR V, § 111, Rn. 56, zu verstehen. Er begreift die „immanenten Schranken" als von vornherein festliegende Tatbestandsmerkmale.

[1106] *Gellermann*, Grundrechte im einfachgesetzlichen Gewande, S. 221 mit Bezugnahme auf *Dietlein*, Die Lehre den grundrechtlichen Schutzpflichten, S. 82; ähnlich auch *Roth*, Faktische Eingriffe in Freiheit und Eigentum, S. 493, Fn. 194.

[1107] *Gellermann*, ebenda.

[1108] *Gellermann*, aaO., S. 224.

[1109] Zutreffend daher *Bumke*, Der Grundrechtsvorbehalt, S. 161.

[1110] Genau das erkennt auch *Gellermann*, aaO., S. 221, 222.

nachträglich sichtbar gemacht, nur mit dem Unterschied, daß man sie nicht als abwehrrechtlich relevanten Grundrechtseingriff bezeichnet.[1111]

Alles andere wäre in der praktischen Anwendung problematisch, wenn nicht sogar methodisch und dogmatisch haltlos: Eine einzelfallabhängige Schutzbereichsbestimmung aufgrund kollidierender Verfassungswerte würde zwangsläufig dazu führen, daß der Gewährleistungsumfang der Grundrechte angesichts der Vielgestaltigkeit der denkbaren Konflikte unbestimmt wäre.[1112] Der dargestellte Lösungsweg zielt nämlich auch auf die Herstellung praktischer Konkordanz ab, unterwirft die beteiligten Rechte also einer Abwägung.[1113] Die Schutzbereiche würden nicht mehr generell und abstrakt definiert, ihr Umfang vielmehr fallabhängig. Wenn es gilt, Abwägungsvorgänge im Einzelfall auf der Rechtfertigungsebene soweit wie möglich zu vermeiden, so sollten diese auf der Schutzbereichsebene überhaupt nicht vorgenommen werden.[1114] Aus Gründen der Rechtssicherheit und -vorhersehbarkeit sollten die Grenzen des Schutzbereichs vielmehr abstrakt festgelegt werden, ohne daß kollidierende Rechtsgüter relativ hineinspielen.[1115] Der „Schutzbereich" muß als erster Punkt der Grundrechtsprüfung eine bestimmte und klar umrissene Größe sein.[1116] Das ist methodisch aber nur gewährleistet, wenn die Grenzen des Grundrechtstatbestandes durch Auslegung, nicht aber durch eine Abwägung festgelegt werden. Abwägungen sollten grundsätzlich erst auf der Schrankenebene zum Tragen kommen.[1117] Genau das betont aber auch *Gellermann* und macht zugleich deutlich, daß auch nach seinem Verständnis kollidierende Grundrechtsgüter nicht zu einer automatischen, apriorischen Reduktion des grundrechtlichen Freiheitspotentials führen können.[1118]

[1111] *Gellermann*, aaO., S. 224; das von einem zunächst einschlägigen Schutzbereich ausgegangen wird, macht schon die Terminologie bei *Roth*, Faktische Eingriffe in Freiheit und Eigentum, S. 481 f. u. 488 deutlich: denn er unterscheidet zwischen den *„Schutzbereichsgrenzen"* einerseits, die durch die Begrifflichkeiten der Grundrechtsnorm bestimmt werden, und den wechselseitigen *„Schutzbereichsschranken"* aufgrund kollidierender Grundrechte andererseits.

[1112] So auch *Terwiesche*, Die Begrenzung der Grundrechts durch objektives Verfassungsrecht, S. 47; vgl. auch *Heintschell v. Heinegg/Schäfer*, DVBl. 1991, 1341 (1344).

[1113] *Bamberger*, Verfassungswerte als Schranken vorbehaltloser Freiheitsgrundrechte, S. 53 f.; *ders.*, Der Staat 39 (2000), 355 (373), m.w.N.

[1114] Bei der Bestimmung des Schutzbereichs des Art. 1 Abs. 1 GG lassen sich allerdings wegen der besonderen Normstruktur und dem Bedeutungsgehalt der Menschenwürde Abwägungen nicht vermeiden. Näher dazu unten **11. Teil, III 1 b.**

[1115] *Jarass*, AöR 120 (1995), 345 (371).

[1116] *Winkler*, Kollisionen verfassungsrechtlicher Schutznormen, S. 181: „Schutzbereichsgrenzen können dagegen nicht am Verhältnismäßigkeitsgrundsatz gemessen werden, weil sie nur ein „innen" und ein „außen", aber keine Grauzone dazwischen kennen". Siehe auch *Isensee*, HdbStR V, § 111, Rn. 54: „Abwägungrestistenz des Grundrechtstatbestandes".

[1117] Ebenso *Misera-Lang*, Beschränkbarkeit vorbehaltloser Grundrechte, S. 230 ff. (233); a.A. wohl *Pecher*, Verfassungsimmanente Schranken von Grundrechten, S. 121 f.

[1118] Siehe *Gellermann*, Grundrechte im einfachgesetzlichen Gewande, S. 222 f.

Auch wenn die Argumente, die für eine tatbestandliche Behandlung von kollidierenden Grundrechten vorgebracht werden, durchaus zu überzeugen vermögen, sind die Unterschiede zu der h.M., die kollidierendes Verfassungsrecht im Allgemeinen und Grundrechte anderer im Besonderen erst auf der Schrankenebene als Rechtfertigung von Grundrechtseingriffen behandeln, nicht so groß, wie man zunächst vermutet. Das wird auch dadurch bestätigt, daß die hier vorgestellte „Schutzbereichslösung", wie bereits erwähnt, ebenfalls davon ausgeht, daß der Konflikt eines Grundrechtsguts mit kollidierenden Verfassungswerten (bzw. mit anderen Grundrechten) zuvörderst durch das einfache Recht aufgelöst werden muß. Die Schutzbereichsbegrenzung bedarf also regelmäßig einer Konkretisierung bzw. „Aktivierung"[1119] durch den Gesetzgeber und wird gleichsam erst durch die Auflösung der Güterkollision offenbar[1120], also durch eine „normative Konturierung"[1121].
Auch das verdeutlicht die Übereinstimmung mit der h.M. auf der Basis ihres Kollisionsmodells. Man ist fast geneigt, zu sagen, daß sich die Unterschiede im dogmatischen Verständnis im Grunde nur terminologisch niederschlagen.[1122]

IV. Ergebnis

Die vorgestellte Konzeption versteht kollidierendes Verfassungsrecht bzw. kollidierende Grundrechte nicht als einen Aspekt der Eingriffsrechtfertigung, sondern als einen des Grundrechtstatbestandes. Gleichwohl beinhaltet sie keine schutzbereichsimmanenten Grenzen in dem der Untersuchung zugrunde gelegten Verständnis. Denn sie behandelt die einer Betätigung entgegenstehenden Verfassungsgüter bzw. Grundrechte anderer nicht als allgemeine Freiheitsgrenzen, die zu einem abwägungsfreien, apriorischen Schutzbereichsausschluß führen. Damit stellt der Ansatz nur in rein dogmatischer Hinsicht eine Alternative zum Begrenzungsmodell des BVerfG dar, nicht aber in der praktischen Rechtsanwendung.

Ob sich aber nicht doch unter bestimmten Voraussetzungen aus den Rechten anderer und aus dem Gedanken des Neminem-laedere-Gebots solche apriorischen Grenzen bestimmen lassen, ist damit nicht ausgeschlossen. Zu Beantwortung dieser Frage trägt die hier dargestellte „Schutzbereichslösung" aber unmittelbar nichts bei.

[1119] *Roth*, Faktische Eingriffe in Freiheit und Eigentum, S. 494 f.

[1120] *Bamberger*, Der Staat 39 (2000), 355 (377).

[1121] *Gellermann*, Grundrechte im einfachgesetzlichen Gewande, S. 207 und öfter, insbesondere S. 222 ff.

[1122] So auch *Wernsmann*, Jura 2001, 106 (109, Fn. 54), in seiner Analyse der Auffassung von *Erichsen*, Jura 1992, 142 (145), der selbst auch in dem „Streit" lediglich von „terminologischen Differenzierungen" ausgeht, vgl. aaO., S. 143.

Zumindest hat sich gezeigt, daß es unmöglich ist, ein allgemeingültiges Begrenzungsmodell zu finden, das die bedenkliche Methode der Abwägung obsolet machen könnte.
Es kann also nur noch darum gehen, nach einzelnen, schutzbereichsimmanenten Grenzen zu suchen, die eine partielle Lösung der Begrenzungsproblematik durch Restriktion des grundrechtlichen Schutzbereichs ermöglicht.

11. Teil: Einzelne schutzbereichsimmanente Grenzen als Elemente einer restriktiven Schutzbereichsauslegung

Wenn es zum Abwägungsmodell des BVerfG auch kein grundlegendes Alternativmodell gibt, so stellt sich dennoch die Frage, ob es nicht zumindest partiell grundrechtsübergreifende Kriterien gibt, aufgrund derer die Schutzbereiche der Freiheitsgrundrechte restriktiver ausgelegt werden können. Ziel ist es, eine Begrenzungslösung zu finden, die den problematischen Bereich der Kollisionstheorie, insbesondere die Methode der Abwägung vermeidet.
Die Auseinandersetzung zwischen enger und weiter Tatbestandstheorie und die Schwächen allgemeiner Immanenzlehren haben den Maßstab für die Berechtigung schutzbereichsimmanenter Grenzen verdeutlicht: Auf der Grundlage der Außentheorie, also unter Anerkennung der methodischen und dogmatischen Unterscheidung von Schutzbereich und Schranken der Grundrechte, darf es zu keiner unzulässigen Schutzbereichsverkürzung kommen. Die Grenze zwischen zulässiger Auslegung des Grundrechtstatbestandes und notwendiger Abwägung auf der Rechtfertigungsebene muß klar bestimmt werden. Mithin gilt es, abstrakte Kriterien zu bestimmen, die den Grundrechtsausschluß abwägungsfrei rechtfertigen können. Die „Rechte anderer“ als Ausdruck des Neminem-laedere-Gebots werden auf der Suche nach solchen schutzbereichsimmanenten Grenzen eine wesentliche Rolle spielen.

I. „Sozialschädlichkeit“ als Kriterium für eine immanente Schutzbereichsgrenze

Dem Postulat eines lückenlosen Grundrechtsschutzes treten einige Stimmen in der Literatur in der Weise entgegen, als sie einzelne Verhaltensweisen anhand des Kriteriums der „Sozial- oder Gemeinschaftsschädlichkeit“ aus dem Schutzbereich ausgrenzen wollen. Diesem Ansatz konnte man schon im Zusammenhang mit dem Begriffsinhalt des „Berufes“ im Sinne des Art. 12 Abs. 1 GG begegnen und zwar als restriktivere Interpretation des Definitionsmerkmals der „erlaubten Tätigkeit“.[1123] Die Auffassung wurde dort bewußt zurückgestellt, da sie nicht nur im Anwendungsbereich des Art. 12 Abs. 1 GG vertreten, sondern vielmehr als eine schutzbereichsimmanente Grenze für alle Freiheitsgrundrechte thematisiert wird.

1. Unterschiedliche Definitionen und Anknüpfungspunkte für sozialschädliches Verhalten

So will *Starck*, der ansonsten für ein weites Tatbestandsverständnis plädiert, zumindest „alle herkömmlichen unter Strafe stehenden und *offensichtlich sozialschädlichen Handlungen* aus dem Grundrechtstatbestand der allgemeinen

---

[1123] Dazu oben **9. Teil, V. 3. b**. Ausführlich zum Ganzen auch *Suerbaum*, DVBl. 1999, 1690 (1694), m.w.N.

Handlungsfreiheit herausnehmen"[1124], um die „groteske – das Rechtsbewußtsein zersetzende – Vorstellung eines Grundrechts auf Töten, auf Stehlen und Hehlen"[1125] zu vermeiden. Auch nach der Auffassung von *Ipsen* kann nicht angenommen werden, daß „sozialschädliches Handeln - etwa die Verletzung der „Lebensgüter" anderer - *zunächst* grundrechtlich geschützt, dann aber durch entsprechende Gesetze verboten würde."[1126] Vielmehr sei allen Grundrechten eine Nichtstörungsschranke immanent, die den grundrechtlichen Schutz auf solche Handlungsmöglichkeiten begrenze, die nicht auf die Schädigung anderer abzielen.[1127] In Anlehnung an *Starck* schlägt *Huster* vor, aus dem Schutzbereich der Grundrechte alle Handlungen auszuschließen, die sich unter keinem denkbaren Gesichtspunkt gegenüber den kollidierenden Gütern durchsetzen können.[1128]

Dahinter steht das bereits erörterte Redlichkeitsargument, das gegen ein grenzenlos weites Tatbestandsverständnis vorgebracht wird.[1129] Warum soll etwas tatbestandlich gewährleistet sein, wenn klar ist, daß es auf der Schrankenebene wieder zurückgedrängt wird?

2. Stellungnahme: Untauglichkeit des Kriteriums „Sozialschädlichkeit"

Das Ziel, das diese Auffassung verfolgt, ist begrüßenswert. Fraglich ist allerdings, ob dazu das Kriterium der (evidenten) „Sozialschädlichkeit" geeignet ist. Das ist zu verneinen. Dazu ist der Begriff, genau wie der der „Gemeinschaftsschädlichkeit", zu unklar. Diese Begriffe sind nämlich selbst auf Kriterien angewiesen, anhand derer die Sozial- oder Gemeinschädlichkeit festgestellt werden kann.[1130] Das einschränkende Merkmal der „Offensichtlichkeit" trägt dazu nicht bei. Denn „Evidenz" kennzeichnet nur die Selbstverständlichkeit des Ergebnisses. Sie beinhaltet aber selbst kein rechtsdogmatisch begründbares und in der Praxis tragbares Kriterium für die Frage, wann ein abstraktes Unwerturteil über ein menschliches Verhalten getroffen werden muß, das einen apriorischen Schutzbereichsauschluß rechtfertigt.

Zudem ist nicht zu verkennen, daß auch das hier in Rede stehende enge Tatbestandsmodell die Zuordnung bestimmter Verhaltensweisen zum Schutzbereich eines Grundrechts von einer Abwägung abhängig macht. Das fällt nur

---

[1124] *Starck*, in: von Mangoldt/Klein/Starck, GG, Bd. 1, Art. 1, Rn. 279; *ders.*, JuS 1981, 237 (245 f.) (*Hervorhebung im Original*); ähnlich auch *Preu*, JZ 1991, 265 (266 in Fn. 9), der es für denkbar hält, „handfest rechtswidrige, insbesondere traditionell strafbare Eingriffe in Kernbereiche subjektiver Rechte" vom Grundrechtsschutz auszunehmen.

[1125] *Starck*, ebenda; ablehnend *Kudlich*, JZ 2003,127 (128).

[1126] *Ipsen*, Staatsrecht II, Rn. 167. - *Hervorhebung im Original* -; vgl. *dens.*, JZ 1997, 473 (480).

[1127] *Ipsen*, JZ 1997, 473 (480).

[1128] *Huster*, Rechte und Ziele, S. 89.

[1129] Näher dazu oben **6. Teil, I. 4. a.**

[1130] *Suerbaum*, DVBl. 1999, 1690 (1694) mit Blick auf den Berufsbegriff in Art. 12 Abs. 1 GG; kritisch auch *Wollweber*, StV 1997, 507 (508).

deshalb nicht auf, weil die Abwägung in – am Maßstab der Sozialschädlichkeit – evidenten Fällen unproblematisch ist. Die Feststellung der (offensichtlichen) Sozialschädlichkeit beinhaltet die Annahme eines (evidenten) Vorrangs des geschützten Rechts vor dem beeinträchtigenden Verhalten. „Dies ist indes kein abwägungsfreies Kriterium, denn der Hinweis auf den evidenten Vorrang einer Position ist eine Form der Rechtfertigung durch Abwägung, nicht die Begründung ihrer Entbehrlichkeit".[1131]

Die problematische Abwägungsmethodik kann sich dann der Kritik entziehen, wenn sie generelle Abwägungen ermöglicht, die unabhängig vom Einzelfall gelten.[1132] Das Ziel sollte daher sein, nicht mit der Selbstverständlichkeit des Ergebnisses zu argumentieren, sondern nach Kriterien zu suchen, die das Ergebnis über den Einzelfall hinaus selbstverständlich machen. Unter diesem Gesichtspunkt läßt sich ohne nähere Konkretisierung mit dem Kriterium der Sozialschädlichkeit nur vom Ergebnis her argumentieren; der Ansatz bleibt auf Evidenzfälle beschränkt. Die meisten Fälle liegen aber jenseits der Grenze der Eindeutigkeit.[1133]

Dem hier vorgestellten Ansatz fehlt es also an einem Bezug zu einer Auslegungsmethode.[1134]

Insofern hilft es auch nicht weiter, wenn zur Konkretisierung des Kriteriums der offensichtlichen Sozialschädlichkeit an strafrechtliche Verbotsnormen angeknüpft wird. Offensichtliche Beispielsfälle erwecken zwar einen anderen Eindruck.[1135] Letztlich begründet aber nicht die Strafbarkeit eines Verhaltens dessen Grundrechtsausschluß. Dieser muß vielmehr mit anderen Kriterien erklärt werden. Bei einer vorsätzlichen, nicht gerechtfertigten Tötung oder Körperverletzung eines anderen Menschen liegt das Kriterium auf der Hand. Unsere Rechts- und Werteordnung verbietet diese Art des Eingriffs in fremde Lebensgüter. Der Vorwurf der „Sozialschädlichkeit" beispielsweise für einen Diebstahl, um ein weiters Beispiel zu nennen, läßt sich darauf stützen, daß niemand unberechtigt einen anderen aus dessen absolut geschützter Rechtsposition als Eigentümer verdrängen darf. Aus den Rechten anderer und dem darauf basierenden Neminem-laedere-Gebot lassen sich also solche Kriterien herleiten. Sie gilt es über die soeben genannten Beispielsfälle hinaus zu kon-

---

[1131] So *Koch*, Der Grundrechtsschutz des Drittbetroffenen, S. 110.

[1132] Diesen Weg verfolgt auch *Huster*, Rechte und Ziele, S. 89.

[1133] Siehe *Suerbaum*, DVBl. 1999, 1690 (1694), der m.w.N. am Beispiel der Prostitution und des Glücksspiels deutlich macht, daß die Einstufung als gemeinschaftsschädlich ganz unterschiedlich beurteilt wird; aus diesem Grund muß auch *Isensee*, HdbStR V, § 111, Rn. 180, einräumen, daß die enge Tatbestandstheorie „versagt", wo es um diffizile Konflikte geht. Hier sei eine „Abwägung auf der Ebene der Schranke" erforderlich.

[1134] So zutreffend *Misera-Lang*, Beschränkbarkeit vorbehaltloser Grundrechte, S. 245.

[1135] Beispiele nach *Starck*, in: v. Mangoldt/Klein/Starck, GG, Bd. 1, Art. 1, Rn. 279; *ders.*, JuS 1981, 237 (246): Das Töten zum Zwecke der Wissenschaft oder Kunst - z.B. der Totschlag auf der Theaterbühne - liegt von vornherein außerhalb von Art. 5 Abs. 3 GG; Art. 4 Abs. 1 GG schützt nicht die Witwenverbrennung.

kretisieren.[1136] In anderen Fällen, die sich im strafrechtlichen Bereich bewegen, ist die Frage des Grundrechtsschutzes aber nicht so eindeutig. Um es zu verdeutlichen: Auch die fahrlässige Körperverletzung bzw. Tötung im Straßenverkehr ist als sozial- oder gemeinschaftsschädlich einzustufen. Es handelt sich dabei auch um eine herkömmliche Straftat. Dennoch ist dem Verhalten, das die Unrechtsfolge herbeigeführt hat, nicht ohne weiteres der Grundrechtsschutz abzusprechen, selbst wenn es gegen straßenverkehrsrechtliche Regelungen verstoßen hat. Weder stellt das Strafrecht einen generellen tatbestandlichen Vorbehalt der Grundrechtsausübung dar[1137], noch führt die Verletzung der Rechte anderer stets zu einem Schutzbereichsausschluß.[1138]

3. Ergebnis

Das Kriterium der Sozial- oder Gemeinschaftsschädlichkeit ist nach alledem kein geeignetes Kriterium zur Bestimmung einer schutzbereichsimmanenten Grenze aller Freiheitsrechte. Der Ansatz umschreibt lediglich Fälle, in denen der tatbestandliche Ausschluß bestimmter Verhaltensweisen im Ergebnis angezeigt erscheint. Er nennt aber keine Voraussetzungen, anhand derer dieses Ergebnis begründet werden kann. Allein *Ipsen* bietet einen Ansatz für eine immanente Nichtstörungsschranke, indem er auf die gezielte Schädigung der Rechtsgüter anderer abstellt. Dieser Gedanke wird später noch näher konkretisiert.[1139]

II. Das Gewaltverbot als schutzbereichsimmanente Grundrechtsgrenze

Ein erster geeigneter Ansatz, der sich gegen das Postulat eines lückenlosen Grundrechtsschutzes wendet, könnte darin liegen, gewaltsame Verhaltensweisen aus dem Schutzbereich der Freiheitsrechte auszugrenzen und sie somit keiner Abwägung im Einzelfall zugänglich zu machen.

1136 Zu den Rechten anderer als Grenze der Freiheitsausübung unten **11. Teil, III.**

1137 Auch *Starck*, JuS 1981, 242 (246), räumt ein, daß nicht sämtliche Straftatbestände aus dem Grundrechtstatbestand herausdefiniert sind. So seien z.B. Normen des Ehren- und Jugendschutzes aufgrund der Regelung des Art. 5 Abs. 2 GG auf der Schrankenebene angesiedelt. Siehe auch *Dürig*, Maunz/Dürig, GG, 1958, Art. 2 I, Rn. 76, der zwar davon ausgeht, „daß die Verbotsnormen des Strafrechts eine allgemeine Sprerrwirkung gegenüber jeglicher Grundrechtsausübung haben". Relativierend stellt er aber fest, daß „keineswegs ... alle Strafrechtsnormen, nur weil sie an ein menschliches Verhalten die Unrechtsfolge der Strafe knüpfen, schon deshalb im hier vertretenen Sinne immanente (selbstverständliche) Schranken der Grundrechtsausübung sind.".

1138 Dazu näher unten **11. Teil, III. 2. cc. aaa.**

1139 Siehe dazu näher unten **11. Teil.**

1. Keine allgemeine Pflicht zur Verfassungstreue – keine Gleichsetzung von gewaltsamen und verfassungsfeindlichen Verhaltensweisen

Aufgrund der verhängnisvollen Entwicklung in der Weimarer Republik haben die Verfassungsgeber im Grundgesetz bewußt eine sogenannte wehrhafte Demokratie angelegt. Danach hat der Staat das Recht, sich gegen Angriffe von Verfassungsfeinden zu verteidigen.[1140] Die Grundrechte dürfen keinen Deckmantel bieten, den Bestand des Staates und seine freiheitliche Grundordnung zu gefährden.[1141] Der Gebrauch der vom Verfassungsstaat gewährleisteten Grundrechte zum Zwecke der Bekämpfung ist ein Widerspruch in sich, den die Verfassung weder wollen kann noch will.[1142] Das könnte für eine Sichtweise sprechen, den grundrechtlichen Schutz von Freiheitsbetätigungen von ihrer Verfassungskonformität abhängig zu machen, also Äußerungen, Gesinnungen oder Verhaltensweisen, die mit den Prinzipien der Verfassung nicht in Einklang stehen, von vornherein aus dem grundrechtlich geschützten Bereich auszuklammern.[1143] Dieser Lösungsweg findet Anklang in einigen jüngeren Beschlüssen des OVG Münster im Zusammenhang mit Aufzügen von neonazistischen Gruppierungen.[1144] Es vertritt dort die Auffassung, daß öffentlich bzw. in einer Versammlung geäußerte national(sozial)istische Meinungen gegen die öffentliche Ordnung verstoßen und daher verboten werden können, weil sie „kraft verfassungsimmanenter Schranken vom Schutzbereich der Demonstrationsfreiheit nach Art. 5 Abs. 1, 8 Abs. 1 GG ausgenommen" seien.[1145] Das Gericht führt dabei u.a. aus: „Das Friedensgebot des Grundgesetzes (Art. 1 Abs. 2, 24 Abs. 2, 26 Abs. 1 GG) zeigt dementsprechend eine die Meinungs- und Versammlungsfreiheit beschränkende Grenze für die Teilnahme am demokratischen Willensprozeß auf. Nationalistische Bestrebungen, die – wie hier – geeignet sind, das friedliche Zusammenleben der Völker zu stören, sind mit anderen Worten keine grundrechtlich geschützten Beiträge zur pluralistischen Meinungsbildung. Sie rechtfertigen vielmehr ein entsprechendes Verbot".[1146] Dieser Auffassung des OVG Münster ist das BVerfG mit zunehmender Schär-

---

[1140] Ausführlich dazu *Stern*, Staatsrecht, Bd. I, S. 195.

[1141] *Merten*, VVDStRL 55 (1995), 7 (38): „Die Freiheit im Staat darf die Freiheit des Staates nicht ruinieren."; vgl. auch BVerfGE 30, 1 (19).

[1142] So *Klein*, FS Doehring, 1989, S. 479 (498) , m.w.N

[1143] Vgl. im Hinblick auf das Grundrecht des Art. 4 Abs. 1 GG *Müller-Volbehr*, in: Essener Gespräche 19 (1985), 111 (131 f.); *Wiegand*, Neue Justiz 1993, 396 (398 ff.) will – mit beachtlichen Argumenten – die Freiheitsgewährleistung des Grundgesetzes nur im Rahmen des Art. 79 Abs. 3 GG als geschützt ansehen, d.h., daß der Inhalt der durch Art. 5 und Art. 8 GG gewährten Freiheit schutzbereichsimmanent durch Art. 1 und Art. 20 GG begrenzt sei. So begrüßenswert der Ansatz rechtspolitisch auch sein mag, ist er im Ganzen problematisch, da Art. 79 Abs. 3 GG – wie *Wiegand* selbst einräumt (aaO., S. 399) – eine Grauzone zuläßt, innerhalb derer eine klare abwägungsfreie Schutzbereichsgrenze nur schwer zu bestimmen ist.

[1144] OVG Münster, DVBl. 2001, 584; NJW 2001, 2111, 2113 und 2114.

[1145] OVG Münster, NJW 2001, 2111; ähnlich *Battis/Grigoleit*, NVwZ 2001, 121 (123 f.).

[1146] OVG Münster, NJW 2001, 2111 (2112).

fe entgegengetreten[1147] und begründet das in den zentralen Punkten wie folgt: „Das Grundgesetz baut zwar auf der Erwartung auf, daß die Bürger die allgemeinen Werte der Verfassung akzeptieren und verwirklichen, erzwingt die Werteloyalität aber nicht. Die Bürger sind daher auch frei, grundlegende Wertungen der Verfassung in Frage zu stellen, solange sie dadurch Rechtsgüter anderer nicht gefährden. Die plurale Demokratie des Grundgesetzes vertraut auf die Fähigkeit der Gesamtheit der Bürger, sich mit Kritik an der Verfassung auseinanderzusetzen und sie dadurch abzuwehren".[1148] Ausnahmsweise werden bestimmte (u.a. antidemokratische) Meinungsinhalte durch die Rechtsordnung für unzulässig erklärt, nämlich in §§ 185 ff. sowie 86a, 90a, 90b und 130 StGB. Diese „Strafnormen sind abschließend in dem Sinne, daß daneben ein Verbot von
Meinungsäußerungen allein wegen ihres Inhalts unter Rückgriff auf das Schutzgut der öffentlichen Ordnung ausgeschlossen ist".[1149] „Daneben kommen entgegen der Auffassung des OVG zusätzliche 'verfassungsimmanente Grenzen' der Inhalte von Meinungsäußerungen nicht zum Tragen."[1150]

Auch wenn der Auffassung des OVG Münster rechtspolitisch Sympathie entgegenzubringen ist, sprechen gegen die Ausgrenzung verfassungsfeindlicher (kommunikativer) Betätigungen grundrechtsdogmatisch ähnliche Einwände, wie sie schon gegen die Annahme des Grundrechtsmißbrauchs als eine allgemeine schutzbereichsimmanente Grenze vorgebracht wurden.[1151]
Zwar findet ein derartiger Ansatz gewisse Stützen in einzelnen Regelungen des Grundgesetzes. Erinnert sei hierbei an Verbots- und Verwirkungsregelungen der Art. 9 Abs. 2, Art. 18 und Art. 21 Abs. 2 GG, die den Grundsatz der wehrhaften Demokratie am deutlichsten zum Ausdruck bringen.[1152] Zudem werden Hochschullehrer ausdrücklich durch Art. 5 Abs. 3 Satz 2 GG zur Verfassungstreue verpflichtet. Für Bundesrichter ergibt sich eine besondere Treuepflicht aus Art. 98 Abs. 2 GG. Darüber hinaus kann verfassungstreues Verhalten ein Eignungskriterium von Bewerbern für ein öffentliches Amt gemäß Art. 33 Abs. 2 GG sein.[1153] Beamte und Soldaten werden durch das einfache Gesetz zur Wahrung der freiheitlichen demokratischen Grundordnung verpflichtet (siehe § 52 Abs. 2 BBG und § 8 SoldG). Es handelt sich hierbei aber jeweils um besondere Regelungsmaterien, die nur für eine spezifische Gruppe von Bürgern gelten, die Träger staatlicher Ämter sind. Art. 19 HChE,

---

[1147] BVerfG, NJW 2001, 1407, 2069, 2075 und 2076. Zu dieser „offenen Konfrontation" der beiden Gerichte vgl. *Battis/Grigoleit*, NJW 2001, 2051 ff. und die Besprechungen von *Sachs*, JuS 2001, 116 f. u. 118 f.; ausführlich zum Ganzen auch *Röger*, Demonstrationsfreiheit für Neonazis?, 2004.
[1148] BVerfG, NJW 2001, 2069 (2070).
[1149] BVerfG, NJW 2001, 2075 f.
[1150] BVerfG, NJW 2001, 2069 (2070).
[1151] Siehe dazu oben **9. Teil, IV. 4**.
[1152] BVerfG 13, 46 (50).
[1153] BVerfGE 39, 334 (348).

der jedermann die Pflicht zur Verfassungstreue auferlegte, wurde nicht im Grundgesetz übernommen.[1154] Eine über die genannten Vorschriften hinausgehende, allgemeine Rechtspflicht des Bürgers zur Verfassungstreue läßt sich aus dem Grundgesetz nicht herleiten.[1155] Der Bürger ist zwar an die verfassungsmäßige Ordnung gebunden, er ist aber nicht dazu verpflichtet, der freiheitlich demokratischen Grundordnung besonders zu dienen.[1156] Aus diesen Gründen verdient die oben dargelegte Auffassung des BVerfG Zustimmung. Nicht jeder geäußerte oder gelebte Widerspruch des Bürgers zur verfassungsrechtlichen Ordnung steht per se außerhalb des grundrechtlichen Schutzes. Die Grundrechtsausübung unterliegt also nicht einem generellen tatbestandlichen Vorbehalt verfassungskonformen Verhaltens.[1157] Die Pflicht zur Verfassungstreue ist, wenn überhaupt, „nur" auf der Ebene der Staatsethik angesiedelt.[1158]

2. Tatbestandlicher Friedlichkeitsvorbehalt: Schutzbereichssausschluß von gewaltsamen Aktionen

Wie aber ist es zu beurteilen, wenn sich die Verfassungsuntreue nicht im geistigen Widerspruch, sondern in Gewalt gegen die staatliche Ordnung oder gegen Rechtsgüter Dritter niederschlägt? Eine Auffassung spricht solchen Verhaltensweisen jedweden Grundrechtsschutz ab. Das Gewaltverbot stelle eine generelle schutzbereichsimmanente Grenze für alle Freiheitsrechte dar.[1159] Es wird also – ähnlich wie der Schutz der Menschenwürde – als eine absolut und objektivierbare Grenze der Verfassung angesehen, die von einer einzelfallbe-

---

[1154] Dazu *Luchterhand*, Grundpflichten als Verfassungsproblem in Deutschland, S. 403 f.

[1155] Ausführlich *Luchterhand*, Grundrechtpflichten als Verfassungsproblem in Deutschland, S. 469 ff.; siehe auch *Muckel*, Religiöse Freiheit und staatliche Letztentscheidung, S. 207 f.; *ders.*, FS Schiedermair, 2001, S. 347 (355 f.); *Fülbier*, Religionsfreiheit in der Bundesrepublik Deutschland und den USA, S. 204 ff., jeweils m.w.N.; a.A. *Wiegand*, Neue JuStiz 1993, 396 (400), der in Art. 18 GG keine abschließende Regelung sieht. Vielmehr begründeteten auch die Werte des Art. 79 Abs. 3 GG eine schutzbereichsimmanente Grenze für die Freiheitsausübung.

[1156] *Bethge*, JA 1985, 249 (256).

[1157] So auch *Groh*, KritV 85 (2002), 39 (49); a.A. *Arnold*, BayVBl. 1978, 520 (522), der von einem immanenten Vorbehalt der Verfassungstreue ausgeht.

[1158] *Luchterhand*, Grundrechtpflichten als Verfassungsproblem in Deutschland, S. 477; *Stern*, Staatsrecht, Bd. III/2, S. 1028, m.w.N.

[1159] Am nachhaltigsten setzt sich *Isensee* für diese Sichtweise ein, vgl. grundlegend in FS Sendler, 1991, S. 39 (46 ff., 56 ff.); *ders.*, FS Eichenberger, 1982, S. 23 (31 f.); *ders.*, HdbStR II, § 15, Rn. 83 ff., 94 f.; *ders.*, HdbStR V, § 111, Rn. 171 ff., 176 f.; *ders.*, HdbStR V, § 115, Rn. 109 ff., 114. In der Argumentation ähnlich und im Ergebnis ebenso u.a. *Klein*, Festgabe 10 Jahre Gesellschaft für Rechtspolitik, 1984, S. 177 (194 ff.); *Bethge*, DVBl. 1989, 841 (845); *Muckel*, Religiöse Freiheit und staatliche Letztentscheidung, S. 206 ff.; *ders.*, FS Schiedermair, 2001, S. 347 (353 ff.); *Th. Schmidt*, Grundpflichten, S. 203; *Schwarz*, BayVBl. 2003, 326 ff., insbesondere 329 ff.

zogenen Abwägung befreie.[1160] Von den Verfechtern der weiten Tatbestandstheorie wird auch diese Sichtweise abgelehnt.[1161]

a) „Friedlichkeit" als Tatbestandsmerkmal der Versammlungsfreiheit nach Art. 8 Abs. 1 GG

Neben Art. 26 Abs. 1 GG, der eine Friedenspflicht nach außen, also im zwischenstaatlichen Bereich begründet[1162], hat das Gewaltverbot in der Verfassung auch an einer Stelle des Grundrechtskatalogs ausdrücklich Erwähnung gefunden. Das Versammlungsgrundrecht des Art. 8 Abs. 1 GG bietet nur Deutschen Schutz, die sich friedlich und unbewaffnet versammeln. Das Recht der Versammlungsfreiheit ist also auf die „geistige Auseinandersetzung" gerichtet.[1163] Die – in der Tradition deutscher und europäischer Verfassungen stehende[1164] – Formulierung „friedlich und ohne Waffen" ist nach fast einhelliger Auffassung eine verfassungsunmittelbare Begrenzung des grundrechtlichen Schutzbereichs und unterscheidet sich damit von einem Gesetzesvorbehalt, der den Gesetzgeber ermächtigt, die Freiheit zu beschränken.[1165] Un-

---

[1160] So *Herdegen*, Gewissensfreiheit und Normativität des positiven Rechts, S. 199, auch wenn er in diesem Zusammenhang zunächst von einer „Schranke" spricht. Erneut zeigt sich hier die terminologische Unklarheit. Der Begriff der „Schranke" sollte gerade für das auf der Grundlage einer Abwägung erfolgte nachträgliche Einschränken des Grundrechtsschutzbereichs verwendet werden. Im Einklang mit dem hier vorgeschlagenen Begriffsverständnis begreift *Herdegen* dann später (aaO., S. 200) das Gewaltverbot als „eine für alle Mitglieder der Rechtsgemeinschaft nach objektiven Merkmalen bestimmte Grenze".

[1161] U.a. *Alexy*, Theorie der Grundrechte, S. 71 ff.; *von Arnauld*, Die Freiheitsrechte und ihre Schranken, S. 78 ff.; *Borowski*, Grundrechts als Prinzipien, S. 204 ff.; *Höfling*, Offene Grundrechtsinterpretation, S. 177 ff.; *Lübbe-Wolff*, Die Grundrechte als Eingriffsabwehrrechte, S. 25 ff., 87 f., 97 ff.; *Schwabe*, Probleme der Grundrechtsdogmatik, S.14, 23 ff., 154 ff.

[1162] *Schwarz*, BayVBl. 2003, 326 (330) sieht darin zugleich aber auch eine „Indizwirkung für die Friedenspflicht im Innern"; vgl. auch *Losch*, Wissenschaftsfreiheit, S. 206 ff.; ähnlich zuvor schon *Bettermann*, Grenzen der Grundrechte, S. 21.

[1163] BVerfGE 69, 315 (345 f., 360). Auch das Recht auf Meinungsfreiheit des Art. 5 Abs. 1 GG gewährleistet nur, auf andere mit geistigen, jedenfalls aber nicht mit physischen Mitteln einzuwirken; so zu verstehen BVerfGE 7, 198 (210); 25, 256 (265).

[1164] Näher dazu *Isensee*, FS Sendler, 1991, S. 39 (45 f.); so war die Versammlungsfreiheit auch in § 161 PaulskirchenV und in Art. 121 WRV auf friedliche Versammlungen beschränkt; siehe zudem die Gewährleistung der Versammlungsfreiheit in der Europäischen Menschenrechtskonvention: Art. 11 Abs. 1 EMRK lautet: „Alle Menschen haben das Recht, sich friedlich zu versammeln ...."

[1165] Mit unterschiedlicher Terminologie BVerfGE 69, 315 (359 f.); 73, 206 (248); *Kloepfer*, HdbStR VI, § 143, Rn. 37; *Schulze-Fielitz*, in: Dreier, GG, Art. 8, Rn. 40; *Höfling*, in: Sachs, GG, Art. 8, Rn. 26; *Jarass*, in: ders./Pieroth, GG, Art. 8, Rn. 6; *Dietel/Gintzel,Kniesel*, Demonstrations- und Versammlungsfreiheit, § 1, Rn. 137, jeweils m.w.N.; a.A. *Alexy*, Theorie der Grundrechte, S. 259 f., mit dem Argument, „die Gründe gegen den grundrechtlichen Schutz ... gehören in den Bereich der Schranken."; auch *Ketteler*, DÖV 1990, 954 (957) behandelt die Merkmale als Schrankenvorbehalt. Das ist abzulehnen. Vgl.dazu bereits oben **3. Teil, III. 3. c. cc.**

friedliche, gewalttätige Demonstrationen fallen also von vornherein aus dem Schutzbereich dieses Grundrechts heraus. Das hat zur Folge, daß ein polizeiliches Einschreiten gegen eine unfriedliche Versammlung keinen Eingriff in das Grundrecht der Versammlungsfreiheit darstellt, der einer verfassungsrechtlichen Rechtfertigung am spezifischen Maßstab des Art. 8 Abs. 1 GG bedürfte.

Die entscheidende Frage, die sich daran anschließt, liegt auf der Hand: Ergibt sich aus dieser expliziten Regelung ein Umkehrschluß für die Unanwendbarkeit auf andere Freiheitsrechte oder bringt sie ein allgemeines, für alle Freiheitsrechte geltendes Prinzip des ansonsten ungeschriebenen Tatbestandsmerkmals „Friedlichkeit" zum Ausdruck?[1166] Man könnte die Frage auch wie folgt stellen: Kommt dem Art. 2 Abs. 1 GG auch im Falle der Unfriedlichkeit einer Versammlung eine Auffangfunktion zu oder ist seine Anwendung ausnahmsweise versperrt, obwohl der Schutzbereich des speziellen Freiheitsrechts nicht eröffnet ist?[1167] Damit steht zugleich das die weite Tatbestandstheorie kennzeichnende Postulat eines lückenlosen Grundrechtsschutzes zur Diskussion.

b) Die mit dem staatliche Gewaltmonopol korrespondierende (allgemeine) Friedenspflicht der Bürger

Zur Beantwortung dieser Fragen müssen die inhaltlichen Aussagen und Gründe für ein Gewaltverbot in den Blick rücken. Grundlegend ist dabei folgende Überzeugung: „Der Rechtsfrieden in der Gesellschaft, der Friede zwischen den Bürgern gehört zu den unverzichtbaren Voraussetzungen des demokratischen Rechtsstaats".[1168] Nur in einer befriedeten Gesellschaft kann es auf Dauer grundrechtlich geschützte, für all ihre Mitglieder gleiche Freiheit geben. Leider ist es in einer menschlichen Gesellschaft eine Utopie, daß sich alle Bürger friedlich verhalten oder gar stets gesetzesgehorsam sind.[1169] Es obliegt dem Rechtsstaat als eine seiner zentralen Aufgaben, das friedliche Zusammenleben der Bürger sicherzustellen. Notfalls muß er Gewalt androhen und/oder einsetzen, um die Friedensordnung in der Gesellschaft durchzusetzen und zu wahren. Er ist nicht nur dazu verpflichtet, sondern auch als einzi-

---

[1166] Ebenso, aber im Ergebnis offen gelassen von *Hain*, ZG 1996, 75 (81).

[1167] Die Nichtbeeinträchtigung des Schutzbereichs eines speziellen Freiheitsrechts ist nach überwiegender Auffassung und seit dem Elfes-Urteil [BVerfGE 6, 32, (36 ff.)] genau die Konstellation, in der die Auffangfunktion der allgemeinen Handlungsfreiheit zur Geltung kommt, vgl. statt vieler *Jarass*, in: ders./Pieroth, GG, Art. 2, Rn. 2; gegen den subsidiären Charakter des Art. 2 Abs. 1 GG *Berg*, Konkurrenzen schrankendivergenter Freiheitsrechte, S. 163 f.

[1168] So *Scholz*, NJW 1983, 705.

[1169] *Kröger*, JuS 1984, 172 ff., beklagt zu Recht die „Geringschätzung des inneren Friedens" und wendet sich gegen Ansätze, die, wie die Lehren von der „strukturellen Gewalt" oder vom „zivilen Ungehorsam", die Friedenspflicht des Bürgers in Frage stellen.

ger dazu berechtigt.[1170] Das erklärt die Monopolisierung der legitimen Ausübung physischer Gewalt beim Staat.[1171] Auf dieses Gewaltmonopol kann der Rechtsstaat nicht verzichten, weil er nur mit seiner Hilfe die Bindung an Gesetz und Recht durchzusetzen und dadurch die von ihm aufgestellte Friedensordnung zu sichern vermag.[1172] Das ist eine notwendige Voraussetzung dafür, die Bürger rechtlich gleich zu behandeln und das „Recht des Stärkeren" auszuschließen. Das Gewaltmonopol ist folglich essentieller Bestandteil des Rechtsstaats[1173] und liegt dem Grundgesetz als „selbstverständliches Ordnungsprinzip" zugrunde.[1174]

Mit dem Staatsvorbehalt dieses Monopols korrespondiert eine (Unterlassungs-)Grundpflicht des Bürgers[1175], nämlich die Friedenspflicht.[1176] Ist der Bürger auf der einen Seite abhängig von Existenz und Funktionieren einer staatlichen Gemeinschaft, kann er sich nicht auf der anderen Seite so verhalten, daß deren Existenz und Funktionsfähigkeit gefährdet sind.
Will sich der Staat seine umfassende Ordnungsmacht erhalten, um Grundrechte überhaupt gewährleisten zu können, kann und darf er eine unkontrollierte Gewaltausübung unter seiner Herrschaft nicht dulden. Der Bürger hat sich daher grundsätzlich physischer Gewalt zu enthalten und Interessenskämpfe sowie Rechtsstreitigkeiten allein in dem befriedeten Rahmen des Rechts auszutragen. Als Ausgleich für die Friedenspflicht stellt der Staat zur Austragung von Konflikten gewaltlose Verfahren zur Verfügung, nämlich gerichtlichen und behördlichen Rechtsschutz sowie demokratische Wahlen. Der Bürger darf sich nicht die Rolle des Richters oder Gerichtsvollziehers in eige-

---

[1170] Vgl. *Rudolf*, FS Badura, 2004, S. 463; *Calliess*, ZRP 2002, 1 (3); kritisch demgegenüber *Gusy*, DÖV 1996, 573 (576).

[1171] Diese Einsicht geht zurück auf *Max Weber*, Wirtschaft und Gesellschaft, 4. Auflage, 1956, 2. Halbbd., S. 829 ff., der dem Staat das „Monopol legitimer physischer Gewaltsamkeit" zusprach; *ders.*, Staatssoziologie, 2. Aufl., 1966, § 2 S. 27 ff.; zur Geschichte des Gewaltmonopols siehe *Faller*, in: FS für Geiger, 1989, S. 3 (5 ff.); *Becker*, NJW 1995, 2077 ff.; ausführlich auch *Frank*, FS Ridder, 1989, S. 37 ff.

[1172] Vgl. *Faller*, FS Geiger, 1989, S. 3 (15).

[1173] Zur „Verschränkung von Rechtsstaat und Gewaltmonopol" grundlegend *Merten*, Rechtsstaat und Gewaltmonopol, S. 29 ff., insbesondere S. 35 ff.; *ders.*, FS Samper, 1982, S. 35 (40 ff.); kritisch dagegen *Kämmerer*, Privatisierung: Typologie – Determinanten – Rechtspraxis – Folgen, S. 168 ff.

[1174] *Bethge*, DVBl. 1989, 841 (844).

[1175] Es handelt sich hier nicht um eine Grundpflicht im traditionellen Sinn, wie sie die Weimarer Reichsverfassung zahlreich postulierte, das Grundgesetz dagegen nur vereinzelt kennt, vgl. dazu den Überblick von *Isensee*, DÖV 1982, 609 (610 f.). Denn Grundpflichten im eigentlichen Verständnis können nicht verfassungsrechtlich unmittelbar festgelegt werden, sondern bedürfen, ähnlich wie Grundrechtseingriffe, eines förmlichen, parlamentarischen Gesetzes, damit die rechtsstaatliche gebotene Berechenbarkeit und Bestimmtheit für die Inpflichtnahme des Bürgers gewährleistet ist, vgl. *Isensee*, aaO., 612.

[1176] Die Friedenspflicht ist quasi die „Kehrseite" des staatlichen Gewaltmonopols, vgl. *Stern*, Staatsrecht, Bd. III/2, S. 1026; *Isensee*, HdbStR II, § 15, Rn. 93 f.; *ders.* HdbStR V, § 115, Rn. 12, jeweils m.w.N.

ner Sache anmaßen. Kein noch so gutes Gewissen oder die Überzeugung von der Richtigkeit der eigenen Ansicht berechtigt zur eigenmächtigen Gewaltanwendung; weder zur Gewalt gegen Personen, noch zur Gewalt gegen Sachen.[1177] Das System eines demokratischen Rechtsstaats kann nur funktionieren, wenn unter den Bürgern Einigkeit darüber herrscht, Konflikte im Rahmen verfassungsrechtlicher Institutionen statt mit physischer Gewalt auszutragen.
Die Friedenspflicht des Bürgers gilt sowohl gegenüber dem Staat und seinen Einrichtungen als auch gegenüber den Mitbürgern.[1178] Sie stellt ein „allgemeines Kernprinzip der Verfassungsordnung“ dar.[1179]
Um die wechselseitige Bedingtheit von staatlichem Gewaltmonopol und Friedenspflicht des Bürgers noch klarer vor Augen zu führen, sollte man die Sicht der Betrachtung nun nochmals herumdrehen: Der Bürger, der grundsätzlich auf Gewalt zu verzichten hat, muß sich auf den Staat verlassen können. Der Staat erscheint daher nicht mehr nur als eingreifender Machtapparat, der sich gegen Angriffe der Bürger auf die staatliche Ordnung zu verteidigen hat. Er ist wegen seiner Monopolstellung auch dazu verpflichtet, sich fördernd und schützend vor die Bürger zu stellen, wenn ihre grundrechtlich geschützten Rechtsgüter von anderen Privaten gefährdet werden. Diese Verpflichtung der staatlichen Gewalt bezieht sich nicht nur auf die Menschenwürde (Art. 1 Abs. 1 Satz 2 GG). Sie gilt für alle Grundrechtsgüter. Die Freiheitsrechte wirken nicht nur als Abwehrrechte gegen den Staat, sondern begründen auch an ihn gerichtete Schutzansprüche. Die daran anknüpfende Lehre von den grundrechtlichen Schutzpflichten des Staates, die nicht nur gewaltsame Angriffe von Privaten auf die Individualrechtsgüter anderer, sondern den ganzen Bereich des Neminem-laedere-Gebots erfaßt[1180], hat in Wissenschaft und Rechtsprechung allgemein Anerkennung gefunden.[1181] Ein effektiver Grundrechtsschutz setzt aber eine funktionierende staatliche Ordnung voraus.[1182] Nur gestützt auf das Gewaltmonopol kann der Staat seiner Bestimmung als Garant von Rechtsfrieden und -sicherheit sowie seinen grundrechtlichen Schutzpflichten gerecht werden.[1183] Ohne Gewaltmonopol wäre er dagegen ohnmächtig und der inneren Souveränität verlustig.

[1177] Das Gewaltmonopol umfaßt Gewalt gegen Personen und Gewalt gegen Sachen, siehe *Isensee*, FS Eichenberger, 1982, S. 23 (24); eindringlich gegen Ansätze, Gewalt gegen Sachen zu relativieren, *Merten*, FS Samper, 1982, S. 35 (45).

[1178] Vgl. *Merten*, Rechtsstaat und Gewaltmonopol, S. 41 ff. und 56 ff.; *Schmitt Glaeser*, FS Dürig, 1990, S. 91 (98 f.); *Muckel*, FS Schiedermair, 2001, S. 347 (354); so auch BVerfGE 74, 257 (261 f.) und BVerwG, NJW 1982, 194 (195).

[1179] *Scholz*, NJW 1983, 705 (708), ähnlich *Bethge*, JA 1985, 249 (256): Verbot privater Gewalt stellt schlechthin eine „apriorische Voraussetzung des modernen Staates“ dar.

[1180] *Isensee*, FS Sendler, 1991, S. 39 (60).

[1181] Dazu grundlegend *Dietlein*, Die Lehre von den staatlichen Schutzpflichten, 1992.

[1182] BVerfGE 81, 278 (292).

[1183] Vgl. *Herdegen*, Gewissensfreiheit und Normativität des positiven Rechts, S. 199, der richtigerweise feststellt, daß unmittelbar nur Angriffe auf Individualrechtsgüter von der staatlichen Schutzpflicht erfaßt werden, deren zuverlässige Erfüllung aber nicht durch die Durchbrechung des Gewaltmonopols des Staates in Frage gestellt werden darf.

Außerstaatliche, private Gewaltausübung ist ausnahmsweise dann zulässig, wenn der Staat ausdrücklich Gewalt überträgt (Bsp.: private Sicherheitsdienste[1184]) oder dazu ermächtigt. Zur Gewaltanwendung wird der Bürger ausschließlich in Fällen ermächtigt, in denen der Staat seiner Garantenstellung nicht gerecht werden kann, weil es ihm faktisch nicht möglich ist, zum Schutz angegriffener Rechtsgüter wirksam oder rechtzeitig einzuschreiten.[1185] Sogenannte private Notrechte fungieren hier unter engen Voraussetzungen als Legitimation für den Übergriff in Rechtsgüter anderer: Notwehr und Nothilfe (§ 227 BGB; § 32 StGB), Notstand (§§ 228, 904 BGB; § 34 StGB), Besitzwehr (§§ 859, 860 BGB) und Selbsthilfe (§§ 229, 230 BGB). Zudem ist das Recht zur vorläufigen Festnahme gem. § 127 Abs. 1 StPO zu nennen. Diese Rechte durchbrechen zwar das staatliche Gewaltmonopol, stellen es aber wegen ihres abschließenden Regelungsinhalts nicht in Frage. Der Ausnahmecharakter der Notrechte unterstreicht das Gewaltverbot sogar. Das gilt im Ergebnis ebenfalls für das (grundrechtsgleiche[1186]) Widerstandsrecht des Art. 20 Abs. 4 GG, das privaten Rechtsungehorsam und private Gewalt zuläßt. Der Bürger wird hier aber nur deshalb von der Friedenspflicht befreit, damit er für den Bestand des Verfassungsstaates und folglich für dessen Gewaltmonopol eintreten kann. Er leistet „Verfassungshilfe".

Mit den Worten von *Kröger* läßt sich zusammenfassen: „Ohne Friedenspflicht des Bürgers kann es keine dauerhafte Freiheit und keine verläßliche Zukunftserwartung für ihn geben."[1187]

c) Der tatbestandliche Friedlichkeitsvorbehalt: Keine konstitutive und ausschließliche Besonderheit des Art. 8 Abs. 1 GG

Sind das staatliche Gewaltmonopol und die damit korrespondierende Friedenspflicht der Bürger ein Wesensmerkmal des modernen Rechtsstaates und mißt man ihnen konstitutive Bedeutung für die verfassungsrechtliche Ordnung bei, so spricht das dafür, den Friedlichkeitsvorbehalt nicht als spezifische Erscheinung des Art. 8 Abs. 1 GG, sondern als grundlegendes Prinzip in allen Bereichen der Freiheitsbetätigung zu begreifen.[1188]

[1184] Die damit verbundenen Probleme, insbesondere die Vereinbarkeit mit dem staatlichen Gewaltmonopol sollen hier nicht behandelt werden, vgl. dazu eingehend *Kirsch*, KJ 2002, 233 ff., sowie *Hammer*, DÖV 2000, 613 ff.

[1185] *Merten*, Rechtsstaat und Gewaltmonopol, S. 57; *Faller*, FS Geiger, 1989, S. 3 (8 f.).

[1186] *Jarass*, in: ders./Pieroth, GG, Art. 20 a, Rn. 116, m.w.N.

[1187] *Kröger*, JuS 1984, 172 (176).

[1188] *Muckel*, Religiöse Freiheit und staatliche Letztentscheidung, S. 209, m.w.N.; *Isensee*, FS Sendler, 1991, S. 39 (55 ff.); *ders.*, DÖV 1982, 609 (616 f.); vgl. *dens.*, in: Recht in Deutschland und Korea, Bd. V, 1985, S. 51 (68); *Schmitt Glaeser*, FS Dürig, 1990, S. 91 (98); *Bethge*, ZBR 1988, 205 (209); *ders.*, DVBl. 1989, 841 (845); *Kröger*, JuS 1984, 172 (173); *Scholz*, NJW 1983, 705 (708); *Merten*, Rechtsstaat und Gewaltmonopol, S. 44; *Bettermann*, Grenzen der Grundrechte, S. 21.

Das Gewaltmonopol des Staates und die Friedenspflicht des Bürgers sind gewissermaßen eine der Verfassung vorausliegende[1189], fundamentale Selbstverständlichkeit, die das Grundgesetz ausdrücklich nicht zu einem Regelungsthema gemacht hat und auch nicht machen mußte.[1190]

Gerade deshalb wird man aber erklären müssen, warum das Gewaltverbot beim Grundrecht der Versammlungsfreiheit nun doch explizit Erwähnung gefunden hat. Der Friedlichkeitsvorbehalt in Art. 8 Abs. 1 GG läßt sich zum einen mit der verfassungsgeschichtlichen Tradition erklären. Zum anderen sind Versammlungen bzw. Demonstrationen durch das Auftreten einer Masse von Menschen gewaltanfällig. Sie können eine gewaltsame Eigendynamik entwickeln, die wie keine andere grundrechtliche Freiheitsbetätigung potentiell eine besondere Gefahr für den Rechtsfrieden darstellt. Das könnte der Grund dafür sein, daß der Verfassungsgeber mit dem restriktiven Zusatz „friedlich und ohne Waffen" ein „normatives Signal" setzen wollte[1191], das aber keine konstitutive Besonderheit des Art. 8 Abs. 1 GG darstellt.

Für diese Sichtweise spricht auch folgende Überlegung: Das Versammlungsgrundrecht des Art. 8 Abs. 1 GG ist nur für Deutsche gewährleistet.[1192] Ausländer sind also bereits personal nicht in den Schutzbereich dieses speziellen Freiheitsrechts aufgenommen. Versammlungen ausländischer Mitbürger werden aber vom Schutzbereich des Art. 2 Abs. 1 GG erfaßt.[1193] Es wäre widersprüchlich, solche Versammlungen nicht einem tatbestandlichen Friedlichkeitsvorbehalt zu unterwerfen. Denn warum sollte eine unfriedliche Versammlung Deutscher schon prima facie der Grundrechtsschutz versagt werden, der gewalttätigen Versammlung von Ausländern dagegen der Weg zu einer Abwägung auf Schrankenebene geebnet sein? Diese Ungleichbehandlung sollte nicht dadurch korrigiert werden, daß man die vom Schutzbereich des Art. 8 Abs. 1 GG ausgeschlossene unfriedliche Versammlung Deutscher tatbestandlich in der allgemeinen Handlungsfreiheit des Art. 2 Abs. 1 GG ansiedelt und so ihr Verbot oder ihre Auflösung einer grundrechtlichen Rechtfertigungsprüfung zuführt. Viel eher muß gelten: Versammlungen von Ausländern stehen im Rahmen des Art. 2 Abs. 1 GG tatbestandlich unter dem gleichen Friedlich-

---

[1189] *Klein*, DVBl. 1994, 489 (491), *Isensee*, HdbStR V, § 115, Rn. 109.

[1190] *Isensee*, FS Eichenberger, 1982, S. 23 (31); a.A. *Sachs*, in: Stern, Staatsrecht, Bd. III/2, S. 537 ff., der einen allgemeinen Friedlichkeitsvorbehalt als schutzbereichsimmanente Grenze ablehnt.

[1191] *Isensee*, FS Sendler, 1991, S. 39 (56).

[1192] Gründe, warum die Versammlungsfreiheit als Deutschen-Grundrecht ausgestaltet ist, sind nur schwer ersichtlich. Daher ist es konsequent, daß fast alle Verfassungen der neuen Bundesländer das Grundrecht der Versammlungsfreiheit - unter Beibehaltung des Friedlichkeitsvorbehalts - auf jedermann erstrecken, siehe Art. 12 Abs. 1 SAV, Art. 23 Abs. 1 BBV, Art. 10 Abs. 1 ThürV, Art. 23 Abs. 1 SächsV. In der Landesverfassung von Mecklenburg-Vorpommern ist die Versammlungsfreiheit überhaupt nicht normiert.

[1193] *Höfling*, in: Sachs, GG, Art. 8, Rn. 46, m.w.N.

keitsvorbehalt, wie er für Deutsche in Art. 8 Abs. 1 GG normiert ist. Und für gewalttätige Versammlungen von Deutschen greift die Auffangfunktion der allgemeinen Handlungsfreiheit nicht. Nur so wird man dem unmißverständlichen Unwerturteil des Verfassungsgebers über unfriedliche Versammlungen gerecht.[1194]

Damit läßt sich bereits an dieser Stelle folgendes festhalten: Jedenfalls für unfriedliche Versammlungen läßt sich das Postulat eines lückenlosen Grundrechtsschutzes als wesentliche Prämisse der weiten Tatbestandstheorie widerlegen. Das Gewaltmonopol des Staates und die spiegelbildliche Friedenspflicht des Bürgers fungieren hier bereits als tatbestandliche Begrenzung des Grundrechtsschutzes.

Der tatbestandliche Friedlichkeitsvorbehalt ist aber nicht auf die Versammlungsfreiheit beschränkt. Das Gewaltverbot liegt allen Grundrechten voraus und bedarf keiner expliziten verfassungsrechtlichen Regelung.[1195] Es stellt daher nicht eine nachträgliche Beschränkung grundrechtlicher Freiheit, sondern - wie in Art. 8 Abs. 1 GG - eine apriorische Grenze der Schutzbereiche aller Freiheitsrechte dar.
Art. 1 Abs. 2 GG spricht von den Menschenrechten „als Grundlage jeder menschlichen Gemeinschaft, des Friedens und der Gerechtigkeit in der Welt". Dazu im Widerspruch stünde es, würde man die von der Verfassung gewährleisteten Grundrechte als einen – wenn auch nur potentiellen – Rechtsgrund für unfriedliches Verhalten ansehen.[1196] Aus der ausdrücklichen Regelung des Art. 8 Abs. 1 GG läßt sich daher nicht der Umkehrschluß ziehen, andere Freiheitsrechte könnten gewaltsames Verhalten tatbestandlich schützen.[1197] Diese Überzeugung liegt auch der Rechtsprechung zugrunde, die davon ausgeht,

---

[1194] *Herzog*, in: Maunz/Dürig, GG, 1987, Art. 8, Rn. 77; gegen die Anwendbarkeit des Art. 2 Abs. 1 GG ebenfalls u.a. *Bethge*, DVBl. 1989, 841 (845); *ders.*, VVDStRL 57 (1998), S. 7 (25); *Schulze-Fielitz*, in: Dreier, GG, Art. 8, Rn. 123; *Dietlein*, Examinatorium Staatsrecht, S. 249; ebenso *Th. Schmidt*, Grundpflichten, S. 203, der aber unzutreffend in Fn. 249 Schwabe die Gegenposition unterstellt. Denn auch *Schwabe*, Probleme der Grundrechtsdogmatik, S. 152, in Fn. 1, spricht sich gegen die Auffangfunktion des Art. 2 Abs. 1 GG für unfriedliche Versammlungen aus. Für die Anwendbarkeit der allgemeinen Handlungsfreiheit dagegen u.a. *Sachs*, Verfassungsrecht II, B 8, Rn. 6; *Heß*, Grundrechtskonkurrenzen, S. 218 f.; *Huhmann*, Die verfassungsrechtliche Dimension des Bankgeheimnisses, S. 85; *Bleckmann/Wiethoff*, DÖV 1991, 722 (726) sehen den Schutzbereich des Art. 2 Abs. 1 GG zwar als eröffnet an, wollen aber innerhalb der Grundrechtsprüfung - wenig konsequent - den Verhältnismäßigkeitsgrundsatz und die Wesengehaltgarantie nicht anwenden.

[1195] *Isensee*, HdbStR V, § 115, Rn. 109.

[1196] Siehe *Böckenförde*, VVDStRL 28 (1970), 33 (54), der zu Recht einen logischen Widerspruch ausmacht, würde man eine Verfassungsnorm so interpretieren, daß sie den Rechtsgrund bietet, die Verfassung selbst aus den Angeln zu heben.

[1197] A.A. ausdrücklich u.a. *Winkler*, Kollsionen verfassungsrechtlicher Schutznormen, S. 192; *R. Schmidt*, Grundrechte, S. 239.

daß das Asylgrundrecht unter einem „Terrorismusvorbehalt“ steht, der den Schutzbereich des Art. 16 a GG begrenzt.[1198]

Entscheidend für die hier vertretene Auffassung ist des weiteren ein Argument, das im wesentlichen den Streit zwischen der weiten und der engen Tatbestandstheorie kennzeichnet: Würden als Konsequenz des weiten Tatbestandsverständnisses gewaltsame Betätigungen der Bürger einer Abwägung mit den durch die Rechtsordnung geschützten Rechtsgütern der Allgemeinheit oder anderer Bürger unterworfen, bestünde die Gefahr, Gewalt nach ihren Motiven oder der dahinter stehenden Gesinnung zu beurteilen. Ein durch Abwägungen drohender richterlicher Subjektivismus könnte zur Folge haben, daß rechtsindifferente Kategorien von Gewalt geschaffen und womöglich anerkannt werden, etwa im Sinne von „begrüßenswerter“, „nachvollziehbarer“ oder „tolerierbarer“ Gewalt. Um der Friedensordnung der Gesellschaft und dem Gewaltmonopol des Staates gerecht zu werden, darf Gewalt aber nicht relativiert werden. Sie sollte daher nicht am „Spiel von Grund und Gegengrund“ der weiten Tatbestandstheorie teilhaben.[1199] Ohne auf das Problem vertiefend einzugehen, ist es genau aus diesen Gründen bedenklich, wenn die Fernziele einer Demonstrationen als beachtlich für die Verwerflichkeitsprüfung des § 240 Abs. 2 StGB angesehen werden.[1200] Die Strafbarkeit eines Verhaltens richtet sich damit nicht mehr nach objektiven Kriterien, sondern nach der (politischen) Gesinnung des Richters.
Das Gewaltverbot stellt im Ergebnis eine schutzbereichsimmanente Grenze aller Freiheitsrechte dar. Somit, um die zweite der eingangs aufgeworfenen Fragen zu beantworten, greift für gewalttätige Verhaltensweisen auch nicht die Auffangfunktion der allgemeinen Handlungsfreiheit des Art. 2 Abs. 1 GG. Gewaltsames Handeln gehört schlechthin nicht zur grundrechtlich geschützten Freiheit.

d) Der verfassungsrechtliche Gewaltbegriff – Das Erfordernis einer restriktiven Interpretation als Kriterium für einen Schutzbereichsausschluß

Das Grundgesetz definiert Gewalt nicht, sondern setzt ihren Inhalt voraus. Als Konsequenz des hier bevorzugten engen Tatbestandsmodells sind die Begriffe der „Gewalt“ bzw. der „Friedlichkeit“ also durch Auslegung zu konkretisieren. Sie unterliegen nicht einer Einzelfallabwägung auf Schrankenebene. Die Berechtigung einer engen Tatbestandstheorie hängt von objektiven, verallge-

---

[1198] BVerfGE 81, 142 (152 f.); BVerwG, DÖV 1999, 876.

[1199] *Isensee*, FS Sendler, 1991, S. 39 (58); zur Gegenansicht siehe *Alexy*, Theorie der Grundrechte, S. 292 ff.

[1200] So u.a. die abweichende Meinung von vier Richtern des Mutlangen-Urteils, BVerfGE 7, 206 (257 ff.); auch in der jüngsten Sitzblockadenentscheidung des BVerfG, BVerfGE 104, 92, werden die Fernziele der Blockade in die Verwerflichkeitsprüfung des § 240 Abs. 2 StGB einbezogen, ohne es explizit zu sagen. Näher und kritisch dazu *Sinn*, NJW 2002, 1024 (1025).

meinerungs- und subsumtionsfähigen Kriterien ab, die die Grenzen grundrechtlicher Schutzbereiche für den Rechtsanwender bestimmbar machen. Andernfalls wäre auf dem Weg zum Ziel der Rechtssicherheit nichts gewonnen. Ein enges Tatbestandsverständnis muß sich daher daran messen lassen, ob es nicht den Schutzbereich der Grundrechte unangemessen verkürzt und womöglich den Weg zu einer Abwägung im Einzelfall unzulässigerweise abschneidet. An diesen Vorgaben hat man den verfassungsrechtlichen Gewaltbegriff auszurichten.

Was ist also die „Gewalt", die eine Berufung auf Grundrechte per se ausschließt?

aa) Keine Schutzbereichsbegrenzung durch die Gesetzesgehorsamspflicht

Jedenfalls dürfte es zu weit führen, jede Regelverletzung als „unfriedlich" einzustufen, weil man darüber einen allgemeinen Gesetzesvorbehalt begründen würde.[1201]
Diese grundsätzliche Überlegung führt dazu, daß manchen Verhaltensweisen, auch wenn ihnen im Einzelfall kein (effektiver) Grundrechtsschutz zugesprochen wird, unter Berufung auf das Gewaltverbot nicht per se der Grundrechtsschutz versagt werden kann. So steht der (physisch gewaltfreie) Widerstand in Gestalt des „zivilen Ungehorsams"[1202] nicht außerhalb des Prima-facie-Schutzes der Grundrechte. Nicht jeder Ungehorsam gegenüber den (verfassungsmäßigen) Gesetzen führt zu einer Ausgrenzung aus dem grundrechtlich geschützten Bereich[1203], auch wenn die Rechtsgehorsamspflicht eine weitere elementare Grundpflicht des Bürgers sein mag[1204] und ihre Aufkündigung den demokratischen Rechtsstaat lahm zu legen droht. Sie ist jedenfalls nicht maßgeblich für die Bestimmung des grundrechtlichen Schutzbereiches. Denn andernfalls würde die einfache Rechtsordnung per se den Umfang des Grundrechtsschutzes bestimmen. Eine ganz andere, hier aber nicht zu beantwor-

---

[1201] *Bayer*, Religions- und Gewissensfreiheit, S. 246

[1202] Ziviler Ungehorsam wird in Lexika, vgl. hhtp://www.net-lexikon.de/Ziviler-Ungehorsam.html, definiert als der bewußte Verstoß gegen ein Gesetz, eine Pflicht oder einen Befehl eines Staates oder einer anderen Macht ohne physische Gewalt (gewaltfrei) auszuüben. Der Ausdruck Ziviler Ungehorsam wurde von *Henry David Thoreau* in seinem Essay Civil Disobedience geprägt. In dem Essay erklärte *Thoreau*, warum er aus Protest gegen den Krieg gegen Mexiko und die Sklavenhaltung keine Steuern mehr bezahlt. Auch im rechtlichen Kontext ist für den Begriff „ziviler Ungehorsam" gewaltloser Widerstand kennzeichnend, vgl. statt vieler *Dreier*, FS Scupin, 1983, S. 573 (575, 586).

[1203] *Klein*, Festgabe 10 Jahre Gesellschaft für Rechtspolitik, 1984, S. 177 (194 f.).

[1204] Dazu *Bethge*, DVBl. 1989, 841 (845 f.); allgemein zum Verhältnis von Grundpflichten und Grundrechten *Luchterhand*, Grundpflichten als Verfassungsproblem in Deutschland, S. 463 ff.

tende Frage ist, ob und gegebenenfalls unter welchen Voraussetzungen ziviler Ungehorsam legitim sein kann.[1205]

bb) Keine Schutzbereichsbegrenzung durch eine allgemeine Nichtstörungspflicht

Zur Bestimmung von Schutzbereichsgrenzen taugt ebensowenig die insbesondere von *Dürig* als Grundpflicht postulierte Nichtstörungspflicht.[1206] Danach bestehe für den Bürger die Pflicht, die öffentliche Sicherheit und Ordnung nicht zu stören.[1207] Davon erfaßt werden auch Verhaltensweisen, die unterhalb der Gewaltschwelle liegen, egal wie tief man sie ansiedelt. Auf einen falsch geparkten Pkw oder das Rasenmähen zur Mittagszeit mag mit Mitteln des einfachen Rechts zu reagieren sein. Solche Verstöße fallen aber nicht unter die Friedenspflicht des Bürgers. Mit ihr läßt sich also nicht argumentieren, um sämtliche Störungen der öffentlichen Sicherheit und Ordnung generell aus dem grundrechtlich geschützten Bereich auszugrenzen. Aus einer allgemeinen Nichtstörungspflicht läßt sich folglich keine schutzbereichsimmanente Grenze der Freiheitsausübung herleiten.

cc) Schutzbereichsausschluß von physischer Gewalt

Vielmehr ist der Begriff „Gewalt" als Kriterium einer Schutzbereichsbegrenzung restriktiv auszulegen.[1208] Zur näheren Definition ist auch hier zunächst auf den Charakter und die Herleitung der Friedenspflicht abzustellen. Stellt sie gewissermaßen die spiegelbildliche Kehrseite zum staatlichen Gewaltmonopol dar, so müssen auch die jeweils kennzeichnenden Begriffe „Frieden" und „Gewalt" Entsprechung finden. Wenn es als Ausdruck seines Gewaltmonopols allein dem Staat vorbehalten ist, zur Aufrechterhaltung der verfassungsrechtlichen Ordnung notfalls physischen Zwang auf Personen oder Sachen auszuüben, dann ist es das, was der Bürger grundsätzlich zu unterlassen hat.
Dieses enge Verständnis von Gewalt findet sich auch in der Auslegung des expliziten Friedlichkeitvorbehalts in Art. 8 Abs. 1 GG wieder. Für einen Schutzbereichsausschluß verlangt die Rechtsprechung des BVerfG Aktivitäten

---

[1205] Dazu *Laker*, Ziviler Ungehorsam, S. 265 ff. , m.w.N; zivilen Ungehorsam zu legitimieren versucht *Dreier*, FS Scupin, 1983, S. 573 (589 ff., 592 f.): „Jeder hat das Recht, allein oder gemeinsam mit anderen öffentlich, gewaltlos und aus politisch-moralischen Gründen den Tatbestand einer Verbotsnorm zu erfüllen, wenn er dadurch gegen schwerwiegendes Unrecht protestiert und sein Protest verhältnismäßig ist." Das im Ganzen ablehnend *Klein*, Festgabe 10 Jahre Gesellschaft für Rechtspolitik, 1984, S. 177: „Ziviler Ungehorsam hebt den Rechtsstaat auf, er beraubt ihn seiner Existenzgrundlage" (aaO., S. 189) und kann daher grundrechtlich nicht gerechtfertigt werden (aaO., S. 194 ff.); ebenso vehement ablehnend *Karpen*, JZ 1984, 249 (262): „Ziviler Ungehorsam verstößt gegen die Friedenspflicht, ist Rechtsbruch und undemokratisch." Ihm zustimmend *Lenz*, KritV 70 (1987), 1 (4).

[1206] *Dürig*, AöR 79 (1953/54), 57 (77).

[1207] *Dürig*, aaO., 79.

[1208] So auch *Schwarz*, BayVBl. 2003, 326 (330); *Muckel*, FS Schiedermair, 2001, S. 347 (354 f.).

mit qualifiziertem Gefährdungspotential und sieht daher nur „äußerliche Handlungen von einiger Gefährlichkeit wie etwa Gewalttätigkeiten oder aggressive Ausschreitungen gegen Personen oder Sachen" als unfriedlich im Sinne der tatbestandlichen Umschreibung der Versammlungsfreiheit.[1209] Nicht jede gewollte oder in Kauf genommene Behinderung Dritter ist also unfriedlich.[1210]

In Anlehnung an diese Interpretation wollen einige Stimmen nicht jedes Verhalten, das nach einfachem Recht das Tatbestandsmerkmal der „Gewalt" erfüllt, vom Schutzbereich der Grundrechte ausschließen, sondern nur die Handlungen, die Gewalt in qualifizierter Form darstellen.[1211] Damit knüpft man an die im Strafgesetzbuch bekannte Unterscheidung zwischen „Gewalt" (§§ 113 Abs. 1, 177, 240, 249 StGB) und „Gewalttätigkeit" (§§ 113 Abs. 2, 125, 131 StGB) an.[1212] Gewalttätigkeit wird verstanden als ein aggressives, gegen die körperliche Unversehrtheit von Menschen oder fremden Sachen gerichtetes aktives Tun von einiger Erheblichkeit unter Einsatz bzw. In-Bewegung-Setzen physischer Kraft.[1213] Hinter der Auffassung, nur Gewalttätigkeiten sei apriorisch der Grundrechtsschutz versagt, steht die im Grundsatz zutreffende Überlegung, daß Gewalt im verfassungsrechtlichen Sinne aufgrund des nach außen in Erscheinung tretenden Verhaltens festgestellt werden muß, ohne auf eine Gesamtbetrachtung im Einzelfall abstellen zu müssen. Nur unter diesen Vorzeichen ist der Gewaltbegriff als objektives Kriterium zur Bestimmung der grundrechtlichen Schutzbereiche geeignet und zu handhaben. Die Restriktion auf Gewalttätigkeiten im strafrechtlichen Sinne dürfte aber insofern zu eng sein, als sich ein Verhalten nicht zwingend auf die körperliche Unversehrtheit eines anderen auswirken muß, um es als unfriedlich einzustufen. So wird man z.B. auch die durch nur geringen physischen Aufwand bewirkte, völlige Aufhebung der körperlichen Bewegungsfreiheit des Opfers als Gewalt einzustufen haben, selbst wenn damit keine Verletzung der körperlichen Unversehrtheit verbunden ist. Gewalt ist daher in diesem verfassungsrechtlichen Sinne auch dann gegeben, wenn mit einer nur leichten körperlichen Kraftentfaltung auf einen anderen eingewirkt wird, z.B. durch Stoßen oder Zurückdrängen.[1214] Kennzeichnend für Gewalt im verfassungsrechtlichen Sinne ist mithin eine durch körperliche Kraftentfaltung unmittelbar physische Einwirkung auf den Körper oder die Sache eines anderen. Als Grundlage zur Begründung einer schutzbereichsimmanente Grenze ist der verfassungsrechtliche Gewaltbegriff

---

[1209] BVerfGE 73, 206 (248); BVerfGE 87, 399 (406); BVerfGE 104, 92 (106).
[1210] BVerfG, ebenda.
[1211] *Th. Schmidt*, Grundpflichten, S. 204; ähnlich *Schwarz*, BayVBl. 2003, 326 (330).
[1212] *Th. Schmidt*, ebenda; *Schwarz*, ebenda; *Enders*, Jura 2003, 34 (37).
[1213] *Lenckner*, in: Schönke/Schröder, StGB, § 125, Rn. 5, m.w.N.
[1214] Entgegen der Auffassung von *Frank*, FS Ridder, 1989, S. 37 (47), ist daher das Werfen mir Farbbeuteln oder faulen Früchten auf Personen mehr als eine „Lächerlichmachung", sondern Gewalt im verfassungsrechtlichen Verständnis, auch wenn das keine Verletzung der körperlichen Unversehrtheit zur Folge hat.

sehr eng zu fassen. Er ähnelt dem klassischen Gewaltbegriff, den das Reichsgericht für das Strafrecht entwickelt hatte.[1215]

Aufgrund dieses engen Gewaltbegriffs erlangt das Gewaltverbot als eine allgemeine schutzbereichsimmanente Grenze in manchen Sach- und Lebensbereichen keine praktische Geltung. Da der Anknüpfungspunkt physische Gewaltanwendung ist, spielt das Gewaltverbot z.B. im Meinungskampf keine Rolle. Rein verbale Angriffe liegen daher nicht per se außerhalb des Schutzbereichs der Meinungsfreiheit, selbst wenn sie massive Aggressionen zum Ausdruck bringen. Eine Erstreckung des Gewaltverbots auch auf geistig-verbale Auseinandersetzungen wäre in einer demokratischen Gesellschaft bedenklich. Sehr anschaulich unterstreicht das *Brugger*: „Der Staat darf und muß die körperliche Unversehrtheit schützen und soll durch die Effektivität des Ausschlusses von privater Gewalt für ein friedliches und sicheres Zusammenleben sorgen. Aber er darf nicht jede Unruhe, wertende Übertreibung oder rhetorische Aggression zu unterdrücken suchen. Leben in Gesellschaft, insbesondere in multikultureller Gesellschaft, ist Leben im Unruhezustand. Diese Unruhe, Ausdruck der Reflexions- und Artikulationsfähigkeit unterschiedlicher Menschen und Gruppen, ist in einem liberalen Staat aufrechtzuerhalten, sonst schlägt die Friedensfunktion des Staates in die Bewahrung von Friedensruhe um."[1216]

aaa) Kein Schutzbereichsausschluß von „psychischer" und „passiver Gewalt" – Die Untauglichkeit des „vergeistigten" Gewaltbegriffs als abwägungsfreies Kriterium

Erachtet man im hiesigen grundrechtsdogmatischen Kontext bei der Definition von „Gewalt" allein körperlichen Zwang auf Personen oder Sachen als maßgeblich, dann muß konsequenterweise psychische oder rein passive Gewalt außerhalb dieser Begriffsdefinition liegen.[1217]
Im verfassungsrechtlichen Kontext bedeutet das eine Absage an sog. „vergeistigten" bzw. „entmaterialisierten"[1218] Gewaltbegriff des Strafrechts. Dieser hat lange Zeit die strafgerichtliche Rechtsprechung zu den Straftaten gegen

---

[1215] RGSt 56, 87 (88): „Gewalt (ist) ausschließlich die durch körperliche Kraft erfolgte Beseitigung tatsächlich geleisteten oder bestimmt erwarteten und deshalb von vornherein durch Körperkraft zu unterdrückenden Widerstandes."

[1216] *Brugger*, Der Staat 42 (2003), 77 (89), vgl. auch BVerfGE 7, 198 (208).

[1217] *Muckel*, Religiöse Freiheit und staatliche Letztentscheidung, S. 210 f.; *ders.*, FS Schiedermair, 2001, S. 347 (354 f.); a.A. u.a. *Herdegen*, Gewissensfreiheit und Normativität des positiven Rechts, S. 201 f., der „jede auch nur psychische Zwangswirkung, mit der die freie Willensbildung und Willensbetätigung im Sinne eines bestimmten physischen Verhaltens unmöglich gemacht oder beschränkt werden soll, als unzulässige Ausübung von Gewalt" verstehen will; ähnlich *Kloepfer*, HdbStR VI, § 143, Rn. 45; auch nach *Klein*, Festgabe 10 Jahre Gesellschaft für Rechtspolitik, 1984, S. 177 (192 ff.), entspricht der vergeistigte Gewaltbegriff des Strafrechts den verfassungsrechtichen Anforderungen.

[1218] *Eser*, in: Schönke/Schröder, Vorbem. §§ 234 ff., Rn. 9 und insgesamt zur Entwicklung des Gewaltbegriffs, aaO., Rn. 6 ff.

die persönliche Freiheit (§§ 234 ff. StGB), insbesondere zu § 240 StGB geprägt, bis er vom BVerfG eingeschränkt wurde.
Der BGH distanzierte sich in einem ersten Schritt vom klassischen Gewaltbegriffs des Reichsgerichts zunächst dadurch, daß es für die Gewalt weniger auf die Intensität der Kraftentfaltung auf Täterseite als vielmehr auf die Zwangswirkung beim Opfer ankommen solle. Gewalt liege danach vor, wenn der Täter durch (nicht notwendig erhebliche) körperliche Handlungen die Ursache dafür setzt, daß der wirkliche oder erwartete Widerstand des Angegriffenen durch ein unmittelbar auf dessen Körper einwirkendes Mittel gebrochen oder verhindert wird.[1219]
Noch einen Schritt weiter ging dann der entmaterialisierte oder vergeistigte Gewaltbegriff. Danach setze Gewalt eine – nicht notwendig erhebliche – Kraftentfaltung voraus, durch die entweder physischer oder psychischer Zwang ausgelöst wird, den das Opfer als körperlichen Zwang empfindet. Körperlich wird ein psychischer Zwang empfunden, wenn das Opfer ihm gar nicht, nur mit erheblicher Kraftentfaltung oder in unzumutbarer Weise begegnen kann.[1220]
Das BVerfG sah in der Ausweitung des Gewaltbegriffes auf psychische Gewalt im Rahmen der Strafbarkeitsprüfung der Nötigung einen Verstoß gegen Art. 103 Abs. 2 GG.[1221] Der Begriff „Gewalt" sei ohnehin schon unbestimmt. Diese Unbestimmtheit, d.h. vor allem die fehlende Vorhersehbarkeit strafbaren Verhaltens, werde in einer nicht mehr hinnehmbaren Weise gesteigert, wenn der Gewaltbegriff von dem Kriterium des Einsatzes körperlicher Kraft gelöst werde. Ist also die Zwangswirkung auf den Genötigten nur psychischer Natur und wird sie lediglich durch körperliche Anwesenheit bewirkt, sei das Tatbestandsmerkmal der Gewalt nicht erfüllt.[1222]

Der Gewaltbegriff soll hier unter dem strafrechtlichen Blickwinkel nicht weiter diskutiert werden.[1223] Das BVerfG hat mehrfach betont, daß der verfassungsrechtliche Begriff der Gewalt nicht mit dem weiten Gewaltbegriff des Strafrechts gleichgesetzt werden könne.[1224] Was als Gewalt im Sinne des § 240 Abs. 1 StGB einzustufen ist, ist also nicht zwingend unfriedlich im verfassungsrechtlichen Kontext.

Psychische Gewalt in ihren vielfältigen Erscheinungsformen wird von der Verfassung keineswegs gebilligt. Der nichtkörperliche Zwang auf die Willensentschließung anderer kann genauso verwerflich sein wie physische Gewalt. Sie

---

[1219] BGHSt 1, 145 (147).
[1220] BGHSt 23, 126 (127).
[1221] BVerfGE 92, 1 (14 ff.); in BVerfGE 73, 206 (242 ff) ist die Frage wegen der Stimmengleichheit im Senat noch unentschieden geblieben.
[1222] BVerfGE 92, 1 (18).
[1223] Siehe die Besprechung des jüngsten Urteils des BVerfG zu Sitzblockaden, BVerfGE 104, 92, unter Einbeziehung der früheren Rechtsprechung *Heger*, Jura 2003, 112 ff. und *Sinn*, NJW 2002, 1024 f.
[1224] BVerfGE 73, 206 (248); BVerfGE 104, 92 (106).

kann sogar auf den Angegriffenen massiver wirken als eine unmittelbare körperliche Zwangswirkung, wie das schlichte Zurückdrängen oder Stoßen eines anderen Menschen. Dennoch ist sie zur Bestimmung einer schutzbereichsimmanenten Grenze aller Freiheitsrechte nicht geeignet. Denn psychische Gewalt läßt sich nur anhand des Einzelfalls beurteilen. Bei der Frage, ob das Opfer dem psychischen Zwang nicht in unzumutbarer Weise begegnen kann, ist auf dessen subjektives Empfinden und auf die situativen Gesamtumstände abzustellen und eben nicht nur auf das äußerlich erkennbare Verhalten des Handelnden. Damit besteht aber kein zuverlässiges Kriterium, anhand dessen sich die Grenze zur Unfriedlichkeit abwägungsfrei und nach objektiven Kriterien bestimmen ließe.
Zur Bestimmung der Grenze grundrechtlicher Schutzbereiche ebensowenig geeignet ist die Strafbarkeitsgrenze des § 240 StGB. Denn die Annahme einer strafbaren Nötigung hängt gem. § 240 Abs. 2 StGB von einer Verwerflichkeitsprüfung und damit von einer Abwägung aller Umstände des Einzelfalls ab.[1225] Dabei ist vor allem der verfolgte Zweck der Nötigungshandlung zu bewerten. Dieser Anknüpfungspunkt entzieht sich ebenfalls einer abstrakten, vom Einzelfall losgelösten Beurteilung. Ihn zur Bestimmung des Gewährleistungsumfangs heranzuziehen, würde die Grenzen des Schutzbereichs unbestimmt und unvorhersehbar machen.[1226]

bbb) Konsequenz: Kein apriorischer Grundrechtsausschluß von Sitzblockaden

Der so gewonnene verfassungsrechtliche Gewaltbegriff soll an den bekannten und viel diskutierten Fällen der Sitzblockaden verdeutlicht werden.
Die Bilder von Sitzblockaden etwa vor den Castor-Transporten aus Wiederaufbereitungsanlagen hat jeder vor Augen. Durch die Blockierer kann der Transport nicht wie geplant seinen Weg zum Atommüllendlager fortsetzen. Ein Schwertransporter oder ein Güterzug könnten trotz der Demonstranten weiterfahren und diese mühelos überrollen. Der Zugführer bzw. der Fahrer des Schwertransporters fährt nicht weiter, da er die Demonstranten nicht töten oder verletzen will. Die sitzenden Menschen stellen damit kein körperliches, sondern ein psychisches Hindernis für den jeweiligen Fahrzeugführer dar. Seine Willensentschließung wird gebeugt und dadurch mittelbar seine Willensbetätigung. Auf seinen Körper wird aber nicht unmittelbar eingewirkt. Sitzblockaden sind daher ein Beispiel für die Ausübung psychischer Gewalt[1227],

---

[1225] Siehe nur BVerfGE 73, 206 (255 ff.), m.w.N.
[1226] *Muckel*, Religiöse Freiheit und staatliche Letztentscheidung, S. 211, der allerdings zwischen den Unsicherheiten des vergeistigten Gewaltbegriffs und den Unwägbarkeiten der Verwerflichkeitsprüfung nicht klar differenziert, obwohl es sich um zwei unterschiedliche Anknüpfungspunkte handelt.
[1227] A.A. abweichende Meinung der Richter *Seidl*, *Söllner*, *Haas*, BVerfGE 92, 20 (22) in Anlehnung u.a. an BGHSt 23, 46 (54) - Laepple-Urteil - ; von physischer Gewalt geht auch *Merten*, FS Samper, 1982, S. 40 (43) aus.

jedenfalls solange, wie die Behinderung aus der bloßen körperlichen Anwesenheit resultiert.
Daher kann nicht den Stimmen gefolgt werden, die Sitzblockaden unter Zugrundelegung des weiten Gewaltbegriffs der früheren strafrechtlichen Judikatur grundsätzlich aus dem Schutzbereich des Art. 8 Abs. 1 GG ausgrenzen.[1228] Es soll dabei gar nicht in Frage gestellt werden, daß auch Aktionen dieser Art nachhaltig den Rechtsfrieden stören können und das polizeiliche Einschreiten verlangen. Doch die Gewalt ist regelmäßig nur psychischer Natur und stellt passiven Widerstand dar. Auch wenn Sitzblockaden regelmäßig Rechte Dritter, insbesondere ihre Bewegungsfreiheit beeinträchtigen, sind sie nicht auf eine aktive, körperliche Zwangswirkung bei den Betroffenen gerichtet. Unter Zugrundelegung eines engeren Gewaltbegriffs genießen Sitzblockaden daher grundsätzlich den tatbestandlichen Schutz der Versammlungsfreiheit gem. Art. 8 Abs. 1 GG.[1229] Das heißt nicht, daß Sitzblockaden rechtmäßig sind oder Art. 8 Abs. 1 GG ein Rechtfertigungsgrund für strafbares Verhalten darstellt.[1230]

Anders zu beurteilen ist es jedoch, wenn das Verhalten der Blockierenden über den rein psychischen Zwang hinausgeht und unmittelbar so physisch wirkt, daß die freie Willensbetätigung des Opfers ausgeschlossen ist. So verhält es sich etwa, wenn eine – sei es auch nur durch geringe Körperkraft – eine unüberwindbare physische Barriere hergestellt wird, indem z.B. das Aufstellen von Pkw das Passieren für Dritte objektiv erkennbar unmöglich macht. Solch ein Verhalten stellt auch nach dem vorgeschlagenen engeren Gewaltbegriff eine den Grundrechtsschutz ausschließende Gewaltanwendung dar. Ebenso wird man das kollektive Zusammenketten von Sitzblockierern als gewaltsam auch im engeren verfassungsrechtlichen Verständnis bewerten müssen, wenn damit Dritten bewußt ihre Bewegungsfreiheit genommen wird. Der Akt des Aneinanderkettens als solcher richtet sich nicht aggressiv gegen die körperliche Unversehrheit der Opfer. Dennoch wird hier nicht nur eine physische Zwangswirkung erzielt, sondern durch ein über die spätere passive Resistenz hinausgehendes Verhalten ein körperliches Hindernis geschaffen. Damit wird von vornherein die Möglichkeit einer freien Willensbetätigung der Betroffenen in gleicher Weise verhindert wie in einer Situation, in der die Opfer zurückgedrängt oder zurückgestoßen werden, falls sie sich nicht der psychischen Zwangslage beugen wollen. Die nötigende Handlung ist hier nicht nur eine Beeinträchtigung anderer als unvermeidliche Nebenfolge der öffentlichen Meinungskundgabe. Vielmehr werden die Rechte anderer als bewußtes Mittel zur

---

[1228] So aber u.a. *Kloepfer*, HdbStR VI, § 143, Rn. 45; *Schmitt Glaeser*, FS Dürig, 1990, S. 91 (99 ff.); *Merten*, Rechtsstaat und Gewaltmonopol, 1975, S. 49; *Isensee*, FS Sendler, 1991, S. 39 (61 f.), obwohl er - insofern nicht widerspruchsfrei - Gewalt als unwiderstehlichen körperlich wirkenden Zwang versteht.
[1229] So auch das BVerfG, siehe BVerfGE 73, 206 (248); 87, 399 (406).
[1230] Das betont das BVerfG zu Recht, vgl. BVerfGE 104, 92 (107).

Steigerung der Aufmerksamkeit gewaltsam instrumentalisiert.[1231] Eine Sitzblockade dieser Gestalt liegt daher außerhalb des Schutzbereichs des Art. 8 Abs. 1 GG.[1232]

3. Die Folgen der Schutzbereichsausgrenzung: Die Geltung des Vorbehalts des Gesetzes bei unfriedlichen Verhaltensweisen

Der apriorische Ausschluß gewalttätiger Verhaltensweisen aus dem grundrechtlich geschützten Bereich befreit nicht von der Notwendigkeit, daß sich die Exekutive auf eine gesetzliche Ermächtigung berufen muß, will sie gegen dieses Verhalten vorgehen. Der Vorbehalt des Gesetzes beschränkt sich nicht auf Grundrechtseingriffe.[1233] Es handelt sich vielmehr um ein allgemeines Gebot des Rechtsstaatsprinzips. Staatliches Handeln hat sich stets am Gedanken der Rechtssicherheit und Bestimmtheit zu orientieren. Art. 103 Abs. 2 GG bringt das für den Bereich des Strafrechts nur besonders zum Ausdruck. Auch staatliche Reaktionen auf Verhaltensweisen, die gegen das Friedlichkeitsgebot verstoßen, bedürfen einer gesetzlichen Grundlage.[1234] Deshalb kann sich die Polizei z.B. nicht unmittelbar auf den expliziten, schutzbereichsausschließenden Friedlichkeitsvorbehalt in Art. 8 Abs. 1 GG berufen, um eine unfriedliche Versammlung zu verbieten oder aufzulösen. „Der Vorbehalt des Gesetzes kommt dem Bürger auch dann zugute, wenn er sich im Bereich evidenter Illegitimität bewegt und noch nicht einmal prima facie die Möglichkeit des Grundrechtsschutzes in Betracht kommt."[1235] Das verdeutlicht, daß der Rechtsstaat das Gewaltmonopol in rechtliche Bahnen lenkt. Staatliche Gewalt wird zu einer rechtlich gebundenen staatlichen Gewalt.[1236]

[1231] Zum Instrumentalisierungsgedanke als Anknüpfungspunkt zur Begründung einer schutzbereichsimmanenten Grenze näher unten **11. Teil, III. 2. b**.

[1232] A.A. BVerfGE 104, 92 (106): dort hatten sich die Versammlungsteilnehmer untereinander und die am jeweiligen Ende der Gesamtkette stehenden Personen an die Pfosten des Haupttores der geplanten Wiederaufarbeitungsanlage in Wackersdorf angekettet. Das BVerfG verneint hier eine Gewaltanwendung im verfassungsrechtlichen Sinne aufgrund der Annahme, daß unfriedliches Verhalten im Sinne des Art. 8 Abs. 1 GG durch Handlungen von einiger Gefährlichkeit wie etwa aggressive Ausschreitungen oder Gewalttätigkeiten gekennzeichnet sei, was im Fall der Ankettung der Teilnehmer der Blockadeaktion zu verneinen sei. Die Strafbarkeit nach § 240 StGB wird indes bejaht. Das Ergebnis bestätigend, vertritt *Haas* in ihrem Sondervotum zu dieser Entscheidung, BVerfGE 104, 115 ff., dagegen die Auffassung, der Schutzbereich des Art. 8 Abs. 1 GG sei nicht eröffnet. Ihre Argumentation beruht aber nicht auf einer Differenzierung zwischen strafrechtlichen und verfassungsrechtlichen Gewaltbegriff bzw. physischer und psychischer Gewalt, vielmehr sieht sie im Anketten - ohne das näher zu begründen - eine gezielte Gewaltausübung.

[1233] Siehe dazu und zu folgendem bereits oben **6. Teil, II. 3**.

[1234] *Schwarz*, BayVBl. 2003, 326 (331).

[1235] So *Isensee*, FS Sendler, 1991, S. 39 (42).

[1236] *Merten*, FS Samper, 1982, S. 35 (40 f.)

Zudem sei nochmals an eine weitere Selbstverständlichkeit erinnert. Die Ausgrenzung gewaltsamer Verhaltensweisen aus dem Bereich grundrechtlich geschützter Freiheit gilt nur für die Verhaltensweise als solche. Der Versammlungsteilnehmer einer unfriedlichen Versammlung genießt weiterhin Grundrechtsschutz, sobald es darum geht, beispielsweise das Verbot einer Versammlung zwangsweise durchzusetzen. Die Grundrechte der körperlichen Unversehrtheit und der Freiheit der Person aus Art. 2 Abs. 2 GG behalten ihre abwehrrechtliche Funktion. Hinsichtlich des „Wie" der Unterbindung ist der unfriedlich Handelnde also nicht rechtlos gestellt.[1237] Auch die Verfahrensgrundrechte können gegenüber gerichtlichen Sanktionen geltend gemacht werden.[1238]

4. Das Friedlichkeitsgebot als Teilaspekt des „Neminem-laedere-Gebots"

Wie *Isensee* näher dargelegt hat[1239], gibt es deutliche Berührungspunkte zwischen dem Gewaltverbot und dem Neminem-laedere-Gebot. Letzteres reicht jedoch weiter. Das Gewaltverbot stellt einen Teilaspekt des allgemeinen Schädigungsverbots dar, soweit es nämlich die Unzulässigkeit privater Gewalt betrifft. Unter Zugrundelegung des hier vorgeschlagenen restriktiven Gewaltbegriffs ist das Friedlichkeitsgebot insofern enger, als es sich nur auf physischen Zwang bezieht. Es erfaßt also nur bestimmte Rechtsverletzungen und schützt nur solche Rechtsgüter, die durch physische Zwangseinwirkungen geschädigt werden können, wie Leben und körperliche Unversehrtheit, Sacheigentum und Bewegungsfreiheit. Nicht geschützt dagegen werden ideelle Rechtsgüter, die anderen Beeinträchtigungen als Gewalt im hier verstandenen Sinne ausgesetzt sind. Zu nennen sind die Ehre, das allgemeine Persönlichkeitsrecht oder auch zivilrechtliche Forderungsrechte. Der Schutz dieser Rechte vor Verletzung durch unkörperliche, gewaltfreie Mittel ist Inhalt des Neminem-laedere-Gebots.

5. Zusammenfassung

Das Gewaltverbot, ein Ausschnitt des Neminem-laedere-Gebots, markiert eine erste Grenze grundrechtlicher Schutzbereiche. Gewaltsame Handlungen liegen außerhalb des tatbestandlichen Gewährleistungsumfangs jedweder Freiheitsrechte. Sie sind nicht nur im Regelungsbereich des Art. 8 Abs. 1 GG vom

---

[1237] *Möstl*, Die staatliche Garantie für die öffentliche Sicherheit und Ordnung, S. 300, in Fn. 30, der sich zu Recht gegen die Befürchtungen *Möllers*, Staat als Argument, S. 281, wendet, die Grundrechtsausgrenzung physischer Gewalt könne zu einer vollständigen Entrechtung führen. *Möllers* verkennt nämlich, daß sich der Grundrechtsausschluß nur auf die gewaltsame Handlung an sich bezieht, der Gewalttäter aber nicht (grundrechtlich) schutzlos gestellt wird, wenn der Staat gegen ihn mit Zwangsmitteln vorgeht. Daher zu Recht ähnlich kritisch *Zacharias*, JZ 2001, 974.

[1238] *Isensee*, FS Sendler, 1991, S. 39 (42).

[1239] *Isensee*, FS Sendler, 1991, S. 39 (52); *ders.* , Das Grundrecht auf Sicherheit, S. 24; *ders.*, HdbStR V, § 111, Rn. 104

Grundrechtsschutz ausgeschlossen. Dem Gewaltverbot als schutzbereichsimmanente Grenze liegt ein enger Gewaltbegriff zu Grunde: Nur der unmittelbare physische Zwang auf den Körper oder die Sachen von Dritten ist als Kriterium geeignet, eine abwägungsfreie Restriktion der grundrechtlichen Schutzbereiche zu begründen. Der Schutzbereichsausschluß beschränkt sich auf die gewaltsame Verhaltensweise als solche. Aber auch für das staatliche Vorgehen gegen unfriedliche Verhaltensweisen behält der Vorbehalt des Gesetzes seine Geltung.

III. Das Neminem-laedere-Gebot – die Rechte Dritter als Grenze der Grundrechtsausübung

Während das Gewaltverbot an die Verhaltensweise des „Täters" anknüpft, soll im Folgenden untersucht werden, ob und aus welchen Rechten des „Opfers" sich schutzbereichsimmanente Grenzen für die Grundrechtsausübung desjenigen bestimmen lassen, der die Rechte anderer beeinträchtigt. Damit wird der Gedanke des „neminem laedere" unmittelbar in die Betrachtung einbezogen. Man wechselt gleichsam die Perspektive, ohne daß sich inhaltliche Überschneidungen mit dem Gewaltverbot vermeiden lassen.

1. Menschenwürde als immanente Schutzbereichsgrenze

Ein erster Anknüpfungspunkt ist mit der Frage aufgeworfen, ob die Menschenwürde anderer eine weitere Grenze grundrechtlicher Freiheitsausübung markiert. Die Antwort darauf ergibt sich aus dem Charakter der Menschenwürdegarantie und der besonderen Stellung, die sie in unserer Verfassung einnimmt.

a) Die Unantastbarkeit der Menschenwürde

Nach Art. 1 Abs. 1 GG ist die Würde des Menschen unantastbar. Das ist nicht etwa eine deskriptive Umschreibung, sondern eine normative Aussage.[1240] Der in ihr zum Ausdruck kommende, im Vergleich zu anderen Grundrechtsnormen eigentümliche Pathos, ihre systematisch hervorgehobene Stellung und ihre schrankenlose Gewährleistung verdeutlichen, daß die Menschenwürdegarantie der „höchste Rechtswert"[1241] und „als Wurzel aller Grundrechte"[1242] der Mit-

---

[1240] *Geddert-Steinacher*, Menschenwürde als Verfassungsbegriff, S. 80.

[1241] So BVerfGE 45, 187 (227); andere leitformelhaften Qualifizierungen: BVerfGE 72, 105 (115); 102, 370 (389): „Konstitutionsprinzip"; BVerfGE 5, 85 (204): „oberster Wert"; BVerfGE 54, 341 (357): „Oberstes Verfassungsprinzip"; von einem „Höchstwert" spricht BVerfGE 39, 1 (42); 49, 24 (53). Kritisch zu diesen Begriffen *Winkler*, Kollisionen verfassungsrechtlicher Schutznormen, S. 266, der nicht zu Unrecht darauf hinweist, daß es nicht sinnvoll ist, von einem „höchsten" Wert zu sprechen, wenn es keine anerkannte Wertrangordnung im Grundgesetz gibt.

[1242] BVerfGE 93, 266 (273).

telpunkt der Grundrechtsordnung ist.[1243] Bestärkt wird dieser wertsetzende Charakter der Menschenwürdegarantie, die nach Art. 1 Abs. 2 GG die Grundlage der Menschenrechte ist[1244], durch Art. 1 Abs. 1 Satz 2 GG, der ausdrücklich alle staatliche Gewalt verpflichtet, die Würde des Menschen zu achten und zu schützen. Das alles macht Art. 1 Abs. 1 GG zu der „Staatsfundamentalnorm".[1245]

Neben ihrer objektivrechtlichen Bedeutung ist nicht nur die unmittelbare normative Verbindlichkeit, sondern auch der Grundrechtscharakter der Menschenwürde vom BVerfG[1246] und der herrschenden Lehre[1247] anerkannt.

Die zentrale Stellung innerhalb der verfassungsmäßigen Ordnung führt zudem dazu, daß sich die Menschenwürde in ihrer Grundrechtsfunktion nicht nur als Abwehrrecht gegen den Staat richtet, sondern das Gebot der Unantastbarkeit auch zwischen den Grundrechtsträgern gilt.[1248] Das ist eine Einsicht, die dem historischen Willen des Verfassungsgebers entspricht[1249] und in einigen Landesverfassungen noch klarer zum Ausdruck kommt.[1250] Die Menschenwürde entfaltet, abgesehen von Art. 9 Abs. 3 Satz 1 GG, wie kein anderes Grundrecht somit ausnahmsweise eine unmittelbare Drittwirkung.[1251]

[1243] St. Rspr. des BVerfG, vgl. BVerfGE 39, 1 (43); 45, 187 (227); 50, 166 (175).

[1244] *Muckel*, Religiöse Freiheit und staatliche Letztentscheidung, S. 215, unter plausibler Bezugnahme auf das „darum" in Art. 1 Abs. 1 S. 2 GG.

[1245] So *Häberle*, HdbStR II, § 22, Rn. 56.

[1246] BVerfGE 1, 332 (343); 12, 113 (123); 15, 283 (286); 61, 126 (137), sprechen ohne Begründung wie selbstverständlich von einem Grundrecht aus Art. 1 GG.

[1247] *Hufen*, JZ 2004, 313 (314 f.); *Stern*, FS Badura, 2004, S. 571 (573), mit umfangreichen Nachweisen; *Höfling*, in: Sachs, GG, Art. 1, Rn. 3, m.w.N.; *Herdegen*, in: Maunz/Dürig, GG, 2003, Art. 1 Abs. 1, Rn. 26; die gängige Begründung der Grundrechtsqualität der Menschenwürdegarantie ablehnend *Enders*, Die Menschenwürde in der Verfassungsordnung, S. 98 ff.;vgl. auch *Cremer*, Freiheitsgrundrechte, S. 247 ff.; gegen den subjektivrechtlichen Charakter der Menschenwürde ebenfalls *Dreier*, in: ders., GG, Bd.1, Art. 1 I, Rn. 128: „Menschenwürde ist Grundsatz, nicht Grundrecht"; mit beachtlichen Gründen auch *Geddert-Steinacher*, Menschenwürde als Verfassungsbegriff, S. 167 ff. (S. 172: nur „Rechtsprinzip"), m.w.N.; gegen den Grundrechtscharakter früher auch *Dürig*, in: Maunz/Dürig, GG, 1958, Art. 1 Abs. 1, Rn. 4 ff.

[1248] BVerfGE 24, 119 (144): „Eine Verfassung, welche die Würde des Menschen in den Mittelpunkt ihres Wertesystems stellt, kann bei der Ordnung zwischenmenschlicher Beziehungen grundsätzlich niemanden Rechte an der Person eines anderen einräumen, die nicht zugleich pflichtgebunden sind und die Menschenwürde anderer respektieren." Siehe auch *Stern*, Staatsrecht, Bd. III/1, S. 29 f. und *Kunig*, in: v. Münch/Kunig, GG, Bd. 1, Art. 1, Rn. 27, m.w.N.

[1249] Aus der Zeit der Entstehungsgeschichte des GG vgl. die Äußerungen *Süsterhenns* im Grundsatzausschuß, zit. nach *Matz*, JöR 1 (1951), 51: Die Unantastbarkeit der Menschenwürde sei eine „absolute Feststellung, die sich gegen Jedermann wendet, sowohl gegen die staatliche Gewalt wie gegen jeden Privaten und jede Institution".

[1250] Vgl. Art. 7 Abs. 1 Satz 2 BrbVerf: „Jeder schuldet jedem die Anerkennung seiner Würde".

[1251] *Guckelberger*, JuS 2003, 1151 (1152); *Herdegen*, in: Maunz/Dürig, GG, 2003, Art. 1 Abs. 1, Rn. 70; *Kunig*, in: v. Münch/Kunig, GG. Bd. 1, Art. 1, Rn. 27; *Robbers*, in: Umbach/Clemens, GG, Art. 1, Rn. 29; vgl. auch BVerwG, NVwZ 2000, 598 (602); a.A. *Geddert-Steinacher*, Die Menschenwürde als Verfassungsbegriff, S. 94 f., die davon ausgeht,

aa) Unbegrenzbarkeit der Menschwenwürde

Jede Verhaltensweise, auch die von Privatpersonen, die die Menschenwürde eines anderen antastet, stellt einen unmittelbaren Verstoß gegen die Verfassungsnorm des Art. 1 Abs. 1 GG dar. [1252] Nach überwiegender, aber nicht unbestrittener Auffassung ist mithin in jeder Antastung der Würde ihre Verletzung zu sehen.[1253] Während alle anderen Grundrechte unter den Voraussetzungen des Gesetzesvorbehaltes oder der verfassungsimmanenten Schranken begrenzbar sind, ist das für die Menschenwürde unumstößlich ausgeschlossen.[1254] Art. 1 Abs. 1 GG ist dementsprechend einer Verfassungsänderung entzogen (Art. 79 Abs. 3 GG). Zwangsläufig entfällt damit die bei den anderen Grundrechten übliche Prüfung, ob der Eingriff rechtfertigungsfähig, also insbesondere verhältnismäßig ist.[1255]

bb) Unabwägbarkeit der Menschenwürde

Aufgrund der Begrenzungsresistenz und des absoluten Charakters der Menschenwürde geht die wohl immer noch herrschende Auffassung davon aus, daß sie mit keinem anderem Rechtsgut abgewogen werden darf[1256] und sich jeglicher Verfügung entzieht.[1257] All das steht hinter dem Begriff „unantastbar". Auch nach Meinung des BVerfG ist die Menschenwürde als Wurzel aller Grundrechte mit keinem Einzelgrundrecht oder sonstigem Verfassungswert abwägungsfähig.[1258] Diese absolute Linie verfolgt das BVerfG aber nicht durchgehend. Es gibt zahlreiche Entscheidungen, in der die Menschenwürde als abwägungsfähig behandelt wird, dogmatisch also auf einer außentheoretischen Konzeption basiert.[1259] Abwägungen werden dabei zumeist nicht im Zusammenhang mit einer etwaigen Rechtfertigung eines Eingriffs in die Men-

---

daß es auch bei der Menschenwürde keinen Selbstvollzug im Verhältnis zwischen Privaten gibt, bei Menschenwürdeverletzungen von Privaten vielmehr die in Art.1 Abs. 1 Satz 2 GG ausdrücklich angesprochene Schutzpflicht des Staates zu Tragen komme; ähnlich *Höfling*, in: Sachs, GG, Art. 1, Rn. 39; eine unmittelbare Drittwirkung ebenfalls ablehnend *Sachs*, Verfassungsrechte II, B 1, Rn. 7.

[1252] *Stern*, FS Scupin, 1983, S. 627 (636).

[1253] BVerfGE 34, 238 (245); 75, 369 (380); 93, 266 (293); *Höfling*, in: Sachs, GG, Art. 1, Rn. 10 f.; *Kunig*, in: v. Münch/Kunig, GG, Bd. 1, Art. 1, Rn. 4; *Enders*, Die Menschenwürde in der Verfassungsordnung, S. 107, 110, der aus dieser Absolutheit aber den Schluß zieht, daß die Menschenwürde nicht als eigenständiges subjektives Recht begriffen werden könne, wolle man ihren Schutzbereich nicht auf Null reduzieren.

[1254] A.A. *Kloepfer*, FS 50 Jahre BVerfG, Bd. 2, 2001, S. 77 (97 f.).

[1255] *Höfling*, JuS 1995, 857 (859).

[1256] *Dreier*, in: ders., GG, Bd. I, Art. 1 I, Rn. 44, 132, m.w.N.; *Tettinger*, JZ 1983, 317 (320);*Stern*, FS Hübner, 1984, S. 815 (825): „Unantastbares ist nicht abwägbar."; vgl. auch *Muckel*, Religiöse Freiheit und staatliche Letztentscheidung , S. 215.

[1257] *Geddert-Steinacher*, Menschenwürde als Verfassungsbegriff, S. 81; *Bertrams*, DVBl. 2003, 1225 (1232).

[1258] So BVerfGE 93, 266 (293); siehe auch BVerfG, NJW 2003, 1303 (1304); ähnlich schon BVerfGE 75, 369 (380): absolute Schranke ohne die Möglichkeit eines Güterausgleichs.

[1259] Zum Unterschied zwischen Innen- und Außentheorie siehe bereits oben **4. Teil, II.**

schenwürde vorgenommen, sie erfolgen vielmehr (versteckt) bei der Frage, ob im konkreten Einzelfall die Menschenwürde verletzt wird.[1260]
Darüber hinaus sind Abwägungen in der Rechtsprechung des BVerfG auszumachen, wenn ein Lebensbereich betroffen ist, der nicht allein und als solcher von der Menschenwürdegarantie erfaßt wird, sondern in den die Menschenwürde gewissermaßen hineinspielt. Ein anerkanntes Beispiel ist das allgemeine Persönlichkeitsrecht. Obwohl es aus Art. 2 Abs. 1 i.V.m. Art. 1 Abs. 1 GG hergeleitet wird, schlägt die Unantastbarkeit der Menschenwürde nur dann durch, wenn der absolut geschützte Kernbereich privater Lebensgestaltung betroffen ist, der der staatlichen Gewalt schlechthin entzogen ist.[1261] Das hat das BVerfG im Wege einer an der Menschenwürde orientierten Auslegung des Art. 13 Abs. 3 GG in seiner Entscheidung zum „großen Lauschangriff" erneut bestätigt. Die akustische Überwachung von Gesprächen des Beschuldigten allein mit seinen engsten Familienangehörigen oder anderen engsten Vertrauten in seiner Wohnung ist verfassungsrechtlich unzulässig.[1262]
Außerhalb dieser innersten – auf Art. 1 Abs. 1 GG rückführbaren – (Intim-)Sphäre der Persönlichkeit werden in der Privat- und Sozialsphäre Konflikte insbesondere mit der Meinungsfreiheit regelmäßig durch eine Abwägung gelöst, in der das allgemeine Persönlichkeitsrecht zurücktreten kann.[1263]
Dagegen wird das postmortale Persönlichkeitsrecht allein in Art. 1 Abs. 1 GG verortet und ausdrücklich einer Abwägung entzogen.[1264]

Auch in der Lehre ist die Abwägungsresistenz der Menschenwürde keineswegs unumstritten. Es gibt zunehmend Stimmen, die die Garantie der Menschenwürde wie jedes andere Grundrecht einer Abwägung und damit Begrenzungen unterwerfen wollen.[1265] Vor allem *Kloepfer* tritt der herrschenden Mei-

---

[1260] Eingehend mit Beispielen aus der Judikatur des BVerfG *Borowski*, Grundrechte als Prinzipien, S. 216 ff.; siehe auch *Alexy*, Theorie der Grundrechte, S. 95 ff.; Nachweise auch bei *Geddert-Steinacher*, Menschenwürde als Verfassungsbegriff, S. 52 ff., 84 f.

[1261] U.a. BVerfGE 6, 32 (41); 54, 143 (146); 80, 367 (373); 89, 69 (84), wobei die Frage, wann dieser Kernbereich berührt ist, wiederum im Wege abwägender Wertungen beantwortet wird. Vgl. dazu z.B. in Bezug auf die Verwertung tagebuchähnlicher Aufzeichnungen des Angeklagten in einem Strafverfahren, BVerfGE 80, 367 (376 ff.).

[1262] BVerfG, NJW 2004, 999 (1002 ff.).

[1263] Vgl. u.a. BVerfGE 27, 344 (350 f.); 34, 238 (246); 44, 353 (373); 89, 69 (84); 93, 266 (293 f.).

[1264] BVerfG, NJW 2001, 2957 (2959); kritisch zu dieser Abgrenzung von Menschenwürde und allgemeinem Persönlichkeitsrecht *Zacharias*, NJW 2001, 2950 f.; Zum postmortalen Persönlichkeitsschutz in der Rspr. des BVerfG vgl. auch *Pabst*, NJW 2002, 999 ff.

[1265] U.a. *Borowski*, Die Grundrechte als Prinzipien, S. 221 ff., der unter Zugrundelegung der Sphärentheorie des BVerfG im Zusammenhang mit dem allgemeinen Persönlichkeitsrecht zwischen einer absolut geschützten Menschenwürde im engeren Sinne und einer - für Begrenzungen offenen - Menschenwürde im weiteren Sinne differenziert. Vgl. auch *Hofmann*, AöR 118 (1993), 353 (374); *Blankenagel*, KJ 1987, 379 (386 ff).; *Katz*, Staatsrecht, Rn. 680, der die Begrenzbarkeit der Menschwürde mit ihrer Gemeinschaftsgebundenheit begründet.

nung entgegen, indem er auch bei der Menschenwürde die Unterscheidung von Schutzbereich und Schranken aufrechterhalten will, also die zwingende Identität von Eingriff und Verletzung der Menschenwürde verneint.[1266] Er sieht das Leben als eigentlichen Höchstwert der Verfassung an[1267] und kann dabei an eine Äußerung des BVerfG anknüpfen, wonach das Leben die „vitale Basis der Menschenwürde“[1268] sei. Das führt ihn zu der Überzeugung, die Menschenwürde den Beschränkungen unterwerfen zu können, die das Grundgesetz in Art. 2 Abs. 2 Satz 3 GG für das Recht auf Leben normiert hat.
Auch wenn nicht bestritten werden kann, daß Menschenwürde – abgesehen vom Fall des postmortalen Persönlichkeitsrechts[1269] – ohne menschliches Leben nicht denkbar ist, hat der Ansatz von *Kloepfer* insgesamt wenig Zustimmung gefunden.[1270] Denn trotz der Parallelen, die zwischen Menschenwürde und Leben bestehen, ist die menschliche Würde nicht bloß ein Ausschnitt aus dem Recht auf Leben. Daher läßt sich die Auffassung von *Kloepfer* nicht mit den normativen Vorgaben des Grundgesetzes, insbesondere mit der unterschiedlichen Ausgestaltung der Begrenzungsmöglichkeit der beiden Grundrechte vereinbaren.[1271]

Dennoch sind, an die Auffassung *Kloepfers* anknüpfend, in der Lehre weitere interpretatorische Bestrebungen erkennbar, die Menschenwürdegarantie einer Abwägung zugänglich zu machen. So löst sich insbesondere *Herdegen* in der Neukommentierung des Art. 1 GG im von *Maunz/Dürig* begründeten Grundgesetz-Kommentar ebenfalls von der herkömmlichen Würdekonzeption, indem er im Wege einer „normimmanenten“ Konkretisierung des Würdebegriffs Einschränkungen in den „abwägungsoffenen Randzonen des Schutzbereichs“ im Einzelfall für möglich und zulässig erachtet.[1272] Nicht nur nach *Herdegens* Auffassung hat diese Konzeption den Vorteil, konkrete Wertungskonflikte, die insbesondere mit dem medizinischen und biotechnischen Fortschritt auftreten,

---

[1266] *Kloepfer*, Festgabe BVerfG, Bd. 2, 1976, S. 405 (411 ff.); an seiner Auffassung auch 25 Jahre später ausdrücklich festhaltend *ders.*, FS 50 Jahre BVerfG, Bd. 2, 2001, S. 77, 96 ff.; zustimmend u.a. *Lücke*, Begründungszwang und Verfassung, S. 103;

[1267] *Kloepfer*, Festgabe BVerfG, Bd. 2, 1976, S. 405 (412).

[1268] BVerfGE 39, 1 (42).

[1269] Vgl. dazu nur BVerfG, NJW 2001, 2957 (2958 f.).

[1270] Kritisch u.a. *Dreier*, in: ders., GG, Bd. 1, Art. 1 I, Rn. 127 mit Fn. 422, m.w.N.; *Starck*, in: Mangoldt/Klein/Starck, GG, Bd. 1, Art. 1, Rn. 20 f.; *Stern*, Staatsrecht, Bd. III/1, S. 23 f.

[1271] A.A. auch *Herdegen*, in: Maunz/Dürig, GG, 2003, Art. 1 Abs. 1, Rn. 22, der, ähnlich wie Kloepfer, „keine absolute Dominanz der Menschenwürdegarantie insbesondere gegenüber dem Lebensschutz“ anerkennt. Der Hinweis auf die unterschiedlichen Begrenzungsvorbehalte der beiden Grundrechte würde bei einigen landesverfassungsrechtlichen Regelungen nicht greifen, siehe z.B. Art. 3 HessVerf: „Leben und Gesundheit, Ehre und Würde des Menschen sind unantastbar.“

[1272] *Herdegen*, in: Maunz/Dürig, GG, 2003, Art. 1 Abs. 1, Rn. 44, 45, 69; Parallelen bestehen damit zu dem Ansatz von *Borowski*, oben Fn. 1265; zu der Neukommentierung von *Herdegen* mit seiner Annahme eines gestuften Würdeschutzes vgl. die Kritik von *Traub*, ZfL 2003, 130 ff. und von *Böckenförde*, in: FAZ v. 3.9.2003, S. 33, 35.

flexibler zu lösen.[1273] Auf Einzelheiten soll hier nicht weiter eingegangen werden.

cc) Die Unabwägbarkeit der Menschenwürde am Beispiel des Folterverbots

Diskutiert wird die Abwägbarkeit der Menschenwürde sogar in Fällen, die einmütig dem Kernbestand unseres liberalen Rechtsstaates und dem konsentierten Garantiebereich des Art.1 Abs. 1 GG zugeordnet werden, wie das Verbot der Folter.[1274] Die Diskussion hat durch die Ereignisse des 11. Septembers 2001 und vor allem durch die Entführung des Bankierssohn Jakob von Metzler im Herbst 2002 und die Methoden der Polizei bei der Vernehmung des gefaßten Täters neuen Nährstoff erhalten.[1275] Im Verlauf der Vernehmung hatte der Vizepräsident der Frankfurter Polizei dem geständigen Täter zur Preisgabe des Aufenthaltsorts des in Lebensgefahr gemutmaßten Opfers die Anwendung physischer Gewalt angedroht und stieß damit in der öffentlichen Beurteilung zum Teil auf Verständnis.

Andere Beispiele zeigen, daß „Folter" [1276] auch in demokratisch-zivilisierten Gesellschaften von bedrückender Realität ist. Die jüngsten Bilder aus dem Irak, in dem Gefangene von amerikanischen Soldaten Foltermaßnahmen unterworfen werden, haben das in schockierender Weise bestätigt. Auch in europäischen Staaten gibt es Folterfälle.[1277]

[1273] Vgl. dazu mit umfangreichen Nachweisen *Hufen*, JZ 2004, 313 (315), der auch auf die zunehmend vertretenen „Stufen- und Wachstumstheorien der Menschenwürde" eingeht, nach denen die Schutzintensität der Menschenwürde mit dem Fortschreiten der verschiedenen Entwicklungsstufen des werdenen Lebens wachsen soll.

[1274] Vgl. *Wittreck*, DÖV 2003, 873 (874) mit umfangreichen Nachweisen.

[1275] Vgl. *Quoirin*, DRiZ 2003, 114.

[1276] Das bundesdeutsche Recht kennt keine Legaldefinition von „Folter"; eine solche findet sich aber in Art. 1 Abs. 1 Satz 1 des UN-Abkommens gegen Folter und andere grausame, unmenschliche oder erniedrigende Behandlung oder Strafe v. 10.12.1984 (BGBl. II 1990, S. 246), auf die nicht nur im völkerrechtlichen Kontext zurückgegriffen wird. Dort wird Folter „als jede Handlung [definiert], durch die einer Person vorsätzlich große körperliche oder seelische Schmerzen oder Leiden zugefügt werden, zum Beispiel um von ihr oder einem Dritten eine Aussage oder ein Geständnis zu erlangen, um sie für eine tatsächliche oder mutmaßlich von ihr oder einem Dritten begangene Tat zu bestrafen oder um sie oder einen Dritten einzuschüchtern oder zu nötigen, oder aus einem anderen, auf irgendeiner Art von Diskrimierung beruhenden Grund, wenn diese Schmerzen oder Leiden von einem Angehörigen des öffentlichen Dienstes oder einer anderen in amtlicher Eigenschaft handelnden Person, auf deren Veranlassung oder mit deren ausdrücklichen oder stillschweigendem Einverständnis verursacht werden." Vgl. zur Geschichte der Folter und zu einer näheren Konkretisierung des Folterbegriffs *Hilgendorf*, JZ 2004, 331 (332 ff., 334 f.).

[1277] Vgl. EGMR, NJW 2001, 56 und NJW 2001, 2001.

aaa) Keine Relativierung des Folterverbots aufgrund der Schutzpflicht aus Art. 2 Abs. 2 GG

Eine Auflockerung des Folterverbots erscheint auch in der rechtlichen Debatte nicht mehr als Tabubruch:
Unter Heranziehung der staatlichen Schutzpflichten aus Art. 2 Abs. 2 GG gegenüber dem bedrohten Menschenleben hat namentlich *Brugger* in mehreren Abhandlungen unter strenger Anwendung des Verhältnismäßigkeitsgrundsatzes[1278] für eine „Relativierung des absoluten Folterverbots in Ausnahmesituationen“ (Fallbeispiele: atomare Bedrohung der Bürger einer ganzen Stadt durch Terroristen, Entführungsfälle) plädiert, wenn Folter das einzige Mittel ist, um Menschenleben zu retten.[1279]

Diese, auf einer Abwägung von Menschenwürde und Leben beruhende Auffassung ist auf der Grundlage der bestehenden Verfassungsordnung nicht haltbar. Dieses Ergebnis ist bei einer näheren Betrachtung aber keineswegs so leicht begründbar, wie man vielleicht vermutet.[1280]
Widerlegbar ist zunächst jedenfalls die Auffassung, Menschenwürdeverletzungen könnten zur Rettung von Leben verfassungsrechtlich zulässig sein.
Sie ist mit der überragenden Bedeutung der Menschenwürde im Grundgesetz nicht zu vereinbaren. Die Menschenwürdegarantie steht nicht zufällig an erster Stelle des Grundgesetzes. Kein anderes Grundrecht wird für „unantastbar“ erklärt, was rigider ist als der Begriff „unverletzlich“, wie er sich z.B. in Art. 4 Abs. 1 GG und in Art. 10 Abs. 1 GG findet.[1281] Die Garantie der Menschenwürde unterscheidet sich vielmehr bereits normtextlich von den vorbehaltlos gewährleisteten Grundrechten und erst recht vom Grundrecht auf Leben, das gemäß Art. 2 Abs. 2 Satz 2 GG unter einfachem Gesetzesvorbehalt steht. Darüber hinaus wird sie von Art. 79 Abs. 3 GG als einziges Grundrecht ausdrücklich in Bezug genommen, womit jeder Änderung des Grundgesetzes der Boden entzogen wird, die den Gehalt der Menschenwürde „berührt“.[1282]

[1278] *Brugger* diskutiert die bedingt Zulässigkeit von Folter.für Fälle mit folgenden acht eingrenzenden Kriterien, JZ 2000, 165 (167): „Es liegt eine klare (1), unmittelbare (2), erhebliche Gefahr (3) für das Leben und die körperliche Integrität einer unschuldigen Person vor (4). Die Gefahr ist durch einen identifizierbaren Störer verursacht (5). Der Störer ist die einzige Person, die die Gefahr beseitigen kann, indem er sich durch Erteilung der lebensrettenden Information in die Grenzen des Rechts zurückbewegt... (6). Dazu ist er auch verpflichtet (7). Die Anwendung körperlichen Zwangs ist das einzig erfolgversprechende Mittel zur Informationserlangung (8).“

[1279] *Brugger*, JZ 2000, 165 (168 f.); *ders.*, VBlBW 1995, 446 ff.; *ders.*, Der Staat 35 (1996), 67 ff.; vgl. *dens.* zu den Frankfurter Ereignissen, FAZ vom 10.03.2003, S. 8.; vgl. *dens.* auch in einer Podiumsdiskussion „Darf der Staat foltern?“ mit *Bernhard Schlink* in der Humboldt Universität zu Berlin am 28.06.2001, in: http://www.humboldt-forum-recht.de/4-2002/Drucktext.html.

[1280] Vgl. zum Ganzen die sehr differenzierte Abhandlung von *Hilgendorf*, JZ 2004, 331 ff.

[1281] *Kunig*, in: v. Münch/Kunig, Art. 1, Rn. 26; *Pecher*, Verfassungsimmanente Schranke von Grundrechten, S. 64.

[1282] Vgl. *Kunig*, in: von Münch/Kunig, Art. 1, Rn. 4, 26.

Wenn auch das Grundrecht auf Leben und körperliche Unversehrheit aus Art. 2 Abs. 2 GG hochrangige Rechtsgüter beinhaltet und das Leben die Basis der Menschenwürde ist, so verbietet sich dennoch eine Gleichsetzung im normativen Rangverhältnis der beiden Grundrechte.[1283] Zwar stellt das Grundrecht auf Leben nach Aussage des BVerfG (ebenfalls) einen „Höchstwert" der Verfassung dar.[1284] Dieser Topos wird von ihm selbst aber durch die zutreffende Feststellung relativiert, das Grundrecht auf Leben genieße keinen ausnahmslosen Vorrang vor anderen Rechtsgütern.[1285]

Es besteht daher auch nicht der von *Brugger* angenommene Wertungswiderspruch zwischen finalem Todesschuß und Foltermaßnahmen, mit dem er staatliche Folter in Ausnahmefällen zu rechtfertigen versucht.[1286] Menschenwürde und Leben dürfen nicht gleichgesetzt werden. Leben stellt eine notwendige, aber keine hinreichende Bedingung für die Menschenwürde dar.[1287] Nicht jede Tötung eines Menschen tastet seine Würde an, sie kann vielmehr unter äußersten Umständen gerechtfertigt sein[1288], wie es beim finalen Rettungsschuß anerkannt ist.[1289] Ein rechtlicher Unterschied liegt darin, daß der Betroffene beim finalen Rettungsschuß seine Tötung und die Neutralisierung der von ihm ausgehenden konkreten Gefährdung „nur" zu dulden hat, während er in den oben beschriebenen Fällen Foltermaßnahmen ausgesetzt wird, um ihn durch die gezielte und systematische Brechung seines Willens zu einem aktiven Handeln, nämlich zu der erpreßten Aussage zu zwingen.[1290] Die Unantastbarkeit der Menschenwürde ächtet anders als das Recht auf Leben nicht nur den Erfolg, sondern gerade auch den spezifischen Modus eines Verhaltens.[1291] Auch deshalb besteht zwischen finalem Rettungsschuß und Foltermaßnahmen nicht nur ein quantitativer, sondern auch ein qualitativer Unter-

---

[1283] Vgl. *Fink*, Jura 2000, 210 (211).

[1284] BVerfGE 39, 1 (42); 46, 160 (164); 49, 24 (53).

[1285] BVerfGE 88, 203 (253 f.).

[1286] *Brugger*, JZ 2000, 165 (168 f.); *ders.*, Der Staat 35 (1996), 67 (75 ff.); ausdrücklich ablehnend *Wittreck*, DÖV 2003, 873 (878 f.).

[1287] *Dreier*, DÖV 1995, 1036 (1037), der sich insgesamt kritisch zu der „vorschnellen Identifikation von Lebensschutz und Würdeschutz" des BVerfG in den beiden Entscheidungen zum Schwangerschaftsabbruch (BVerfGE 39, 1; 88, 203) äußert. Vgl. auch *Hufen*, JZ 2004, 313 (317), m.w.N.

[1288] *Ipsen*, Staatsrecht II, Rn. 228; *Lerche*, FS Mahrenholz, 1994, S. 515 (519); *Lorenz*, HdbStR VI, § 128, Rn. 40; siehe auch *Stern*, Staatsrecht, Bd. III/2, S. 24: „Das Leben darf nur nicht menschenunwürdig angetastet werden."

[1289] *Dreier*, DÖV 1995, 1036 (1037); *Kunig*, Jura 1991, 415 (422 f.), *Fink*, Jura 2000, 210 (211 f.), jeweils m.w.N.; vgl. auch *Di Fabio*, JZ 2004, 1 (5 f.)

[1290] Vgl. zum Unterschied zwischen finalem Rettungsschuß und Folter auch den Vize-Präsident des BVerfG *Hassemer*, Spiegel-Online-Interview vom 27.2.2003, http://www.spiegel.de/politik/deutschland/0,1518,237980,00.html : „Der entscheidende Unterschied ist: Solche Handlungen greifen zwar auf das Leben zu, zerstören aber nicht die Würde des Menschen. Die Folter ist ein Angriff auf die Personalität, und das ist noch etwas viel Fundamentaleres als das Leben."

[1291] So *Höfling*, in: Sachs, GG, Art. 1, Rn. 11.

schied. Zudem wird man die Behauptung, Folter sei ein Minus zur Tötung schon damit widerlegen können, daß manche Menschen bereit sind, zur Verteidigung ihrer Würde ihr Leben zu riskieren. Es verbietet sich also, Foltermaßnahmen über ein argumentum a maiore ad minus für zulässig zu erachten.[1292]

Aufgrund dessen ist im Garantiebereich des Art. 1 Abs. 1 GG an der Identität von Eingriff und Verletzung festzuhalten. Die Menschenwürde ist nicht abwägungsfähig und jedenfalls nicht verfassungsimmanent durch die staatliche Schutzpflicht beschränkbar, die sich aus Art. 2 Abs. 2 GG ergibt.[1293]

Der Einsatz von Foltermethoden ist mithin verfassungsrechtlich verboten, auch wenn er das einzige Mittel sein sollte, um Menschenleben zu retten.[1294]

bbb) Keine Einschränkung des Achtungsanspruch aus Art. 1 Abs. 1 GG bei einer Kollision von Würde gegen Würde

Der Weg zu diesem eindeutigen Ergebnis geht allerdings an einem Problem vorbei, dessen Ausblendung auch die Diskussion um das absolute Folterverbot angreifbar reduzieren würde. Es stellt sich nämlich die Frage, ob Eingriffe in die Menschenwürde zumindest dann einer Abwägung unterworfen werden können, wenn sie gerade gegen den gerichtet sind, der seinerseits die Menschenwürde eines anderen verletzt. In diesem Fall plädieren zahlreiche Stimmen dafür, eine Abwägung und gegebenenfalls eine Einschränkung der Menschenwürde ausnahmsweise für verfassungsrechtlich erlaubt anzusehen, wenn ein milderes Mittel nicht zur Verfügung steht.[1295]

Dagegen wird die Möglichkeit einer Abwägung und Beschränkung des Art. 1 Abs. 1 GG von *Pieroth/Schlink* auch in dieser Fallgestaltung abgelehnt, „weil die einzelnen zwar mit ihren Interessen und Handlungen, aber nicht mit ihrer Menschenwürde in Konflikt geraten".[1296] Diese Auffassung verkennt aber die Konfliktlage. Es geht nicht unmittelbar um die Kollision zwischen der Menschenwürde zweier Grundrechtsträger. Vielmehr gerät der Staat in ein Dilemma, weil er gemäß Art. 1 Abs. 1 Satz 2 nicht nur die Menschenwürde (des Täters) „achten", sondern auch (die des Opfers) „schützen" muß und es sich mit dem Wortlaut der Verfassung nicht begründen läßt, daß er prinzipiell stär-

---

[1292] So aber *Brugger*, VBlBW 1995, 446; a.A. *ders.* jedoch in einer Podiumsdiskussion vom 28.06.2001, vgl. http://www.humboldt-forum-recht.de/4-2002/Drucktext.html, S. 4.

[1293] So auch das Ergebnis der stichhaltigen Analyse von *Wittreck* im Zusammenhang mit dem Folterverbot, DÖV 2003, 876 (877 ff. [878]); a.A. *von Münch*, Staatsrecht II, Rn. 306, der ausnahmsweise die Rechtfertigung eines Eingriffs in den Schutzbereich der Menschenwürde für möglich hält, um den Schutz des Grundrechts auf Leben zu sichern.

[1294] *Isensee*, Das Grundrecht auf Sicherheit, S. 46. Für ein nicht relativierbares Folterverbot ebenfalls u.a. *Pieroth/Schlink*, Grundrechte, Rn. 366; *Podlech*, AK-GG, Art. 1 Abs. 1, Rn. 73.

[1295] *Starck*, in: von Mangoldt/Klein/Starck, GG, Bd. 1, Art. 1 Abs. 1 , Rn. 31, 71; *Jarass*, in: ders./Pieroth, GG, Art. 1, Rn. 12; offengelassen von *Maunz/Zipellius*, Deutsches Staatsrecht, § 23 I 2, S. 173.

[1296] *Pieroth/Schlink*, Grundrechte, Rn. 365.

ker an das Achtungs- als an das Schutzgebot gebunden ist.[1297] Danach wäre das Dogma der ausnahmslosen Unabwägbarkeit der Menschenwürde in Frage gestellt. Selbst die Bewertung von staatlicher Folter könnte infolgedessen verfassungsrechtlich anders ausfallen.[1298] Denn in bestimmten Fällen steht nicht nur das Leben des Entführungsopfers zur Disposition, sondern auch seine Menschenwürde. Bei einem Menschenraub macht der Entführer sein Opfer zum Gegenstand einer Erpressung. Er instrumentalisiert dessen Persönlichkeit und degradiert es zum Mittel einer widerrechtlichen Zweckerreichung. Oftmals wird das Opfer zudem unter menschenverachtenden Bedingungen gefangengehalten und über einen ungewissen Zeitraum einer grausamen Todesangst ausgesetzt. Das Opfer ist hier nicht nur in seinem Leben oder seiner körperlichen Unversehrtheit, sondern auch in seiner Würde betroffen.[1299] In diesem Fall lebt die Verpflichtung des Staates zum Schutz des Opfers aus Art. 1 Abs. 1 S. 2 GG auf. Vermeintlich scheint also die Menschenwürde des Täters der Menschenwürde des Opfers gegenüberzustehen. Damit wäre die Auffassung widerlegt, daß eine solche Kollisionslage gar nicht vorstellbar sei.[1300]
Würde man auf diese Weise den Weg zu einer Abwägung ebnen, dürfte es – jedenfalls aus rechtsethischer Sicht – argumentativ nicht schwer fallen, den Schutzanspruch des unschuldigen Opfers dem Achtungsanspruch des Schwerverbrechers überzuordnen. Dies hätte zur Folge, daß staatliche Zwangsmaßnahmen bis hin zur Folter nicht nur als verfassungsrechtlich zulässig, sondern auch als zwingend geboten anzusehen wären.[1301]
Zwar kann auch dem Straftäter das Recht auf Achtung seiner Würde nicht abgesprochen werden[1302], weil ihm die Menschenwürde allein aufgrund seiner Menschqualität zukommt. Seine Rechte dürften aber in einer Abwägung mit der betroffenen Menschenwürde des Opfers auch deshalb zurücktreten müssen, weil er jederzeit in der Lage ist, die ihn betreffende Würdeverletzung sofort selbst zu beenden, indem er die von den staatlichen Organen zur Gefahrenabwehr verlangte Information preisgibt.

Auch wenn dieses, über den beschriebenen Weg gefundene, Ergebnis in Ausnahmesituationen auf moralisches Verständnis treffen wird, ist es nicht haltbar. Recht und Moral kann hier nicht in Übereinstimmung gebracht werden.[1303]

[1297] *Winkler*, Kollisionen verfassungsrechtlicher Schutznormen, S. 268; für die Gleichrangigkeit von Achtungs- und Schutzanspruch auch *Maunz/Zippelius*, § 23 I 2, S. 173.

[1298] Vgl. *Wittreck*, DÖV 2003, 873 (879 f.).

[1299] Die Annahme einer Würdeverletzung in diesen Fällen begründet überzeugend Wittreck, ebenda.

[1300] So aber *Kunig*, in: von Münch/Kunig, GG, Bd. 1, Art. 1, Rn. 8; zutreffend dagegen *Dreier*, in: ders., GG, Bd. I, Art. 1 I, Rn. 133.

[1301] Diese folgerichtige Konsequenz zieht *Brugger*, JZ 2000, 165 (171).

[1302] BVerfGE 72, 105 (115).

[1303] Vgl. *Schlink*, Podiumsdiskussion vom 28.06.2001, http://www.humboldt-forum-recht.de/4-2002/Drucktext.html, S.6. Den Konflikt führt *Miehe*, NJW 2003, 1219 (1220), anschaulich

Zum einen geht der Ansatz, der eine Kollision von Würde gegen Würde ausmacht, von der unrichtigen Annahme abwägungsfähiger und gleichwertiger Pflichten aus.[1304] Zum anderen ist er rechtsstaatlich anfechtbar, weil er mit eindeutigen Aussagen des Grundgesetzes nicht zu vereinbaren ist:
Die Anwendung von Gewalt zur Aussageerpressung ist verfassungsrechtlich absolut verboten. Gemäß Art. 104 Abs. 1 Satz 2 GG, der als grundrechtsgleiches Recht das Schutzgebot der Menschenwürde aus Art. 1 Abs. 1 GG konkretisiert und damit ebenso unantastbar ist[1305], dürfen festgehaltene Personen weder seelisch noch körperlich mißhandelt werden. Damit trifft die Verfassung eine unmißverständliche Aussage über einen Kernbereich der Menschenwürde, der unbeschadet irgendeiner außerrechtlichen Vorstellung von Verhältnismäßigkeit keiner Relativierung im Wege der Auslegung oder durch den einfachen Gesetzgeber zugänglich ist.[1306] Daran kann auch die formale Kollision zwischen Achtungs- und Schutzgebot der Menschenwürde nichts ändern. Der Zweck heiligt nicht immer und nicht jedes Mittel. Ganz Abgesehen von einer ständig drohenden Mißbrauchsgefahr[1307], tastet das eingesetzte Mittel – Folter – unstreitig einen Kernbereich der Menschenwürde an. Das darf unter keinen Umständen, auch nicht zum Zwecke der Erfüllung einer staatlichen Schutzpflicht oder unter Berufung auf ein verständliches Motiv, relativiert werden.[1308] Der Staat ist zwar zu einem effizienten Schutz der Menschenwürde verpflichtet, darf sich zur Erfüllung dieser Verpflichtung aber nur verfassungskonformer Mittel bedienen. Staatliches Handeln, das die Menschenwürde verletzt, wird dem nicht gerecht. Das darf auch nicht durch den verfolgten Zweck, mag er auch noch so hehr und dringlich sein, zur Diskussion gestellt werden.
Das Schutzgebot zugunsten der Würde eines Privaten darf also nicht durch einen Eingriff in den Achtungsanspruch eines anderen Bürgers realisiert werden.[1309] Die Schutzpflicht des Staates, auch wenn sie sich in Art. 1 Abs. 1 Satz 2 GG verorten läßt, ist damit im Gegensatz zum Achtungsanspruch der Men-

---

vor Augen: „Gleichwohl müssen wir uns fragen, ob unsere Abwehr, unser Wunsch mit „solchen Dingen“ (scil.: Folter) nichts zu tun zu haben, ein zureichender Grund dafür ist, ein Opfer sterben zu lassen, obwohl vielleicht ein zwar schmerzhafter, aber nicht mit weiteren körperlichen Folgen verbundener Zugriff auf den Täter zur Verfügung steht.“

1304 *Welsch*, BayVBl. 2003, 481 (484).

1305 *Degenhart*, in: Sachs, GG, Art. 104, Rn. 45.

1306 *Podlech*, AK-GG, Bd. 1, Art. 1 Abs. 1, Rn. 45 und Bd. 3, Art. 104, Rn. 40.; vgl. auch *Jarass*, in: ders./Pieroth, GG, Art. 104, Rn. 7: „striktes, vorbehaltloses Verbot elementarer, durch nichts zu rechtfertigender Eingriffe“; vgl. auch den Entschließungsantrag der FDP-Fraktion im Hessischen Landtag vom 29.04.2003, Drucks. 16/65.

1307 Vgl. nur *Zizek*, Die Zeit, Nr. 50/2001, S. 54: „Der Gedanke man könne die Folter auf einem 'vertretbaren' Maß halten (...), ist eine liberale Illusion - und zwar die schlimmste. Jede konsequente ethische Handlung muss eine derartige pragmatische-utilitaristische Argumentation ablehnen.“

1308 Ebenso *Hecker*, KJ 2003, 210 (213 f.); *Lerche*, FS Mahrenholz, 1994, S. 515 (519).

1309 So auch *Merten*, JR 2003, 404 (407); für einen Vorrang der Achtungs- vor der Schutzpflicht auch *Wahl/Masing*, JZ 1990, 553 (559); *Welsch*, BayVBl. 2003, 481 (484 f.).

schen folglich relativierbar.[1310] Es handelt sich nicht um rechtlich gleichrangige Pflichten.
Deutlich wird dies auch in der sog. „Schleyer-Entscheidung“ des BVerfG. Dort hat das Gericht aus Art. 2 Abs. 2 Satz 1 GG i.V.m. Art. 1 Abs. 1 Satz 2 GG eine „umfassende“ staatliche Schutzpflicht hergeleitet, die dem Staat gebiete, sich schützend und fördernd vor bedrohtes Leben zu stellen.[1311] Dies ist aber keine absolute Pflicht. Der Staat hat in der Wahl seiner Mittel Spielräume. Selbst wenn das Ziel des effektiven Lebensschutzes die Freiheit in der Wahl der Mittel in besonders gelagerten Situationen auf ein bestimmtes Mittel verengen kann, so kann dem einzelnen aus gesamtgesellschaftlichen Gründen durchaus eine persönliche Aufopferung zugemutet werden, wenn andernfalls das Gemeinwesen erheblichen Schaden nehmen kann.[1312] Aus diesem Grund hat das BVerfG den Eilantrag der Angehörigen Hans Martin Schleyers abgelehnt, die bis dahin unnachgiebige Bundesregierung zu verpflichten, den Forderungen der RAF-Terroristen nachzugeben, um das Leben Schleyers zu retten. Der Staat durfte sich nicht erpressbar machen, um nicht den effektiven Schutz seiner Bürger in ihrer Gesamtheit zu gefährden.

Würde man den Absolutheitsanspruch auch auf die staatliche Schutzpflicht erstrecken, müßte konsequenterweise sogar ein gerichtlich einklagbarer Anspruch naher Angehöriger auf die Vornahme von Folter gegen den Straftäter bejaht werden[1313], der den Staat zu einem aktiven Eingriff in die Menschenwürde zwingen würde. Dafür existiert im Rahmen der bestehenden Rechtsordnung jedoch keine gesetzliche Eingriffsgrundlage. Eine Handlungsbefugnis läßt sich nicht allein aus Art. 1 Abs. 1 GG herleiten. Staatliche Schutzpflichten sind zwar in den Grundrechten angelegt, sie bedürfen aber grundsätzlich der Konkretisierung durch eine einfachgesetzliche Ermächtigungsnorm.[1314] Eine solche besteht aber nicht. Insbesondere verbieten sowohl das geltende Polizeirecht der Länder Foltermaßnahmen zum Zwecke der Gefahrenabwehr (vgl. z.B. § 55 Abs. 2 PolG NW) als auch die StPO zur repressiven Strafverfolgung (vgl. § 136 a StPO[1315]). Die genannten Normen bestätigen die verfassungsrechtliche Vorgabe des Art. 104 Abs. 1 S. 2 GG und lassen keinen Ansatz für

---

[1310] So auch *Schilling*, KritV 82 (1999), 452 (471 in Fn. 132).
[1311] BVerfGE 46, 160 (164).
[1312] BVerfGE 46, 160 (164 f.).
[1313] Folgerichtig *Brugger*, JZ 2000, 165 (171); vgl. *dens.*, http://www.humboldt-forum-recht.de/4-2002/Drucktext.html, S. 5. Es ließen sich noch weitere Rechtsfolgen diskutieren, die die Problematik verdeutlichen, z.B.: Müßte der Vollzugsbeamte, der sich trotz der Weisung seines Dienstvorgesetzten weigert, Folter anzuwenden, disziplinarisch verfolgt werden?
[1314] *Wahl/Masing*, JZ 1990, 553 (557 ff.).
[1315] Nach der unmißverständlichen Entscheidung des LG Frankfurt, StV 2003, 325, führt § 136 a StPO dazu, daß jedenfalls die unter Androhung von Folter erfolgte Vernehmung des Angeklagten Magnus G. nicht verwertbar ist. Siehe dazu eingehend die Anmerkung von *Weigend*, StV 2003, 436 ff.

die Beschränkung des absoluten Folterverbots zugunsten einer Aussageerpressung zu. Das ist weitgehend unumstritten.[1316] Die Einführung einer gesetzlichen Ermächtigung zur Anwendung von Folter wäre angesichts der eindeutigen verfassungsrechtlichen Lage zum Scheitern verurteilt.

Dieses Ergebnis wird durch die zahlreichen völkerrechtlichen Verpflichtungen bestätigt, die unmißverständlich ein absolutes und „notstandsfestes" Folterverbot proklamieren und an die die Bundesrepublik Deutschland gebunden ist.[1317]
Insgesamt ist die Rechtslage damit so eindeutig, daß man keine Wertungslücke behaupten kann, die den Weg zu einer Relativierung des Folterverbots durch eine teleologische Reduktion der das Verbot postulierenden Normen öffnen könnte.[1318] Mag dieses Ergebnis in extremen Ausnahmefällen menschlich unverständlich erscheinen, so ist es das einzige, das einem freiheitlichen Rechtsstaat gerecht wird. Eine Relativierung des Folterverbots würde dieses langsam aushöhlen, weil die Grenze zwischen „erlaubter" und „unerlaubter" Folter in der Praxis kaum zu ziehen ist.

Eine andere, hier offen bleibende Frage ist, ob das rechtswidrige staatliche Verhalten auch strafrechtliche Sanktionen für den konkret handelnden Amtswalter (Polizist, Staatsanwalt etc.) nach sich ziehen muß (§§ 223 ff.; § 343 StGB) oder ob er sich im Einzelfall auf Rechtfertigungs- bzw. Entschuldigungsgründe berufen kann.[1319] Es lassen sich dafür tragfähige Gründe vorbringen.[1320] Diese Überlegungen beschränken sich aber auf die Frage der persönlichen Strafbarkeit und dürfen nicht die notwendige Differenzierung zwi-

---

[1316] Siehe nur *Kretschmer*, Recht und Politik 2003, 102 (104).

[1317] Normierte Aussagen über die völkerrechtliche Ächtung der Folter ergeben sich u.a. aus: Art. 3 EMRK, wonach niemand der Folter oder unmenschlicher oder erniedrigender Strafe unterworfen werden darf, selbst in Notstandslagen nicht (vgl. Art. 15 Abs. 2 EMRK). Den sich daraus ergebende absolute Charakter des Folterverbots verdeutlicht EGMR, NJW 2001, 56 (59). Konkretisierungen hat das Folterverbot der EMRK erfahren durch Art. 2, 3, 16 des UN-Übereinkommens gegen Folter und andere grausame, unmenschliche oder erniedrigende Behandlung oder Strafe v. 10.12.1984 (BGBl. II 1990, S. 246), wobei insbesondere der dortige Art. 2 Abs. 2 die Absolutheit des Folterverbots verdeutlicht: „Außergewöhnliche Umstände gleich welcher Art, (...), dürfen nicht als Rechtfertigung für Folter geltend gemacht werden." Vgl. auch das Europäische Übereinkommen zur Verhütung von Folter und unmenschlicher oder erniedrigender Behandlung v. 26.11.1987 (BGBl. II 1989, S. 946). Auch Art. 7 des Internationalen Paktes über bürgerliche und politische Rechte v. 19.12.1966 (BGBl. II 1973, S. 1533) verbietet Folter sowie grausame, unmenschliche oder erniedrigende Behandlung. Schließlich entspricht Art. 4 der Charta der Grundrechte der Europäischen Union vom 18.12.2000, Amtsbl. EG C 364/1, dem gleich lautenden Art. 3 EMRK.

[1318] So aber mit Blick auf Art. 3 EMRK *Brugger*, JZ 2000, 165 (169 f.); *ders.*, VBlBW 1995, 414, 446 ff. (449 f.); *ders.*, Der Staat 35 (1996), 67 (78 ff.).

[1319] Eingehend dazu *Kretschmer*, Recht und Politik 2003, 102 (104 ff.).

[1320] Vgl. zur Frage der strafrechtlichen Rechtfertigung *Wittrek*, DÖV 2003, 873 (876 f.).

schen (strafrechtlicher) Rechtfertigung und (exekutiver) Handlungsermächtigung verwischen. Da Notwehr- und Notstandsnormen zu einer Begrenzung staatlicher Macht und nicht zu deren Erweiterung führen[1321], kann man aus ihnen keine Eingriffsermächtigung herleiten, die das sich aus der Verfassung ergebende absolute Folterverbot aufweichen würde.[1322]

ccc) Ergebnis: Keine Relativierung des Folterverbots

Das Folterverbot gilt kategorisch und kann durch keine denkbare Zielsetzung legitimiert werden. Das Achtungs- und das Schutzgebot der Menschenwürde aus Art. 1 Abs. 1 Satz 2 GG sind nicht gleichrangig. Während der Achtungsanspruch absolut wirkt, muß der Würdeschutz in Ausnahmefällen preisgegeben werden, wenn er nur durch staatliche Eingriffe in die Menschenwürde realisiert werden kann.

dd) Zusammenfassung

Die Menschenwürde ist unbegrenzbar und keinen Abwägungen zugänglich, die zu einer Rechtfertigung von Eingriffen in den Gewährleistungsbereich der Menschenwürde führen können. Die Unantastbarkeit der Menschenwürde zwingt zur Identität von Eingriffs- und Verletzungsgrenze.

b) Die Notwendigkeit von Abwägungen zur Konkretisierung des Würdebegriffs

Es ist unüblich, sich einer Norm zunächst von den Rechtsfolgen her zu nähern, ohne vorher ihre Tatbestandsvoraussetzungen zu bestimmen. Das Verständnis von der Unantastbarkeit der Menschenwürde determiniert aber maßgeblich den Begriff und den Inhalt der Menschenwürde.
Hält man nämlich an dem ausnahmslosen Dogma der Unabwägbarkeit und Unbegrenzbarkeit der Menschenwürde fest, stellt sich das grundlegende Problem, wie sich die Menschenwürde als unbeschränkbares subjektives Recht überhaupt in die Rechtsordnung integrieren läßt.[1323] Wenn sie keinen Begrenzungen unterworfen ist und ihre Beeinträchtigung zugleich eine Verletzung ihrer Garantie darstellt, wird man mit der Annahme von Menschenwürdeverletzungen restriktiv umgehen müssen.[1324] Um andere verfassungsrechtliche Güter aufgrund des Absolutheitsanspruchs der Menschenwürde nicht zu sehr zurückzudrängen, ist ihre Verletzung nur dann anzunehmen, wenn Eingriffe unter keinen Umständen rechtfertigungsfähig erscheinen.[1325] Infolgedessen muß der Gewährleistungsgehalt der Menschenwürde eng ausgelegt werden, damit sich nicht Ausnahmen zum absoluten Anspruch der Menschenwürde

---

1321 *Kirchhof*, NJW 1978, 969.
1322 So auch *Hecker*, KJ 2003, 210 (214 f.); vgl. dagegen zu einer Heranziehung der §§ 32, 34 StGB *Hilgendorf*, JZ 2004, 331 (338 f.), m.w.N.
1323 Vgl. *Enders*, Die Menschenwürde in der Verfassungsordnung, S. 107 f.
1324 *Herdegen*, in: Maunz/Dürig, GG, 2003, Art. 1 Abs. 1 GG, Rn. 41; *Höfling*, in: Sachs, GG, Art. 1, Rn. 18.
1325 So *Sachs*, Verfassungsrecht II, B 1, Rn. 30.

aufdrängen.[1326] Er ist beschränkt auf den absoluten Kernbereich menschlicher Existenz.[1327] Das ruft den nicht von der Hand zu weisenden Einwand von *Kloepfer* hervor, daß die Menschenwürde in ihrer normativen Bedeutung praktisch wertlos werden könne.[1328] Die oben vorgestellten Alternativen, nach denen die Menschenwürde in ihrem Gehalt weiter zu fassen und außerhalb ihres Kernbereichs offen für Beschränkungen ist, die also zwischen Menschenwürde im weiteren und im engen Sinne unterscheiden[1329], lassen sich mit der normativen Ausgestaltung der Menschenwürdegarantie und dem Postulat der Unantastbarkeit jedoch nur schwer vereinbaren.[1330] Zudem besteht die Gefahr, daß der Menschenwürdegedanken inflationär gebraucht wird mit der Folge, daß Art. 1 Abs. 1 GG seine Bedeutung als Fundamentalnorm unserer Rechtsordnung verliert.[1331] Gleichwohl offenbart sich – wie *Höfling* zu Recht darlegt – ein Konkretisierungsdilemma: „Beides zusammen – also: große praktische Relevanz und absoluter Bedingtheitsanspruch – ist nicht zu haben."[1332] Es bleibt abzuwarten, wie sich die Grundrechtsdogmatik insbesondere im Hinblick auf die mit dem Fortschritt technischer Entwicklungen wachsenden praktischen Probleme ausrichten wird.[1333]

Beläßt man es beim kategorischen Normbefehl des Art. 1 Abs. 1 GG, bleibt die Frage, was im Zuge einer restriktiven Auslegung vom Gewährleistungsinhalt der Menschenwürde praktisch übrigbleibt und wie dieser zu bestimmen ist. Dabei kann hier nicht auf die zahlreichen aktuellen Probleme eingegangen werden, wie z.B. auf die vor allem im Zusammenhang mit neuen Biotechnologien entbrannte Diskussion, wann im normativen Sinne menschliches Leben beginnt und wann ihm Würde zukommt.[1334]

Allgemein lassen sich abstrakte Festlegungen des materiellrechtlichen Gehalts des Art. 1 Abs. 1 GG kaum vornehmen, da es sich bei „Menschenwürde" um einen im hohen Maße unbestimmten Rechtsbegriff handelt.[1335] Einer abschlie-

---

[1326] *Lerche*, FS Mahrenholz, 1994, S. 515 (519 f.).

[1327] *Höfling*, in: Sachs, GG, Art. 1, Rn. 16; *ders.*, JuS 1995, S. 857 (860): Schutz vor „schweren Beeinträchtigungen elementarer Persönlichkeitskomponenten".

[1328] *Kloepfer*, Festgabe BVerfG, Bd. 2, 1976, S. 405 (411); *ders.*, FS 50 Jahre BVerfG, Bd. 2, 2001, S. 77 (101); vgl. auch *Blankenagel*, KJ 1987, 379 (388),

[1329] *Borowski*, Grundrechte als Prinzipien, S. 221 ff.

[1330] Vgl. explizit zu der Neukommentierung von *Herdgen* im Maunz/Dürig die kritische Stellungnahme von *Böckenförde*, in. FAZ v. 3.9.2003, S. 33: „Ein so gesehener Würdeschutz ist für viele Abstufungen und Variationen offen. Über seine eigene Relativierung führt er notwendig auch zur Relativierung der Unabdingbarkeit der Menschenwürde selbst, wiewohl der Anschein erweckt wird, diese bestünde fort."

[1331] Vgl. *Di Fabio*, JZ 2004, 1 (6).

[1332] *Höfling*, JuS 1995, 857 (859).

[1333] Einen guten Überblick über aktuelle Anwendungsfälle bieten *Hufen*, JZ 2004, 313 (317 ff.) und *Böckenförde*, JZ 2003, 809 (813 ff.).

[1334] Vgl. dazu nur *Enders*, Jura 2003, 666 ff. und *Böckenförde*, JZ 2003, 809 ff.

[1335] Bezeichnend *Häberle*, HdbStR II, § 22, Rn. 46: „Trotz der großen Rechtsprechungstradition ist keine ausreichend gehaltene 'handliche' Formulierung für das, was Menschenwürde sein soll, erkennbar.".

ßenden positiven Definition ist der Begriff der Menschenwürde daher nicht ohne weiteres zugänglich. [1336] Zur Konkretisierung des Würdebegriffs und zur Feststellung von Würdeverletzungen sind vielmehr Wertungen und Abwägungen erforderlich. Aus der Absolutheit der Menschenwürde folgt also nicht die Absolutheit ihres Begriffes.[1337] Auch das BVerfG betont, daß der Begriff situationsabhängig konkretisiert werden müsse; nicht generell lasse sich ausdrücken, unter welchen Umständen die Menschenwürde verletzt sein könne, „sondern immer nur in Ansehung des konkreten Falles".[1338] Letztlich geht es also nicht darum, positiv zu bestimmen, was abstrakt „Würde" darstellt, sondern welche Eigenschaften einen Vorgang als würdeverletzend qualifizieren.[1339] Der Inhalt der Menschenwürdegarantie wird also vom Vorgang des Eingriffs her definiert.[1340] Dieser Blickwinkel der Prüfung führt dogmatisch zum Übergang von der Schutzbereichs- zur Eingriffsebene.[1341]

An den Versuch, den materiellen Inhalt der Menschenwürde von ihrer Beeinträchtigung her zu erfassen, knüpft auch die maßgeblich von *Dürig*[1342] entwickelte und vom BVerfG regelmäßig aufgegriffene Objektformel[1343] an. Danach ist die Menschenwürde dann verletzt, wenn ein Mensch zum bloßen Objekt gemacht, also „zu einem bloßen Mittel, zur vertretbaren Größe herabgewürdigt wird."[1344]

Die Bewertung des Verletzungsvorgangs auf der Grundlage dieser recht unbestimmten Formel[1345], die weniger eine Subsumtionsformel ist als eher eine erste Annäherung ermöglicht[1346], läßt sich ebenfalls oftmals nur anhand einer

---

[1336] Zu den verschiedenen Ansätzen, die Menschenwürde positiv zu umschreiben, *Herdegen*, in: Maunz/Dürig, GG, 2003, Art. 1 Abs. 1, Rn. 31; *Dreier*, in: ders., GG, Bd. I, Art. 1 I, Rn. 54 ff, jeweils m.w.N.

[1337] Vgl. *Enders*, Die Menschenwürde in der Verfassungsordnung, S. 108, der von der Notwendigkeit „begriffsimmanenter Beschränkungen" spricht, um ein Ausufern des subjektivrechtlichen Würdeschutzes zu verhindern.

[1338] BVerfGE 30, 1 (25); daran anknüpfend BVerfG, NJW 1993, 3315.

[1339] So *Kunig*, in: von Münch/Kunig, GG, Bd. 1, Art. 1, Rn. 22; ähnlich BVerfG, NJW 1993, 3315: „Was den Grundsatz der Unantastbarkeit der Menschenwürde angeht, so hängt alles von der Festlegung ab, unter welchen Umständen sie verletzt sein kann."

[1340] *Hufen*, JZ 2004, 313 (317); Siehe umfassend zu einer Definition der Menschenwürde vom Verletzungsvorgang her *Enders*, Die Menschenwürde in der Verfassungsordnung, S. 20 ff., m.w.N.

[1341] *Höfling*, in: Sachs, GG, Art. 1, Rn. 15.

[1342] *Dürig*, AöR 81 (1956), 117 (127); *ders.*, in: Maunz/Dürig, GG, 1958, Art. 1 Abs. 1, Rn. 28, 34.

[1343] Siehe nur BVerfGE 50, 166 (175); 57, 250 (275); 72, 105 (118); 87, 209 (228); 96, 375 (399).

[1344] *Dürig*, AöR 81 (1956), 117 (127).

[1345] Eingehende Kritik bei *Hoerster*, JuS 1983, 93 ff.; siehe auch *Hofmann*, AöR 118 (1993), 353 (360).

[1346] Vgl. BVerfGE 30, 1 (25).

Abwägung im Einzelfall vornehmen.[1347] Dadurch läßt sich nicht vermeiden, daß der „Schutzbereich“[1348] des Art. 1 Abs. 1 GG diffus ist.
Eine Orientierung, wann Würdeverletzungen anzunehmen sind, bieten die vom BVerfG genannten „Regelbeispiele“, mit denen der Würdebegriff negativ definiert wird. Dazu gehören Eingriffe wie die „Erniedrigung, Brandmarkung, Verfolgung, Ächtung“[1349] oder das Verbot grausamer, unmenschlicher und erniedrigender Strafen.[1350] Der Mensch wird in diesen Fällen einer Behandlung ausgesetzt, „die seine Subjektqualität prinzipiell in Frage stellt“.[1351] Die Menschenwürde reduziert sich damit auf einen engen Bereich; sie wirkt „als eine Art letzte Verteidigungsrichtlinie gegen Tabuverletzungen“.[1352] Nur eine derart restriktive Auslegung festigt den absoluten Stellenwert, den die Verfassung Art. 1 Abs. 1 GG zuschreibt.

c) Die „Schutzbereichslösung“ als Folge des Absolutheitsanspruchs der Menschenwürdegarantie

Die umfangreiche Analyse der Menschenwürdenorm läßt einen vergleichsweise knapp begründbaren Rückschluß auf ihre Bedeutung für die Begrenzung kollidierender Freiheitsbetätigungen anderer zu.
Zwar wird sich die fundamentale Garantie der Menschenwürde auch auf der Basis des von der herrschenden Meinung favorisierten Abwägungsmodells des BVerfG als vorrangiges Rechtsgut behaupten können.[1353] Die Grundstruktur dieses Modells, nämlich der durch Abwägung anzustrebende schonende Ausgleich zwischen kollidierenden Schutzgütern, wird dem absoluten Charakter der Menschenwürde aber nicht gerecht. Die unantastbare Menschenwürde kann nicht mit anderen Rechtsgütern kollidieren. Es wäre unredlich, ein Rechtsgut, das stets und ausnahmslos Vorrang genießt, mit anderen Rechtsgütern abzuwägen.[1354] Die absolute Vorrangstellung der Menschenwürde wäre damit in Frage gestellt. Würdeverletzendem Verhalten darf nicht der Rang eines abwägungsfähigen Verfassungsrechtsguts zukommen.
Darüber hinaus kann Menschenwürde auch nicht mit anderen Rechtsgütern schonend ausgeglichen werden. Das hieße ebenfalls, sie zu relativieren. Folg-

---

[1347] *Muckel*, FS Schiedermair, 2001, S. 347 (357); zur problematischen Anwendung der Objektformel z.B. im Zusammenhang mit der Präimplanationsdiagnostik vgl. *Faßbender*, NJW 2001, 2745 (2749).

[1348] Der Begriff „Schutzbereich“ verträgt sich eigentlich nicht mit dem besonderen Charakter der Menschenwürdenorm, da sie sich eben nicht in das übliche Schema „Schutzbereich-Eingriff-Schranke“ einfügen läßt.

[1349] BVerfGE 1, 97 (104); aus jüngster Zeit: BVerfG, JZ 2003, 622 (623); ähnlich auch BayVerfGH, BayVBl 1982, 47 (50).

[1350] BVerfGE 45, 187 (228).

[1351] So die Umschreibung der Objektformel in BVerfG 30, 1 (26); ebenso BVerfGE 87, 209 (228).

[1352] So *Höfling*, ZfL 2002, 34 (37).

[1353] *Herdegen*, Gewissensfreiheit und Normativität des positiven Rechts, S. 280; *Muckel*, Religiöse Freiheit und staatliche Letztentscheidung, S. 215.

[1354] So auch eindringlich *Wahl*, Freiburger Universitätsblätter 1987, 19 (28).

lich darf die Menschenwürde an dem für die weite Tatbestandstheorie charakteristischen „Spiel vom Grund und Gegengrund" nicht beteiligt werden.[1355] Eine Differenzierung zwischen „Prima-facie-Würde" und „definitiver Würde" ist ausgeschlossen.
Viel besser fügt sich die unantastbare Garantie des Art. 1 Abs. 1 GG in ein enges Tatbestandsmodell ein. Das heißt: Die Verletzung der Menschenwürde ist als schutzbereichsimmanente Grenze für Verhaltensweisen jedweder Art zu begreifen.[1356] Die anderen Grundrechte stehen also unter dem tatbestandlichen Vorbehalt, daß ihre Ausübung die Menschenwürde anderer nicht verletzen.[1357] Wenn auch die Frage, ob ein Verstoß gegen die Menschenwürde vorliegt, oftmals nur anhand einer Abwägung beantwortet werden kann, so ist sie dennoch nicht auf der Schranken-, sondern auf der Schutzbereichsebene anzusiedeln. Bei dieser Form der Abwägung handelt es sich stets um die Begrenzung grundrechtlicher Verwirklichung durch die im Einzelfall zu ermittelnde, insoweit aber unverrückbare Größe der Menschenwürde eines anderen.[1358] Auch wenn dadurch der Umfang des Schutzbereichs des Art. 1 Abs. 1 GG einzelfallabhängig wird, ist das die Lösung, die der herausragenden Stellung der Menschenwürde und ihrer Unantastbarkeit gerecht wird.[1359] Voraussetzung dafür ist allerdings, daß der Gewährleistungsgehalt der Menschenwürde in der beschriebenen Weise eng gefaßt wird.
Zwar betrachtet das BVerfG die Menschenwürde anderer nicht ausdrücklich als schutzbereichsimmanente Grenze der Grundrechtsausübung, läßt aber durchblicken, daß sie sich nicht in das übliche Muster der Kollisionslösung integrieren läßt. Es versteht die Menschenwürde ebenfalls als eine absolute Schranke ohne die Möglichkeit eines Güterausgleichs.[1360] In jüngerer Zeit spricht das BVerfG in der „Benetton-Werbung-II-Entscheidung" noch klarer von der „absoluten Grenze" der Menschenwürde, bei deren Verletzung „die sonst notwendige Rechtfertigung des Eingriffs in die Meinungsfreiheit (...) ent-

---

[1355] Das erkennt auch *Höfling*, JuS 1995, 857 (859), als pronouncierter Verfechter der weiten Tatbestandstheorie an und wendet sich damit zugleich gegen Ansätze, die Rechtmäßigkeit von Eingriffe der Menschenwürde anhand der Verhältnismäßigkeit zu beurteilen; vgl. *denselben*, ZfL 2002, 34 (37): Die Eigengeartetheit der Menschenwürde gegenüber den anderen Grundrechten spreche für ein enges Tatbestandsverständnis; ähnlich *von Arnauld*, Die Freiheitsrechte und ihre Schranken, S. 45 ff., der ebenfalls den absoluten Schutz des Art. 1 Abs. 1 GG zumindest im Ergebnis als Ausnahme zum ansonsten strikten Regel-Ausnahme-Prinzip der weiten Tatbestandstheorie ansieht; im Ergebnis a.A. *Borowski*, Grundrechte als Prinzipien, S. 224.

[1356] Ebenso *Schwarz*, BayVBl. 2003, 326 (330), der jedoch Menschenwürdeverletzungen als restriktiven Maßstab für einen allgemeinen (tatbestandlichen) Friedlichkeitsvorbehalt heranziehen möchte.

[1357] *Schilling*, KritV 82 (1999), 452 (466).

[1358] So zutreffend *Pabst*, NJW 2002, 999 (1001).

[1359] *Muckel*, FS Schiedermair, 2001, S. 347 (357).

[1360] BVerfGE 75, 369 (380).

fällt".[1361] Mit anderen Worten: Die Menschenwürde ist keine verfassungsimmanente Schranke, sondern begründet einen apriorischen Grundrechtsausschluß für Verhaltensweisen, die würdeverletzend sind. Sie hat Geltung für alle Freiheitsgrundrechte, stellt also eine allgemeine Grenze der Freiheitsausübung dar. Würdeverletzungen anderer Menschen genießen daher z.B. weder im Zusammenhang mit künstlerischen Aktionen[1362] noch im Zusammenhang mit Religionsausübungen Grundrechtsschutz nach Art. 5 Abs. 3 GG bzw. Art. 4 Abs. 1 GG. Sie werden auch nicht von der allgemeinen Handlungsfreiheit erfaßt. Bereits der Schutzbereich des Art. 2 Abs. 1 GG wird durch die Menschenwürde restringiert. Das Dogma des lückenlosen Grundrechtsschutzes erfährt also eine weitere Ausnahme.

d) Ergebnis

Wer durch sein Verhalten die Menschenwürde eines anderen verletzt, genießt von vornherein keinen Grundrechtsschutz. Die Menschenwürde markiert damit eine weitere schutzbereichsimmanente Grenze der Grundrechtsausübung. Sie ist ein Baustein für eine enge Tatbestandstheorie bzw. für eine Schutzbereichslösung.

2. Die „Rechte anderer" im allgemeinen als schutzbereichsimmanente Grenze der Grundrechtsausübung

Dem Neminem-laedere-Gebot als Anknüpfungspunkt für einen bereits tatbestandlichen Grundrechtsausschluß bestimmter Verhaltensweisen konnte bisher nur partiell Bedeutung beigemessen werden. Es schließt Handlungen aus, die die Menschenwürde eines anderen verletzen oder die sich gewalttätig gegen Dritte richten. Nunmehr ist zu untersuchen, ob und gegebenenfalls unter welchen Voraussetzungen den „Rechten anderer" darüber hinaus eine allgemeine, d.h. schutzbereichsübergreifende Funktion zur Bestimmung des Gewährleistungsumfangs der Freiheitsrechte zu entnehmen ist.

a) Keine unzulässige Übertragung der Schranke des Art. 2 Abs. 1 GG

Diese einleitenden Überlegungen werfen unmittelbar die Frage auf, wie sie sich mit der expliziten Schrankentrias des Art. 2 Abs. 1 GG vertragen. Die „Rechte anderer" werden dort als eine Schranke der allgemeinen Handlungsfreiheit genannt. Ihre Heranziehung zur Begründung einer allgemeinen Grundrechtsbegrenzung könnte einer Schrankenleihe gleichkommen, die bereits an anderer Stelle wegen der Mißachtung der speziellen Begrenzungsvorbehalte

---

[1361] BVerfG, NJW 2003, 1303 (1304); dagegen spricht die 1. „Benetton-Werbung-Entscheidung" davon, daß die Menschenwürde „Beschränkungen der Meinungsfreiheit (...) rechtfertigt", siehe BVerfGE 102, 347 (366 f.). Auch hier offenbaren sich also wieder terminologische Unterschiede, die Ausdruck scheinbar abweichender Konstruktionen von Grundrechtsbegrenzungen sind.

[1362] Vgl. *Dierksmeier*, JZ 2000, 883 (887 f.), der sich explizit für eine Schutzbereichsrestriktion der Kunstfreiheit im Falle von „besonders harten Verstößen gegen die Menschenwürde" ausspricht und als Beispiel die „'künstlerisch' eingekleidete Kinderpornographie" nennt.

der einzelnen Grundrechtsnormen als eine unzulässige Immanenzlehre verworfen wurde.[1363]
Die „Rechte anderer“ stellen aber nicht nur eine konstitutive Schranke der allgemeinen Handlungsfreiheit des Art. 2 Abs. 1 GG dar, sondern bringen deklaratorisch den die gesamte Rechtsordnung kennzeichnenden, fundamentalen Rechtsgrundsatz zum Ausdruck, daß die Freiheit des einen Bürgers seine Grenzen in der Freiheit des anderen Bürgers finden kann.[1364] Daraus folgt die der Untersuchung zugrunde gelegte und unstreitige Einsicht, daß es grenzenlose Freiheitsrechte nicht geben kann.

Nichts anderes besagt die Begrenzungsformel des BVerfG, wenn sie kollidierende Grundrechte anderer (ausnahmsweise) als Begrenzungsmöglichkeit für vorbehaltlose Grundrechte ansieht.

Eine über Art. 2 Abs. 1 GG hinausgehende Begrenzungsfunktion der „Rechte anderer“ ist also nicht per se abzulehnen. Fraglich ist aber, wie sie dogmatisch und methodisch zur Geltung zu bringen sind. Können sie im Konfliktfall nur ein Abwägungsfaktor in einem Schrankenmodell oder aber Bestandteil einer Schutzbereichslösung sein? Die Frage führt erneut zur Auseinandersetzung mit der engen und der weiten Tatbestandstheorie.

b) Die Instrumentalisierung fremder Rechtsgüter als Grenze der Freiheitsausübung

Die Diskussion um die Bedeutung der „Rechte anderer“ in ihrer Funktion als ungeschriebene Grundrechtsbegrenzung ist durch den sog. „Sprayer-Beschluß“ des BVerfG aus dem Jahre 1984[1365] neu belebt worden. An ihn anknüpfend läßt sich der Streit um den methodisch richtigen Weg ungeschriebener Grundrechtsgrenzen anschaulich machen.

aa) Die Entscheidung des BVerfG zum „Sprayer von Zürich“ - Sachverhalt

Der als „Sprayer von Zürich“ bekannte Graffitikünstler Harald Naegeli besprühte in den Jahren 1977 bis 1979 in über 1000 Fällen Fassaden öffentlicher wie privater Bauten mit Figuren und Aktionszeichen. So bemalte er u.a. 180 Gebäude in Zürich mit schwarzer Farbe aus Sprayflaschen. Im Juni 1981 wurde Naegeli im letztinstanzlichen Verfahren nach Schweizer Recht vom Obergericht Zürich wegen Sachbeschädigung in mehr als 180 Fällen zu neun Monaten Freiheitsstrafe ohne Bewährung und zur Zahlung von über 100.000 Sfr. Schadensersatz verurteilt. Die Europäische Kommission für Menschenrechte (EKMR) hat diese Entscheidung bestätigt.[1366]

[1363] Siehe dazu oben **9. Teil, III.**
[1364] So auch *Misera-Lang*, Beschränkbarkeit vorbehaltloser Grundrechte, S. 244.
[1365] BVerfG, NJW 1984, 1293.
[1366] EuGRZ 1984, 259 ff.

Naegeli, der sich in der Bundesrepublik Deutschland aufhielt, erhielt von der zuständigen deutschen Behörde den Bescheid, daß er an die Schweiz zum Zwecke der Strafvollstreckung ausgeliefert werde. Das OLG Schleswig erklärte die Auslieferung für zulässig. Hiergegen wandte sich Naegeli unter Berufung auf seine Kunstfreiheit gem. Art. 5 Abs. 3 GG mit einer Verfassungsbeschwerde an das BVerfG. Der Vorprüfungsausschuß des 2. Senats des BVerfG hat die Verfassungsbeschwerde mangels hinreichender Erfolgsaussichten nicht zur Entscheidung angenommen.[1367] Begründet wird dieses Ergebnis nicht im Rahmen der üblichen Formel zur Begrenzung vorbehaltloser Grundrechte, sondern damit, die Reichweite der Kunstfreiheit erstrecke sich „von vornherein nicht auf die eigenmächtige Inanspruchnahme oder Beeinträchtigung fremden Eigentums zum Zwecke der künstlerischen Entfaltung (sei es im Werk- oder Wirkbereich der Kunst).“[1368]

bb) Deutung des Beschlusses und seine dogmatische Einordnung im Streit der Tatbestandstheorien

Die Diktion „von vornherein nicht“ läßt keine andere Deutung zu, als daß das BVerfG solche künstlerischen Betätigungen bereits aus dem Schutzbereich der Kunstfreiheit ausgrenzt, die fremdes Eigentum eigenmächtig in Anspruch nehmen. Diese Kernaussage der Entscheidung ist eindeutig. Sie ist nicht als „beiläufige Äußerung“ zu werten.[1369] Die Entscheidung kann daher als Beispiel für eine Schutzbereichslösung ins Felde geführt werden.[1370] Dagegen könnte sprechen, daß der „Sprayer-Beschluß“ im Anschluß an die oben zitierte Aussage auch eine abwägende Wertung in der Bemerkung enthält, daß das Eigentumsgrundrecht „nicht prinzipiell hinter der Freiheit der Kunst zurück (steht)“.[1371] Aufgrund des diese Passage einleitenden Wortes „überdies“ läßt sich das aber auch als eine „rückversichernde Zweitbegründung“ interpretieren.[1372] Völlig eindeutig ist die Argumentation und die methodische Vorgehensweise des BVerfG im ganzen jedoch nicht.[1373]

[1367] BVerfG, NJW 1984, 1293 ff. – Da es um eine Auslieferungsangelegenheit ging, war nach der Geschäftsverteilung des BVerfG der zweite Senat zuständig, der deshalb (ausnahmsweise) inhaltlich zur Reichweite der Kunstfreiheitsgarantie Stellung beziehen konnte. Allein das scheint für manche der willkommene Einstieg für eine kritische Stellungnahme. Zumal einem Nichtannahmebeschluß keine Bindungswirkung nach § 31 BVerfGG zukommt. Vgl. insofern *Würkner*, Das BVerfG und die Freiheit der Kunst als Problem der Grundrechtsdogmatik, S. 154 f.

[1368] BVerfG, aaO., 1294.

[1369] So aber *Spiekerkötter*, Verfassungsfragen der Humangenetik, S. 26.

[1370] Vgl. nur *Schwarz*, JZ 2000, 126 (130).

[1371] Die Interpretation einer Schutzbereichslösung daher anzweifelnd u.a. *Borowski*, Grundrechte als Prinzipien, S. 226; ähnlich *B. Schneider*, Die Freiheit der Baukunst, S. 152.

[1372] So *Isensee*, HdbStR V, § 111, Rn. 177, Fn. 444.

[1373] So auch *Henschel*, NJW 1990, 1937 (1942).

Der vom BVerfG hier verfolgte Ansatz – versteht man ihn als eine Schutzbereichslösung – ist jedenfalls in seiner Rechtsprechung vereinzelt geblieben.[1374] Von einer „neuen Linie", wie unmittelbar nach dem Urteil noch gemutmaßt wurde,[1375] kann keine Rede sein. Das BVerfG ist auch in der Folgezeit methodisch grundsätzlich den Weg des bereits erörterten Abwägungsmodells gegangen. So unterscheidet es im Hinblick auf die Kunstfreiheit in späteren Entscheidungen ausdrücklich zwischen dem „Schutzbereich" des Art. 5 Abs. 3 Satz 1 GG, den es ungeachtet des Vorliegens entgegenstehender Belange für eröffnet ansieht, und seinen „Schranken", die aus der Verfassung zu bestimmen seien.[1376] Ebenfalls nur vereinzelt ist der „Sprayer-Beschluß" von einigen anderen Gerichten aufgegriffen[1377], dann aber in bedenklicher Weise erweitert worden.[1378]

cc) Stellungnahme: Der „Sprayer-Beschluß" zur Veranschaulichung einer Schutzbereichslösung

Unabhängig davon, ob und gegebenenfalls wie man Kunst definieren kann[1379], ist den Spraybildern von Naegeli ein künstlerischer Wert nicht abzusprechen.[1380] Überhaupt erteilt das BVerfG zu Recht allen Versuchen, die Kunst-

---

1374 Vgl. aus früherer Zeit z.B. BVerfGE 7, 230 (234 ff.): Hier wurde den Rechten des Eigentümers eines Mietshauses gegenüber dem von der Meinungsfreiheit eines Mieters erfaßte Recht, ein politisches Wahlplakat an der Hausfassade anzubringen, mit einer Abwägung der sich konkret gegenüberstehenden Interessen begründet. Dazu, in Übereinstimmung mit der hier folgenden Argumentation, zu Recht kritisch *Ossenbühl*, DVBl. 1995, 904 (907).

1375 So noch *Pieroth/Schlink* in der 1. Auflage ihres Lehrbuchs Grundrechte, 1985, Rn. 715.

1376 BVerfG 81, 278 (290 ff.); 81, 298 (305 ff.).

1377 BVerwG, NJW 1995 2648 (2649); OLG Köln, NJW 1998, 1405 („Klagemauer" auf der Kölner Domplatte).

1378 Vgl. BVerwG, NJW 1995, 2648 (2649), unter Bezugnahme auf den „Sprayer-Beschluß": „Die Kunstfreiheit erstreckt sich von vornherein nicht auf die eigenmächtige Inanspruchnahme fremden Eigentums oder die Beeinträchtigung *sonstiger grundrechtlich geschützter Positionen* (Hervorhebung nicht im Original)." An dieser Feststellung ist sowohl die fehlende Differenzierung zwischen „Inanspruchnahme" und „Beeinträchtigung", als auch die Erstreckung auf alle Grundrechte problematisch; vgl. dazu näher unten unter **cc. bbb. (4)**. Das wird in Urteilsbesprechungen, vgl. *Schütz*, JuS 1996, 498 ff. und *Vesting*, NJW 1996, 1111 ff., vielleicht deshalb überhaupt nicht problematisiert, weil das BVerwG auf die oben zitierte Feststellung überhaupt nicht zurückgreift, den Fall vielmehr – Kunstfreiheit im Konflikt mit Außenbereichsschutz – trotz der bisweilen mißverständlichen Formulierungen letztlich doch durch eine Abwägung auf der Schrankenebene des Art. 5 Abs. 3 Satz Satz 1 GG löst. Das ist in diesem Fall methodisch richtig; ebenso *Dolderer*, BauR 1999, 691 (693 f.).

1379 Vgl. zum Kunstbegriff *Pernice*, in: Dreier, GG, Bd. I, Art. 5 III, Rn. 17 ff.

1380 Um sich ein Eindruck von Naegelis Werken zu machen siehe die Bildergalerie unter http://www.dataport.no/~raymond/images/sprayer/images.html. Auch dem künstlerischen Laien wird offenkundig sein, daß das von Naegeli gewählte Umfeld, also z.B. die spezifischen Fassaden oder bestimmte Treppenaufgänge, im unmittelbaren Zusammenhang mit der ästhetischen Aussage der Graffiti-Bilder steht und somit zum eigentlichen Kunstwerk gehört. Die Beeinträchtigung fremden Eigentums erfolgt, um den Ansatz und die

freiheitsgarantie durch wertende Einengung des Kunstbegriffs zu begrenzen, eine Absage.[1381] Naegelis Werke stellen unzweifelhaft „Kunst“ im Sinne des Art. 5 Abs. 3 GG dar. Nach der weiten Tatbestandstheorie ist damit der erste Punkt einer Grundrechtsprüfung abschließend beantwortet: Der Schutzbereich der Kunstfreiheit ist eröffnet.[1382] Gegen den Grundrechtsschutz sprechende Gründe müßten auf der Schrankenebene abgehandelt werden. Eine enge Tatbestandstheorie dagegen stellt zusätzlich die Frage, ob der Gewährleistungsumfang des Art. 5 Abs. 3 GG auch solche künstlerischen Verhaltensweisen erfaßt, die – wie jene von Naegeli – einen Übergriff in die Rechtsgüter anderer darstellen. [1383]

Der „Sprayer-Beschluß“ hat unterschiedliche Bewertungen in der Literatur erfahren. Die Stellungnahmen spiegeln den Streit um die Weite des Gewährleistungsumfangs und damit um die Existenz schutzbereichsimmanenter Grenzen wider. Die Vertreter eines weiten Tatbestandsverständnisses lehnen die Schutzbereichslösung in Anbetracht der oben genannten Prämisse konsequenterweise ab.[1384]

Worte von *Müller* aufzugreifen, also nicht nur „bei Gelegenheit der Kunstausübung“, sondern ist für die Kunstwerke von Naegeli ein typische Ausübungsmodalität. So ebenfalls *Hoffmann*, NJW 1985, 237 (240) und *Zechlin*, NJW 1984, 1091 (1092, Fn. 19).

[1381] BVerfGE 30, 173 (191).

[1382] *B. Schneider*, Die Freiheit der Baukunst, S. 154; sehr deutlich auch *Höfling*, Offene Grundrechtsinterpretation, S. 177: es sei nicht sachadäquat beispielsweise einer Zeichnung von Picasso deshalb ihre Eigenschaft als „Kunst“ i.S.d. Art. 5 Abs. 3 Satz 1 GG abzusprechen, weil sie auf fremdem Papier entstanden ist. Dem zustimmend *von Arnauld*, Die Freiheitsrechte und ihre Schranken, S. 79. Nach dieser Auffassung ist also allein der Begriff „Kunst“ für die Bestimmung des Schutzbereichs entscheidend. Entgegenstehende Interesse finden erst und ausschließlich auf der Schrankenebene Berücksichtigung. Beide Autoren lassen aber offen, ob sich in dem genannten Beispielsfall das entgegenstehende Recht des Eigentümers am Papier gegenüber dem Kunstwerk Picassos durchsetzen wird.

[1383] *Wahl*, Freiburger Universitätsblätter 1987, 19 (32). Die Begriffe „Gewährleistungsumfang“ oder „Gewährleistungsinhalt“ übernehmen hier also im Verhältnis zum Schutzbereich der Grundrechte insofern eine klarstellende Funktion, als sie tatbestandliche Grenzen beinhalten, die sich nicht schon aus dem jeweils geregelten Sach- und Lebensbereich ergeben. Es gibt sogar Stimmen, die deshalb von einem dreigliedrigen Prüfungsaufbau – Schutzbereich, Gewährleistungsumfang, Schranke – ausgehen. So etwa *Böckenförde*, Der Staat 42 (2003), 165 (174 ff.); ahnlich zuvor bereits *Wahl*, aaO., 19 (29 ff.).

[1384] Unter vielen *Dreier*, in: ders., GG, Bd. I., Vorb., Rn. 120 mit Fn. 502; *Winkler*, Kollisionen verfassungsrechtlicher Schutzgüter, S. 240 ff.; *Beisel*, Die Kunstfreiheitsgarantie des GG und ihre strafrechtlichen Grenzen, S. 124; *Würkner*, Das BVerfG und die Freiheit der Kunst, S. 154 ff.; *Mayen*, Der grundrechtliche Informationsanspruch des Forschers gegenüber dem Staat, S. 170 ff.; *Sachs*, Verfassungsrecht II, B 5, Rn. 81 f.; *Anger*, Islam in der Schule, S. 118 ff.

Die Entscheidung hat aber auch vielfach Zustimmung erhalten[1385] und ist der Anknüpfungspunkt für Auffassungen geworden, die bestimmte Übergriffe in den Rechtskreis eines anderen vom Schutzbereich des jeweils ausgeübten Grundrechts als nicht erfaßt ansehen.

Die Entscheidung ist im Ergebnis richtig, in methodischer und dogmatischer Hinsicht weist sie bei näherer Betrachtung aber Defizite auf.

aaa) Differenzierung zwischen der Inanspruchnahme und der Beeinträchtigung fremder Rechte

Das BVerfG geht im „Sprayer-Beschluß" davon aus, daß die Inanspruchnahme *und* Beeinträchtigung fremden Eigentums von vornherein nicht grundrechtlich geschützt ist. Diese in vielen Besprechungen übergangene[1386] Gleichsetzung von Inanspruchnahme und Beeinträchtigung fremder Güter ist jedoch verfehlt.[1387] Entgegen in der Literatur ebenfalls anders lautenden Stimmen[1388] kann nicht jeder Beeinträchtigung fremder Rechtsgüter von vornherein grundrechtlicher Schutz abgesprochen werden.[1389] Genausowenig wie die Betroffenheit von Grundrechtspositionen durch staatliches Handeln stets unzulässig ist, ist auch nicht jede Beeinträchtigung durch das Verhalten von Privaten immer rechtswidrig. Im Hinblick auf das Eigentumsrecht verdeutlicht das beispielsweise die Regelung des § 906 BGB: Der Eigentümer eines Grundstücks kann bestimmte (unkörperliche) Einwirkungen auf sein Grundstück nicht verbieten, soweit sie es nur unwesentlich beeinträchtigen (Abs. 1) oder ortsüblich sind (Abs. 2).

Darf das einfache Recht auch nicht maßgeblich für die Auslegung von Verfassungsnormen sein, so bieten seine zuweilen gut durchdachten Regelungen,

---

[1385] *Kriele*, JA 1984, 629 (636); *Hoffmann*, NJW 1985, 237 (244 ff.); *Heyde*, FS Zeidler, Bd. 2, 1987, S. 1429 (1434); *Isensee*, Schranken der vorbehaltlosen Grundrechte, in: Recht in Deutschland und Korea, Bd V, 1985, S. 51 (63, 67); *ders.*, AfP 1993, 619 (625 f.); *Henschel*, NJW 1990, 1937 (1942); *Berka*, FS Ermacora, 1988, s. 361 /372 ff.); *Vlachopoulos*, Kunstfreiheit und Jugendschutz, S. 127 mit Fn. 263; *Mis-Paulußen*, Begrenzung vorbehaltlos gewährleisteter Grundrechte, S. 68 ff.; zeitlich vor der Entscheidung bereits *Schmieder*, NJW 1982, 628 (630).

[1386] Klarsichtig dagegen auch hier *Misera-Lang*, Beschränkbarkeit vorbehaltloser Grundrechte, S. 240.

[1387] Allgemein zur notwendigen Unterscheidung zwischen der Inanspruchnahme und der Beeinträchtigung fremder Rechtsgüter *Manssen*, Staatsrecht I, Grundrechtsdogmatik, Rn. 261 ff.

[1388] Z.B. *Pieroth/Schlink*, Grundrechte, Rn. 616, 624, 632, die unter Bezugnahme auf den „Sprayer-Beschluß" die eigenmächtige Beeinträchtigung von fremden Leib und Leben, fremder Ehre und Freiheit, bereits aus dem Schutzbereich der Kunst- und der Wissenschaftsfreiheit ausgrenzen.

[1389] So auch *Muckel*, Religiöse Freiheit und staatliche Letztentscheidung, S. 221; *Lorenz*, FS Lerche, S. 267 (271), m.w.N.; vgl. auch Trute, Forschung zwischen grundrechtlicher Freiheit und staatliche Institutionalisierung, S. 149; bzgl. der Religionsfreiheit ähnlich *Heckel*, Religionsfreiheit, in: Gesammelte Schriften, Bd. 4, 1997, S. 688 f.

wie die des BGB, anschauliche Argumente, die sich auch in der verfassungsrechtlichen Betrachtung niederschlagen können. Um es an einem alltäglichen Beispiel zu veranschaulichen: Derjenige, der im Sommer mit der Familie in seinem Garten grillt, wird prima facie von der allgemeinen Handlungsfreiheit des Art. 2 Abs. 1 GG geschützt, mögen der Rauch oder der Geruch von den Nachbarn auch als Belästigung oder Beeinträchtigung empfunden werden. Die Frage, wie oft und wie lange abends gegrillt werden darf oder wie weit der Grill vom Zaun des Nachbarn aufgestellt werden sollte, muß über eine verhältnismäßige Zuordnung der gegenläufigen Interessen und Rechte mit dem Ziel eines schonenden Ausgleichs beantwortet werden. Trotz der Beeinträchtigungen fremder Belange ist das Grillen nicht generell rechtswidrig. Es kann lediglich nach den Umständen des Einzelfalls untersagt werden, wenn es das Maß der zumutbaren Beeinträchtigung überschreitet.

Zudem gibt es Konfliktfälle, in denen nicht eindeutig ist, wer „Schädiger" und wer „Geschädigter" ist.[1390] Interesse und Rechtsgüter der Bürger können sich gegenseitig beeinträchtigen.[1391] Die Konsequenz kann dann aber nicht lauten, daß beide außerhalb des grundrechtlichen Schutzes stehen. Denn dann gäbe es überhaupt keine Grundrechtskollisionen.
Wäre also jeder Übergriff in die Rechtssphäre anderer vom Gebot des „neminem laedere" in seiner schutzbereichsverkürzenden Funktion erfaßt, müßte die These, dieses Gebot sei „a priori die Schranke der Freiheitsrechte"[1392] oder begründe ein allgemeines „Freiheitsüberschreitungsverbot"[1393] zurückgewiesen werden. Mag es auch keine grundrechtliche Freiheit geben, die grundrechtlich geschützten Rechtsgüter eines anderen zu verletzen, so befreit dies nicht von der Notwendigkeit, über einen methodisch klaren Prüfungsweg festzustellen, wann und unter welchen Voraussetzungen eine Beeinträchtigung eine unzulässige Verletzung fremder Rechtspositionen darstellt. Diese Feststellung hängt – wie das oben genannte Beispiel verdeutlichen sollte – zum einen von den gegenüberstehenden Rechtsgütern und zum anderen von der Intensität der Beeinträchtigung ab. Sie kann oftmals nur unter Berücksichtigung der konkreten Umstände des Einzelfalls in einer abwägenden Bewertung erfolgen. Da die Abwägung jedoch mit Unsicherheiten verbunden ist, sollte sie methodisch nicht zur Bestimmung der Grundrechtsschutzbereiche eingesetzt

---

[1390] Vgl. dazu auch *Knies*, Schranken der Kunstfreiheit als verfassungsrechtliches Problem, S. 94 f.; *Wülfing*, Grundrechtliche Gesetzesvorbehalte und Grundrechtsschranken, S. 109.

[1391] Vgl. z.B. zu einem konkreten Konflikt zwischen Rauchern und Nichtrauchern *Wegmann*, BayVBl. 1990, 673 ff.

[1392] So *Isensee*, Diskussionsbeitrag, in: Essener Gespräche zum Thema Staat und Kirche 22 (1988), 150.

[1393] *Bettermann*, Grenzen der Grundrechte, S. 10; vgl. unter Berufung auf die „allgemeine Grundrechtsschranke des neminem laedere" auch *Klein*, DVBl. 1994, 489 (491): „Die Verletzung fremder Rechtsgüter liegt prinzipiell nicht im Schutzbereich grundrechtlich gewährleisteter Freiheit."

werden. Notwendige Einzelfallabwägungen sollten grundsätzlich nur auf der Schrankenebene vorgenommen werden. Solange kein abwägungsfreies Kriterium greift, müssen die kollidierenden Verhaltensweisen jedenfalls zunächst im grundrechtlich geschützten Bereich angesiedelt werden.

Aus diesen in erster Linie methodischen Gründen sind die Ansätze, die allgemein kollidierendes Verfassungsrecht oder speziell kollidierende Grundrechte zur Bestimmung des Gewährleistungsumfangs der Grundrechte fruchtbar machen wollen, abzulehnen.[1394]

Die „Rechte anderer" können also nicht ohne weiteres eine schutzbereichsimmanente Grenze jedweder Freiheitsausübung begründen.

Der Maßstab für die Annahme von grundrechtsübergreifenden allgemeinen Grenzen der Freiheitsrechte gilt auch hier. Gibt es also neben dem Gewaltverbot und der Menschenwürde einen weiteren Aspekt des Neminem-laedere-Gebots, aufgrund dessen der Gewährleistungsumfang der Grundrechte ungeachtet der Umstände des Einzelfalls eingeengt werden kann, so daß der problematische Weg der Abwägung auf der Schrankenebene vermieden wird?

bbb) Konkretisierung des Kriteriums der Inanspruchnahme bzw. Instrumentalisierung fremder Rechtsgüter

Es gilt also, die schutzbereichsbegrenzende Funktion der Rechte anderer anhand des genannten Maßstabes präzise herauszuarbeiten.

(1) Die verfassungsrechtliche Verankerung der „Rechte anderer"

Klärungsbedürftig ist zunächst, was unter den Rechten anderer zu verstehen ist. Sind damit nur die Grundrechte anderer gemeint[1395] oder sind auch die durch das Privatrecht geschützten Rechte tauglich[1396], um die Freiheitsausübung eines anderen zu begrenzen? Maßgeblich erscheint dabei die zutreffende Überlegung, daß die unterverfassungsrechtlichen Normen des Zivilrechts zur Bestimmung des Gewährleistungsumfangs jedenfalls der vorbehaltlosen Grundrechte allein nicht entscheidend sein können.[1397] Um dem besonderen Charakter dieser Freiheitsverbürgungen Rechnung zu tragen, müssen sich ihre Begrenzungen vielmehr explizit oder als Selbstverständlichkeit aus der Verfassung selbst ergeben. Nur, und das mag der Grund dafür sein, daß die Problematik um die Bestimmung der „Rechte anderer" nur selten thematisiert wird, lassen sich sämtliche Rechte des Bürgers, die explizit durch

---

[1394] Siehe dazu oben **10. Teil**.

[1395] So wohl, ohne es explizit zu erörtern, die überwiegende Auffassung, vgl. *Heyde*, FS Zeidler, Bd. 2, 1987, S. 1429 (1434); *Muckel*, Religiöse Freiheit und staatliche Letztentscheidung, S. 221.

[1396] Ausdrücklich bejahend *Kriele*, JA 1984, 629 (632 ff.); zustimmend *Miß-Paulusen*, Zur Frage der Begrenzung vorbehaltlos gewährleisteter Grundrechte, S.163 f.

[1397] *Misera-Lang*, Beschränkbarkeit vorbehaltloser Grundrechte, S. 244.

das einfache Recht geschützt werden, auch auf die Grundrechte zurückführen.[1398] Bei vielen persönlichkeitsbezogenen Rechten ist das evident. So wird das Eigentum durch Art. 14 Abs. 1 GG, die Rechte auf Leben, körperliche Unversehrtheit und Freiheit durch Art. 2 Abs. 2 GG und das allgemeine Persönlichkeitsrecht durch Art. 2 Abs. 1 i.V.m. Art. 1 Abs. 1 GG geschützt. Die durch das einfache Gesetz abgesicherten Rechte, die nicht einem speziellen Freiheitsrecht zugeordnet werden können, werden von Art. 2 Abs. 1 GG erfaßt. Denn die allgemeine Handlungsfreiheit wird nach ganz überwiegender Meinung umfassend verstanden. Sie übernimmt eine Auffangfunktion und sorgt für einen – jedenfalls thematisch – lückenlosen Grundrechtsschutz.[1399] Die „Rechte anderer" lassen sich also immer auch aus einer grundrechtlich geschützten Position herleiten.[1400] Sie erfahren durch das einfache Recht nur eine Konkretisierung.

(2) Die eigenmächtige Anmaßung fremder Rechte als Kennzeichen für die Inanspruchnahme

Wenn nicht jede Beeinträchtigung zu einem apriorischen Schutzbereichsausschluß führen darf, so stellt sich die Frage, ob und unter welchen Voraussetzungen den Rechten anderer die Funktion einer schutzbereichsimmanenten Grenze zukommen kann.

Ebensowenig wie der Begriff „Beeinträchtigung"[1401] helfen zur Kennzeichnung des methodisch richtigen Lösungswegs vergleichbare Umschreibungen weiter. Allein ein „Verstoß"[1402] gegen andere Grundrechte, ein „Hinwegsetzen"[1403] über sie oder eine „Beanspruchung"[1404] fremder Rechtsgüter rechtfertigt ohne

---

[1398] *Wahl*, JuS 2001, 1041 (1044).

[1399] Dazu oben **5. Teil, II. 4.**

[1400] A.A. *Murswiek*, in: Sachs, GG, Art. 2, Rn. 92, der betont, daß die „Rechte andere" als Schranke des Art. 2 Abs. 1 GG keine Grundrechte gemeint sein können, weil man ansonsten eine unmittelbare Drittwirkung postulieren würde. Gegen diese an sich zutreffende Aussage, läßt sich jedoch einwenden, daß es nicht darum geht, mit den Grundrechten des einen Bürgers eine unmittelbare Begrenzung der grundrechtlich geschützten Freiheitsausübung des anderen Bürgers zu begründen, sondern vielmehr darum, einen verfassungsrechtlichen Ansatzpunkt für die beeinträchtigte Rechtsposition nachzuweisen. Nehme man die These Murswieks beim Wort, so müßte auch die Begrenzungsformel des BVerfG aus formalen Gründen zurückgewiesen werden, da es nach der herkömmlichen Grundrechtsdogmatik zwischen den Privatleuten keine „kollidierenden Grundrechte" gibt.

[1401] So etwa *Hailbronner*, WissR 13 (1980), 212 (224): „Grundsätzlich beinhaltet die Freiheit wissenschaftlichen Forschens (...) kein allgemeines Privileg zur Beeinträchtigung der Rechtsgüter anderer."

[1402] *Hoffmann*, NJW 1985, 237 (244).

[1403] So etwa *Turner*, ZRP 1986, 172; vgl. auch BVerfGE 47, 327 (369): „Ein Forscher darf sich z.B. bei seiner Tätigkeit, insbesondere bei etwaigen Versuchen, nicht über die Rechte seiner Mitbürger auf Leben, Gesundheit oder Eigentum hinwegsetzen."; darauf wörtlich bezugnehmend BVerwGE 102, 304 (308).

[1404] So zur Eingrenzung des Schutzbereich der Forschungsfreiheit *Lerche*, in: Rechtsfragen der Gentechnologie, S. 88 (90 ff.). Eine vergleichbare Diktion findet sich in BVerwGE

nähere Konkretisierung keinen Schutzbereichsausschluß. Das gilt auch für die zwar zutreffende, aber zu pauschale Feststellung, die Kunstfreiheit garantiere dem Künstler Selbstbestimmung, nicht aber den „Übergriff" in Rechte anderer.[1405] Zuweilen sind diese Begriffe wiederum nur Ausdruck für die Evidenz des Ergebnisses. Sie lassen aber nicht erkennen, welches Kriterium die Evidenz über den Einzelfall hinaus begründet.

Unter dem maßgeblichen Vorzeichen, daß eine schutzbereichsimmanente Grenze auf einer abwägungsfreien, einzelfallunabhängigen Auslegung basieren muß, ist dagegen ein geeignetes Kriterium für den Ausschluß bestimmter Verhaltensweisen aus dem grundrechtlich geschützten Bereich in der Tat die Inanspruchnahme oder Instrumentalisierung fremder Rechtsgüter.[1406] Unter Berufung auf den insoweit begrüßenswerten „Sprayer-Beschluß" des BVerfG ist dieser Ansatz schon des öfteren zur Begründung einer engen Tatbestandskonzeption, insbesondere auch für eine restriktivere Schutzbereichsauslegung der Forschungsfreiheit aufgegriffen worden[1407], ohne allerdings großen Beifall hervorzurufen.[1408] Die Kritiker befürchten, daß die differenzierte Schrankendogmatik zugunsten einer allgemeinen Nichtstörungsschranke aufgegeben werde.[1409]

Eine sinnvolle Präzisierung der Inanspruchnahmelehre hat maßgeblich *Lorenz* vorgenommen, die über das von ihm gewählte Beispiel der Wissenschaftsfrei-

---

102, 304 (308). „Ein Forscher darf sich (...) bei seiner Tätigkeit, (...), nicht über die Rechte seiner Mitbürger auf Leben, Gesundheit oder Eigentum hinwegsetzen."; so auch schon BVerwGE 47, 327 (369). Die jeweilige Lösung erfolgt hier allerdings auf dem herkömmlichen Wege einer Güterabwägung im Einzelfall; siehe dazu die Analyse von *Misera-Lang*, Einschränkbarkeit vorbehaltloser Grundrechte, S. 191.

[1405] *Isensee*, AfP 1993, 619 (626); *ders.*, Diskussionsbeitrag, in: Essener Gespräche zum Thema Staat und Kirche 22 (1988), 150: „Der Störer hat kein Grundrecht zum Übergriff in Rechte anderer".

[1406] So auch *Misera-Lang*, Beschränkbarkeit vorbehaltloser Grundrechte, S. 247 ff.

[1407] Unter stärkerer Betonung der Gebundenheit der Forschung an die allgemeine Rechtsordnung u.a. *Lerche*, in: Rechtsfragen der Gentechnologie, S. 91 ff.; der eine Parallele zur Kunstfreiheit zieht und aus dem Schutzbereich solche Experimente ausschließt, die mittels oder anhand fremder, ihrerseits verfassungsrechtlich geschützter Rechtsgüter durchgeführt werden. Vgl. auch mit einer Differenzierung zwischen Schutzbereich und Gewährleistungsumfang der Wissenschaftsfreiheit *Wahl*, Freiburger Universitätsblätter 1987, 19 (33 f.). Auf einer anderen Argumentation beruhen die verschiedenen Ansätze, die „gefahrengeneigte" Forschung aus dem grundrechtlichen Schutzbereich ausgrenzen; vgl. hierzu mit entsprechenden Nachweisen, im Ergebnis aber ablehnend *Wagner*, NVwZ 1998, 1235 (1237 f.).

[1408] Ablehnend z.B. *Dickert*, Naturwissenschaften und Forschungsfreiheit, S. 254 ff.; *Mädrich*, Forschungsfreiheit und Tierschutz, S. 68 ff.

[1409] *Dickert*, aaO., S. 255.

heit hinausgehende Bedeutung erlangt.[1410] Ausgehend von der Überlegung, daß die Rechtsordnung nicht widerspruchsfrei dasselbe Rechtsgut verschiedenen Rechtsträgern gleichzeitig zuordnen kann[1411], stünde derjenige a priori außerhalb des grundrechtlichen Schutzes, der durch sein Verhalten die ausschließlich einem anderen Träger zustehende Rechtsmacht in Anspruch nimmt. Eine solche Anmaßung fremder Rechtspositionen läge noch nicht in jeder Beeinträchtigung fremder Rechte, sondern erst darin, wenn fremde Rechte oder Rechtsgüter zur eigenen Entfaltung benutzt oder über sie bestimmt werde.[1412] Das sei per se eine Rechtsverletzung, die als solche zurückgewiesen werden könne. Dieses Verständnis von „Inanspruchnahme" wird also gekennzeichnet durch die „eigenmächtige Instrumentalisierung fremder Rechtsstellungen für eigene Interessenverfolgung".[1413] Kein Grundrecht gewähre Schutz für diejenigen Betätigungen, die darauf abzielen, die grundrechtlich geschützten Güter eines anderen als Werkzeug zur eigenen Verwirklichung zu benutzen.[1414]

Um den Unterschied deutlich zu machen:
Der Sprayer von Zürich beeinträchtigt nicht nur fremdes Eigentum durch sein künstlerisches Schaffen, er bedient sich dessen zur eigenen Verwirklichung. Er geriert sich selbst als Eigentümer und setzt sich über die durch die Rechtsordnung getroffene Güterzuweisung hinweg.[1415] Ganz anders dagegen derjenige, der auf der Fassade seines eigenen Hauses auffallendes Graffiti anbringt. Er beeinträchtigt womöglich das ästhetische Empfinden oder psychische Wohlbefinden der Nachbarn, verunstaltet das städtebauliche Erscheinungsbild oder gefährdet sogar vorbeifahrende Verkehrsteilnehmer. Er nimmt die Rechte anderer oder der Allgemeinheit aber nicht in Anspruch im Sinne einer Instrumentalisierung fremder Rechtsgüter. Ob die Intensität der Beeinträchtigung so schwerwiegend ist, daß sie eine behördliche Unterlassungs- oder Beseitigungsverfügung rechtfertigt, ist eine Frage der Umstände des Einzelfalls. Jedenfalls steht dieser Künstler nicht von vornherein außerhalb des Schutzbereichs der Kunstfreiheit.[1416]

[1410] *Lorenz*, FS Lerche, 1993, S. 267 (270 ff.); zustimmend und an ihn angelehnt *Muckel*, Religiöse Freiheit und staatliche Letztentscheidung, S. 221 f.; vgl. auch *dens.*, FS Schiedermair, 2001, S. 347 (359 f.).

[1411] So *Lorenz*, aaO., S. 270; vgl. auch *B. Schneider*, Die Freiheit der Baukunst, S. 153.

[1412] *Lorenz*, aaO., S. 270; ebenso *Muckel*, Religiöse Freiheit und staatliche Letztentscheidung, S. 222; ähnlich zuvor schon *Fechner*, JZ 1992, 777 (780).

[1413] *Lorenz*, aaO., S. 273.

[1414] So etwa auch *Langer*, JuS 1993, 203 (206).

[1415] Genauso wie etwa derjenige, der aus künstlerischen Motiven ein fremdes Auto einbetoniert: Beispiel nach *Kriele*, JA 1994, 629 (634).

[1416] Methodisch richtig daher die Prüfung dieses Falles durch das OVG Koblenz, NJW 1998, 1422 f.

Ebenfalls stellt, um ein weiteres Schulbeispiel aufzugreifen[1417], das nächtliche Trompeten in einem Mietshaus keine Inanspruchnahme fremder Rechtsgüter im hier verstandenen Sinne dar.[1418] Der Musiker maßt sich nicht eigenmächtig die Rechtsposition anderer an. Er instrumentalisiert nicht fremde Rechtsgüter zum Zwecke der eigenen Freiheitsverwirklichung, sondern beeinträchtigt die Rechtsgüter anderer, ohne jedoch auf sie angewiesen zu sein und ohne ihre rechtliche Zuordnung in Frage zu stellen. Die konkreten Umstände des Handeln werden regelmäßig dazu führen, daß sein Recht auf Kunstfreiheit hinter den Rechten anderer zurücktreten muß. Der Staat darf daher intervenierend eingreifen und das störende Musizieren unterbinden. Der Musiker handelt aber nicht von vornherein jenseits des Schutzbereichs des Art. 5 Abs. 3 Satz 1 GG.

Diese Unterscheidung zwischen Inanspruchnahme und Beeinträchtigung erhellt, wenn man sich nochmals die Notwendigkeit einer Einzelfallabwägung einerseits und ihre Problematik andererseits vor Augen führt:
Ob eine Beeinträchtigung vorliegt, die es rechtfertigt, definitiven Grundrechtsschutz zu versagen, kann nur durch eine Abwägung im Einzelfall entschieden werden. Abstrakt betrachtet mag es unredlich erscheinen, bestimmten Verhaltensweisen Grundrechtsschutz zu zusprechen, wenn es doch evident ist, daß sie hinter den Rechten anderer zurücktreten müssen. Der nächtens im Mietshaus musizierende Trompeter scheint dafür ein anschauliches Beispiel zu sein. Bei näherer Betrachtung ist er es tatsächlich aber nicht. Zunächst müßte überhaupt Einigkeit darüber bestehen, wann aus grundrechtlicher Sicht die Nachtzeit beginnt.[1419] Im Einzelfall ist es zudem denkbar, daß überhaupt keine Beeinträchtigung vorliegt. In bewußt überzogener Weise könnte sich die konkrete Fallkonstellation nämlich auch wie folgt darstellen: Was ist, wenn der Nachbar des Musikers über ihm auf Nachtschicht, der neben ihm im Urlaub und der unter ihm taub ist? Dann spricht womöglich gar nichts dafür, ihm das nächtliche Musizieren zu verbieten. Das soll zeigen: Die Beeinträchtigung fremder Rechte steht nicht von vornherein außerhalb des grundrechtlichen Schutzes, weil sie einer Abwägung im Einzelfall zugänglich bleiben muß. Abwägungen haben aber auf der Rechtfertigungsebene ihren Platz und dürfen methodisch nicht zur Bestimmung des Gewährleistungsumfangs zur Geltung kommen. Alle Bedenken der weiten Tatbestandstheorie gegen eine unzulässige Schutzbereichsverkürzung aufgrund vorgeblich abwägungsfreier Kriterien greifen hier durch.[1420]

1417 Als weiteres Bespiel u.a. erwähnt von *Kriele*, JA 1985, 629 (634); *Heyde*, FS Zeidler, Bd. 2, 1987, S. 1429 (1434).

1418 A.A. *Winkler*, Kollisionen verfassungsrechtlicher Schutznormen, S. 242, der das gerade als Beispiel für die Inanspruchnahmelehre heranzieht und sie insofern – auch nach hiesiger Auffassung – konsequenterweise ablehnt.

1419 Zutreffender Einwand von *Misera-Lang*, Beschränkbarkeit vorbehaltloser Grundrechte, S. 245.

1420 Treffend daher *Preu*, JZ 1991, 265 (266): „Falsch wäre es, dem Verhalten des präsumtiven Störers von vornherein den Grundrechtsschutz zu versagen nach der Devise, daß,

Dagegen macht eine enge Tatbestandskonzeption bei der Inanspruchnahme bzw. Instrumentalisierung der Rechtsgüter anderer Sinn, jedenfalls soweit das Eigentum das betroffene Rechtsgut ist. Diese Fälle methodisch über eine Abwägung zu lösen, ist gefährlich. Ist der Weg zu einer Abwägung nämlich erst einmal eröffnet, kann es im Einzelfall argumentativ schwerfallen, den definitiven Grundrechtsschutz desjenigen zu verneinen, der das Eigentum eines anderen zum Gegenstand der eigenen Grundrechtsausübung macht. Der Fall des Sprayers von Zürich verdeutlicht das: Was kann der Eigentümer einer grauen, häßlichen Hausfassade im Rahmen einer Abwägung im Vergleich zu demjenigen in die Waagschale werfen, der nicht nur nach seinem subjektivem Empfinden, sondern womöglich nach Meinung von Kunstexperten und einer breiten Öffentlichkeit durch künstlerisch wertvolle Graffitibilder die Hauswand verschönert oder gar das Stadtbild ästhetisch aufwertet.[1421] Oder noch überspitzter: Wie will man begründen, ungeachtet der rechtlichen Behandlung von Bagetellbeeinträchtigungen, daß Picassos Zeichnung auf einem entwendeten Stück Papier hinter dem Recht des Eigentümers zurücktreten muß? Einziges Argument, das für den Eigentümer streitet, ist die eindeutige Güterzuweisung der Rechtsordnung. Aber dieses Argument muß, abgesehen von den eng umgrenzten Fällen des Notwehr- und Notstandsrechts, stets das entscheidende sein, das keiner weiteren Begründung bedarf und vor allem nicht durch eine Abwägung im Einzelfall zugunsten eines anderen Grundrechtsträgers relativiert werden darf.[1422] Nach § 903 BGB, der die Eigentumsgarantie des Art. 14

---

wer Rechte anderer verletzt, sein eigenes Recht überschreitet. Denn daß das Grundrecht des anderen „verletzt" - und nicht bloß „berührt" oder „beeinträchtigt" - wird, steht am Anfang der Grundrechtsprüfung keineswegs fest, sondern kann erst das Ergebnis einer Abwägung widerstreitenden Grundrechtspositionen sein. Wer mit immanenten Grundrechtsgrenzen operiert, nimmt das gewünschte Ergebnis in problem- und wertungsverschleiernder Weise vorweg. Richtigerweise muß zunächst davon ausgegangen werden, daß auch das (möglicherweise) beeinträchtigende Verhalten Grundrechtsschutz genießt."

1421 Vgl. auch *Hoffmann*, NJW 1985, 237 (244), der zu Recht darauf hinweist, daß zugunsten von Naegeli berücksichtigt werden könnte, er sei im Innersten des Werkbereichs seiner Kunst betroffen, wohingegen das Hauseigentum nicht seine Funktionsfähigkeit verliert. Im Rahmen einer Abwägung ließe sich also auch seiner Meinung nach ohne weiteres das umgekehrte Ergebnis begründen. Es sei daher „konsequenter und dem Alltagsverstand der Grundrechtsträger zugänglicher, von vornherein gesicherte Grenzen der Grundrechtfreiheiten und stabile Zuordnungen von Grundrechten herauszuarbeiten." Ihm ebenfalls zustimmend *Mis-Paulußen*, Begrenzung vorbehaltloser gewährleisteter Grundrechte, S .69.

1422 *Henschel*, NJW 1990, 1937 (1942); siehe auch *Murswiek*, DVBl. 1994, 77 (80), der das derart prägnant an einem weiteren Beispiel begründet, daß sich auch hier eine wörtliche Wiedergabe lohnt. „Soweit der Staat (...) die Verletzung der Rechte Dritter verbietet, schränkt er nur die „natürliche", nicht aber die rechtliche Freiheit ein, die es allein in einer Rechtsordnung geben kann. Diese Einschränkung konstituiert erst die Rechtsordnung und bedarf keiner weiteren Begründung. Deshalb wäre es verfehlt, im Hinblick auf das Verbot der Verletzung fremden Eigentums zu fragen, ob dieses im konkreten Fall unverhältnismäßig ist. Ein Gericht dürfte z.B. auf die Unterlassungsklage eines Grundeigentümers nicht prüfen, ob der Bau einer Lederfabrik auf dem fremden Grundstück in einer

Abs. 1 GG zur Geltung bringt, hat der Eigentümer das absolute Recht, mit seiner Sache, soweit nicht das Gesetz oder Rechte Dritter entgegenstehen, nach Belieben zu verfahren und andere von jeder Einwirkung auszuschließen. Damit korrespondiert gem. § 1004 BGB ein Beseitigungs- und Unterlassungsanspruch gegenüber Störungen des Eigentums, wozu auch aufgedrängte Verschönerungen zählen. Verstünde man die Kunstfreiheit als entgegenstehendes Recht, so bliebe auf der Grundlage einer Abwägung vom absoluten Schutz des Eigentums vermutlich nicht viel übrig. Es besteht die Gefahr, daß die Grundrechte die Inanspruchnahme von Rechten rechtfertigen, die nach der Rechtsordnung prinzipiell ausschließlich der Rechtsmacht eines anderen Grundrechtsträgers zustehen. Dadurch wären die Rechtssicherheit und sogar der Rechtsfrieden gefährdet. Wenn Picasso ein definitives Grundrecht darauf hätte, ein fremdes Stück Papier zur eigenen künstlerischen Entfaltung zu benutzen, dürfte er dann auch gegen den Willen des Eigentümers die Motorhaube eines neuwertigen Autos bemalen? Dürfte er also sämtliche Rechtsgüter anderer in Anspruch nehmen, nur weil seine Kunst als hochwertig eingestuft wird? Und: Müßte einem anderen Künstler, der weniger bekannt und anerkannt ist, wegen Art. 3 Abs. 1 GG nicht das gleiche Recht eingeräumt werden? Die Beantwortung dieser Fragen hängt womöglich vom subjektiven Kunstempfinden des entscheidenden Richters ab. Die Rechtssicherheit wäre nicht mehr gewährleistet. Hier offenbart sich die ganze Problematik der Abwägungsmethode.

Aus diesen Gründen darf die Inanspruchnahme fremden Eigentums, um die wesentliche Prämisse der weiten Tatbestandstheorie in Bezug zu nehmen, nicht offen für eine Abwägung sein, damit ein potentieller Grundrechtsfall in einen aktuellen Grundrechtsfall umschlagen kann.[1423] Daß damit eine Differenzierung zwischen noch zulässigen und nicht mehr zulässigen Verhaltensweisen anhand der Intensität der Beeinträchtigung anderer Rechtswerte nicht möglich ist[1424], trifft zwar zu, ist aber gerade der Vorteil der hier vorgeschlagenen Lösung.

---

mers nicht prüfen, ob der Bau einer Lederfabrik auf dem fremden Grundstück in einer Güterabwägung Vorrang hat, weil das wirtschaftliche Interesse des Unternehmers viel schwerer wiegt als das Interesse des Landwirts an seinem kleinen Stück morastigen Bodens, für das ihm sogar ein hoher Kaufpreis geboten wurde. Das Fabrikprojekt mag noch so bedeutend sein, das Ackergrundstück noch so unbedeutend: Das Verbot, das fremde Grundstück zu überbauen, ist allein deshalb gerechtfertigt, weil dieses Grundstück fremd ist. Und das Rechtsinstitut Eigentum, das die Unterscheidung von fremd und eigen begründet, ist ein Verfassungsinstitut, Art. 14 GG."

[1423] A.A. *Borowski*, Grundrechte als Prinzipien, S. 226 f., der sich auch hier gegen ein enges Tatbestandsverständnis ausspricht, weil es „keinerlei Rücksicht auf die individuelle Interessenslage nimmt". Es gäbe auch Fallkonstellationen, in denen das Interesse des Künstlers an einer eigenmächtige Inanspruchnahme die Interessen des Eigentümers überwiegen. Daher müsse auch hier eine Abwägung offen bleiben.

[1424] So der Vorwurf von *Winkler*, Kollisionen verfassungsrechtlicher Schutznormen, S. 242, dessen Bezugnahme auf OVG Koblenz, NJW 1998, 1422 f., die hier favorisierte Konzep-

Naegeli und Picasso sind daher mit ihren Handlungen von vornherein vom grundrechtlichen Schutzbereich auszuschließen. Würde dagegen ihr Recht erst in einer Abwägung zurücktreten, wäre der Vorwurf der argumentativen Unredlichkeit im genannten Fall nicht von der Hand zu weisen. Eine Abwägung erschiene hier „heuchlerisch". Insofern sollte ihr Handeln gar nicht erst als abwägungsfähiges oder abwägungsberechtigtes Recht behandelt werden. Denn die eindeutige Güterzuweisung der Rechtsordnung ist, wie gesagt, das entscheidende Argument dafür, daß die Inanspruchnahme fremden Eigentums stets unzulässig ist. Es handelt sich insofern um ein Kriterium, das losgelöst vom Einzelfall Geltung beansprucht und keineswegs mit sittlichen Standards argumentiert.[1425]

Gegen diese bewußt unflexible Lösung spricht auch nicht die differenzierte Betrachtung, die das Zivilrecht vornimmt. Ein Eigentümer kann sich grundsätzlich gegen die Inanspruchnahme seines Eigentums zur Wehr setzen. Allein der Staat darf aus Gemeinwohlgründen nach Maßgabe bestimmter gesetzlicher Regelungen sein Eigentum bis hin zur Enteignung beanspruchen. Private dürfen das außerhalb von Notwehr- oder Notstandslagen nicht. Wenn allerdings Gegenstand der Inanspruchnahme die Verarbeitung fremder Stoffe ist, kann z.B. der Künstler gem. § 950 Abs. 1 Satz 1 u. 2 BGB Eigentum an der neuen Sache begründen, wenn die neu hergestellte Sache die ursprüngliche im Wert übersteigt. Der frühere Eigentümer verliert seine dingliche Rechtsposition, kann aber nach Maßgabe des § 951 Abs. 1 BGB eine Geldentschädigung verlangen. Das einfache Recht würde Picasso in den genannten Beispielsfällen also nicht schutzlos stellen; Naegeli übrigens schon deshalb, weil § 950 BGB nur auf bewegliche Sachen anwendbar ist.[1426] Die Norm erlaubt aber keine Rückschlüsse auf den verfassungsrechtlichen Gewährleistungsumfang der Kunstfreiheit. Sie ist im Hinblick auf die Kunstfreiheit prinzipiell indifferent. Die §§ 946 ff. BGB regeln die Eigentumsverhältnisse nur deshalb, um eine wirtschaftlich sinnlose Zerschlagung geschaffener Vermögenswerte zu verhindern. Davon kann (mittelbar) auch ein Künstler profitieren. Sie begründen aber nicht eine grundrechtsgeschützte Position auf die Instrumentalisierung fremder Rechtsgüter.[1427]

---

tion gar nicht angreifen kann, ging es doch dort nicht um die Inanspruchnahme fremder Rechte, sondern um ihre Beeinträchtigung (Graffiti-Bilder am eigenen (!) Haus).

[1425] So aber der unzutreffende Einwand von *Kuhl/Unruh*, DÖV 1994, 644 (646) gegenüber dem Ansatz von *Lorenz*, FS Lerche, 1993, S. 267 ff.

[1426] Daher ist ein gesetzlicher Eigentumserwerb von Graffiti-Künstlern an Teilen der Berliner Mauer als wesentlicher Grundstücksbestandteil abgelehnt worden, siehe KG, GRUR 1994, 212 (214). Vgl. auch *Hoffmann*, NJW 1985, 237 (245), der zu Recht darauf hinweist, daß der einfache Gesetzgeber im Hinblick auf die Bemalung unbeweglicher Sachen eben keine Nachgiebigkeit der Eigentümerposition zugelassen hat.

[1427] Dagegen könnte die Argumentation von *Borowski*, Grundrechte als Prinzipien, S. 227, so zu verstehen sein, daß die Regelung des § 950 BGB zur Bestimmung des Gewährleistungsumfangs oder sogar des definitiven Schutz der Kunstfreiheit herangezogen werden kann.

Zusammenfassend bleibt festzuhalten, daß die konstruktiven und dogmatischen Vorteile der weiten Tatbestandstheorie nicht greifen, wenn es um die verfassungsrechtliche Beurteilung der Inanspruchnahme fremden Eigentums und nicht nur um seine bloße Beeinträchtigung geht. Die Inanspruchnahme fremden Eigentums stellt somit eine schutzbereichsimmanente Grenze jedweder Freiheitsausübung dar. Es ist ein weiteres Kriterium, das sich als Ausfluß des Neminem-laedere-Gebots in eine enge Tatbestandskonzeption integrieren läßt.

(3) Die Inanspruchnahme öffentlichen Eigentums

Wenn die Instrumentalisierung fremden Privateigentums vom Grundrechtsschutz ausgeschlossen ist, stellt sich die Frage, ob dies auch für Gegenstände gilt, deren Eigentümer der Staat ist. Dies ist jedenfalls dann zu bejahen, wenn der Staat wie ein privater Eigentümer die ausschließliche Verfügungsbefugnis über den Gegenstand hat. Daher macht es keinen Unterschied, ob der Graffiti-Künstler die Hausfassade eines im Privateigentum oder die eines im Eigentum des Staates stehenden Gebäudes besprüht. Das staatliche Eigentum weist insofern keine weitergehende Sozialbindung auf. Gleichfalls, um eine weiteres Beispiel zu nennen, darf ein fremdes Grundstück nicht zweckgerichtet dafür benutzt werden, um auf ihm ein Versammlung zu veranstalten. Auch wenn der Schutzbereich des Art. 8 Abs. 1 GG das Recht beinhaltet, über Ort, Zeit und Inhalt der Versammlung zu bestimmen[1428], so setzt das die rechtliche Verfügungsbefugnis über den Versammlungsort voraus. Art. 8 Abs. 1 GG umfaßt also nicht das Recht, fremdes Eigentum nach Belieben in Anspruch zu nehmen.[1429] Auch hier besteht kein Anlaß, zwischen Privateigentum und Eigentum des Staates zu differenzieren.

Problematisch dagegen sind die Fälle, in denen sich die Inanspruchnahme auf Objekte staatlichen Eigentums richtet, die als öffentliche Einrichtungen der Allgemeinheit zugänglich gemacht werden. Hier ist die absolute Verfügungsbefugnis zugunsten eine dem Widmungszweck entsprechendem Benutzung der Sache zumindest eingeschränkt. Gleiches etwa gilt für die Position des Staates als öffentlicher Sachherr von Straßen, die im Gemeingebrauch stehen. Trotz dieser Unterschiede zum Inhalt des privaten Eigentumsrechts gibt es zahlreiche Stimmen, die in Anlehnung an die im „Sprayer-Beschluß" getroffenen Aussagen des BVerfG diese Fälle grundrechtsdogmatisch genauso lösen.[1430] So plädiert *Laubinger* wegen des „Zugriffs" auf die Straße ohne Erlaubnis des Sachherrn für einen Ausschluß der Straßenkunst aus dem

[1428] BVerfGE 69, 315 (343 ff.).

[1429] So BVerwGE 91, 135 (138 f.): Hier wurde die Ablehnung eines Antrags auf „Benutzung" der universitätseigenen Hofgartenwiese für eine Großkundgebung bestätigt.

[1430] So *Lorenz*, FS Lerche, 1993, S. 267 (276 f.), wobei er die grundrechtsdogmatischen Folgen einer Inanspruchnahme öffentlicher Sachen nicht so klar benennt wie er es noch bei der Instrumentalisierung privaten Eigentums getan hat.

Schutzbereich der Kunstfreiheit. Ebensowenig wie Art. 5 Abs. 3 Satz 1 GG dem Künstler das Recht gebe, ohne die Einwilligung des Eigentümers eine fremde Hauswand zu bemalen, räume er ihm die Befugnis ein, sich ohne Erlaubnis des Wegeherrn auf der Straße künstlerisch zu betätigen.[1431] Ähnlich wird in Bezug auf die Nutzung öffentlicher Einrichtungen argumentiert. Wie beim Eigentum weise die rechtliche Güterzuordnung die nutzbaren Güter und Einrichtungen einem öffentlichen Verwaltungsträger zu, wodurch einem Dritten untersagt werde, diese Güter ohne Einwilligung des Berechtigten zu nutzen.[1432] Dieser Argumentation kann insoweit gefolgt werden, als auch der öffentliche Sachherr über Art und Umfang der Benutzung seiner zur Verfügung gestellten Sache oder Einrichtung bestimmen kann. Die daraus gezogene grundrechtsdogmatische Schlußfolgerung überzeugt aber nicht. Jeder, der eine öffentliche Einrichtung oder eine Straße nutzt, nimmt sie zur eigenen Interessensverfolgung in Anspruch, so etwa der Verkehrsteilnehmer, der sich auf einem öffentlichen Weg von A nach B bewegt. Die Möglichkeit der Inanspruchnahme liegt hier also in der Natur der (öffentlichen) Sache. Die Zulässigkeit der Nutzung bzw. der Art und Weise der Inanspruchnahme hängt allein davon ab, ob das jeweilige Verhalten im Rahmen des Widmungszwecks bzw. im Gemeingebrauch liegt oder als Sondernutzung gestattet werden kann. Das aber wiederum kann nur anhand der Umstände des Einzelfalls entschieden werden und bedarf einer Abwägung der kollidierenden Belange. Das ist notwendig, weil z.B. Straßenkunst völlig unterschiedliche Auswirkungen auf die sonst übliche Nutzung der öffentlichen Straße haben kann. So macht es z.B. einen Unterschied, ob sich jemand in einer reinen Fußgängerzone oder aber auf einer belebten Bundesstraße künstlerisch betätigt. Straßenkunst, aber auch Glaubenswerbung oder andere Meinungskundgaben sind jedenfalls nicht stets unzulässig, obwohl sie der eigentlichen Widmung einer Straße, nämlich der Benutzung zum Zwecke der Fortbewegung von Personen und Sachen einschließlich des damit zusammenhängenden „ruhenden Verkehrs", nicht entsprechen.[1433] Ohne hier näher darauf einzugehen, läßt sich in diesem Zusammenhang allein darüber diskutieren, ob das in Rede stehende Verhalten noch als Gemeingebrauch zu werten ist oder eine zulassungsbedürftige Sondernutzung darstellt.[1434] Diese Frage sollte im Lichte der jeweils einschlägigen

---

[1431] So *Laubinger*, VerwArch 81 (1990), 583 (621); zustimmend *Enders*, VerwArch 83 (1992), 527 (537); ähnlich bereits zuvor, aber in einem etwas anderen Zusammenhang, *Müller-Hannemann*, DVBl. 1977, 440 (445).

[1432] So *Murswiek*, FS Doehring, 1989, S. 647 (649 mit Fn. 7). Da er davon ausgeht, daß bei einer Vorenthaltung der Teilhabe an der Einrichtung nicht in Grundrechte eingegriffen werde, begründet er folglich einen apriorischen Grundrechtsausschluß.

[1433] Zu der damit angesprochenen Figur des „kommunikativen Verkehrs" vgl. BVerfG NVwZ 1992, 52 f., mit Besprechung von *Lorenz*, JuS 1993, 375 ff.; mit Blick auf Glaubenswerbung siehe auch *Bayer*, Das Grundrecht der Religions- und Gewissensfreiheit, S. 166 ff.

[1434] Vgl. zur Straßenkunst BVerwG, DVBl.1990, 163 ff.; siehe zur Glaubenswerbung BVerwG, NJW 1997, 408 f.; vgl. mit unterschiedlichen Ergebnissen aus der Literatur *Hufen*, DÖV

Grundrechte beantwortet werden.[1435] Wer öffentliche Einrichtungen oder Wege instrumentalisiert, handelt aber nicht von vornherein außerhalb des grundrechtlichen Schutzes.[1436]

(4) Voraussetzung der Inanspruchnahmelehre: Instrumentalisierbare Rechtsgüter

Die Darstellung des hier verfolgten Ansatzes hat sich bisher darauf beschränkt, am Beispiel des Eigentums das Charakteristische der Verletzungshandlung, also der Inanspruchnahme zu konkretisieren. Der vorgeschlagene Lösungsweg unterscheidet sich von einem generellen tatbestandlichen Vorbehalt der Rechte anderer und von einem Vorbehalt der allgemeinen Rechtsordnung aber nicht nur dadurch, daß er nur bestimmte Angriffshandlungen erfaßt, sondern auch nur für bestimmte Schutzgüter relevant werden kann.[1437] Der Ausschluß von Betätigungen, die eigenmächtig fremde Rechtspositionen in Anspruch nehmen, läßt sich nicht bei jedem Freiheitsrecht begründen, weil nicht jedes Rechtsgut im erläuterten Sinne instrumentalisierungfähig ist. Insofern ist es richtig, daß diese Konzeption eines engen Tatbestandsverständnisses keine Allgemeingültigkeit für sich beanspruchen kann. Das wirft die Frage auf, welche Rechtsgüter neben dem Eigentum eindeutig einem Rechtsträger zugewiesen sind, was die eigenmächtige Inanspruchnahme durch einen Dritten per se verbieten würde.

So kann etwa das Rechtsgut der persönlichen Ehre, das verfassunsrechtlich durch das allgemeine Persönlichkeitsrecht geschützt wird[1438], nicht in dem hier verstandenen Sinne instrumentalisiert werden.[1439] Denn beim allgemeinen Persönlichkeitsrecht ist, im Gegensatz zum Eigentum, keine klare Grenze eines absoluten Schutzes auszumachen, sofern nicht der Kern der Menschenwürde angetastet wird. Auch läßt sich über die Ehre eines anderen nicht in der Weise verfügen, als das damit die rechtliche Güterzuweisung in Frage gestellt wird. Derjenige, der das allgemeine Persönlichkeitsrecht eines anderen angreift, geriert sich nicht als Inhaber dieses Rechtsguts. Ein Angriff auf das Recht der persönlichen Ehre ist also nicht nach den gleichen Kriterien zu beur-

---

1983, 353 ff.; *Bismark*, NJW 1985, 240 ff.; *Laubinger*, VerwArch 81 (1990), 583 ff.; *Enders*, VerwArch 83 (1992), 527 ff.

1435 So betont dann auch Laubinger, aaO., 622, daß bei der Frage der behördlichen Erteilung einer etwaigen Sondernutzungserlaubnis „die Wertentscheidung des Art. 5 Abs. 3 GG zugunsten der Kunstfreiheit angemessen zu berücksichtigen" sei. Das steht im klaren Widerspruch zu seiner Annahme, daß die Ausübung von Kunst auf der Straße von vornherein nicht grundrechtlich geschützt sei (aaO., S. 620 f.).

1436 In Bezug auf Straßenkunst ebenso BVerwG, DÖV 1981, 342 f.; NJW 1987, 1836 (1837); DVBl. 1990, 163 ff. Für andere kommunikative Nutzungen vgl. BVerwGE 82, 34 (38 f.).

1437 Das erkennt auch *Lorenz*, FS Lerche, 1993, S. 267 (273 ff.).

1438 BVerfGE 54, 148 (154).

1439 *Lorenz*, FS Lerche, 1993, S. 267 (273); ebenso *Muckel*, Religiöse Freiheit und staatliche Letztentscheidung, S. 222; vgl. *dens.*, FS Schiedermair, 2001, S. 347 (359).

teilen wie die Inanspruchnahme fremden Eigentums. Es handelt sich eben nicht um analog zu behandelnde Fälle.[1440]
Daraus ergeben sich zwangsläufig auch methodische Unterschiede in der jeweiligen Grundrechtsprüfung. Bei einer Beeinträchtigung der Ehre ist der Schutzbereich des jeweils thematisch einschlägigen Grundrechts eröffnet. Ein Konflikt der Meinungs- , Kunst- oder Pressefreiheit des einen mit dem allgemeinen Persönlichkeitsrecht des anderen Bürgers muß daher grundsätzlich durch eine abwägenden Bewertung auf der Schrankenebene gelöst werden.[1441] Nur wenn die Ehre menschenunwürdig verletzt wird, stellt das ein absolute Grenze der Meinungsfreiheit dar.[1442] Ansonsten stehen etwa Beleidigungen nicht per se außerhalb des grundrechtlichen Schutzes. Sie können nach den Umständen des Einzelfalls auf der Schrankenebene zurückgewiesen werden.[1443] Für diese Methodik spricht bereits der Wortlaut der Verfassung.[1444]

[1440] A.A. *Pieroth/Schlink*, Grundrechte, Rn. 616, die den „Sprayer-Beschluß" auch auf eine „Beeinträchtigung fremder Ehre" übertragen; ebenso *Isensee*, AfP 1993, 619 (626), der jedoch einräumt, die aus dem Neminem-laedere-Gebot herrührende Grenze sei beim Eigentum als ein physisches Schutzgut leichter zu bestimmen als bei den ideellen Schutzgütern der Ehre und der sonstigen Persönlichkeitsrechte; ähnlich *Mis-Paulußen*, Begrenzung vorbehaltlos gewährleisteter Grundrechte, S. 184; zweifelnd auch *Misera-Lang*, Beschränkbarkeit vorbehaltloser Grundrechte, S. 248, die auf den Fall OLG Karlsruhe, NJW 1994, 1963 verweist, in dem eine Popband („Die angefahrenen Schulkinder") durch ein Lied („I WANNA MAKE LOVE TO STEFFI GRAF") massiv das Persönlichkeitsrecht der Prominenten verletzt hatte. In der Tat wird hier die Prominenz einer Person zur Verfolgung eigennütziger Zwecke instrumentalisiert. Aber nicht die Ehre dieser Person wird in Anspruch genommen, sondern die Person selbst und ihr Stellenwert in der Öffentlichkeit. In wie weit diese Inanspruchnahme zu einer Ehrverletzung führt, hängt von den Umständen des Einzelfalls ab. So wird man, im Vergleich zu dem ehrkränkendem Lied das Persönlichkeitsrecht noch nicht als verletzt ansehen können, wenn Prominente in ihrer Mimik oder in ihrer Stimme imitiert werden, sei es auch zum rein kommerziellen Nutzen. Auch hier wird das Ansehen der Person und Charakteristika ihrer Persönlichkeit instrumentalisiert. Nicht zwangsläufig instrumentalisiert wird aber ihre Ehre bzw. ihr allgemeines Persönlichkeitsrecht. Daher kann der Auffassung *Misera-Langs*, aaO., S. 250; ähnlich *Kimms/Schlünder*, Verfassungsrecht II, § 7, Rn. 81, es handele bei der Inanspruchnahme fremden Eigentums oder der Benutzung fremder Ehre um „dogmatisch analog strukturierte Sachverhalte", nicht zugestimmt werden. Vgl. in diesem Zusammenhang *Muckel*, FS Schiedermair, 2001, S. 347 (360), der den Unterschied zwischen eines Angriffs auf die Ehre und die Instrumentalisierung fremden Eigentums (sein Bsp.: Malen auf einer gestohlenen Leinwand) einprägsam wie folgt umschreibt: „Das Persönlichkeitsrecht wird in Dienst genommen, indem es verletzt wird. Das Eigentum an der Leinwand wird verletzt, indem es in Dienst genommen wird."

[1441] *Lorenz*, FS Lerche, 1993, S. 267 (273); ebenso *Muckel*, Religiöse Freiheit und staatliche Letztentscheidung, S. 222.

[1442] *Tettinger*, JZ 1983, 317 (320), der zugleich den Unterschied zwischen „innerer" und „äußerer" Ehre aufzeigt.

[1443] Vgl. im Verhältnis von pornogaphischer Literatur und Jugendschutz BVerfGE 83, 130 (138 f.). Es wird massiv kritisiert, daß in der Rechtsprechung des BVerfG der Ehrenschutz im Rahmen der vorzunehmenden Abwägung zu oft hinter der Meinungsfreiheit zu-

Denn das Recht der persönlichen Ehre stellt gem. Art. 5 Abs. 2 GG eine „Schranke" der in Art. 5 Abs. 1 GG genannten Grundrechte dar. Es ist methodisch deshalb angezeigt, Konflikte im Bereich des allgemeinen Persönlichkeitsrechts noch nicht auf der Tatbestandsebene der Grundrechte zu lösen, weil das Ergebnis dieser Konfliktfälle maßgeblich von den Umständen des Einzelfalls abhängt.[1445] Insbesondere sind in einer abwägenden Betrachtung die Intensität der Beeinträchtigung, die sich gegenüberstehenden Personen und auch die konkrete Situation des Angriffs auf die Ehre zu berücksichtigen. Erinnert sei z.B. daran, daß im politischen Meinungskampf der Meinungsfreiheit ein besonderer Stellenwert eingeräumt wird[1446], der es grundsätzlich nicht erlaubt, Beschränkungen der Meinungsfreiheit politischer Parteien im Wahlkampf auf eine inhaltliche Bewertung der Äußerung oder des Trägers der Äußerung zu stützen.[1447] Ebenso riskiert z.B. der Teilnehmer an einer satirischen TV-Sendung verzerrende und übertreibende Äußerungen bezüglich seiner Person.[1448] Feste Tatbestandsgrenzen lassen sich beim allgemeinen Persönlichkeitsrecht also abstrakt nicht bestimmen.[1449]

Das gilt, um es an einem anderen Beispiel zu verdeutlichen, auch für einen weiteren Sonderbereich des allgemeinen Persönlichkeitsrechts, nämlich dem Recht am eigenen Bild. Es schützt als ein Aspekt der Selbstdarstellung in der Öffentlichkeit vor der unbefugten Darstellung der äußeren Erscheinungsweise einer Person.[1450] Einfachgesetzliche Konkretisierungen hat der mögliche Konflikt zwischen dem Recht am eigenen Bild und der Kunstfreiheit u.a. durch Vorschriften des Kunsturhebergesetzes (KUG) erfahren.
Danach dürfen Bildnisse grundsätzlich nur mit Einwilligung des Abgebildeten verbreitet oder öffentlich zur Schau gestellt werden (§ 22 Satz 1 KUG). Eine Rechtsverletzung liegt demnach vor, wenn eine Person z.B. photographiert und diese Aufnahme dann ohne die Zustimmung des Abgebildeten verwertet wird. Die gesetzliche Regelung sieht in § 23 KUG einige Ausnahmen vor, durch die Bildnisse auch ohne die nach § 22 KUG erforderliche Einwilligung verbreitet und zur Schau gestellt werden dürfen. So dürfen z.B. zum Zwecke der Information der Öffentlichkeit Bildnisse aus dem Bereich der Zeitgeschichte wiedergegeben werden (§ 23 Abs. 1 Nr. 1 KUG) oder auch solche, deren Verbreitung oder Schaustellung einem höheren Interesse der Kunst dient (§ 23 Abs. 1 Nr. 4 KUG). Diese Befugnis wird wiederum eingeschränkt,

---

rücktritt. Siehe dazu nur *Kriele*, NJW 1994, 1897 (1898 ff.) und *Kiesel*, NVwZ 1992, 1129 (1133 ff.).

1444 Darauf weist auch *Muckel*, Religiöse Freiheit und staatliche Letztentscheidung, S. 221, hin.

1445 Vgl. *Tettinger*, JZ 1983, 317 (318).

1446 Vgl. BVerfGE 61, 1 (11).

1447 BVerfG, NJW 2001, 2957 (2959).

1448 Vgl. BVerfG, NJW 1998, 1386 (1387).

1449 *Muckel*, FS Schiedermair, 2001, 347 (359).

1450 Siehe *Dreier*, in: ders., GG, Bd. I, Art. 2 I, Rn. 72.

wenn ein berechtigtes Interesse des Abgebildeten oder, falls dieser verstorben ist, seiner Angehörigen verletzt wird (§ 23 Abs. 2 KUG). Ohne auf Details einzugehen, wird deutlich, daß der Gesetzgeber eine Güterabwägung zwischen den betroffenen Grundrechten geradezu voraussetzt.[1451] In der Tat lassen sich die einfachgesetzlichen Regelungen nur durch eine Betrachtung der konkreten Umstände des Einzelfalls praktisch anwenden.[1452] Das bestätigt die bereits oben getroffene Feststellung, daß das allgemeine Persönlichkeitsrecht und darauf basierende Teilaspekte keine festen und nur abstrakt bestimmbaren Schutzbereichsgrenzen kennt[1453], mit denen der apriorische Grundrechtsausschluß von Übergriffen auf das Persönlichkeitsrecht begründet werden könnte. Konflikte mit dem Persönlichkeitsrecht müssen daher auf der Schrankenebene ausgetragen werden.

Obwohl das Kriterium der Inanspruchnahme fremder Rechtsgüter also nicht bei allen Freiheitsrechten Geltung erlangt, sollte an ihm als Bestandteil einer engen Tatbestandskonzeption festgehalten werden.[1454] Die kritisierte Aufteilung der Sachverhalte bleibt sinnvoll, weil der vorgestellte Ansatz für sich ein legitimes Anwendungsfeld beanspruchen, in dem der Rechtsanwender von der Notwendigkeit der problematischen Abwägung befreit ist.

Denn nicht nur das Eigentumsrecht eines anderen kann instrumentalisiert werden. Der Konzeption sind alle Rechte und Rechtsgüter zugänglich, die einer ausschließlichen Dispositionsbefugnis ihres Rechtsträgers unterliegen, also der Verfügung anderer entzogen sind. Neben dem Eigentum wird man dazu auch die Dispositionsbefugnis über Informationen zählen können[1455], welche als Ausfluß verschiedener Grundrechte ebenfalls verfassungsrechtlich geschützt sind, so z.B. das Pressegeheimnis als Bestandteil der Pressefreiheit[1456], Betriebs- und Geschäftsgeheimnisse (Art. 12 Abs. 1, 14 Abs. 1 GG) oder personenbezogene Daten als Aspekt des Persönlichkeitsschutzes.[1457]

Dem Eigentumsrecht ebenfalls vergleichbar, ist als weiteres Beispiel die geschütze Marke. Auch sie ist der freien Verfügung eines Dritter entzogen. Zu

---

[1451] *Schmieder*, NJW 1982, 628 (629).

[1452] So auch *Reupert*, NVwZ 1994, 1155 (1156); zur Abwägung in einem praktischen Anwendungsfall vgl. *Fehling*, JuS 1996, 431 (434 f.).

[1453] Mißverständlich daher *Fehn/Fehn*, VR 1994, 413 (414 f.).

[1454] A.A. *Misera-Lang*, Beschränkbarkeit vorbehaltloser Grundrechte, S. 250 f., die dem Ansatz zwar nicht seine Berechtigung abspricht, ihn aber wegen des eingeschränkten Anwendungsbereichs letztlich als untauglich für eine Schutzbereichsbestimmung ansieht; ihr folgend *Anger*, Islam in der Schule, S. 124 f.; vgl. auch *Alexy*, Theorie der Grundrechte, S. 289 f.

[1455] *Muckel*, Religiöse Freiheit und staatliche Letztentscheidung, S. 259, unter Nennung der angeführten Beispiele; so auch schon *Lorenz*, FS Lerche, 1993, S. 267 (273).

[1456] BVerfGE 66, 116 (133).

[1457] BVerfGE 65, 1 (44).

Recht hat das BVerfG hier das Instrumentalisierungsverbot aufgegriffen. Von vornherein aus dem Schutzbereich des Art. 5 Abs. 1 Satz 1GG fällt Werbung heraus, die eine fremde angesehene Marke rein kommerziell zu dem Zwecke nutzt, ein sonst nicht verkäufliches Produkt auf den Markt zu bringen.[1458]

Darüber hinaus läßt sich eine klar umrissene Grenze bei den personenbezogenen Rechtsgütern des Lebens, der körperlichen Unversehrtheit und der Freiheit ausmachen. Werden sie in dem oben dargelegten Sinne nicht nur beeinträchtigt, sondern zur eigenen Verwirklichung instrumentalisiert, wirken sie als schutzbereichsimmanente Grenzen.[1459] Einwirkungen auf diese sind nur in dem engen Rahmen gesetzlicher Ermächtigungen zugelassen, also in einer Notwehr- oder Notstandssituation. Da die Inanspruchnahme dieser Rechte oftmals durch eine physische Einwirkung realisiert wird, entstehen gewisse Überschneidungen mit dem Gewaltverbot, das für sich bereits den apriorischen Grundrechtsausschluß rechtfertigt. Dennoch hat die Inanspruchnahmelehre auch einen eigenen Stellenwert. Die Abgrenzung zwischen bloßer Beeinträchtigung und Inanspruchnahme von instrumentalisierungsfähigen Rechten anderer ist nämlich nicht nur in Fällen durchführbar, in denen eine physische Verletzung eines (auch) verkörperten Rechtsguts vorliegt.[1460] Auch das soll anhand zweier Beispiele veranschaulicht werden:
So läßt sich der Instrumentalierungsgedanke auf den Fall anwenden, in dem sich gläubige Eltern (Zeugen Jehovas) aus religiöser Überzeugung weigern, bei ihrem Kind eine lebensrettende Transfusion zuzulassen.[1461] Wie *Rühl* zutreffend feststellt, liegt hier nur vermeintlich eine Kollision zwischen Grundrechten vor (Art. 2 Abs. 2 GG: Leben des Kindes; Art. 4 Abs. 1 GG: Gewissens- und Religionsfreiheit der Eltern). Tatsächlich streitet für die Eltern kein grundrechtlicher Schutz, weil sie sich nur für ihre persönlichen Belange auf ihr Gewissen berufen und sie nur insofern von der Allgemeinverbindlichkeit der Rechtsordnung befreit sein könnten. Dagegen steht das Leben des Kindes, wie das eines jeden „Dritten" nicht zur Gewissensentscheidung des einzelnen.[1462] *Rühl* ist zuzustimmen. Seine Überlegung entspricht dem hier verfolgten Ansatz einer engen Tatbestandskonzeption. Die Eltern beeinträchtigen durch ihre Entscheidung nicht nur das Leben ihres Kindes, sie machen es vielmehr zum Gegenstand ihrer eigenen Gewissensentscheidung. Das Lebensrecht des Kindes wird also instrumentalisiert, ohne daß die Eltern selbst auf das Leben ihres Kindes physisch einwirken. Sie können sich von vornherein nicht auf ihre Grundrechte aus Art. 4 Abs. 1 GG berufen.

1458 BVerfG, NJW 1994, 3342 f.

1459 *Lorenz*, FS Lerche, 1993, S. 267 (275), der das am Beispiel der Forschungsfreiheit verdeutlicht, aber die Berechtigung gegenüber allen anderen Freiheitsrechten unterstreicht; vgl. auch *Muckel*, Religiöse Freiheit und staatliche Letztentscheidung, S. 222.

1460 So aber *Misera-Lang*, Beschränkbarkeit vorbehaltloser Grundrechte, S. 248 f.

1461 OLG Hamm, NJW 1968, 212 ff.

1462 *Rühl*, DuR 1983, 363 (376).

Das Verbot der Inanspruchnahme bestimmter Rechtsgüter kann auch bei den bereits erörterten Sitzblockaden relevant werden. Während dem Gewaltverbot verfassungsrechtlich ein enger Gewaltbegriff zugrunde liegt und infolgedessen nur unmittelbarem physischen Zwang von vornherein grundrechtlicher Schutz versagt wird, läßt sich durch das Kriterium der unzulässigen Inanspruchnahme Rechte Dritter darüber hinausgehend eine Schutzbereichsrestriktion begründen. Der Gedanke greift in den Fällen, in denen beispielsweise durch eine Demonstration die Rechte Dritter, insbesondere das Recht auf Fortbewegungsfreiheit, nicht nur als zwangsläufige Nebenfolge beeinträchtigt, sondern sie durch ihre Inanspruchnahme zum Gegenstand der Versammlung gemacht werden. So verhält es sich, wenn unbeteiligte Dritte durch einen Versammlungszug, sei es auch mit gewaltlosen Mitteln, „eingekesselt" werden und ihre Fortbewegungsfreiheit dadurch zielgerichtet aufgehoben wird. Wegen der Instrumentalisierung fremder Rechtsgüter sind solche Verhaltensweisen nicht vom Schutzbereich des Art. 8 Abs. 1 GG erfaßt.[1463]

c) Ergebnis

Die „Rechte andere" rechtfertigen nicht stets eine schutzbereichsimmanente Grenze der Freiheitsausübung. Nicht jeder Beeinträchtigung fremder Rechtsgüter ist per se der grundrechtliche Freiheitsschutz zu versagen. Wer aber eigenmächtig fremde Rechtsgüter in Anspruch nimmt, handelt von vornherein außerhalb des grundrechtlichen Schutzes, ohne daß seine Interessen in einer Einzelfallabwägung berücksichtigt werden müßten. Die Inanspruchnahme ist gekennzeichnet durch die Instrumentalisierung der Rechte anderer zur eigenen Interessensverfolgung unter Anmaßung einer fremden Rechtsmacht. Nach diesen Vorgaben sind nicht alle Rechtsgüter instrumentalisierungsfähig. Während die Verletzung der Ehre eines anderen im Wege einer Abwägung auf der Schrankenebene festgestellt werden muß, sind bereits aus dem Schutzbereich solche Verhaltensweisen auszuschließen, welche sich als Inanspruchnahme solcher Rechtsgüter darstellen, die nach der Rechts- und Verfassungsordnung der ausschließlichen Dispositionsbefugnis eines anderen Rechtsträgers unterliegen. Dazu gehören neben dem Eigentum auch das Leben, die körperliche Unversehrtheit, die Freiheit und der persönlichkeitsbezogene Geheimnisschutz.
Durch diese Konkretisierung läßt sich aus dem Neminem-laedere-Gebot also eine weitere schutzbereichsimmanente Grenze gewinnen.

[1463] Ebenso *Heger*, Jura 2003, 112 (117): „Allerdings wäre der dogmatisch korrekte Weg bereits eine Verneinung eines zulässigen Grundrechtsgebrauch wegen der Instrumentalisierung Dritter als Zwangszuschauer des Spektakels."; ähnliche Argumentation bei *Sinn*, NJW 2002, 1025 (1026).

IV. Zusammenfassung und Ergebnis

Das Grundgesetz ist nicht auf einen prima facie lückenlosen Grundrechtsschutz gerichtet. Entgegen den Prämissen der weiten Tatbestandstheorie lassen sich vielmehr aus der Verfassung einzelne schutzbereichsimmanente Grenzen herleiten, die durch abwägungsfreie Kriterien bestimmt werden können.

Außerhalb des grundrechtlichen Schutzes steht als erstes derjenige, der gewaltsam handelt. Der dafür maßgebliche verfassungsrechtliche Gewaltbegriff ist eng zu fassen. Er erfaßt nur die auf körperliche Kraftentfaltung beruhende physische Zwangswirkung auf den Körper, die Freiheit oder das Eigentum eines anderen.

Auch dem Neminem-laedere-Gebot sind schutzbereichsimmanente Grenzen der Freiheitsbetätigung zu entnehmen. Zwar fällt nicht jede Beeinträchtigung fremder Rechte von vorn herein aus dem Schutzbereich der Grundrechte heraus. Vom grundrechtlichen Schutz ausgeschlossen sind aber als erstes Verhaltensweisen, die die Menschenwürde eines anderen verletzen. Darüber hinaus ist die Inanspruchnahme fremder Rechte, d.h. ihre Instrumentalisierung zur eigenen Freiheitsverwirklichung, apriorisch nicht von den Grundrechten gedeckt. Zu den Rechten und Rechtsgütern, die instrumentalisiert werden können, gehören das Leben, der Körper, die Freiheit, das Eigentum und personenbezogene Daten, die nicht zur Disposition eines anderen stehen.

www.ingramcontent.com/pod-product-compliance
Ingram Content Group UK Ltd.
Pitfield, Milton Keynes, MK11 3LW, UK
UKHW021915290926
8980IPUK00015B/1263

9 783631 540411